江西科技师范大学2017年度著作出版资助基金项目
The Funder Project of Jiangxi Science & Technology Normal University Published in 2017

上海鱼市场研究

（1927—1937年）

丁留宝◎著

江西人民出版社
Jiangxi People's Publishing House
全国百佳出版社

目　　录

表格目录

前　言

后进国家的现代化不是一个社会自然演变过程,它是落后国家通过有计划的经济技术改造和学习世界先进技术,带动广泛的社会改革,以迅速赶上先进工业国和适应现代世界环境的发展过程。因此,对于民国时期的中国而言,实施现代化必然要有强有力的国家力量来予以干预,乃至以政治力量组织和领导全国的经济建设,才有利于现代化的发展。由于1929年的世界经济危机的爆发以及苏、德经济高速发展的示范效应,西方经济学出现了一种新的经济思潮,即统制经济思想。这种经济思想是与资本主义市场经济所奉行的自由主义和自由竞争原则相矛盾,它强调国家对经济的干预,这不仅与国民政府集权思想相契合,也符合中国现代经济发展的要求。对于国民政府的统制经济的研究,不仅使我们能够了解中国经济的基本困境,而且可以梳理出传统产业在现代化转型中的内在理路。

本书以上海为中心,分析了近代渔业经济的基本形态与困境,探讨了国民政府救济渔业的基本思路以及实施效果。通过研究我们发现,20世纪二三十年代,国民政府所发起的旨在救济民生的渔业经济建设运动,实际上是一场由政府主导的渔业经济的转型过程,在这一过程中,国民政府通过不断摸索,逐渐探索出一条可供操作的路径,它形成了以鱼市场为中心,以渔业银团及渔业合作社为辅助的整个救助网络体系,对渔业的现代化进程起到了积极的推动作用。当然,同时我们也注意到,由于国民政府社会控制力不强以及传统社会结构固有惯性阻滞,使这种符合现代化市场要求的举措,无法摆脱传统力量的羁绊,难以达致预期的效果,在稳定物价、平准市场以及遏制垄断等方面都力有不济,甚至徒有其表。但不可否认,国民政府为救济渔业所进行的各项组织建设与制度设计确为中国传统渔业经济向现代渔业经济转型提供了助力。

总之,国民政府救济渔业的过程,也是渔业经济转型的过程,虽然,这种转型附着浓厚的传统色彩,但国民政府救济渔业的积极探索活动却值得我们借鉴。

绪 论

一、选题旨趣

现代化是一个全球性的伟大变革过程，在这一过程中，各国由于各种内外条件的限制和影响，现代化开始的时间有先有后。学术界将世界上已经现代化或正在现代化的国家分成两种基本类型，即早发展现代化和后发展现代化。关于后发展国家的政治问题，有学者认为："一是后发展国家的现代化，并不是自身现代性不断成熟的结果，其中相当多国家，如果依靠自己的现代性因素的自然演进，现代化还需要漫长的时日，在这种情况下，一些落后国家在外力的挑战下，为了自己的生存与发展，只能强行地、人为地进行现代化。二是在西方发达国家，现代化的所有成就都是在漫长的时间里一步一步地取得的，但后来者则不能按部就班地去获得这样的进展，他们需要大规模的行动。"①这一认识使我们对后发展国家的现代化有了进一步的思考。从上述观点我们可以推论出如下的结论。首先，要在一个现代性基础极其缺乏的落后国家中强行地、人为地进行现代化，必须要有一个强有力的政治系统来推进这一进程；其次，要进行这种快速而大规模的现代化，也很难由民间的私人单位来组织，民间的私人单位无法承担起这种大规模的任务，而只能由政府来介入这些活动。②

应该说，中国的现代化是在外国势力干涉下的一种被迫行为，最早始于清末时期的洋务运动，虽然这种现代化着力于国防建设，但现代化的工业技术遂不断被引

---

① 孙立平：《传统与变迁——国外现代化及中国现代化问题研究》，黑龙江人民出版社，1992 年版，第 85－96 页。

② 段治文、钟学敏、詹于虹：《中国现代化进程》，浙江人民出版社，2007 年版，第 28 页。

介入中国。值得注意的是,中国早期的现代化起步伊始就存在一个不可忽视的问题,即它并非在中央政府统一指挥下有计划地进行,而主要是依靠在平乱中崛起的封疆大吏之局部推动,使得这种缺乏权威政治保驾护航的现代化进程步履维艰。辛亥革命后,中国的政治格局急剧动荡,在后袁世凯时期则达致顶点。国民政府虽然通过军事斗争,完成了名义上的统一,但中央与地方的权力互相分离的境况并没有根本改观,“它们彼此厮杀,政府机构软弱无力,缺少威严和弹力,政府徒有虚名”①。亨廷顿所概括的后发展国家的特点,在国民政府初期同样存在。因此,这种政体缺乏效能、权威及合法的统治方式,成为阻滞现代化进程的重要因素。

在后发展国家,只有政治稳定,才可能有现代经济的稳步发展,才能使传统产业经济向现代经济的快速发展得以实现。1928年后,国民政府虽然在名义上完成了全国的统一,但在控制地方政府及地方社会方面都力不从心。这一权力分配格局对国民政府的现代化建设提出了严重挑战。因此,建立一个集权政治成为国民政府进行经济建设的重要保证。而发生于20世纪20年代末的世界性的经济危机,为国民政府建立集权政治提供了可资利用的平台。萌芽于经济危机中的统制经济思潮,强调国家干预经济与政府权威,不仅与国民政府的集权思想不谋而合,在某种意义上也是中国现代化建设的内在要求。改善传统经济组织、结构以及运作方式以适应大生产目标的经济体制变革成为国民政府进行现代化建设的当务之急。这种全新的制度变革必然会触及那些与传统经济相联系的利益集团的利益,当国家的宏观规划与某些特定利益群体相冲突时,国家会通过一个更为合理与崇高的追求而与之相颉颃,以证明国家进行制度建设的合理性与正当性。众所周知,国民党的立党基础是“三民主义”,而其中的民生主义则是国民政府进行经济制度建设的一面光鲜的旗帜,何为“民生主义”。一般而言,孙中山的民生思想包括重视民生,发展实业,贫富均等和平均地权与节制资本等四个方面的内容。就这四个方面的内容而言,它们之间有着密切的逻辑联系并构成了一个完整的思想体系。②1916年袁世凯逝世后,中国处于军阀割据、战乱频仍的状态中,经济严重破坏,人民处于水深火热之中。国民政府既要推进经济的发展,同时必须解决民生问题,才能稳固自己的统治。但必须指出的是,民生主义虽然从内容而言有其特定的含义,但在实际操作中却存在一系列的问题,特别是各个利益集团都能用来主张自己的权利,这成为导致国民政府经济体制的重组过程中进退失据的重要原因。

我们所特别关注的,不是国民政府在实施统制经济中的利弊得失,而是统制经

① 【美】亨廷顿著,李盛平、杨玉生等译:《变革社会中的政治秩序》,华夏出版社,1988年版,第2页。
② 郑大华:《论三民主义的内容及其当代意义》,《学术研究》,2009年第7期。

济本身在现代化建设中的作用。我们知道统制经济思想在抗战之前已形成了热潮,但此时并没有全面实施。而抗战的爆发却为国民政府的统制经济政策提供了政治、社会之基础。当民族矛盾上升为中国最主要的矛盾时,国内利益集团不得不为了国家的最高利益而放弃各自的私利,从而为国家的统制大开方便之门。从当时中国经济发展的表象上来看,统制经济的全面实施是抗战形势的逼迫而因应抗战大局而采用的策略。但当我们拨开全面抗战的话语,直面经济发展的困境,是否有同样的结局呢?职是之故,本书所关注的是中国的统制经济的实施是因为抗战的需要而采取的临时政策,还是中国经济实现现代化转型的一种可资选择的路径。为此,本书选取近代渔业经济的转型作为考察对象来透视中国经济发展的路径选择。

中国的渔业经济的发展极为缓慢。在20世纪二三十年代仍然处于传统的经济模式,即以个体生产为主体,而现代化大型的渔业生产的经济模式却寥若晨星。因此,这种落后的生产方式在西方势力的挑战下,经济状况日益衰落,如何救济渔业一方面凸显出国民政府救济民生之宗旨,另一方面亦是展现中国经济发展的基本路径。20世纪的上海已是全国最大的水产品集散中心,同时亦是国民政府权力的腹地。更为重要的是,"振兴渔业的呼声确能与日俱进,可是大部分只在江浙两省方面"①。实际上,国民政府的大部分制度设计都是从上海开始的,因此,从本质上而言,我们可以以上海渔业经济变化为视角来透视国民政府救济渔业经济的基本路径应该是一个可供操作的视角。

二、相关的几个概念

统制经济

从现代经济学的角度来看,统制经济可看作是资本主义市场经济所奉行的自由主义和自由经济规则相背离,是国家干预经济,以政治的力量组织和领导本国经济建设。这样统制经济就意味着政府对于整个社会产生的全过程实施有计划的管理与建设。在20世纪30年代,具有这种经济政策或体制特点的经济建设模式,苏联称之为计划经济(Pannned Economy),而在资本主义国家如日本则称之为"统制经济"(Controlled Economy)。

由于统制经济与计划经济等这些经济名词都源于西方国家,关于什么是统制经济,统制经济与计划经济的关系等问题在当时都是学者们关注的焦点。相对于

---

① 屈若搴:《关于中国产业前途的预测》,《申报月刊》,第三卷,第一期,第205页。

自由经济来说,无论是统制经济抑或是计划经济都是以政府为主导,强调的是政府对经济的干预与监管,反对经济的自由化及其垄断化。但从苏联与资本主义国家的经济政策来看,虽然,这两种经济体制在形式上相似,但在实质上有本质的差别。苏联的计划经济强调的是国家公有,取消私有制,国家对整个国民经济进行整体的规划。但西方所倡导的统制经济虽然主张国家对经济的干预,但它是以私有制为基础,侧重于在经济政策上来统摄全国的经济,以防止恶性竞争或垄断,对市场及生产造成强烈冲击。苏联的统制经济是政治体制下的产物,是社会主义制度的产物,带有强烈的政治色彩。西方国家统制经济的出现,则主要是经济方面的原因。20世纪20年代末期,世界资本主义经济危机爆发,其根源在于自由竞争而产生的生产过剩,打破了经济的平衡,在市场机制难以迅速摆脱困境的情况下,为了保障经济的正常运转,要求政府从宏观上进行经济调整的统制经济思潮应运而生。

现代化

现代化一词大约出现在18世纪70年代的欧美,在英语中,是"使成为现代的"之意。也可引申为接受,采纳现代的方式、观念、模式。在汉语中,现代化是一个外来词,但从语法上讲,现代这个形容词后加化,就成为一个动名词,与英语中的是同样的意思。可见,现代化表现为一个过程,在这个过程中,传统将发生一系列的变革与变化。

在中国,现代化进程开始于19世纪中后期,只是当时没有明确的现代化这个提法而已。罗荣渠先生认为,现代化一词在中国的提出和正式推广使用,是1927年柳克述的《新土耳其》一书,但该书还将现代化与西化并用。1929年,胡适为《基督教年鉴》写的《文化的冲突》一文,正式使用了"一心一意的现代化"的提法。现代化一词作为一个新的社会科学词汇在报刊上使用,是在1933年7月《申报月刊》刊出的"中国现代化问题号"特辑。

现代化是现代社会发展的内在的必然趋势。罗荣渠认为,现代化作为一个世界性的历史过程,其定义有广义和狭义之分。"广义而言,是指人类社会从工业革命以来所经历的一场急剧变革,这一变革以工业化为推动力,导致传统的农业社会向现代工业社会的全球性的大转变过程,它使工业主义渗透到经济、政治、文化、思想各个领域,引起深刻的相应变化";"狭义而言,现代化又不是一个自然社会演变过程,它是落后的国家采取高效率的途径(其中包括可利用的传统因素)。通过有计划的经济技术改造和学习世界先进,带动广泛的社会改革,以迅速赶上先进工业国和适应现代世界环境的发展过程。"①本书所论述的现代化是指后者。

---

① 罗荣渠:《现代化新论》,北京大学出版社,1993年版,第15-17页。

三、研究综述

(一)统制经济研究综述

从现代经济学的角度来看,统制经济是与资本主义市场经济所奉行的自由主义和自由竞争原则相矛盾的经济体制,而强调由国家干预经济,以政治力量组织和领导全国经济建设。统制经济意味着政府对于整个社会生产的全过程实施有计划的管理。但必须指出的是,这种控制仍然是承认资本主义私有制为基础的,只是补充或纠正现存资本主义经济制度的计划而不是对其加以改造。更重要的是,它只是强调经济活动中的某一部分,如生产、流通以及金融等方面的控制,并非对所有的经济活动统加干预。

有关中国的统制经济的研究,近年来亦受到学术界的广泛关注,出现了一系列的研究成果,为了便于使自己的研究有进一步的突破,有必要对现有成果作一番梳理。

1. 概论

统制经济从大的方面而言,即包含统制经济之思想,同时亦包括在这一思想下的实践。一些学术研究者着力把这两者结合起来探讨统制经济实践的路径与效果。关于前者,主要散见于一般的经济史研究的论著中,并没有专门研究统制经济史的论著。如马伯煌主编的《中国近代经济思想史》就对南京政府的统制经济形成的思想和渊源进行了探讨,他总结出统制经济形成的主要因素为:①自由竞争思想的难以实行。②孙中山经济思想的影响。③日本侵略者军事威胁与军事侵略的刺激。④中国封建经济历史传统的影响。[①] 郭庠林、张立英的《近代中国市场经济研究》,对统制经济产生的历史条件进行了分析。[②] 此外,孙大权的《中国经济学的成长》以经济学社为个案,分析了经济学社与统制经济思想的宣传。[③] 徐建生《民国时期经济政策的沿袭与变异(1912—1937)》一书中对北洋政府的经济政策,从法律、法规等规范性文件到政府及官员的经济行为,以经济政策的外部环境到政策本身的内容实质,从政策的实施条件、手段到政策的实施执行,进行了全面的考察与分析,揭示了社会经济关系、统治阶级的经济意志和国家法制建设的发展变化。书中对统制经济的形成的环境与人们对这一经济思想的认识进行了简要介绍。值

① 马煌伯编:《中国近代经济史》,上海社会科学院出版社,1992 年版。

② 郭庠林、张立英:《近代中国市场经济研究》,上海财经大学出版社,1999 年版。

③ 孙大权:《中国经济学的成长——中国经济学社研究(1921—1953)》,上海三联书店出版,2006 年版。

得注意的是,这些研究主要侧重与统制经济思想的研究,忽略了统制经济下的经济建设。[①] 另外,杜恂诚等的《中国近代国有经济思想制度与演变》,对中国近代国有经济思想及其实践的演变过程进行了全面的分析与总结,并指出统制经济也是国有化过程的一个重要组成部分。但作者认为统制经济的实施,一方面加速国有垄断资本的形成,另一方面由于制度实施中弊端丛生,与民争利,对社会经济产生了负面影响。[②]

以上讨论的主要分析统制经济思想的形成条件与内容以及与此相应的政策、措施的演变,而没有从实例去检视统制经济实施及产生的影响。一些学者看到这一缺陷,着力把两者结合起来进行讨论。但这种讨论主要侧重于对国民党政府统治时期资本主义生产关系,特别是在所谓"官僚资本"的辨析基础上,对国民党政府实施统制经济下大量国营企业或国家资本产生、发展的研究。郑友揆等著的《旧中国的资源委员会——史实与评价》,在否定民国政府时期最大的重工业机构资源委员会是官僚资本的基础上,认为作为"国家资本企业经营管理机构",资源委员会在建立国营企业和经济建设等方面发挥了重要作用,这从一个侧面说明以发展国家资本为主要内容的统制经济的发展。赵兴胜在《传统经验与现代理想——南京国民政府时期国营工业研究》一书中,也同样对国民党政府时期的国营工业发展给予积极评价,认为这一时期强调发展国营工业的经济体制,对新中国成立后的经济建设不论是在思想上,还是在实践中都产生了重要影响。值得注意的是,最近陶宏伟的《民国时期统制经济思想与实践》则从思想与实践两个层面来探讨统制经济对中国的影响。文章认为统制经济对可以在短时间内实现工业化,取得经济的快速增长,但他同时指出这一政策的实施直接后果是阻滞了民族工业的发展,而这并非统制经济本身的原因,而是国民政府没有解决好财政与经济发展的关系。上述讨论更注重于宏观层面地考察,较少关注统制经济对中国传统产业的影响以及在当时中国社会内部有关利益团体所引起的反应及其采取的应对措施。

2. 专论

实际上,正如统制经济理论所言,经济统制一般并非全盘统摄,它实则是对经济的某一方面进行的统制,因此,学术界更注重从统制的各个方面对此进行解读。

(1)生产统制。

关于统制生产的研究,学术界主要集中于工业及矿业等方面。林刚以火柴为例,从一个行业的角度为探讨中国近代工业的发展特点。他认为农村经济落后导

---

① 徐建生:《民国时期经济政策的沿袭与变异》,福建人民出版社,2006 年版。

② 杜恂诚、严国海、孙林:《中国近代国有经济思想制度与演变》,上海人民出版社,2007 年版。

致的农民生活水平低下、购买力薄弱,从根本上制约了民族火柴工业的发展。市场狭小下的白热化竞争,使年轻的中国火柴工业很早就自动走上了行业“统制”的道路。[①] 与民族工业相反的是,矿业的发展更多地渗透着官方的意志。换言之,这些矿产品,特别是稀有金属更是政府着力的主要资源。如肖自力通过对钨砂统制过程的解析,认为国民政府的钨砂统制萌发于1930年,主要肇因于钨砂作为稀有军用原料的特殊重要性以及自由钨业市场的混乱失序。而1933年起中德两国易货贸易导致钨砂统制被迅速地“特殊化”。经过与广东等省地方政府的艰难博弈,钨砂统制在抗战前得以确立。进而对这一政策作出了积极的评价。[②] 以上研究分析了中国经济统制的路径,但因所选择的个案缺乏代表性,因此难以回答中国现代化转型的基本状况。

(2)销售领域的统制。

学术界对国民政府销售统制的政策褒贬不一。秦和平通过对四川政府对烟草的统制政策及其效果的分析,认为“官商勾结、权钱交易不可取”,进而强调“官商分离是现代经济活动中的重要法则。”[③]其后,梁仁志亦发表文章对国民政府的统制政策予以批驳,他以1936年祁红统制为例,从民生的角度来探讨统制经济的利益得失。作者认为以“四大家族”为首的官僚金融资本才是祁红统制的真正受益者,最底层的广大茶农及普通中小商人的利益却没能得到应有的保障。这就从根本上决定了这个政策的最终失败,它更不可能开启中国茶业的近代化之路。[④] 值得注意的是,大部分学者对统制经济给予了积极评价,如刘淼认为1936年国民政府对祁门红茶的生产与销售采取统制的政策,与建立近代市场关系即架构近代银行业与出口产业的关系有密切的关系。[⑤] 此外,陶德臣对民国时期的茶叶统制进行了简要回顾,并对统制政策进行了评论,作者认为统制茶叶政策适应了当时的环境,并对茶农的利益也得到一定的保护。进而指出由于制度监管不力以及人事等方面的原因,致使统制政策难以为继。[⑥] 值得注意的是,还有学者从地方自治这一角度来探讨统制经济。宾长初通过对新桂系经济建设的考察。认为新桂系制定了贸易统制政策对广西的对外贸易进行管理和直接经营,取得了一定的成效。广西的贸易入超有所减少,对外贸易的商品结构也发生了明显的变化。促进了农矿业

---

① 林刚:《1927—1937年间中国火柴工业发展研究》,《西北师大学报》,2005年第6期。

② 肖自力:《国民政府钨砂统制的尝试与确立》,《历史研究》,2008年第1期。

③ 秦和平:《关于1937年利济财团及统运处统制烟土失败的思考》,《四川大学学报》,1999年第1期。

④ 梁仁志:《从“为民争利”到“与民争利”:1936年的祁红统制》,《中国农史》,2008年第2期。

⑤ 刘淼:《民国时期祁门红茶的产销统制》,《中国社会经济史研究》,1999年第4期。

⑥ 陶德臣:《民国茶业统制述评》,《安徽史学》,2000年第3期。

的发展,间接地支持了广西公营经济的发展。①

上述研究对战前统制经济的研究从多方面予以探讨,特别是刘淼能够从现代化的大生产语境中的实证分析,论证了统制与现代化之间的关系,对本论题的写作思路提供了重要参考,但这种考察更注重于宏观,而缺乏对政府经济政策细致入微的演进予以分析,这实际上就为本书的写作提供了进一步论证的空间。

(3)金融统制。

关于金融统制,一些学者也发表了看法,彭世畦认为国民政府金融统制实现了对金融的控制,强化了国民党的统治并为抗战国民党国家资本的扩张奠定了初步基础。② 姜良芹则考察了国民政府的 1936 年的内债,并对这一政策作出了中肯的评价。作者认为 1936 年内债整理案对江浙资产阶级的经济利益无疑是继 1932 年内债整理后的又一次掠夺,对南京国民政府的债信又是一次严重的破坏。但整理债务可以说是国民政府于无可如何之中找到的一条减轻财政压力的较好途径。一方面减轻了政府的财政负担并使债务结构趋向合理化;同时也彻底打破了私营银行业对政府财政的幻想,开始走上疏远政府财政,加强同工商业结合,从而较好发挥银行经济职能的道路。③ 另外,黄震则从国民政府的金融政策的实施来展现国民政府金融统制的确立的过程。④ 上述研究更注重于从宏观层面的考察,实际上在一个行业中的金融统制政策却少有人关注。上述研究更注重于金融统制过程的分析,但在对金融统制后对中国经济的发展缺乏量化的考察与分析,这就从一定程度上使我们对金融统制的合理性产生了质疑,而这些问题都是值得我们去积极探讨的。

综上所述,尽管统制经济史的研究近年来成果纷呈,内容很广,并且有一批具有相当学术价值的研究成果。但总体而言,统制经济的研究尚存薄弱之处。首先,从时间上来看,多偏重于抗战时期的统制经济研究,而对抗战前的相对较少。其次,从研究的视角来看。注重从总体上考察,而缺乏对个案长时段的探究,其结果使我们对统制经济认识存有片面之虞。虽然有些注重于个案的分析,如张秀莉、郑会欣等,但他们考察的时段相对较短,缺乏对统制经济的整体考察与分析。有的侧重于从整体上对统制经济进行了分析,如赵兴胜,但他所关注的是国营工矿企业,注重的是统制经济与国家工业化的联系,缺乏对具体个案的细致分析,难免有粗浅之嫌。因此,对统制经济发展的基本理路作一探讨,显得很有必要。

---

① 宾长初:《论新桂系的贸易统制政策》,《广西师范学院学报》,2008 年第 2 期。

② 彭世畦:《抗战爆发前国民政府控制全国经济的努力和国家资本的发展》,《北京科技大学学报》,2005 年第 4 期。

③ 姜良芹:《南京国民政府 1936 年内债整理案述评》,《近代史研究》,2004 年第 1 期。

④ 黄震:《南京国民政府时期(1927—1937)金融统制探略》,《政法论坛》,2008 年第 1 期。

（二）渔业史研究综述

无论从经济的视角还是政治或社会的角度，渔业史研究都受到了学界的关注。渔业史的研究不仅能使我们了解历朝渔业经济状况以及政府对渔业的管理，同时，渔业经济本身也是社会经济生活的一个表征，反映出各个朝代的政治、经济以及文化等方面的形态及其特征。为使本论题的研究在前人的基础上有所进步，有必要对前人的研究成果做一梳理。

1. 总论

渔业史是社会经济史研究的一个重要组成部分，虽然学术界对渔业史的研究较为薄弱，但其起步较早。1911 年，沈同芳就著有《中国渔业历史》一书。书中对中国渔业史的发展轮廓做了粗浅的勾画并介绍了当时各地使用的多种渔船、渔具等①。从内容上看，虽然略显简略，但却是渔业研究的开山之作，是我们研究渔业重要的资料。1936 年，李士豪与屈若搴著有《中国渔业史》一书对渔政设施、渔业试验与调查、水产教育、渔业技术的沿革、水产贸易的历史与现状及其帝国主义国际渔业及其对中国的侵渔等方面做了较为系统的梳理与介绍。② 值得注意的是全书绝大部分的笔墨放在 30 年代的渔业状况，只有少部分是探求渔业发展的历史。这就为我们了解 30 年代的渔业状况、渔政演变提供了第一手的参考资料。改革开放后，学术界再次把目光投向了渔业史的研究。1993 年 7 月，丛子明、李挺主编的《中国渔业史》从原始渔业、传统渔业以及现代渔业等三个方面进行了系统的叙述，在此基础上总结了渔业在社会经济发展中的地位与作用。③ 对此书欧阳宗书给予很高的评价："从其编著说明可知，该书乃组织全国渔业史学界最高水平的学术队伍，历经九年的辛勤劳动才完成的一部著作，因而可以说代表了国内中国渔业史研究的最高水平。"④1998 年，欧阳宗书所著的《海上人家——海洋渔业经济与渔民社会》将整个海洋渔业放入社会经济大系统中加以考察和研究，以渔业生产的主力和渔村社会人口的主体——渔民为基本的考察点，以渔民的海洋渔业经济开发活动为主线，以渔业经济与其他海洋产业经济的相互关系为副线，对海洋渔业的自然环境，渔业经济的发展，渔村社会的变迁等明清海洋渔业的历史地位等方面作综合、系统的、动态的研究。⑤ 但作者关注的是社会经济史方面的内容，忽略了国家与社会的互动关系。2004 年，尹玲玲所著的《明清长江中下游渔业经济研究》论述

① 沈同芳：《中国渔业历史》，江浙渔业公司，1911 年版。

② 李士豪、屈若搴：《中国渔业史》，上海书店出版社，1984 年版。

③ 丛子明、李挺：《中国渔业史》，中国科学技术出版社，1993 年版。

④ 欧阳宗书：《海上人家——海洋渔业经济与渔民社会》，江西高校出版社，1998 年版。

⑤ 欧阳宗书：《海上人家——海洋渔业经济与渔民社会》，江西高校出版社，1998 年版。

了长江中下游地区渔业状况、渔政制度、水产市场等方面的变化,总结了明清时期长江中下游地区的渔业经济在全国的地位及在不同时段地位的升降变化,指出明清时期长江中下游沿江河湖水域地区的经济结构发生了明显的转换,揭示出国家与社会、人与自然之间相互关系的变动。[①] 文章注重于细节描述与渔业经济变化的分析,观照的范围有了一定程度的扩大,凸显了国家在渔业经济生活中的作用与影响。上述论著为我们了解中国渔业经济的发展历程、渔民社会的生活实态以及国家的渔业经济的管理等方面提供了较为系统的参考资料,为我们进一步深入研究做了非常扎实的前期工作。

国外学术界对于中国渔业史的研究较少,只有少数日本学者关注这一课题。上世纪七八十年代,日本学者陆续有相关论著发表,1995 年 4 月,中村治兵卫先生的集大成之作——《中国渔业史研究》。该书是目前所见最为完备的一部外国学者关于中国渔业史方面的研究著作,即使同国内的同类研究著作相比较,其学术价值也十分突出的。其书资料翔实,论证细微而具体。[②] 但该书对各时期各地区的渔业分布及其自然背景较少涉及,更未涉及对渔业经济变迁及其原因等的系统分析。

2. 专论

通过上述简单勾勒,我们大致可看出中国渔业史研究的基本脉络和取得的重要成果。诚然,上述论著所讨论的问题涉及渔业的方方面面,实际上学术界还就渔业进行一系列的专题研究,下面就学术界关注的几个重要论题作一叙述。

(1)渔业经济状况。

渔业活动由来已久,早在远古时代就成为人们生产生活的重要组成部分。随着生产力的发展,一方面相当一部分人从渔业生产中分离出来,降低了渔业在人类生产活动中的地位;另一方面又加强了渔业的生产能力,渔业逐渐向专业化、商业化方向发展。学术界从鱼类、渔船、渔具、渔法和水产资源保护等各个方面探讨了各个朝代的渔业经济状况以及变迁,并对变迁的原因进行了细致的分析。

关于先秦时期的渔业经济,学术界关注的焦点在于渔业生产技术以及渔业经济在当时的地位。相关文章有余华青的《秦汉时期的渔业》[③]、杨钊的《先秦时期的渔捞业》[④]、周苏平的《先秦时期的渔业——兼论我国人工养鱼的起源》[⑤]。大部分学者都认为先秦时期的渔业生产技术的水平较高,并在国家的经济生活中占有重

① 尹玲玲:《明清长江中下游渔业经济研究》,齐鲁书社,2004 年版。
② 【日】中村治兵卫:《中国渔业史研究》,刀水书房出版,1995 年版。
③ 余华青:《秦汉时期的渔业》,《人文杂志》,1982 年第 5 期。
④ 杨钊:《先秦时期的渔捞业》,《农业考古》,1999 年第 1 期。
⑤ 周苏平:《先秦时期的渔业——兼论我国人工养鱼的起源》,《农业考古》,1985 年第 2 期。

要的位置。唐宋时期是封建社会经济发展的高峰,生产力达到了较高的水平。在这一背景下,渔业经济的变化成为学界关注的焦点。相关文章有魏露苓《唐代水生动植物资源的开发利用》[①]等。明清时期,淡水渔业开始滑坡。对淡水渔业研究最力者为尹玲玲,她发表了《明代洞庭湖地区的渔业经济》等系列文章[②],通过对鱼税征收机构——河泊所的设置分布及裁革以及渔课的数量、比重及变化等分析和探讨了明代前中后期的各个地区的渔业经济状况,并揭示出明中后期渔业经济渐趋衰落的原因。关于民国时期的渔业,也有学者给予了关注。例如王铭农、李士斌以江苏为例,分析江苏渔业的兴盛与衰落的历史,并揭示出"战争的不断破坏,帝国主义渔船侵渔和鱼产品打入江苏市场,影响了近代江苏渔业生产的发展。同时,国内渔行、渔霸的盘剥及其滥采滥捕,破坏了渔业资源"[③]等是导致江苏渔业生产日渐衰落的主要原因。对此,吴有为、徐荣通过对我国近代的水产品的销售与贸易的概况的考察,也表达了同样的观点。[④]

(2)渔业与政府的关系。

随着生产力的发展,渔业在人类生产生活中的地位发生变化,而政府对渔业的管理随着这种变迁而不断调整。我国春秋时期渔业即增设专官掌川泽禁令及采捕之事。此后,其地位逐渐下降,管理机构遂废。自清入关主政以来,因袭明制,未设专司机构,至光绪末始有兼管机构,然施政措施无多。有关政府与渔业的关系,学术界主要集中讨论政府对渔业的管理、课税的征收以及政府渔业开发及斗争等方面。

关于渔政的管理,学术界主要集中于明清之后的探讨。例如尹玲玲对明代的渔政进行了探究,作者认为明代对渔业非常重视,渔政制度十分严密,渔政设施颇为完备,但前后期的变迁较大。并通过对各地河伯所的裁革来透视当时的渔业状况。[⑤] 余汉桂对清代的渔业管理机构与施政进行简要论述,并以广东钦廉地区为例介绍了清代海洋渔业的发展状况。[⑥] 值得注意的是,一些学者对近现代的渔业管理也进行了探究。如余汉桂从法律这一视角来探讨国民政府对渔业的管理,作

---

① 魏露苓:《唐代水生动植物资源的开发利用》,《农业考古》,1999 年第 1 期。

② 尹玲玲所发表的相关文章有:《明代洞庭湖地区的渔业经济》,《中国农史》,2000 年第 1 期;《明代杭嘉湖地区的渔业经济》,《中国农史》,2002 年第 2 期;《明清时期太平及池州地区的渔业》,《安徽史学》,2004 年第 3 期;尹玲玲:《论明代福建地区的渔业分布》,《中国农史》,2006 年第 1 期。

③ 王铭农、李士斌:《张謇与近代江苏渔业》,《中国农史》,1990 年第 2 期。

④ 吴有为、徐荣:《我国近代水产品贸易概况》,《古今农业》,1990 年第 1 期。

⑤ 尹玲玲:《明代的渔政制度及其变迁——以机构设置沿革为例》,《上海师范大学学报》,2003 年第 1 期。

⑥ 余汉桂:《清代渔政与钦廉沿海的海洋渔业》,《古今农业》,1992 年第 1 期。

者对国民政府的渔业行政的管理法规以及根本法和其他一系列的法规进行了系统的梳理并给予了评论,认为制定和颁行渔业的根本法规,对我国的以法治鱼有了一个良好开端,同时对国民政府渔法效用的局限性进行了揭示。[①] 蔡勤禹则通过渔民的现代组织——渔会的分析来透视国民政府管理方式的改变。作者选取青岛渔会作为个案研究,对它在管理和服务渔民的过程中的局限和作用进行了分析。[②]

税赋是国家管理渔业的一个重要方面,学术界对此给予了关注。张克银以绍兴为例,对赋税进行了历时性的考察,作者指出绍兴是我国古代渔业发达地区,宋初即有荡赋记载,明初各种养殖水域均征收渔赋,民国时期在荡赋之外另征厘捐。[③] 长时段的考察有助于我们对整个历史的了解,但因缺乏细致的探析,使我们对具体的征税方式、过程以及效果缺少体认。一些学者对此做了积极的努力,如尹玲玲探讨了明代渔业的征课水域与征收方式,并叙述其渔课种类与鱼税名目,揭示其鱼税征解过程及鱼税支配方式,并论述了明代的渔业税制改革及其所取得的实际效果,较为全面地论述了明代渔业税制的各个方面。[④] 此外,还有学者对历代渔业的朝贡进行了考察,并从这种朝贡体制透视各地渔业的生产进而对这种贡品制度的危害进行了揭露。[⑤]

中国海岸线有 14000 余里,无垠的大海为我国提供了丰富的自然资源,这也成为帝国主义侵略的重要因素之一。近代以来,历届政府就针对海洋资源的掠夺进行了积极抗争。学术界对此也给予了初步的探讨。中国南海诸岛的丰富自然资源、重要的交通地理位置,以及军事上的战略地位,早就引起了西方列强的觊觎。它们不时非法勘测,侵扰中国海疆国土。郭渊从近代国际法、国内法角度探析清政府在维护主权方面所做出的积极努力。作者认为清政府在与列强斗争过程中不仅宣示对西沙群岛的主权,并且也提出了"水界"区、渔业区海域观念,有利于中国南海权益的维护。[⑥] 值得注意的是,随着日本势力的日趋膨胀,至迟于 1906 年始对我国丰富的渔业资源进行了疯狂的掠夺。首先以台湾为基地对福建等南方海域的水产资源进行了大量采捕;其后则又把青岛、大连以及旅顺作为根据地大肆捕捞北方渔业;迨二三十年代又开始对江浙渔业经济的掠夺。对这些问题,学界关注较少,只有少数学者有所涉及,但主要是现象的描述,没有深入研究。如宋承荣、张庆山通过捕捞、养殖、加工

① 余汉桂:《民国时期中央和两广渔业管理法规述评》,《古今农业》,1994 年第 1 期。

② 蔡勤禹:《小农经济型态下的渔民组织及其职能——以民国青岛渔会为例》,《中国社会经济史研究》,2006 年第 3 期。

③ 张可银:《绍兴渔赋的历史沿革——兼评绍兴外荡养鱼的兴起》,《中国农史》,1999 年第 3 期。

④ 尹玲玲:《浅论明代的渔业税制》,《中国农史》,2004 年第 2 期。

⑤ 高粱:《古代渔业的土贡》,《古今农业》,1990 年第 7 期。

⑥ 郭渊:《从近代国际法看晚清政府对南海权益的维护》,《求索》,2007 年第 2 期。

和渔品的产、供、销诸环节全面的考察，展示了殖民渔业对旅大水产资源由前期统制到后期独霸的变化历程，进而揭示了中华民族渔业萎缩和破产的一个重要因素。[①] 因此，这一领域的研究目前还非常薄弱，并没有受到学者的普遍关注。特别是国民政府在如何应对日本的侵渔政策、措施的研究更是尚付阙如。

(3)渔业与渔民关系研究。

一般说来，经济活动都是在特定的社会组织架构内进行的，因而必然反映出该社会组织的文化特征。与此相对应的是渔业经济活动同样具有其特定的文化内涵。而渔民的宗教信仰是渔民社会文化的一个重要方面。陈衍德以澳门渔民的信仰为个案，探讨澳门渔民独特的文化印记以及这一印记所附带上的经济利益的色彩。作者认为澳门渔业经济是在传统的渔民社会架构内运行的，因而反映出渔民独特的"妈祖文化"的印记。妈祖作为凝聚力的象征，在澳门渔业经济中发挥着强有力的支撑作用。再者，妈祖作为渔民的保护神，在捍卫其经济利益方面也发挥着巨大的作用。[②] 王荣国通过对明清时期中国沿海渔民的种种海神祭祀活动，尤其是渔船上神龛供奉的诸神合祀现象等的考察，分析了海洋渔业生产与海神信仰的密切关系。进而指出渔民的海神信仰具有强烈的功利性，并且是获得信心的主要来源。[③] 实际上，从某一时段来说，上述观点自有其合理性，但如果我们对海神信仰作一历时性的考察，也许我们有另一种认识。朱建君通过多角度的考察中国古代主要海神信仰从人面鸟身的早期海神到四海海神、海龙王、妈祖、地方海神和专业海神的历史传承与流变，并通过分析海神传说及相关民俗事项，作者总结出中国古代海洋观念三个方面的主要内容和特点，即源远流长的"四海"水体观念、"鱼盐商利"的海洋价值观念以及敬畏与驾驭交织的海洋本体观念。并认为海神信仰实际是涉海民众海洋观念的外化表现。从总体上看，海神信仰所折射出的中国古代的海洋观念在现实和虚幻两条轨道上前行，并且随着涉海生活的深入在历史时期内越来越趋向现实，人海关系中人的力量不断增加。所以，作者强调指出中国古人将大海视为恐怖之地并对之深怀恐惧的说法是不能成立的。[④] 然而随着帝国主义的入侵，渔民的信仰又增添了新的内容，一般说来近代渔民的宗教信仰更多的带有殖民主义色彩。李勇、池子华概述了近代以来，苏南渔民信仰天主教现象，并分析他们这种宗教信仰的内在原因。他们认为："'物质贫困'和'精神贫困'以及近代

---

① 宋承荣、张庆山：《日本殖民渔业对旅大水产资源的独霸与掠夺》，《辽宁师范大学学报》，1997 年第 5 期。

② 陈衍德：《澳门的渔业经济与妈祖信仰》，《中国社会经济史研究》，1997 年第 1 期。

③ 王荣国：《明清时期海神信仰与海洋渔业的关系》，《厦门大学学报》，2000 年第 2 期。

④ 朱建君：《从海神信仰看中国古代的海洋观念》，《齐鲁学刊》，2007 年第 3 期。

历史条件下天主教特有的'保护伞'功能的强力吸附,是其要因。"①

生产活动是渔民社会生活的重要组成部分,但对于下层社会群体研究的草根历史资料在文献中不易获得,但却可以通过其他途径来复原渔民的社会生活实态。钟毅锋就对此做出了有益的探索。他认为渔民社会的信仰与它的经济及生产活动有重要的联系,换言之,民间信仰是其生产生活方式的折射,因此他以此为线索,通过考察其民间信仰的层面和变化,复原其渔业历史的发展图景。② 当然,一些散落于民间的契约文书,为我们研究并复原历史提供了珍贵的第一手资料。梁红生通过对鄱阳湖区渔民的历史文书爬梳以及田野调查,对鄱阳湖与周边一批小的"池""湖"及其围绕这渔业资源的斗争进行了历史的重构。不仅梳理"私业""官河"与"习惯"捕捞区之间的关系,而且使我们认识到由于"水无硬界"的特性和渔民生产的流动性,以及他们与以土地为生的农民在生存规则与性格特征方面的差异。③

渔民是个相对独立的社会群体,长期处于社会的最底层,社会地位低,特别是他们的水居生活使其更具"封闭性"。渔民的文化习俗必有其独有的特征。刘传标以福建闽江的水上居民作为个案,对他们的食物、婚礼仪式以及贺岁风俗等方面进行细致的考察,并对这些习俗的演变过程作了较为系统的梳理。④ 此外,还有学者对渔民的海岛开发进行了研究,如吴凤斌对渔民开发和经营南沙群岛的历程进行了探讨,指出他们在与惊涛骇浪的长期搏斗中,逐渐认识并掌握了南沙群岛地形特点、海洋特征、潮汐变化以及航行与季风和飞鸟等的关系,形成了世代相传的《更路簿》。并强调中外史籍记载以及考古材料的发现都说明最早开发南沙并经营最久的是我国渔民,我国渔民是南沙群岛的主人。⑤

综上所述,可以说基本上反映了中外学术界关于中国渔业史的历史和现状。总的来说,学术界在这一领域的研究是较为为薄弱的,并且存有倚重现象:一、从时间上来看,以论文为例,侧重于古代渔业的研究,对近代渔业涉及较少。而论著则注重于通史研究,还没有专门研究近代渔业经济史的专著出现。二、从内容来看,侧重于渔业经济状况的论述以及渔政管理的考察,但对水产贸易着墨不多,特别是近代水产经济的转型研究更是尚付阙如。

---

① 李勇、池子华:《近代苏南渔民的天主教信仰》,《中国农史》,2006年第4期。

② 钟毅锋:《厦门港疍民生计方式及其民间信仰》,《中国社会经济史研究》,2007年第1期。

③ 梁洪生:《捕捞权的争夺:"私业","官河"与"习惯"——对鄱阳湖区渔民历史文书的解读》,《清华大学学报》,2008年第5期。

④ 刘传标:《闽江流域疍民的文化习俗形态》,《福建论坛·经济社会版》,2003年第9期。

⑤ 吴凤斌:《宋元以来我国渔民对南沙群岛的开发和经营》,《中国经济史研究》,1985年第1期。

第一章

江浙渔业与上海渔业购销网络

我国所拥有广阔无垠的大海以及长江、黄河、珠江以及淮河、松花江、黑龙江等水资源，成就了中国繁盛的水产资源。明清以后，海洋渔业逐渐替代淡水渔业成为渔业的主体。就地理位置而言，沿海七省成为中国渔业资源的集聚地，其中江浙渔业因为地处国民政府统治之腹地而成为国民政府救助的重要示范区，因此，为了了解国民政府救济路径有必要对江浙渔业经济状况及当时渔民的生活实态作一细致的考察。而近代上海不仅仅是江浙渔业汇集之所，同时亦是全国渔业资源消费的最大的集散中心。本章就以江浙为例探讨中国渔业在20世纪二三十年代的状况，并在此基础上着重考察上海作为集散中心所具有的设施及其条件，从而凸显其在近代中国渔业销售网络体系中的地位。

第一节　江浙渔业状况

我国地势西北高于东南，坡陀斜降，达于海岸，分辖于奉天、直隶、山东、江苏、浙江、福建、广东七省。海岸线绵亘万里，成半圆形，平原之地成沙岸，阶级之地则成岩岸，沙岸多直行，岩岸多弯曲。并且以杭州湾为界，自杭州湾海而北，除山东、辽东半岛外皆为沙岸。“平沙漫野极目天际，然乘潮□盐，最称便利，故产额甚饶。”自杭州湾以南，直达安南之东京湾，除粤江口外则为岩岸，“其间岛屿林立，状若棋布星罗，盖以港岬纷歧，故佳港之多，于亚洲称巨擘焉”①，据时人估计，沿海七省有大大小小可供发展的渔港31处之多，不仅有像上海、天津、广州、营口等港口

① 《中国之渔业》，《申报》，1923年2月10日。

可以兼为渔业,而且还有不少渔业港口,如东北之安东、海洋港,以及江浙等之新洋港、吕泗港、长途港,等等,“大概平均每海岸线百英里,即可得一港”。与此同时,沿海海域地势较为平坦,“海内形势,概向东南倾斜,然自琉球群岛以底,海底倾斜亟缓,纯为坦海性质,而无凸凹焉,惟自台湾海峡以西,则斜度突峻”,“故我国海底以渤海为最浅,亟深处亦仅百十一尺,黄海北部长二百三十一尺为最深,南部以279 尺为最深,西近江苏多浅滩,考其原因,则多为昔之黄河旧道冲击而成,自此入东海则成一半圆形阶级,泥沙沉积,故海底为最浅,自此向东南渐远渐深,直至琉球以西,最深亦仅三千尺,折而之东,则悉为六千尺以外之深洋焉,至南海则为最深,600 里外其深度已达 6000 余尺”。[①] 更重要的是,海域“寒暖流交会,水温适宜,复由各大小河川注入无限有机物质。因之浮游生物繁殖颇盛,鱼介产量随之而来”。漫长的海岸线、平坦海底以及适宜的水温成为中国海洋资源丰富的重要基础,丰富的海洋资源催生出较为庞大的渔业产业。如果我们以“距海岸线 100 公尺以内视为渔场,其面积可达 285481 方里。据战前估计,全国机器渔轮 391 艘,总吨数为29370 吨,旧式渔帆船 99628 艘,计 747210 吨,直接从事捕鱼渔民 465500 名,连同间接以渔为生者 700 万人,咸淡水鱼类总产量 2214000 余吨”[②]。(如表所示)

表 1-1　1937 年前中国渔业状况统计表

省别	渔帆船(艘)	渔轮数	渔业人民数(人)	每年渔数量(担)
辽宁	3351		25000	4600000
河北	8705	手缲网轮 4 艘	232000 户	197400
山东	12717	手缲网轮 95 艘	200000	295685
威海卫	608	手缲网轮 250 艘	2509	1484800
青岛	1594	手缲网轮 70 艘	7123	40033
江苏	4000	手缲网轮 2 艘	十余万	2558040
上海市		手缲网轮 2 艘、拖网 20 艘	940	60213
浙江省	21459	手缲网轮 2 艘	235922	2353740
福建	10294	手缲网轮 6 艘	98723	5802604
广东	14900			695208

资料来源:《渔业》,行政院新闻局印行,1947 年版,第 3-4 页。

从上述数据中,我们发现在 1937 年之前,中国的这种具有现代渔业特征的渔

① 《中国之渔业》,《申报》,1923 年 2 月 17 日。

② 《渔业》,行政院新闻局印行,1947 年版,第 2 页。注:实际上,不同时期的数量是不一致的,为了叙述方便,笔者仅采用以上数据。同时中国的统计数据存在很大的差距,在本章中所统计的有关渔民、渔船之数据,如若不作特别说明,一般即指 20 世纪 30 年代初期。

轮业之发展实际上还是较为薄弱，占总数的 0.4% 左右，并且主要集中分布在北方，而南方相对缺乏，从这个意义上看，中国的渔业生产技术水平仍然很低下，传统渔业经济仍占绝对优势。

从鱼类资源来看，我国沿海所产鱼类，以全部而论，则以黄花鱼、黄鱼为大宗，年产达千万左右，带鱼次之，鳓鱼乌贼又次之。

表 1-2　1933 年上半年海洋渔获物数量统计表

类别	总计		江苏	浙江	福建	广东	山东	河北
	数量(担)	价值(元)	数量(担)	数量(担)	数量(担)	数量(担)	数量(担)	数量(担)
总计	7697337	48240160	380531	4022829	120076	47062	3035411	91428
小黄鱼	1842428	16770855	129985	206617	16007		1446500	43319
大黄鱼	2224015	2446525		2200000	12560	11455		
鲷鱼	111219	1116538		2750	56	4413	100000	4000
带鱼	686813	3465642		260000	19946	16629	375000	15238
鳘鱼	39775	90875		31750			5025	3000
勒鱼	56099	536797		40777	5528	9794		
鲨鱼	42859	321199		27222	14787	850		
鲳鱼	70200	525000		70200				
鲭鱼	706860	7068600		3860			700000	3000
鲽鱼	204071	1268104		900	1221	1450	200000	500
鳕鱼	26500	1575000					25000	1500
鱿鱼	14300	289500		14300				
鲻鱼	6500	65000						6500
马鲛鱼	148000	6480000		2000			145000	1000
海鳗	254711	1112541		252015			2696	
赤鱆	107900	665000		87900			20000	
鲂鮄	1750	8000		1750				
乌贼	750356	2250750	250067	500289				
海蟹	94900	499000		90000				4900
海蜇	194500	538000		193000				1500
蛏子	88906	711618		28000	47843		10393	2670
蚶子	9168	76709					5427	3741
淡菜	8111	227631		7234	507		370	
江瑶柱	1930	19000		1930				
海带	2058	14987	234	30	602	692		500
海苔	3408	97289	245	305	1019	1779		60

资料来源：民国政府主计处统计局编辑：《中华民国统计提要》，学海出版社，1972 年版，第 570 页。注 1：上述数据根据实业部截至民国二十三年七月止直接造送之材料编制。注 2：上述

数据是 1933 年上半年的数据。

上表所示,大黄鱼、小黄鱼以及带鱼①占总量的 61.7%,其中大黄鱼占 28.9%,小黄鱼占 23.9%,带鱼占 8.9%。如果以此为标准的话,那么在江浙两省这三种鱼则占总数的 51.4%,因此从这个意义上来看,我们了解了江浙渔业的状况,实际上就对整个中国的渔业经济状况,特别是海洋渔业有了初步的认识。

一、江苏渔业状况

江苏省海产极为丰富,主要鱼类有黄鱼、鲨、马鲛、带鱼等,此外如银鱼、鳓,鲳、比目鱼等亦颇为不少。

江苏省海岸线多平直而少曲折,自西北向东南蜿蜒长达一千六百六十九里。北部沿海多沙滩,为鱼类产卵天然之场所。南部长江口外诸岛,其独特的地位优势使江苏成为我国中部的外海渔业根据地。江苏沿海所产鱼类,颇为丰富,其重要者如黄花鱼、鲨鱼、马鲛鱼、米鱼、嘉节鱼以及鳞刀鱼等;次之如银刀鱼、铁鱼、鲳鱼、比目鱼、章鱼以及乌贼等。

表 1-3 江苏沿海主要鱼类及渔汛

鱼类	渔汛	鱼类	渔汛
黄鱼	2-4 月	鲷鱼	4-12 月
小黄鱼	2-4 月	带鱼	4-10 月
鳓鱼	5-11 月	鲥鱼	4-5 月
鮸及鳍	9-11 月	鳕鱼	5-6 月;12-1 月

资料来源:费鸿年:《中外渔业概观》,商务印书馆,1933 年版,第 21 页。

江苏省海岸线始于苏鲁交界汾水镇之荻水口,迄于金山卫之金丝娘桥,中经十七县。可大别之为三区,第一区在徐州、海洲附近,春秋以鲥鱼为最盛,秋冬两季多鮸及鳍,他如白虾、乌贼、带鱼等亦有相当之渔获。第二区在江淮一带之沿海,每年春季散布于各沙滩附近之黄鱼张网船,鲛流网兼鳓鱼旋网等渔船。但此区域,因黄河及长江中有沙土堆积,海水极浅,所以只能用旧式渔船,而不适于新式发动机船。第三区为北纬三十二度至浙江省北境之上海外海,渔区虽小,但其渔获量则较第一、第二区为优。春季以大黄鱼、小黄鱼为最多,他如乌贼、鮸、海鳗、鲨等亦多。海船聚集地点,为嵊山、花鸟山、黄龙山等处。②

① 从上表来看。带鱼的数量比鲭鱼要略微少些,但如果以一年的数据看来,带鱼数量要大得多。1933 年下半年带鱼的数量为 688025 担,而同时期鲭鱼为 76833 但,相差颇巨。

② 费鸿年:《中外渔业概观》,商务印书馆,1933 年版,第 20-21 页。

渔场是渔业资源集聚之处,同样亦是渔民捕捞作业的重点区域。为了便于分析,我们可根据地理位置,把江苏省渔业分为近海渔业、远海渔业区与淡水渔业区三个方面来看。

(1)近海渔业。近海的渔场全面积三万余方里。首推江南沿海各县,其次为江北海州附近沿海一带。江南的南汇、川沙、奉贤、金山以及松江等县渔业均以外海各岛为根据地,大小渔船共有120余艘,渔民约2000余人。其中以南汇县占最多数,有渔船六十余艘,渔民八百余人,其次为松江县。江北的渔业,以海州一带为最盛。因云台山连岛附近,旋屿相连,最适宜于鱼类的栖息。于春秋二季以鲥鱼为最盛,秋冬二季多鲵,还有白虾、乌贼、带鱼等亦有渔获。江苏近海渔业资源来看,嵊泗列岛的渔业资源特别丰富。

嵊泗列岛,西名马鞍群岛。位于扬子江口,为江流入海之要冲。海面岛屿林立,南与舟山群岛相连,海水深浅适度,利于鱼类繁殖和洄游。大宗鱼类产卵、觅食均群集于列岛附近海面。其种类主要有:黄花鱼、大黄鱼、乌贼鱼、带鱼、勤鱼、马蛟鱼、时鱼、鞋底鱼、鱿鱼及其他海产类。至于嵊泗列岛的渔产价值,据统计,"每年在千万元以上,亦为江浙闽渔民衣食之地,为吾国海产最重要之区。"①

沿海渔业根据地主要有十处之多,分别为旧黄河、射阳港、新洋港、环港、龙门港、弶港、老坝港、堀港、彭家湾、泼水湾、渔船总数约为1500只,渔民约14000人。

值得注意的是,在江北沿海,海岸坡度甚微,这种地势很难拥有优良的深水港,但也不乏可以出海捕鱼的渔港。主要有西连岛,埒子口、旧黄河口、射阳河口、新洋港、龙门港、弶港,老坝港、环港、东凌、彭家港、泼水港等,各渔港主要情况列表于下:

表1-4　江苏近海渔港渔业状况统计表②

渔港	状况
西连岛	港内水深,大渔船可随时出入。当春季鱼汛兴旺的时候,山东省的渔船多以这里为根据地,故为江北第一渔港
埒子口	向称匪港,今已肃清
旧黄河口	在阜宁县东北,离县约180里。其南岸大淤尖,现因日渐崩溃,人民日渐减少。外浅滩暗伏,渔船时有搁浅的危险

① 张楚青:《嵊泗列岛移治问题》,《水产月刊》,第三卷,第3、4期合刊,第21页。

② 长江以南沿岸,很少有广阔的港口,例如川沙的白龙港、因港外多浅沙,渔船出入必待潮涨。南汇一县,虽离两面滨海距离很近,然因没有天然的港口,故当鱼汛期间渔船出入必须绕道吴淞口,往返极为不便。奉贤松江金山等县,亦均以缺乏良好的港口,故渔业亦不易发展。

续表

渔港	状况
射阳河	在阜宁县东南,为该县出海的要口,河身宽阔,水势浩大,渔船往来,极为便利。出产淡水鱼,多销售于上海杭州一带
新洋港	为盐县的咽喉,亦为江北渔业最发达的地方
斗龙港	在东台盐城的交界处,离县城 170 余里,沿河人烟稀少,渔民散居各处,小规模的渔业尚称发达
弶港	属东台县镜,居民虽不及 5000 人,而渔业者几占全数,实为江北唯一的渔村。
老壩港	地属东台,居民多以渔业为生,近来从事农业者亦不少
环港	属于如皋丰利镇,居民多以渔业为生,渔船不少,若没有海盗的妨碍,渔业亦可发现
彭家港	渔业还没有到十分发达
吕泗港	产鱼丰富,为南北洋渔船的集散处。

资料来源:景华:《江苏省渔业》,《海事》(天津)第九卷,第三期,第 63 页。

上表所示,江苏的渔港较好的只有西连岛、射阳河以及吕泗港,其他条件并非优良,这种状况给江苏渔业资源的开发带来了一定的影响,实际上我们从表 1 - 2 就可以发现,江苏的渔获物在数量上并不突出,这应该与江苏渔港的条件有一定的联系。

(2)远洋渔业。江苏省外海的渔场,北起海州,南至金山嘴,西至江苏沿岸,东至朝鲜木浦附近,一般多在东经 122 度 30 分以至 124 度 30 分,北纬 30 度以至 32 度 30 分的区域,全面积约有十万零三千五百余方里。

(3)淡水渔业。江苏境内江河湖泊纵横,湖汊多,水质好,淡水资源极其丰富,素有"鱼米之乡"之美誉。

表 1 - 5 1933 年江苏主要淡水渔获统计表(担)

	总计	鲥鱼	鲤鱼	鳊鱼	鲢鱼	鳜鱼	鲭鱼
合计	5179289	19382	4709239	95708	209817	43858	101285
江苏	1325890	2900	69069	2100	23344	17510	70290
比例	25.6%	15.0%	1.5%	2.2%	11.1%	39.9%	69.4%

资料来源:国民政府主计处统计局编辑:《中华民国统计提要》,学海出版社,1972 年版,第 571 页。注 1:此表的合计包括:江苏、安徽、浙江、福建、广东、江西、湖北、新疆、甘肃、陕西、山西、河南、山东、河北、绥远等 15 个省的总数。注 2:此表是根据实业部截至民国二十三年七月止直接造送之材料编制。此表统计的是 1933 年下半年的数据。

上表所示，在淡水渔业中，江苏渔业占全国渔业资源的25.6%，应该说数量颇巨，其中鲭鱼更接近了70%。从地域上看，可分为沿江渔业区以及内湖渔业区。其中，沿江渔区包括十九县，长江自苏皖交界处……向东至崇明岛外端，长约三百余里。其最发达的为长江中的鲥流网渔业、刀鱼流网渔业、银鱼渔业以及蟹鱼渔业等。就内湖渔区水产而言，其面积较大的，有太湖、晾湖、长荡湖、高邮湖、射阳湖、洪泽湖、微山湖、白马湖等。其余各县河川池沼纵横交错，不计其数，这些都可以看出江苏渔业资源的丰富，其中以太湖渔业资源最为发达。[①]

太湖，为江苏省的一大淡水湖，跨江浙二省。西受天目、茅山二脉之水，东出黄浦、吴淞、浏河诸川，周边迂曲600余里，湖面广阔，湖水澄清，利于水族生息，“渔业资源十分丰富，依渔业为生者皆浮家泛宅。据上海渔商及私家估计，仅两地一带，每年鱼产额有一千数百万元”。[②] 近代，江苏太湖的渔业资源中鱼类有“青鱼、鲤鱼、白鱼、鳊鱼、鲫鱼、鲶鱼、黑鱼、鲈鱼、斑鱼、银鱼、鸡郎鱼、红叉鱼、盎公鱼、河豚、鳗鱼、虾、蟹、蚌之属”。[③] 在这些鱼类中，尤以鲈鱼、银鱼、虾、蟹为上品，闻名于世。

从总体而言，江苏渔业资源较为丰富，特别是淡水渔业在全国具有重要的地位，但实际上由于生产技术的落后，其渔业资源的获取量与其资源的拥有量并不相称。

二、浙江渔业状况

我国沿海七省，浙江居于中枢，南自镇下关北至乍浦，曲折蜿蜒，海岸线长达718海里，其间岛屿林立，河川杂错，渔场广阔，底质适宜，再加以寒暖流的交错，最合于鱼类的生殖，所以海产物很丰富。

浙江沿海的岩岸地势使其具有众多的天然良港，其渔场的位置，北自北纬30度40分，南至北纬27度10分。特别是镇海口外的舟山群岛，更为天然良好的渔港。除舟山本岛之外，岱山、衢山、长途、金塘、桃花以及六横等各小岛，围绕四面，有很多渔船停泊据地。其间散布着各种的渔场，绵亘错杂，为无穷的宝藏，故渔船所集，充塞渔港，实居浙江者渔业的中心点。杭州、象山、三门、台州、温州各港湾的内外，小岛星罗棋布，均为渔业荟萃的区域。依地理区域，浙江沿海可分为5个渔业区：

乍浦：在杭州湾中，北连苏省之金山卫，南接渔盐之澉浦镇。

沈家门：为舟山群岛之渔业根据地，除舟山本岛外，岱衢山，长涂、金塘、桃花、大横等小岛四面围绕，北至江苏之吕泗岸，南迄菲山洋面。

---

① 工商部工商访问局编印：《工商半月刊》第2卷，10号，1930年。转引自王铭农、李士斌《张謇与近代江苏渔业》，《中国农史》，1990年，第2期。

② 同上。

③ 同上。

石浦在山门湾口,为中山先生指定渔业港之一。外为南由岛,水深风稳,湾内之蛇生洋,田湾湾口之南北鱼山,均为著名渔场,南岸健跳河,旧时渔业及养殖业颇盛。

海门为台州亦县通商之海口,临海、黄岩、温岭之渔船,均以此为出口,此外有浪机山,窦门山南为金清港,松门港,渔业颇为发达,松门鲞闻名于世。

玉环为温州湾之要冲,与瓯江相连,其中小岛棋布,南有大嵛山,洞头山、南箕山等。①

表1-6 浙江主要渔场以及捕鱼期统计表

种类	渔期	渔场
黄花鱼	2月—4月	嵊山之南,桃花山之东北
黄鱼	2月底—5月	大戢山东南,衢山西北,大用山之东
鲞	5月—6月	火山列岛之南,金塘岛之北
乌贼	2月—12月	花瑙山之南,东汀岛之北
带鱼	9月—12月	嵊山浪岗附近
鲨鱼	全季皆有	花瑙山,嵊山、浪岗岛之东
海蜇	8月—10月	沿岛
海底	八月;三月	海礁浪岗花瑙附近

资料来源:《中国之渔业》,《申报》,1923年3月16日。

浙江沿海多岛屿,数达百余。故鱼介隐藏亟丰,为江浙最佳之渔场,所产鱼类以黄花鱼、黄鱼、鲞鱼、乌贼、海蜇、海底鱼等为最重要,余如淡菜,蛏子、蚶子、螺介、紫菜之属亦称富饶。② 其中以黄花鱼、黄鱼为一年中最大之渔业。渔业资源最为丰富之处为舟山群岛,此地海底为沙质泥土,水深以十寻以下为最多。在群岛之东部,则有三十余寻,故最适于拖网渔业。在渔期中,多数渔船均聚集于舟山群岛之周围。渔业根据地有八:镇海、定海、岱山、沈家门、普陀、海门、清乐湾、宁波皆渔业最盛之区,其尤要者则为定海、镇海、沈家门三处。总计浙江沿海渔船共约1万左右,渔民5万以上,渔获总额年在1千万以上,可谓盛矣。③

优良的自然环境为江浙渔业的发展提供了客观优势,但若要真正发挥这一优势则就必然要有渔业人员运用适当的技术以进行采捕及利用。但必须指出的是,直至20世纪30年代,中国的渔业由于没有受到政府及社会的广泛关注,而始终沿

① 《渔业》,行政院新闻局印行,1947年版,第16页。
② 《中国之渔业》,《申报》,1923年3月16日。
③ 《中国之渔业》,《申报》,1923年3月16日。

袭着传统之路径。虽然,清末时期的张謇开启了建设现代渔业建设之征程,但其进程是缓慢的。那么,在传统渔业经济体系中,渔民是如何生活的,他们的生活状况到底如何,这实际上是我们应对现代化渔业建设所要弄清楚的重要课题。

第二节　传统渔业经济下的渔民生活实态

在延续几千年的古代社会中,我国的渔业技术并没有得到明显的改善。在二三十年代,由于国家政权的更替,社会的急剧变化,渔民的社会生活由于其封闭性,实际上并未受太多的影响,仍然保持着传统的特质。

一、近代渔业技术

我国渔业起源甚早,在传统社会中国的渔业资源利用水平获得到了较大程度的提高,特别是在明清之后,中国的海洋渔业资源逐渐得到了开发,但由于政府的海禁政策使中国的渔业技术水平始终难有进步,科技含量不高,这从渔业生产状况、渔业资本投入等方面都有所反映。而西方国家的渔业技术在现代化的过程中得到了迅速发展。

我国渔业的发展与国家及社会对此的投入有极大的关联,一般而言,生产技术的发展总是与经济的投入成正比。因此,要考察我国渔业技术水平的高低,首先必然要了解我国的渔业投入到底有多高。值得注意的是,由于中国从来不是一个用数字管理社会的国家,因此,我们难以用精确的数字来显现中国渔业成本的变化状况。在二三十年代,实业部对此做过一次调查,为我们了解中国渔业资本提供了一个不可多得的依据,如表所示:

表 1－7　沿海各省渔业资本统计表

省别	辽宁	河北	山东	江苏	浙江	福建	广东	合计
渔船数(只)	3120	2633	14762	4200	12000	10800	13200	60715
渔船价格(元)	1560000	1316500	7381000	2100000	6000000	5400000	6600000	30357500
渔具价格(元)	156000	131650	738100	210000	600000	540000	660000	3035750
资本总额(元)	1716000	15548150	8119100	2310000	6600000	5940000	7260000	33393250
备注	一、渔船每只以国币五百元计算;二、渔具当船价十分之一算							

资料来源:邓腾裕:《中外渔场概况》,《水产月刊》,第四卷,第七期,第 15 页。

上表所示,中国沿海的渔船数量为 60715 只,资本总价值为 33393250 元,平均每只仅为 550 元。当然上述数量应该只是一个大概的估计数,但这同样也在一定程度上反映出中国渔业资本状况。我们把西方一些渔业生产比较发达的国家的数

据进行比对,可以看出我国渔业生产在国际上的水平。如表所示:

表 1-8　发达国家渔业资本与中国之对照

国家	挪威	苏格兰	丹麦	加拿大	美国	日本
渔业资本(元)	61178000	57690000	15462000	25449000	93492000	158462000
与我国相比	1.83	1.73	5.09	76.2%	30.80	52.20

资料来源:邓腾裕:《中外渔场概况》,《水产月刊》,第四卷,第七期,第 15-16 页。注:丹麦、美国、日本的数量仅包含渔具,因此这三个国家是与我国的渔具价格相比的。

上表所示,我国渔业在总的资本投入上与其他国家相比还有相当的距离。实际上,这就成为中国渔业生产还停留在传统渔业水平的主要原因,同时也是中国渔业经济难以发展的重要因素。渔业资本投入不足的结果主要反映在两个方面。首先,渔船吨位偏低。如表 1-9 所示:

表 1-9　1933 年渔船种类只数与吨数统计表

省别	共计		5 吨以下		6~10 吨		11~15 吨		16~20 吨		21 吨以上	
	只数	吨数	只数	吨数	只数	吨数	只数	吨数	只数	吨数	只数	吨数
总计	18806	147419	7897	14296	3555	25920	3424	23057	2499	19018	901	65128
江苏	265	6684	82	304	35	253	64	676	69	1182	15	4269
浙江	1940		1820		120							
广东	9023	104224	1642	8602	2310	17778	2659	13597	1940	9748	472	54499
广西	302		245		53		4					
湖北	1380		1380									
山东	3892	28035	1906	4842	823	6421	477	5984	336	5778	350	5010
河北	2004	8476	822	548	214	1468	220	2800	154	2310	64	1350

资料来源:国民政府主计处统计局编辑:《中华民国统计提要》学海出版社,1972 年版,第 567 页。注 1:表中数据并非各省数量的总数,只是选择一些县作为样本。它们包括:江苏:常熟、江阴;浙江:武康、上虞、黄岩;广东:中山、南海、顺德、新会、阳江、惠阳;广西:果德、信都、桂平、钟山、来宾、恩阳;湖北:孝感;山东:蓬莱、胶县、文登、昌邑、寿光、诸城;河北:涿县、天津、沧县、献县、丰润、新镇、宁河、永年、宁晋。注 2:均系无动力机之船。注 3:天津 500 只,宁晋 30 只未列入分级栏,而总数则列入了,因此数据有出入(原表如此)。

虽然上表我们所取的样本可能并非全面反映出中国渔船的基本状况,但实业部所进行的调查应该可以反映出当时渔业的生产水平。从上表可以看出,中国渔船的吨位偏低,5 吨以下的占了总数的 43.21%,而 21 吨以上的渔船则只占据 4.93%。

渔船生产成本的低投入的另一个结果是反映在生产数量上。中国的海岸线长达5364浬，渔场面积达271805方里，相对于日本、美国、英国、法国等国沿海渔场面积比较，则“超过许多倍”，但由于技术低下，全国的渔获数量产值相对较为低下。从实业部统计的资料来看，中国海洋渔业可能达到一亿元左右。① 但与其他发达国家相比同样有很大的差距，如表1－10所示：

表1－10　中国与发达国家的渔获量对照表

国别	日本	美国	英国	挪威	法国	加拿大	德国	丹麦
价值	359365000	227448000	206470000	96077000	100237000	54846000	36053000	23938000
与我国相比	3.79	2.40	2.18	1.01	1.06	57.88%	38.05%	25.26%

资料来源：邓腾裕：《中外渔场概况》，《水产月刊》，第四卷，第七期，第14页。

我国沿海渔场，以东海、黄海以及南海三部合计27万余方里，估占据世界总量的六分之一，但因渔民技能程度低下，远逊各国。“就现在世界各国渔获产额之最低程度而言，平均每一平方里，年可捕获10吨，每吨估计为170元，则我国境有渔产沿岸之所获，至少当在四万万元以上。而此项数目，且系指海产物而言。”“但实际上我国今日捕获的成绩，尚未及应有产量的十分之一。”②这一方面说明了中国渔业生产技术之低下，另一方面又向我们展示出中国渔业经济发展的前景广阔，成为中国政府救济渔业的重要依据。

二、渔民生活实态

渔业生产投资也在一定程度上决定了渔民的生产活动与社会活动的基本状态。

1. 渔民的生产活动

20世纪20年代，有记者详细描述了江浙渔民出海捕鱼的情状：

……严霜满地，带鱼始出，霜愈厚，带鱼亦愈众，捕者极苦。夜间睡眠，不能以足伸入被窝。否则次日赤足践霜，即僵立不能移动。故此辈所盖之被，皆长仅及膝，每每夜睡时，有人巡视，苟发现有人伸足入被，即以棒棒之，其严如此，然以网捕带鱼之渔夫，较此辈尤苦，每遇一度风雹之后，次日五更时，一叶扁舟，乘渔夫四，二浆二橹，出发至数十里外捕鱼小舟速率，可一小时20里，然尤须至上午九时始达目

① 但民间社会对渔业数量的估计当在5000万元之谱。一般他们以每海里生产额9321.4元计算，依海岸线之长短，估算出渔业价值：辽宁省：6319900元；河北：2041400元；山东：5872500元；江苏：4287800元；浙江：6692800元；福建：9871400元；广东：14914200元。总计：50000000元。如果以此数据估算的话，那么中外渔获数量的差距将更为明显。

② 邓腾裕：《中外渔场概况》，《水产月刊》，第四卷，第七期，第14页。

的地，张网捕鱼，捕毕回岛，总在二更时。次日五更时，又须动身出发，如此若者六七日所获已不赀，然此时气候静朗时始然，若遇风雨之侵，驾驶即不易，有时忽遇还魂雹(风雹发后，次日又发)，洋面波涛如山，一叶小舟，须在巨涛中奋斗数小时，有时且飘流千百里以外，其艰险为何如，故体不堪健者，出发一次后，次日即疲不能兴，惟为利则属厚，每次所捕获，以千斤计，则可售洋五六十元，四人均分，人可得洋十余元。渔舟捕鱼归来，抵岛后，即尽以所获置之岛上，或洗或腌，或冰或?，唤夫妻女亦出而为助。既毕船入群集，置酒庆功，欢饮无度。①

从上述描述中，我们发现渔民从事渔业生产不仅辛苦异常，更重要的是他们时常有性命之虞，而捕获与否、数量多少，全靠运气。

上述报道勾勒了渔民生产的粗略图景，但对于渔民具体的生产活动，即渔民如何配合、资金如何分配等问题并未交代。为了使我们对当时渔业生产有一较为明确的认识，我们选择了其中一种渔业活动(即对船)来进行观察，以揭示当时渔民的生产状况。

就对船而言，渔船有大对渔船、小对渔船之分别。而大对渔船又有长船、短船、冬船、半冬船、春船之区分。之所以称之为对船，主要是因为其两船一组，共同出渔。其中一艘为母船，管理饮食及庶务；另一艘为雄船，专管捕捞事项。小对船每艘船夫各四人，大对船每艘各约七八人。当然，对船一般亦可根据渔期，渔场的不同而对对船有不同的要求，如表1－11所示：

表1－11　浙江对船捕捞统计表

<table>
<tr><td rowspan="2">渔业种类</td><td colspan="4" rowspan="2">大对渔船</td><td colspan="9">小对渔船业</td></tr>
<tr><td colspan="4">下山对</td><td colspan="2">红头对</td><td>白底对</td><td colspan="2">花头对</td></tr>
<tr><td>渔期</td><td>霜降至大雪</td><td>大雪至大寒</td><td>立春至清明</td><td>立夏至夏至</td><td>霜降至大雪</td><td>大雪至大寒</td><td>立春至清明</td><td>立夏至夏至</td><td>清明至五月半</td><td>六月半至重阳</td><td>八月半至五月半</td><td>清明至五月半</td><td>六月半至重阳</td></tr>
<tr><td>渔场</td><td>南菲山至嵊山</td><td>嵊山附近</td><td>南菲山至余山东北</td><td>大戢洋、黄大洋</td><td colspan="4">马蹟大小洋山，胸港洋安庙子湖青滨黄大洋旗头洋，桃花港黄礁洋</td><td colspan="2">自东矶港蛇蟠松岙勺溪至四月初至岱山嵊山白山至五月初由石浦金漆门面回港</td><td>白勺溪至岱山胸山石塘</td><td>田湾勺溪</td><td>岱山白山</td></tr>
</table>

① 《江浙两省之渔业》，《申报》，1925年10月6日。

续表

渔业种类	大对渔船				小对渔船业								
					下山对				红头对		白底对	花头对	
渔获物	鮸鱼	带鱼	黄花鱼	大黄鱼	鮸鱼	带鱼	黄花鱼	大黄鱼	黄鱼、墨鱼、鲳鱼、桂花黄鱼		黄鱼、带鱼、墨鱼	黄鱼、墨鱼鳓鱼、桂花黄鱼	
出港地	鄞属定属	定属	鄞属定属	鄞属定属	定属		象山属		临海县属之北岸项下上盘穿山横岸等处		温岭属黄岩县下白沙	宁海	东乡
渔船数	690	400	930	600	204		100		1100	秋500~600，冬800	660	350	
船员	每对十四人				每对八人								
渔获金	百余元	千元左右	二千余元	五百元左右	六百元以上				二千元左右		二千元左右	二千元左右	
根据地	沈家门、嵊山	沈家门、嵊山	沈家门、嵊山	沈家门、马蹟	沿海各岛屿				石浦、岱山、嵊山、陈钱山				
备注	长期者多至六七千元 短期者多至五六千元				多至千元以上				多至三四千元			船大者延长渔期采捕带鱼	

资料来源:《浙江省渔业》,《海事》(天津),第九卷,第四期,第79页。

对船的捕鱼很难由单个渔民独立完成,而是要求多个渔民共同协作,共同完成。这种协作如果从渔民的资金组织形式来看,有两种形式:其一,由渔民合资组成的,叫做硬脚船。其二,由长元(渔东)或撑船独资经营,集各弟兄(渔夥)组织的,叫做长元船。小对船,两船共八人,全年的费用约四百元,每人平均出资五十元,所获的利益亦平均分派,这是硬脚船的办法。长元船的全年费用,由船东支出,其他七八人为夥友,则这一年所获的纯利益,船东得三成,其余七人各得一成。唯夥友须扣还全年饭费于船东。若遇鱼荒的年份,那么这项饭费就由船东暗垫罢了。船内的组织,纪律很严密,对于职务上,如母船上的抛锚,老大、副老大、副桨、三桨、二桨多人等,和网船上的老人、副老大、出网、出袋、拖下网,拔头片多人等。每人各有专责，不能缺一，亦不能兼代。如果少了一人，便不能出洋捕捞。其船内渔夥，又有硬脚渔夥与薪给渔夥两种。硬脚夥友，不出资本，亦不担负亏本责任，可以得到分头，又能够净得维持生活费六七十元。薪给渔夥，是船员中的包身者。这种船员，技术不精，责任很轻。①

表 1－12　对船各船夥职责任务情况表

职别		任务	职别		任务
母船	老大	掌舵、驶风，总司二船之令	雄船	老大	掌舵、停櫓、驭风、摇櫓、下网
	多人	为本船副手代理老大之职		出网	下网、起网、拔车关、摇櫓
	头多人	驶风兼拔车关等		多人	起网、驶风、摇櫓、拔蓬
	烧火	司伙食兼拔车关、摇櫓		出袋	下网、起网、掬鱼值僚拔车关
	抛铁锚	抛锚、起锚、摇櫓、拔蓬		拖下网	下网、起网、拔蓬、搭撑风拔车关
	扳三桨	放网绳、拔车关、摇櫓		拔头片	抛锚、起网、拔蓬
	扳二桨	搭撑风、挑水、洗鱼		头多人	摇对桨，拔车关、拔蓬

资料来源：《浙江省渔业》，《海事》（天津），第九卷，第四期，第 76－77 页。

对船渔业生产实际上是由渔民组织共同完成的，这种生产非单个个体能够独立完成，上表中所列的各种职员以及其相对职责表现出渔业生产合作的重要性。值得注意的是，对船上的职员并非常年固定不变，换言之，这种职员在本质上是可以上下流动的，即根据他们的精力以及技术熟练优劣来决定渔民的职务升降。例如“例如扳二、三桨就是学徒，五六年后艺精力壮，就升做老大。如到了年老力衰，就递降而做扳二、三桨的职务”。② 如上所述，渔民在进行生产时有时是大伙集资，而有时则是个人出资。如果是后者，那么每对对船大约需要多少钱才能够满足全年的生产活动呢？

实际上，出海捕鱼，有些渔民是自己建造渔船，但事实上“全国渔民，泰半犹如佃农，自己并无生产工具”。③ 必须向备有渔船渔具者租用，在出海前尚须修理渔轮渔具，购备出海期间必需用品。

表 1－13　大对渔船每年每对资本额统计表　单位：元

船租	食米	柴	网	绳索	篾器	公所	肉	酒	菜	桐油	摆渡船厂贷	利息	总计
520	600	80	280	120	100	39	40	20	50	20	60	300	3000

① 《浙江省渔业》，《海事》（天津），第九卷，第四期，第 74－75 页。
② 《浙江省渔业》，《海事》（天津），第九卷，第四期，第 75 页。
③ 《渔业》，行政院新闻局印行，1947 年版，第 12－13 页。

资料来源:《浙江省渔业》《海事》(天津)第九卷,第四期,第75页。注:表内数据不是精确数,都是约数。

表1-14　大对渔船职务及薪给表　单位:元

母船	抛锚	老大	副老大	副桨	三桨	二桨	多人	共约
	120~130	350~400	240~250	160	120	60	110	1150
雄船	老大	副老大	出网	出袋	拖下网	拔头片	多人	共约
	240	160	190	160	140	120	70	1080

资料来源:《浙江省渔业》,《海事》(天津),第九卷,第四期,第75页。

上述表格分别反映出每对渔业生产所需的基本成本以及员工的薪给数额,从表中数据我们可以清楚地看出,要维持每对渔船生产所需的基本资金,其数额达到了5230元,这对于渔民来说是一大笔资金。

值得注意的是,渔村向无银行或钱庄设立,一切资金借贷除向鱼商、鱼行贷借外,别无他法。因此这就为鱼行剥削渔民提供了一条重要的渠道。资金的短缺使渔民受制于鱼行,他们"除应付利息外,所捕鱼悉数交与原贷主专卖,不得私自另托他行出售"。因有此项限制,"鱼行可以任意规定价格,而用秤又弊端百出,普遍一担二三十斤作一百斤,甚至使用手法,有以一百六七十斤算作一担者,并仍按其价值扣去百分之五至十之佣金。每至鱼汛终了,以渔获物资换取之代价,除偿还船具、租金、利息等,并除去各种所谓渔会费,神会捐等等外,所余无几"。[①]

值得注意的是,虽然渔民从事渔业生产,与农民的生产区域有不同,但他们确也有一定的共同点。农民从事农事耕种主要固定在一固定的区域,而渔民捕鱼同样有"有一定之区域,例如某处至某处洋面,为某渔户所专有,则他人不得在此划定之区域内捕鱼,否则渔户即将出面干涉,惟洋面广阔,不易标识,则惟有以岛屿为标准。如果某岛西若干丈,属某渔户,东若干丈属某渔户,若于洋面浅处,则渔户待潮没时,各于一定区域内竖立樁木以示区别,且与木樁四周,各张以网,待潮落时曳之上,则鱼满其中矣"[②]。这种规定性一方面能够保证渔民生产的有序进行,同时又是产生矛盾的重要根源。[③]

① 《渔业》,行政院新闻局印行,1947年版,第12-13页。

② 《江浙两省之渔业》,《申报》,1925年10月6日。

③ 对此梁洪生以淡水渔业作了一番考察,他认为渔界的确定性与模糊性是导致渔民矛盾迭起的重要因素。

2. 渔民收入及消费

我国渔业资源丰富,为我国渔民提高收入提供了基本保障,但生产技术水平的低下限制了渔民收入的提高。关于 20 世纪二三十年代渔民的收入状况,一般人总会以先入为主的观点去判断,认为他们的收入水平相当低,但是低到何种程度则缺乏有力的数据来说明,因此,我们有必要对这一问题做出一个基本的判断,以便使我们对渔民的生产活动有更深刻的了解。

实业部曾对江苏如皋县第七区沿海九十一户渔民,共 559 人的生活状况进行了较为详细的调查。虽然,所取样本并非具有典型的代表性,但确应该能够反映沿海渔民一般的生活状况,其中,有关渔民的收入情况有如下表:

表 1－15　渔民生产收入状况统计表　　单位:元

分类	100/150	151/200	201/250	251/300	301/350	351/400	401/450	451/500	501/550	551/600	601/650	651/700	701/750
户数	11	14	10	8	9	13	4	8	3	4	3	2	2

资料来源:季君勉:《如皋县第七区沿海九十一户渔民生活调查记》,《水产月刊》,第三卷,第十一期,第 43 页。

从上表可以看出,当地渔民收入在 100 元和 400 元之间的占大多数,但其中不仅包括渔业的收入,还包括从事盐业生产的收入。即使是这样,这一收入与西方国家相比,相距仍然很大。如表所示:

表 1－16　西方国家渔民个人收入统计表　　单位:元

国别	英国	挪威	丹麦	加拿大	美国
收入	2654	1130	1289	1015	946

资料来源:邓腾裕:《中外渔场概况》,《水产月刊》,第四卷,第七期,第 17 页。

当然,由于技术水平悬殊,我们无法与外国的渔业生产者在收入上一较高低。那么,从事如此危险的工作在当时的社会中,其收入状况处于什么位置呢?我们选择同样隶属江苏省的江宁县农民作为参照对象,看看两者之间存在多大差异。

江苏江宁县,农民家庭收入主要包括工资以及营业收入,田园、利息、房租、馈赠等皆属之。调查者选取了 286 家农户,根据收入状况分成三组,如表所示:

表 1－17　江宁县农家收入状况统计表

组别	项目分类	户数	所占比例%
第一组	100 元以下	63	22.02
第二组	100～200 元	125	43.71

续表

组别	项目分类	户数	所占比例%
第三组	200～300 元	60	20.98
第四组	300 元以上	38	13.29
合计		286	100

资料来源:李文海主编:《民国时期社会调查丛编(乡村社会卷)》,福建教育出版社 2005 年版,第 567 页。

从上述数据中看,渔民的收入略高于农民。但这并非说明渔民的社会生活状态要好过农民。首先,渔民的收入不仅仅只是渔捞业的生产,他还有盐业的收入,同时也有些渔民还兼营农业。例如如皋 91 户渔民中,其中只进行渔业生产的有 52 户,占总数的 58%;渔业兼营烧盐的有 22 户,占总数的 24%;渔业兼营种田的有 17 户,占总数的 18%。① 其次,渔民生产条件恶劣,风险很大,劳动繁重,必须具有相当的体质才能从事渔业生产,这里有一个专门就渔民的生产能力进行的数据统计。

表 1－18　如皋县渔民生产能力统计表　　单位:元

生产能力	41/50	51/60	61/70	71/80	81/90	91/100	101/110	111/120	121/130	131/140	141/150	151/160	161/170	171/180	181/190	191/200	201/250	451/500
户数	2	1	3	8	4	11	3	16	14	5	7	3	4	1	1	4	2	2
比例	2.2	1.2	3.3	3.2	4.5	1.2	3.4	1.8	1.5	5.5	7.7	3.3	4.5	1.2	1.2	4.5	2.2	2.2

资料来源:季君勉:《如皋县第七区沿海九十一户渔民生活调查记》,《水产月刊》,第三卷,第十一期,第 42 页。

毋庸置疑,从事渔业者要求体质要好,从表中我们可以看出,单个渔民所能够产生的生产能力在 90—150 元的人占多数。因此要想一个家庭能够取得较高收入,成年劳动力的数量多少是关键,这与其他行业在体质上的要求不同,当然这与当时的生产技术水平低下有极大的关联。

关于渔民的消费,主要包括衣、食、住、行等一般消费,同时还包括其他费用如医药、婚嫁、应酬等。下表反映的是这 91 户渔民的家庭收支情况。

① 季君勉:《如皋县第七区沿海九十一户渔民生活调查记》,《水产月刊》,第三卷,第十一期,第 42 页。

表1-19 渔民消费支出状况统计表

组别(元)	收入		支出		盈余		不足	
	户数	百分比	户数	百分比	户数	百分比	户数	百分比
101~150	11	12	7	7.8	4	4.5		
151~200	14	15	12	13	2	2.2		
201~250	8	8.2	11	12			3	3.6
251~300	8	8.2	7	7.8	1	1.4		
301~350	8	8.2	5	5.5	3	3.6		
351~400	7	7.8	11	12			4	4.5
401~450	5	5.5	11	12			6	6.5
451~500	11	12	7	7.8	4	4.5		
501~550	4	4.5	5	5.5			1	1.4
551~600	7	7.8	6	6.6	1	1.4		
601~650	3	3.6	1	1.4	2	2.2		
651~700	1	1.4	3	3.6			2	2.2
701~750	1	1.4	1	1.4				
751~800	0		1	1.4			1	1.4
801~850	0		1	1.4			1	1.4
851~900	2	2.8	0					
901~950	0		1	1.4			1	1.4
951~1000	1	1.4	1	1.4				
合计	91		91			18.8		22.5

资料来源:季君勉:《如皋县第七区沿海九十一户渔民生活调查记》,《水产月刊》,第三卷,第十一期,第44页。

从上表可以看出,在91户渔民中有盈余的只有17户,占总数的18.8%。但收入不敷的也只有19户,占总数的22.5%。因此大部分渔民能够保证自给自足的生活。他们的消费主要集中于350元以下,占总数的53.85%。质言之,他们的消费保持在较低的水平,生活质量欠佳。如"渔人居室大多茅屋,近亦有自建瓦屋,然为数不多,岛上居民分土著及外来二种,外来以甬人为夥,土人终年以番薯为食。番薯种上后,切有细条,曝之日中,候干,即藏之柜中,名之曰'番薯干'",每日即以此番薯干煮食。①

从总体而言，中国的渔业仍然处于传统渔业经济状况中，技术水平低下，渔业生产主要依靠人力，在此情势下，渔民生活基本上是维持在温饱线上下，年终之盈亏主要取决于生产者的数量，即劳动者多，则自然其盈余的可能性就大，如果一个家庭缺乏劳动力，那么就很难有盈余。

第三节　上海渔业购销网络

上海地处中国沿海的中界点，北濒长江口，南临杭州湾，西部、西北部与江苏地区相接，西南部与浙江嘉兴地区相连。优越的地理位置使上海成为中国近代经济的中心，同样也是沿海渔业的汇集之所，特别是江浙地区的渔业，有相当部分集中于此。基于此，上海拥有较强的渔业输送网络及其便捷的销售渠道以便于迅速地分销麇集于此的渔获物，因而要考察上海的渔业经济，重点在于检视上海传统渔业的运销网络。而本节之目的主要在于介绍上海渔业销售网络中的各个节点，以及他们的运作轨迹及其状况。

一、渔业销售网络之源：渔业状况②

上海渔业状况并非要了解上海的捕鱼状况及其鱼种，实际上要了解上海渔业主要是弄清楚上海主要销售哪些渔业以及他们是通过什么方式输送到上海的。因此，根据渔业资源的分布以及输送方式的差异，我们可以把上海渔业资源分成三种类型，即冰鲜渔业（海鱼）、河鲜渔业、咸干渔业。

（一）冰鲜渔业

因为鱼类作为商品与其他的商品差异主要是要保鲜，而在运输过程中如何保鲜成为渔业从业者必须要解决的问题。一般来说，他们总是通过冰藏的方式来达致鱼类的新鲜。因此，要弄清楚上海冰鲜渔业的发展状况有必要对上海的制冰业作一简要介绍。

上海的冰业有机制冰与天然冰之别，在渔业保鲜方面主要用天然冰，而天然冰主要是由天然冰厂制作而成。所谓天然冰厂，即建造可以藏冰之草窖，当冬季天寒时，在附近田野（预先准备之制冰田）夜间将水灌入。天明即冻结成冰，乃将其藏入厂中。如此按日制冰，迨冰厂不能容纳为止。③ 上海的天然冰厂，主要分布在浦东一带（闸北亦有一小部分），全上海计有 150 家，每厂藏冰数量不等，多者有七八

① 《江浙两省之渔业》，《申报》，1925 年 10 月 6 日。

② 本节所讲的渔业状况主要是指本国渔业，对于外国渔业在上海的销售状况将在下一章讨论。

③ 觉僧：《上海天然冰产销概况》，《水产月刊》，第一卷，第七期，第 37 页。

千担至一万担左右,少者只三千担至五千担。冰厂售冰并非直接与消费者交易,他们之间的买卖主要通过冰贩来完成。上海天然冰市场颇为繁盛,每年之消费价值,达三十万元左右,其中用于渔业约为三分之一。[①] 渔船出海捕鱼、冰鲜鱼船赴渔场收鲜及鲜鱼之运送,一般俱使用此项天然冰,以维持其鲜度。之所以选择天然冰主要因其价格便宜,极适合鱼类的经济冰藏,但因其杂质较多故质量不佳,容易引起鱼类腐烂。

冰鲜渔业大都产自江浙沿海,亦有一部分来自山东沿海,其装运来沪有轮装、船装、桶装三种。①山东沿海以渔轮捕鱼者较多,彼等一般即以渔轮载运来沪,每年总计量约合船运来沪者达三分之一。②江浙沿海,类多以旧式帆船捕鱼,同时即以帆船运销上海,其中更有湖帮、长兴、台州、奉化、镇海等帮之别,其运入量占本市进口冰鲜之第一位。③北方之大连、烟台、青岛等地,南方之舟山沈家门、温州等地,大都皆用木桶装运鱼鲜,至本埠求售,每年四五月间运来最多,至海鲜之中,所包括之鱼类当极繁多,主要包括:大黄鱼、小黄鱼、鳓鱼、鲳鱼、鞋底鱼、鲜虾、梭子蟹、带鱼、虎鱼、白果子、铜盆等15种。[②] 下面即根据输送渠道的不同分为三种类型,即渔轮业、冰鲜渔船业、冰鲜桶头,分别予以介绍。

1. 渔轮业

渔业公司是集捕鱼、运销及销售为一体的渔业组织,相对于其他渔业者来说,这一构成不论在组织形式上抑或在生产运作甚至融资手段上都应该与传统渔业有很大的不同,因为它们带有更多的现代色彩。上海渔业公司的发展,从整体来说,起步较早,但发展并不迅速,表中所示,至1934年则只有15个渔轮公司,即使包括正在申请的亦仅18个。同时,我们可以发现,渔业公司所投资的总量不高,一般在十万元左右,拥有的渔轮也只在一二艘之数,可见现代渔轮业发展水平之低。

表1－20　上海渔轮公司统计表

轮局名称	地址	创立年份	经理	资本	渔轮名称
中华渔业股份有限公司	南市老太平巷如意里十号	1926	斐汝霖	11万	中华
联兴渔轮公司	同上	1931	水福祥	6万	联丰
集美水产学校	南市关桥恒心里七号			-	集美
茂丰渔业公司	南市关桥洞庭山弄	1932	陆益璋	6万	茂丰
永顺渔轮局	十六铺公大鱼行	1929	忻楚僧	7万	海顺

① 觉僧:《上海天然冰产销概况》,《水产月刊》,第一卷,第七期,第36页。

② 《上海之鱼鲜业》,《申报》,1936年3月20日。

续表

轮局名称	地址	创立年份	经理	资本	渔轮名称
永胜渔轮局	南市关桥洞庭山弄	1929	陈锦棠	8万	永茂
永丰渔轮局	南市关桥存善里七号	1926	乐苞东	6万	永丰
江苏渔业试验场	南市中华路747号	1933	姚咏平	10万	连云
泰兴渔轮局	南市关桥洞庭山弄三号	1932	张序笙		泰兴一、二号
志远渔轮局	十六铺公顺鱼行	1932	忻楚僧		达富、达贵
华东渔业公司	裹马路恒心里	1933	叶映辉		华东一、二号
复兴渔轮局	十六铺源利鱼行	1933	江连成	–	复源、复利
福生渔业公司		1931	苏有解	–	福生一、二号
三兴渔轮局	小东门仁义坊一号	1927	周梅庭	5万	海兴
大华渔业公司	永安街永安坊八号	1934	何世錩		华利一、二号 华生一、二号

资料来源:《上海之渔轮业》,《水产月刊》,第一卷,第二期,第3-4页。注:此外尚有浙江省立水产学校之民生一、二号手操网渔轮,亦时在上海售鱼。此外尚有请领执照,而尚未出渔者,有:1.德泰渔轮局之德泰一二号手操网渔轮。2.鸿丰渔轮局之鸿丰一二三号收操网渔轮三只。3.舜兴渔轮局有海永、海利二手操网渔轮。等已在呈请登记中。

上海渔轮公司不仅生产装备简陋,而且渔捞人才奇缺,"此类专门人才,大多以不识字水平充任,若辈于海上风波,有耐劳之体质,惟于航海学则无研究,而于水产基本学识如水产学、海洋学、气象学及渔捞学等均无所知,平时作业全凭少许经验及理想,一无把握"①。进而使其生产成本相对提升,而这些条件严重制约了渔轮业之发展。

我们可以通过对1933年上海市各渔轮公司(局)的渔获数量及其开支来加以分析。如表所示:

表1-21　1933年上海市各渔轮渔获数量价值统计表

渔轮名	进口次数	数量(担)	价值(元)	月份	进口次数	数量(担)	价值(元)
茂丰	31	9243.79	85126.62	一月	28	3960.20	59186.94
永丰	27	6405.91	62016.51	二月	29	5076.38	71119.58

① 耘圃:《最近三年来上海渔轮业之回顾及今后之展望》,《水产月刊》,第一卷,第四期,第29页。

续表

渔轮名	进口次数	数量(担)	价值(元)	月份	进口次数	数量(担)	价值(元)
集美	38	6172.03	62682.46	三月	27	4080.07	67021.87
联丰	29	5827.36	61299.40	四月	33	7196.25	84177.41
海顺	31	5797.48	66064.27	五月	30	6851.40	54453.60
海兴	28	5011.11	47999.55	六月	32	8079.57	47330.09
永丰	25	5008.06	57202.93	七月	23	5224.84	38589.33
中华	16	4125.53	35230.18	八月	2	303.71	4315.31
泰兴 1、2 号	22	4650.36	44376.57	九月	14	2601.54	22164.59
达富贵	23	4356.98	46074.92	十月	21	4630.43	50610.13
民生 1、2 号	15	2782.64	31736.00	十一月	26	7653.28	65096.39
福生 1、2 号	3	345.55	4739.45	十二月	23	4069.21	40641.22
合计	288	59726.88	604657.86	合计	288	59726.88	604657.86

资料来源:《上海之渔轮业》,《水产月刊》,第一卷,第二期,第 5 - 6 页。

如表所示,上海各渔轮 1933 年份之全部渔获,计航海 288 次,获鱼 59726.88 担,即每次渔获量在 211 担之谱,其价值 604657.86 元。值得注意的是,上海各渔轮所捕之鱼类,以大宗渔获物观之,多非高价,从上表可以看出,平均每担只 10.12 元,即每次约 2135.12 元。因此,如果我们从生产方面以及经济方面来看,远远落后于西方国家的渔轮业。例如,上海"拖网渔轮每次航海平均以十日计,月可出渔三次,每次平均下网四十次,则每网所获仅 464 斤,以平均价格每担十元计,只值 46.4 元。"日本拖网渔轮吨位大致与我国相等,但其成绩则超出我国渔轮之上,"每网平均渔获达 237 贯,合我国 1481 斤",[①]是我国的 3.19 倍。

如上所述,我们讨论了上海渔轮的基本收入状况,那么他们的支出状况到底如何。是如何运作的呢? 渔轮公司开支包括维持渔轮公司运营的经费,船员开支,用煤之费用,用冰之费用以及杂费。如表所示:

表 1 - 22　渔轮公司每月约需费用统计表　　单位:元

支出项目	数量	备注
公司运营经费	171 ~ 241	包括:房租 40,杂用一二十元,经理月薪 40 - 100,账房 30,监卖 25 ~ 30,代卖 30,网师 15 ~ 16,练习生 5,茶房 6 - 10

① 耘圃:《上海渔业的鸟瞰》,《水产月刊》,第一卷,第七期,第 20 页。

续表

支出项目		数量	备注
船员开支	拖网	1100	船员25～27人，普通船长160～190，大副70，二副四五十元，水手每人12～18，老轨100，二轨60元，三轨35，其他生火等月各支17。
	手操网	880～1000	船主二人各100，渔捞长二人各45，水手头二人各35，老轨二人各60，二轨二人各40，其他水手加油等10～20。
燃料	拖网	650～980	每次约50～70吨，每吨价格13～14元（用煤）
	手操网	144～216	每次约2～3吨，每吨约72元
用冰之费用			用冰的数量根据气温变化颇巨，在冬季每次约2.5万～3万斤，夏季每次6～8万斤，春秋二季每次约4万斤。至于其价格因冰的质量不同而有一定的差异，一般每担（100斤）在0.12～0.2元之间徘徊。如果我们以0.15元来计算，则在冬季每次约375～450元，夏季900～1200元，春秋季600元左右
杂费			报关费每月15，浮筒费每年224元，冰之运力每担加2分，煤之运力每吨0.71元，卖鱼津贴以及酒席费等

资料来源：《上海之渔轮业》，《水产月刊》，第一卷，第二期，第6－9页。

从上表初步的估计，要维持一艘渔轮每月（捕鱼2～3次）的营运大约需要5000元左右。如果我们以拖网渔轮来看，以每月捕鱼三次，每次渔获价值1856元（46.4×40），三次共获价值5568元。因此一般来说，如果一个渔轮公司只拥有一只渔轮的情况下，他们在营运方面是不经济的。如下表所示，表中渔轮公司（局）有3家亏本，2家未详，获利不及总数的一半。

表1－23　部分渔业公司盈亏统计表

公司	地址	渔轮	渔业种类	每年营业总额	盈亏
大安渔业公司	宁波路	安东、安裕	手缲网	3万	被撞沉没亏本
永顺胜记渔轮局	十六铺	海顺	拖网	5万	亏本
中华渔业公司	小东门	中华	拖网	7万	获利一万余元
黄海渔业公司	北京路	黄海	拖网	5万	亏本
联兴渔轮局	小东门	联丰	拖网	7万	未详
永兴渔轮局	十六铺	永茂	拖网	5万	获利一万元
三兴渔轮局	小东门	海兴	拖网	7万	获利一万元
永丰渔轮局	关桥	永丰	拖网	未详	未详

资料来源:《浙江省渔业》《海事》(天津)第九卷,第三期,第 67 页。

上海渔轮业的发展是中国渔业经济转型中的重要标志,但它在上海渔业销售网络体系中所占的比例并不大。如 1931 年 7 月至 1932 年 6 月这一年度中,上海共进口冰鲜 4400114 担,其中 52030 担为上海渔轮所捕获,占了总数的 13% 。①

2. 冰鲜渔船业

冰鲜渔船一般为大型帆船,鱼汛时装载多量之冰往渔场收鲜,以冰保藏,运销上海及沿长江各埠。因此冰鲜渔船到沪之多寡,全凭外海鱼汛旺盛与否而定。特别是江浙地区的四大鱼汛,即大黄鱼汛、小黄鱼汛、乌贼以及带鱼鱼汛。而冰鲜渔船常年到沪销售,一般在五十余艘左右(如表 1 – 24 所示),并且主要是湖帮。

表 1 – 24 上海冰鲜船统计表

船名	金源丰	周沅恒	金隆仓	金源详	忻辞墨	金万升	金源润	金达兴	王顺兴	忻万祥
客人	忻正发	周高运	忻哲发	罗太岳	忻小攀	忻双福	王信发	许复全	王杏荪	忻阿仁
船名	戴长沅	金永茂	新崇庆	新顺兴	金顺泰	忻沅升	周崇发	金顺兴	金永兴	忻顺发
客人	戴敦昌	周消生	周千淋	忻甫仰	忻阿槐	忻信如	周千淋	袁得利	忻贵岳	戴芝生
船名	会沅润	金源兴	周崇康	金万顺	忻祥元	金得利	金永顺	周万泰	同泰兴	金合顺
客人	忻春生	史纪华	周千淋	史信才	忻小根	忻阿宝	史纪宏	周祖才	忻根友	曹宗发
船名	会永发	金永裕	金详茂	王协泰	金顺祥	金顺发	金永庆	金顺发	金沅顺	金源顺
客人	忻阿新	浒纪才	史廷贵	王瑞荣	郑阿香	周来友	戴昌明	戴纪庆	忻福生	许阿如
船名	金详泰	金沅隆	金合兴	新顺康	新协顺	新顺泰	金顺茂	金沅茂	金全兴	周合源
客人	戴行根	忻贵岳	史祥福	忻礼岳	王瑞运	史宝福	周信甫	史阿开	王廷宝	周林甫

资料来源:杨月庵:《上海港冰鲜船之调查》,《水产月刊》,第一卷,第六期,第 8 – 9 页。

一般来说,冰鲜渔业与其他的渔捞业一样具有一定的组织构成。冰鲜渔船最高行政主脑人物被称为"出海",此人犹如公司中的总经理一样,总理一切对内对外事务,举凡船员的辞聘,收货卖货等都由他负责。因此,对于冰鲜渔船来说最重要的是要物色一个经验老练的"出海",这是集股之后的第一件重要的事情。其次还要一负航海责任的船"老大"以保证航海的安全,再次还要有一司账人员负责买卖中的账簿工作。上述人物是冰鲜渔船出海收鲜缺一不可的角色,当然还有一些体力工作,需要大约六七人左右,因此,一艘冰鲜渔船出海收鲜大约需要十人。

冰鲜渔船出海收鲜主要通过鱼栈来完成收鲜的工作。鱼栈充当渔民与冰鲜渔

---

① 耘圃:《最近三年来上海渔轮业之回顾及今后之展望》,《水产月刊》,第一卷,第四期,第 35 页。

船的中间人。这种中间人的角色也是渔业经济关系不可或缺的。在渔民方面，一般渔民不敢直接与鱼商直接进行现金交易，一则可能被海盗抢劫，同时渔民对鱼商缺乏信任，怕被鱼商用伪币欺骗。而鱼栈一般在当地渔业界具有一定之声望，渔民亦比较信任。更重要的是，鱼栈平时贷给渔民粮食、应用物品及出海资本，渔民亦有向该栈交售水产品以还贷之义务。在鱼商方面，鱼商也不愿意携款直接赴洋购买鱼鲜，这同样恐惧海盗抢劫，同时一些冰鲜渔船能够通过鱼栈集中大量收购水产品。

冰鲜渔船"出海"，一般要先与信誉卓著的鱼栈进行接洽，谈妥若干押款做若干生意及相当保证，该鱼栈即派人（一般称为先生）持栈旗栈印随同下船。其后，冰鲜渔船把鱼栈的旗子悬挂樯顶，以示该鱼栈名义收鱼。这样熟悉该鱼栈的渔民就会自动靠近冰鲜渔船，进行交易。当渔船卖出后，由先生记明价格数量写票盖印交与渔民，渔民持票上岸，随时向鱼栈结算还贷与支取余款。而冰鲜渔船则在鱼汛终了，或收鲜后，与鱼栈结账，鱼栈另向冰鲜渔船取 6.8% ~9.85% 之代佣。

3. 冰鲜桶头

所谓冰鲜桶头，是用一种松杉类木材所制成椭圆形木桶，普通高四呎左右，长口径三呎余，短口径二呎半相近，桶底凿孔二个，以备漏泄溶冰水用。整桶能装鱼 400 ~600 斤。在装载过程中，以冰和鱼相互叠加，即先把底层铺冰二三寸厚，然后每一层鱼铺一层冰，同时要求铺鱼是要整齐排列，最上面盖草毡，而后把盖盖上并用木栓夹紧即成。这种装载的鱼能保持鲜度四五天。①

冰鲜桶头渔业是渔业包装、运输的一种方式，即负责把鱼装在通用规格圆木桶内，托轮船或火车运输到销售地的购销形式。这种交易主要以信用做担保，并非双方当事人直接交易。例如，"石浦营冰鲜桶头的某甲有鲜鱼十桶，托上海某乙鱼行代销，那么某甲只须把十桶内所装名目数量备信连同桶头交给轮船业务主任即可，等到轮船到上海，各鱼行都有人在码头上等着，某乙鱼行得知有货，即可向轮船账房提货，鱼行把桶头放在鱼市场上出卖，月底双方结账，鱼行按惯例取相当佣金而已"。②

冰鲜桶头之交易，主要视各埠渔业销售状况而确定，实际上也是各个鱼市场调剂鱼价的重要手段。由于上海为中国渔业销售最大之都市，因此大部分沿海重要渔业产地，如北方之青岛、大连以及烟台等地，南方则为舟山、宁波、石浦、海门、温州、瑞安等地，都与上海存在桶头之交易。

---

① 董亲正:《江浙冰鲜渔船及冰鲜桶头业透视》,《水产月刊》,第三卷,第一期,第 16 - 17 页。

② 董亲正:《江浙冰鲜渔船及冰鲜桶头业透视》,《水产月刊》,第三卷,第一期,第 17 页。

(二)河鲜渔业

河鲜渔业又称淡水渔业,其来源,一为由长江沿岸各埠运来之河鲜鱼,此为在内地河川湖泊中捕获而运沪销售,其种类多为鲭鱼、刀鱼、鲫鱼以及鲤鱼等;二为由浙江之嘉兴、菱湖及江苏之昆山、苏州、无锡以及常州一带之养殖鱼,其种类以青鱼、草鱼、鲢鱼、鳊鱼、鲤鱼等为多数。河鲜渔业一般以运输船抑或由商轮以木桶运来,到沪后,系托由鱼行代售。河鲜由江浙运来者多用水槽或水柜,或用木桶,死活不一,每当季节或年终,供量特旺,河鲜之往往见诸报端者为,青虾、草鱼、鲫鱼、鲤鱼、白鲢鱼、花鲢、青鱼、鳊鱼及河蟹等十种。① 一些鱼行为了取得代售之权利,扩大货源,往往特往产地放款以取得鱼商们的信任,一般不收利息。其放款数额,"最多上万元,少者亦有一千元至三千元"。②

(三)咸干渔业

上海市场鱼的供给,除淡水之活鱼及咸淡水之冰鲜外,尚有大部分盐藏干制品,流通市面。由于中国水产品加工技术落后,生产能力不足,因而在这两种渔业制品中主要以外国货占多数。如 1933 年,在上海销售的干制品中,"国产数量只有七万担,而舶来品确占了三分之二以上"。③

二、渔业运销网络的链接:输送渠道

上海并非渔业的重要产地,而主要是渔业的销售之所,上述所介绍的渔业基本上都是在上海之外的渔业资源,那么这种渔业要运送至上海主要通过什么渠道及其他们在市内是如何输送的?

上海市民所食用的大部分水产品都是外地输送至上海的,特别是江浙沿海等地区。主要运输手段是渔轮、冰鲜渔船、木船、轮船、火车等。

输入上海的渔产品数量,以 1933 年为例,总额达 15458475.73 元,其中淡水渔业占 17.67%,冰鲜渔业占到 61.93%,其中冰鲜渔船又占总额的 45%。因此,冰鲜渔业是上海渔业的主要组成部分。

表 1-25 1933 年份上海水产品输入统计

品名	数量(担)	价值(元)	输入数量占总数比例
渔轮渔获	59726.88	604657.86	5.34
冰鲜桶头	128508.00	2338205.95	11.59

① 《上海之鱼鲜业》,《申报》,1936 年 3 月 20 日。

② 耘圃:《上海渔业的鸟瞰》,《水产月刊》,第一卷,第七期,第 21 页。

③ 耘圃:《上海渔业的鸟瞰》,《水产月刊》,第一卷,第七期,第 21 页。

续表

品名	数量(担)	价值(元)	输入数量占总数比例
冰鲜渔船	499046.24	4504075.95	45
淡水鱼类	195794.00	4600358.25	17.67
各种海味	21373.71	1939913.01	1.93
各种咸鱼	204311.96	2581264.70	18.47
总计	1108760.79	15458475.73	100

资料来源:耘圃:《上海渔业的鸟瞰》,《水产月刊》,第一卷,第七刊,第21页。

外埠渔产必须经过报关手续才能进入上海销售。1931年之后,鲜鱼船进口之渔税及关税均免,但报关手续则仍要履行。渔船等进出口,大都托报关行代报。要成为报关行首先须由两家以上商铺担保,向海关提出申请,在得到海关许可、填具保单并缴纳押柜银(一般视营业范围大小而定)、领取许可证后才能从事此种行业。因鱼类以及产地不同,报关手续而有所区别,如表所示:

表1-26　鱼类报关手续统计表

运输方式	报关手续
宁波、台州轮船	装运鱼类,在本埠进出口报关,均在南市分关,报速售单,故轮船进口到埠,鱼行方面接到提单,即先提货,而后报关
冰鲜渔船、渔轮进口	因自产地来之土货鱼类,故先向吴淞口驻淞关船,报告进口数量,或待关员验查后,领验讫单,到沪后再请报关行至南市分关报关进出口
北洋班轮船	自青岛、烟台、威海卫等处装来鱼类,虽亦属速售单,进口后,亦随时提取,但须由报关行会同海关人员,始可提货
舶来品鱼类	如来自日本、大连等处者,进口后,由海关人员,检查并完纳关税,始能提货
咸鱼	由轮船进口,报关方面,依照普通货物规则,先行报关,验查后提货
鲜鱼类至长江各口岸者	均属行李单,可免报关手续

资料来源:毛菊生:《上海市内水产输送方法暨渔船进口报关办法》,《水产月刊》,第一卷,第十一期,第23-24页。

报关费用根据运输工具及鱼类的不同而异,如"渔轮进出口,每次至三元至五元,或月给薪金十元至十五元;冰鲜渔船等进出口,每次纳费五元"①。

① 毛菊生:《上海市内水产输送方法暨渔船进口报关办法》,《水产月刊》,第一卷,第十一期,第24页

水产品输入上海后,除在上海本地销售外,运往内地的陆路运输主要通过京沪、沪杭甬两条铁路。由于铁路运输需包用专用车皮,一般渔商量小分散,故上海各鱼行将鲜鱼之运往各地者,大都委托各运输公司办理。上海主要运输公司有中和、源源、汇通、同济生、福记等,他们资本投入一般在四五千元至二万元不等,如表所示:

表1-27 上海运输公司统计表

公司名称	经理姓名	资本	营业数	地点
裕大	王兆荪	2万	1.8万	半淞园路
中和	盛漠民	四、五千元	3500元	半淞园路
源源	方吉人	四、五千元	几千元	半淞园路
汇通	高子嘉	四、五千元	几千元	半淞园路
同济生	李根财	四、五千元	几千元	半淞园路
福记	杜友良	1万	4500元	闸北界路

资料来源:《廿二年上海鲜鱼铁道输送之调查》,《水产月刊》,第一卷,第三期,第25页。注:上述几千元主要因字迹模糊,笔者所写的估计数。

上述六家公司中,除福记专营京沪沿线外,其余都是专营沪杭路沿线之运输。凡鲜鱼之委托各公司办理运输,名义上为代运性质,每担取手续费一角,及防止损失费一角。但事实上,都是包运性质,一般并不直接计算手续费以及损失费等,主要以每桶(装在桶头中)至何处几元计算,这样计算更为便利。例如,鱼行如果委托福记转运鲜鱼至南京,则每桶自二元半至三元(以桶之大小而定)不等。沪杭路亦根据桶的大小及路之远近其价格有不同。铁路方面再根据运输里程、重量、货物等级及运率向运输公司收取运费。

表1-28 运输公司沪杭路沿线各地包运费价格表 单位:元

桶别 目的地	大桶(约500斤)	中桶(约400斤)	小桶(约300斤)
松江	2.5	2	1.5
嘉兴	2.6	2.1	1.58
长安	2.95	2.37	1.79
硖石	2.8	2.25	1.7
杭州	3.1	2.5	1.87
闸口	3.1	2.5	1.87

资料来源:《廿二年上海鲜鱼铁道输送之调查》,《水产月刊》,第一卷,第三期,第25页。

上海作为全国水产之最大集散地，且与上海相邻的城市都是人口密集之所，因此以上海为中心进行铁路运输成为渔业调剂重要的部分。我们选择1933年上海铁路输出入水产品数量来进行详细的分析。在上海，所凭藉的线路主要是京沪线以及京杭甬二条干线，如表所示：

表1－29　1933年各月份自京沪路各站输入上海鲜鱼数量表　单位：公斤

	一月	二月	三月	四月	五月	六月	七月	八月	九月	十月	十一月	十二月	合计
昆山			2347										2347
苏州	1700	200	550							5854	3667	1076	13047
陈家浜					3950								3950
无锡		134											134
镇江	6525	996	15775	6688	26567	20829	12346	5501	1117	5975	16081	32888	152008
高资		943	944										1887
楼霞山	5750	2450	300	2025							21625	5875	41025
龙潭	2400										300	1407	4107
南京	20168	22394	26281	18523	56625	6119	1309	324		53283	66857	81091	352974
桥头镇	392	152											544
南京江边						1014	237	120	8923	762			11056
合计	36935	27269	49297	27236	87142	27962	13892	5945	10040	65874	109250	122337	583179

资料来源：《廿二年上海鲜鱼铁道输送之调查》，《水产月刊》，第一卷，第三期，第24页。

表1－30　1933年各月份自沪杭站各站输入上海之鲜鱼数量统计表　单位：公斤

	一月	二月	三月	四月	五月	六月	七月	八月	九月	十月	十一月	十二月	合计
枫泾					300								300
嘉善	5111	3788	2914		4745	3625	48441	58308	49045	20751	7926	8045	245324
嘉兴										20000	10000	10000	40000
王店						30561	20444	24475	16249	21621	23033		136383
硖石								6500					6500
长安	19520	16955	14433	15450	21489	35923	64900	32000	28764	38764	18754	16745	323697
许村								15644	42450	34116	970		93180
临平							1847	12464	32942	14370	1975		63598
杭州	24575	11450	6280				4912	28940	17925	25795	27840	19540	167257
拱宸桥	3550							11000	17800	15290	21000		68640
合计	52756	32193	23627	15450	26534	102734	140544	189331	205175	190707	111498	54330	1144879

资料来源：《廿二年上海鲜鱼铁道输送之调查》，《水产月刊》，第一卷，第三期，第24页。

从上表的数据中我们可以得出以下结论:首先,从这两条铁路输送的水产品的数量上来看,大部分由沪杭线来承担,其总量为1144879公斤,占66.25%,约三分之二。其次,从各个月的分布来看,主要分布于八月至十二月之间,其次是五月至七月,而在四月之前运往上海的水产品数量相对较少,换言之,其中一月至四月的总量占总数的15.32%。再次,从运销的地点来看,运往上海的主要地点为:沪杭线路主要是杭州、长安、嘉善等地,他们三者占了这一线路总量的64.31%,而京沪路主要是南京、镇江,两者占总数的86.59%。

接下来,我们来看看从上海运出的水产品数量。值得注意的是,从上海运出的水产品不仅仅是鱼行托运的一种情况,其实,一些外埠的水产品亦可能通过上海这个中转站运至其他地方。

表1-31　1933年各月份自上海北站运往京沪路各站鲜鱼数量表　单位:公斤

	一月	二月	三月	四月	五月	六月	七月	八月	九月	十月	十一月	十二月	合计
苏州	198		2891				164						3253
无锡	699	493	2091	1674		2682	2962				876	7296	18073
常州	150			164		444	224					2468	3450
镇江	4254	3370	6154	8605	10621	11338	7483	5822	5330	7032	6056	3915	79980
南京	11060	15575	16092	21832	17421	16152	19762	10007	13748	16509	21668	30000	209824
合计	16361	19438	27226	32275	28042	30616	29895	15829	19078	23541	28600	43679	314580

资料来源:《廿二年上海鲜鱼铁道输送之调查》,《水产月刊》,第一卷,第三期,第22页。

表1-32　1933年各月份上海鲜鱼运往沪杭路各站数量统计表　单位:公斤

	一月	二月	三月	四月	五月	六月	七月	八月	九月	十月	十一月	十二月	合计
莘庄	606		275	400	2040	4034	427						7782
松江	872	1175	1575	2168	2328	6875	1350				100	400	16843
枫泾	600	75	275	3189	2880	1000	600				495	958	10072
嘉善	100	141	840	8467	2500	4685	3680			135	1248	1074	22870
嘉兴	4197	2850	3545	11347	5560	32108	4752			2214	8897	5873	81343
王店	1236		1914	6532	1456	9333					75	675	2122
硖石	1071	600		10588	2550	12425					3303	3779	34316
斜桥	296		425	4781	1836	22063					1179	4816	35396
长安	775		145	9623	4400	52737	198	200			628	1793	70499
周王庙				100	3740	2264							6104

续表

	一月	二月	三月	四月	五月	六月	七月	八月	九月	十月	十一月	十二月	合计
许村				1880	2634	500						200	5214
临平				5981	1856	5570					100	400	13907
笕桥				700	1900							495	3095
艮山门	2550			11433	11396	22645						975	48999
杭州	96732	84576	203660	66730	166872	17360	11339	103452	172	11504	116538	49863	928798
南星桥	67357	65139	197475	25840	147633	9100	8368	9321		14108	49579	9759	603679
明星桥			150	148									298
新桥			50	50	1976	4178							6254
拱宸桥		190		6332	3410	6860	500	68362		400	275	600	86919
石河塘					1282		290						1572
闸口	176392		15438	1031	108746	2300							127515
合计	173842	154746	425767	177310	476995	216037	31504	181335	172	28361	182417	81660	2132696

资料来源:《廿二年上海鲜鱼铁道输送之调查》,《水产月刊》,第一卷,第三期,第23页。

从上表中我们可以得出以下结论:首先,京沪线只占总数的12.85%,大部分水产品都通过京杭线进行转运。其次,在输出的水产品中,相对来说,上半年比下半年输出的水产品更多,其中上半年占了总数的72.68%。再次,从输出的地点来看,与输入相同,在京沪线占据主要地位的仍然是镇江与南京,这两者是上海输出的重要地点。而沪杭线来看,杭州、南星桥以及闸口是三个重要的目的地,三者占了总数的77.84%。

从上述分析我们可以发现,上海水产品通过铁路进行运输在总量上是微不足道的,例如以输入上海的水产总量为例,其数量约占输入上海总量的3.12%。必须指出的是,在上海水产品输出入的总量中我们发现,由铁路从上海输出的多于输入,输入上海的有1728058公斤,而从上海输出的达到了2447276公斤,两者相差71928公斤,当然我们选取一年来进行比较可能并非具有代表性,但足以说明上海作为水产品集散中心,不仅仅是水产品的消费市场,同时还承担着转运的功能。

三、水产品的销售枢纽:鱼行

鱼行属于牙行的一种,一般是以代客买卖,为渔民、运销商与鱼贩之间作居间媒介,从中收取佣金的中间商。据《清代日记汇抄》中"乙酉笔记"记载,早在1667

年上海地区就有鱼行。[①] 鱼行分冰鲜鱼行(也简称海水鱼行)、河鲜水鱼行(也称淡水行或鲜鱼行)以及咸干鱼行。

(一)冰鲜鱼行

冰鲜业亦称海味业,因其主要代售冰鲜鱼类而得名,始于乾隆年间(1736—1796),原为设在小东门一带专营收购棉花的花号,后来有人运来鱼翅、海参等委托代销,遂将花号改称字号。代销一律以九八扣佣,故也称"九八"字号。1843年开始,英商来沪随带大批海货售与字号,字号才改名为海味行。[②] 较早出现的几家海味商号有清咸丰五年(1855)潮州人曾少卿开设的福裕南海味洋货号,清咸丰六年开设的长兴海味行等。

海味业以从业人员籍贯分甬(宁波)、闽(福建)、潮(潮州)三帮。因进货来源及经营业务不同,又分为东洋、西洋号家(经营海味品进口业务)和海味行(经营批发业务)三种类型。甬帮原在宁波设立行栈,经营沿海岛屿生产的海味品。上海辟为商埠后,来沪设立分行,除仍经营沿海海味品外,并从东、西洋号家进货,因而被称为海味品。潮、闽两帮经营南洋群岛客户运来的海味,因这些地区当时都属于欧美等国的殖民地,故来货称为西洋货,这些行号也就称为西洋号。专营日本水产品的称东洋号家。

上海的冰鲜鱼行大都设置在法租界十六铺一带。至1933年,加入渔业公会者共有23家,如表所示:

表1-33 1933年上海冰鲜鱼行统计表

名称	经理名	资本额	营业额	地址
顺大	邬信泰	四万	1404425元	十六铺
公顺	李名德	五万	823537元	十六铺
公大	忻梵僧	三万	809000元	十六铺
源利	方国樑	三万	805860元	十六铺
丰号	李永昌	二万	831370元	十六铺
大成	刘同华	六万	800000元	十六铺
泰昌	许善行	二万五千	789040元	十六铺
生记	郑运升	四万五千	783440元	十六铺
洽丰	陆锦堂	二万五千	726540元	十六铺

① 《上海渔业志》,上海社会科学出版社,1998年版,第217页。

② 《上海渔业志》,上海社会科学出版社,1998年版,第217页。

续表

名称	经理名	资本额	营业额	地址
鸿发	翁聚邦	一万五千	677000 元	十六铺
德昌	王荣昇	一万五千	568800 元	十六铺
源通	张志胜	二万	657800 元	十六铺
源裕	许智高	二万	637842 元	十六铺
源茂	朱宝	三万	643800 元	十六铺
鸿昌	陈琳甫	三万	634800 元	十六铺
乾丰	刘敬礼	五万五千	625200 元	十六铺
源昌	张振芳	一万	523750 元	十六铺
福康	秦志华	一万	208000 元	十六铺
昇昌	马百昌	二万五千	265014 元	十六铺
恒昌	沈先禄	一万	265380 元	十六铺
太和	金	一万	250000 元	十六铺
祥顺	沈善榕	二万五千	300000 元	十六铺
汇丰	陈绍涟	二万五千	400000 元	十六铺

资料来源:《上海冰鲜鱼行之现状》,《水产月刊》,第一卷,第一期,第 10 页。

如表所示,上海冰鲜鱼行之资本一般在一万至六万,并且“均为合伙性质,每行一般有股份十二至十四股,每股在 1200 元至 1400 元之谱”。[①] 值得注意的是,还有一些营业蔬菜、咸肉之行家,可时兼营冰鲜鱼类者,一般称之为“野鸡”以区别于那些专营冰鲜渔业之鱼行,其营业则大都在鱼汛期间。这种鱼行一般资本较低,大约在二千至一万二千元,至 1933 年上海约有同福昌、乾源、东升、同兴、和兴以及永茂等六家。

鱼行组织系统以经理权力最高,此外延请协理一人以帮助经理处理全行事务。鱼行职员最重要者为总账房,凡代客买卖之各项账目,先由汇总清理后再由总账房整理。关于记账方式,在每日清晨营业时,有随往冰鲜船记账者,有在行外记账者,有在行门前两旁记账者,凡每日各项账目俱即日结算清楚,清账后则汇交总账房。但此项记账者,大都即由学徒担任。其次重要者为总账房当秤手者莫属,即管理代售货物权衡重量者同样是鱼行较为重要的角色,尤以赴冰鲜船秤鱼者为首,俗称

① 《上海冰鲜鱼行之现状》,《水产月刊》,第一卷,第一期,第 10 页。

"落河",日薪与经理相仿,此外如在门口执秤者名"高欖",在外执秤者,名"出滩"。① 鲜鱼营业者在清晨,秤手则不论身份如何均同样工作。为了厘清各个职员的职责,我们把鱼行职员及其职责列表如下:

表 1-34 鱼行职员及其职责简明表

名称	月薪	职务
经理	30~50 元	总理一切
协理		协助经理办理行中事务
落河	30~50 元	至冰鲜船执秤者
河下记账	3 元	随"落河"至冰鲜船记账,大都由学徒担任之
高欖	20~40 元	在行门口之执秤者
流水	6~12 元	清晨鱼市时,在行门口之临时记账者
出滩	20~28 元	出滩执行者(但此有时担任外流水)
外流水	6~12 元	清晨鱼市时露天临时记账者
立桶头	8~12 元	招揽生意及叫价者
开价先生	30 元	专事开价(但亦有老司务之首脑开价者)
总账房收账员	12~14 元	大小月底至各处收账
汇总	25~30 元	清账
门庄	12~14 元	日间在行管理买卖
老司务	无工钱月规 1.8 元	扛手
出栈货学徒	8~10 元	为学生向栈房提货者,每一鱼行大都招收学徒多人,担任屑事,有时记账等即以资格较老者担任之

资料来源:《上海冰鲜鱼行之现状》,《水产月刊》,第一卷,第一期,第 8-9 页。

实际上,作为鱼行其重要的工作即为代客买卖,故抽收佣金成为他们收入的主要来源。其来源有二:其一,向冰鲜渔船以及渔轮售鱼时收取,其二,还可向鱼贩抽收。上海的鱼行一般所收的佣金为八分,但实际上并不止此数,因为还有其他的规费。为了便于了解鱼行的运作及其他们的交易的背后信息,有必要对此作一简要介绍,如表所示:

① 《上海冰鲜鱼行之现状》,《水产月刊》,第一卷,第一期,第 8 页。

表 1－35 鱼行规费简明表

行佣	凡渔获物托鱼行代售者,必抽收行佣,其佣率为八分,即售出鱼价每值洋百元者,必抽收佣金八元
公用	公用共抽三厘,即每百元抽三角,此项三厘之公用,其中一厘由鱼行交出付与冰鲜鱼行公会,其他二厘,则为鱼行收入,一厘名为栈费,一厘名为保险费
现扣	冰鲜渔船,大都在外海用现款收鲜,凡鱼类售出后,大都急需现金,故鱼行乃有扣现金之名目,规定一分,即鱼价值千元需扣除十元。
秤手费	此项费用由鱼行抽收作为鱼行秤手之公积金,现为三厘弱(鱼行称之为)。此款由鱼行扣下后,交友义会,由友义会存储,并利用一部分利息办理敦和小学等,而秤手在脱离鱼行工作后,始将该秤手在职期内所应得之款算清,但不论年月,俱无利息
扛力	现收一厘(每百元抽一角),以付鱼行中之老司务
灯捐	此项灯捐只求冰鲜渔船交纳,每船进口一次缴洋八角
会费	会费即为报关费,即每一次冰鲜船至上海销售鱼类必向海关报关,今由渔会代为办理,每船进口一次收洋六元,此项费用由鱼行代扣转交
护洋费	冰鲜渔船在外海每受盗劫,故由渔会出费,接洽护洋舰艇从事护送,而由鱼行代向冰鲜船扣收。现冰鲜船每次进口扣收洋二十元,但每船有自卫枪械五支以上者可减半

资料来源:《上海冰鲜鱼行之现状》,《水产月刊》第一卷,第一期,第 9 页。

一般而言,冰鲜鱼行并不自营贩鲜,而主要是通过与冰鲜渔船进行经济往来,以保证货源的充足以及对市场的控制,而这主要是通过对冰鲜渔船资本借贷的来实现掌控的。例如江浙一带,冰鲜渔船之资本,大都由鱼行借来,“其数由一千至一万元不等,”并且“其贷与冰鲜渔船后,不收利息”。但与此相对应的是,“该接受贷款之冰鲜渔船,每次进口,必须将所运来之鱼类,交由该鱼行代售,以便鱼行从中取佣,而鱼行可每藉借款之关系,从中操纵鱼价”,①达致控制市场之目的。

(二)河鲜鱼行

上海市一方为海产鱼介之大集散地,一方亦为河鲜鱼类之重要销售市场。一般而言,每年运入上海销售的河鲜大约价值几百万元。如 1933 年,上海市各种淡水鱼类消费之总额约为 20 万担,价值几达 500 万元,如表所示:

① 《上海冰鲜鱼行之现状》,《水产月刊》,第一卷,第一期,第 10 页。

表1-36 1933年上海市各种淡水鱼类消费统计表

鱼名	数量(担)	价值(元)	鱼名	数量(担)	价值(元)
青鱼	15036	447845	白鱼	210	4278
草鱼	17150	426409	凤尾鱼	7200	88322
鲢鱼	35432	603652	鳝鱼	6676	69797
鲫鱼	21195	581862	甲鱼	3785	59045
鳜鱼	11186	274473	鲜虾	28612	627960
鲦鱼	539	6137	鲜蟹	8318	284989
鳊鱼	4095	118487	杂鱼	15222	168483
鲤鱼	6389	89782	总计	195748	4600356

资料来源:刘桐身:《推广养鱼事业之先决问题》,《水产月刊》第一卷,第六期,第4页。

当然,河鲜鱼行与冰鲜鱼行在经营模式上并没有多少区别,如对于卖主,亦行借款,并且借款手续为信用款。值得注意的是,河鲜鱼行代售佣金为七分。当然,除此之外,尚有很多规费,如扛力费、码头捐等等。①

河鲜运入上海后,俱由河鲜鱼行从中主持买卖。至1933年止,上海共有13家河鲜鱼行,如表所示:

表1-37 1933年上海河鲜鱼行统计表

行名	经理名	资本	营业额(元)	地址
瞿长顺	瞿鹤鸣	140万	3004000	十六铺大街
同仁昌	孙毅臣	140万	3500000	十六铺大街
慎丰	张盈生	5万	300000	十六铺
裕润	李春芳	50万	70000	十六铺大街
同仁泰	胡六如	5万	300000	二马路
源顺		4万	100000	新闸
姚仁泰	孙连生	10万	200000	新闸
裕泰	金似钟	5000	50000	二马路
永泰	凌梦周	5万	500000	十六铺大街
衡泰	张志英	10万	300000	十六铺大街
震兴	薛银宝	1万	100000	二马路

① 《上海市河鲜鱼行概况》,《水产月刊》,第一卷,第六期,第6页。

续表

行名	经理名	资本	营业额(元)	地址
沈宝记	沈宝记	1万	100000	裕兴街
福记	商克昌	1万	10000	十六铺大街

资料来源:《上海市河鲜鱼行概况》,《水产月刊》,第一卷,第六期,第5-6页。

上表所示,河鲜鱼行资本可大可小,少者几千元,多者甚至超过百万元,如瞿长顺以及同仁昌,当然,一般而言投资与收益在某种程度上是成正比的。而河鲜行业中,上述两行的营业基本上总揽了上海河鲜的全部营业。

河鲜鱼行的组织系统与冰鲜鱼行相差无几,他们也是由经理总揽一切,其职员及其相应职责列表如下:

表1-38　河鲜鱼行职员及其职责简明表

名称	薪水	职务	人数
经理	50元	总揽一切	1人
内账房	10~30元	管理行内总账	1人
台账	10~20元	站柜台之账房结账时帮助内账房	5-18人
秤上先生	30元	管理秤鱼	5-18人
收账	15~16元	向各鱼贩及卖主收账	5-7人
学生	月规一元	杂务	4-5人
司务	8~15元	扛鱼、挑鱼	15-30人

资料来源:《上海市河鲜鱼行概况》,《水产月刊》,第一卷,第六期,第5页。

(三)咸鱼行

上海之咸鱼行,俱非单独买卖咸鱼之行家,一般分为两种情况,其一即冰鲜鱼行而兼营咸鱼;一种为买卖咸鱼及咸肉者。前者概设于十六铺,以营舶来咸鱼为多,有时亦代售批发,而从中抽收行佣,一般规定为每百元抽八元。后者则大都以国产咸鱼为主,其货品都先自购入,然后整批或零星卖出,从中谋利,而不收行佣。关于兼营者,不在本节中予以介绍,本节主要就专营咸鱼行进行简要介绍。

至1933年,咸鱼行在上海有29家,其资本自一万至五万元不等,营业自十万至四十万不等,兹将各行状况列表如下:

表1-39 1933年上海咸鱼行统计表

行名	经理	资本	营业约数(元)	地址
介顺	楼文治	五万	500000	会馆弄
德源	应安茂	三万	300000	十六铺
延康	陈祖玉	五万	400000	十六铺
恒顺	陈祖本	三万	200000	十六铺
大同	陆文华	三万	200000	大码头
衡源	王挺生	三万	200000	大码头
同和	张士贤	三万	200000	大码头
合顺	陈蓉生	三万	200000	大码头
德大	唐兆源	三万	200000	大码头
萃丰	张少华	五万	400000	毛家弄
洽记	唐仙槎	二万	150000	新码头
衡祥	洪贤德	二万	150000	关桥
衡吉	吴臣笏	二万	200000	万裕码头
元记		一万	200000	王家码头
纯记	吴臣笏	一万	200000	王家码头
公记	陆晋甫	一万	200000	王家码头
南源昌	张珊宝	三万	250000	王家码头
豫丰	蔡廷芳	一万	200000	公义码头
镇记	顾景春	一万	200000	公义码头
慎昶	曹永彰	一万	300000	公义码头
乾昶	徐锡鼎	一万	200000	老白渡
久大	郑明康	一万	200000	老白渡
久和	郑振甫	一万	200000	老白渡
正大	洪荣华	一万	200000	永盛码头
震余	朱银发	一万	200000	永盛码头
一大	曹永彰	一万		万裕码头
同顺		一万		董家渡
慎泰	戴松甫	五万	400000	毛家街
宝丰	董鲁卿	三万	250000	关桥

资料来源:《上海之咸鱼行》,《水产月刊》,第一卷,第七期,第30-31页。

从上表可以看出,咸鱼行与其他鱼行有很多不同之处,首先,这种鱼行资本不高,上述鱼行资本基本在五万元以下,鱼行资本相差不大,基本保持在1万~5万。同时,他们的营业额同样相差无几,保持在20万~50万。其次,咸鱼行分布较为分散,不像其他鱼行分布较为集中。

上海咸鱼行所经营的国产咸鱼其来路主要有二:其一为北方,主要来自大沽、烟台、威海卫、大连、青岛及獐子岛等;其二为南方,主要来自温州、宁波、岱山、舟山、石浦、泗礁、黄陇、羊山等。主要是通过帆船运输,当然轮船也承担了一部分的运输量。如在1933年七月至1934年六月,"由帆船输入上海的咸干鱼达206015.39担,价值1898367.29元;而通过轮船运销上海的则只有50478.82担,价值600854.14元",[①]只相当于帆船进口的四分之一

四、销售网络中的末端:鱼贩

水产品集中到鱼行之后,鱼行并不直接与消费者接触,他们主要是通过鱼贩来进行交易,完成水产品最后的买卖环节,达到消费的终端。鱼贩每日清晨向十六铺鱼行购买鱼类,运至菜场,贩售与消费者。上海从事此类买卖的人数众多,凡菜场百货摊位均有其踪迹。当然,成为鱼贩同样要履行一定的手续,一般而言,当鱼贩要设立鱼摊经营,则要呈准工部局或财政局,核发营业执照,方准摆摊。值得注意的是,鱼贩的买卖数量相差很大,在上海生意比较大的鱼贩主要为:洪宝泉、陈阿表、赵金表、黄源高、毛阿良、吴阿定、戴祥有、朱水火、林大丰、钟纪友、陈阿才、朱瑞庆等三十多名鱼贩,"买卖最多,每日个人大约买卖共值二十至二百元不等,余则自一二元至十余元而已"。[②]

鱼贩的销售点即为鱼摊,而鱼摊主要设置在菜场之中,因此为了了解水产品的销售路径,有必要把上海的菜场做一番简要梳理。上海菜场主要分为三类,即公立、私立以及经市政当局指定之街道三种。前者建有高大房屋,设备完善,至规模最大者,首推虹口三角地小菜场,老闸桥小菜场、浙江路小菜场、八仙桥小菜场等数处。后者仅在马路设摊,如菜市街,鱼行街等处。

表1-40　上海华界及租界各类菜场统计表　　单位:个

号	地点及菜场名称	鱼摊数量	月捐	号	地点及菜场名称	鱼摊数量	月捐
1	杨树浦路	18	三元	2	梧州路	41	三元
3	平凉路	57	三元	4	潦阳路	56	三元
5	汇山路	82	三元	6	爱尔近路	94	三元

① 《上海之咸鱼行》,《水产月刊》,第一卷,第七期,第32-33页。
② 张济:《上海各菜场摊贩之概况》,《水产月刊》,第一卷,第九期,第43页。

续表

号	地点及菜场名称	鱼摊数量	月捐	号	地点及菜场名称	鱼摊数量	月捐
7	东虹口	41	三元	8	百吨路	89	三元
9	北福建路	64	三元	10	大通路	13	三元
11	福州路	162	五元	12	大顺路	35	三元
13	北京路	78	五元	14	徐家汇	32	
15	新闸路	162	六元	16	雷米路拉都路东	25	
17	马霍路	65	三元	18	钱家弄环龙路霞飞路南	15	
19	齐齐哈尔路	30	三元	20	巨籁达路圣母院路东	34	
21	松潘路	54	三元	22	巨籁达路爱多亚路	52	
23	虹口三角地	288	六元	24	金神父路徐家汇北	35	
25	小沙渡路	19	四元	26	卢家湾打浦桥	25	
27	西摩路	68	三元	28	福履理路祁齐路西	28	
29	安南路	18	三元	30	菜市路大平桥	74	
31	恺自尔路八仙桥	112		32	菜市街大自鸣钟起至新西桥街	164	
33	小东门大街	76		34	打铁浜黄河路	35	
35	唐家湾康悌路	18		36	劳神父路	15	
37	巨泼来斯路麦琪路中部	18		38	福佑路东部	27	
39	外咸瓜街	28		40	传家弄城隍庙前	33	
41	肇嘉路中段	32		42	九亩地大境路	64	
43	老白渡如意街	81		44	曹家街西门	17	
45	小桥头蓬莱路北	20		46	小南门	15	
47	董家渡菜场	22		48	里马路至沪军营	76	
49	车站路陆家浜路菜场	72		50	高昌庙	27	
51	肇州路唐家湾菜场	52		52	斜徐路口斜桥	16	
53	方斜路	3		54	新桥路愚园路	46	
55	徐家汇海格路	55		56	曹家渡	46	
57	长安路新桥北	25		58	共和路菜场	48	
59	西宝兴路三阳路	33		60	虬江路宋公园路	19	
61	新江路	5		62	新民路北火车站东	24	
63	乌镇路菜场	10		64	蒙古路菜场	36	
65	裕通路	25		66	狄思威路菜场	53	

资料来源：张济《上海各菜场摊贩之概况》《水产月刊》第一卷，第九期，第47－50页。注：其中从1－37号菜场属于法租界以及公共租界，而38至66则属于南市、闸北以及沪西华界等华界地区。

以上所统计的是上海鱼摊总数量，包括华界以及租界共3302个，分布在66个菜场中，其中租界鱼摊2333个，占总数的70.65%，而华界则不足三分之一。鱼贩从鱼行购买水产品之后，一般根据路之远近选择适当的运输工具进行贩运，"凡近者，雇挑夫或黄包车输送，稍远者，雇黄包车或小车送之。"如在徐家汇、杨树浦及闸北一带的鱼贩，大都联合若干人，雇汽车贩运。

应该说，江浙地区丰富的渔业资源成就了这一区域较为便利的销售网络，而这一传统的网络体系，一方面维系着传统的生产与销售，保证了这一系统的正常循环；另一方面，经年形成的销售网络体系所形成的利益链条及其利益团体是维护旧有体制的中坚力量，检视这一传统销售网络，我们发现鱼行在其中承担关键作用，这是由以下几个方面的因素决定的。

首先，上海水产品销售网络中的枢纽作用。

据一般估计，上海每年之鱼鲜贸易（一部分为咸鱼海味）当全盛时期，"尝超出六千万元以上，近年市场衰落，亦达一千五六百万元之巨"。考其原因，"实有两端，一为上海有三百四十余万人，需要巨大，一为地临海滨江口，居鱼鲜集散之总汇，如吴兴、昆山、吴江等县之养殖鱼，沿江各县之江鲜鱼，浙江沿海各地（如鄞县定海等县）及山东沿海各区（如青岛、威海卫等处）之冰鲜鱼及咸干鱼，皆以上海为其销售之尾闾，至本埠渔轮所捕获之鱼鲜，则更全部求售于本埠市场，故上海成为全国唯一之鱼市，实非偶然"①。如此庞大的水产品要能够在上海这一城市中进行有效运转，没有鱼行从中周转是难以想象的。它们不仅连接了外来之水产品，使交易迅速的完成，而且能够通过鱼贩而把水产品输送到城市的各个角落，使水产品直接与消费者接触，保证了对消费者食品的供应。

其次，渔业销售网络的重要支撑。

在上海消费水产品种类中，冰鲜渔业占了重要的部分，约占总数的三分之二强。例如，1933年1—6月份，"冰鲜渔获物总数为687768.06担，价值约7448039.56元，"②而冰鲜渔船则占了总数的60.49%。必须指出的是，从事冰鲜渔船的鱼商一般并非大富大贵，主要以小商人为主，但这种渔业的贩卖需要大量的资金，而鱼行是支持他们运作的重要支撑。但是，这种资金上的援助并非通过物资保

---

① 《上海之鱼鲜业》，《申报》，1936年3月20日。

② 《上海之鱼鲜业》，《申报》，1936年3月20日。

证来维系两者的经济往来,而是以信用作为担保,以促使这些从事冰鲜渔业的商人能够出海收鲜。当然,如果一切顺利,则那些鱼商在盈利的基础上能够保证把产品输送到鱼行,一旦失利,在很大程度上,鱼行要承担相应损失,承担了相当的风险。但正是鱼行的这种信用贷款才保证了整个渔业销售网络体系的正常运转。

第三,市场垄断的主要力量。

鱼行是上海渔业的销售之源,换言之,鱼贩要购买水产品都必须要去鱼行,只有鱼行才能够提供水产品,因此这种近乎垄断的地位保证了鱼行对鱼价的控制,从而形成了垄断市场的资格与效果。而这种垄断使鱼行成为人们向往的行业,使大部分鱼行收获了大量的利润,如姚顺泰鱼行"……该行每年营业总数约40万金,行中所取佣金,以七厘计算,则除一应开销外,年可获利万元"[①]。而这种垄断优势则凸显出鱼行在上海渔业经济中的显著地位。

综上所述,上海作为全国最大的水产品消费之所,同时又是全国渔业销售的重要枢纽,承载着中国传统渔业经济发展的历史使命。值得注意的是,随着中国渔业经济的日趋衰退,支撑原有体系的鱼行制度由于自身之缺陷,使其在迎接新的挑战中应对乖力,进而加速渔业衰败之速度。在这一情势下,改变传统的渔业经济体系,就成为国民政府必须面对的重要课题,当传统的利益集团在其固有的资源被分割之际,自然会对这种变革产生本能的抗拒。在这种改变与抗拒中,中国的渔业经济的发展注定步履维艰。

---

① 《姚顺泰鱼行经理姚礼芳被控》,《申报》,1935年3月4日。

第二章
渔业危机与政府的政策

1840 年国门打开之后,帝国主义就凭藉其军事、政治、经济等力量,逐步渗透至中国的各个方面,而与此相对应的则是国人以民族自救作为时代的主题。而中国的渔业面临着同样的困境,即帝国主义的经济侵略使中国渔业自身的循环系统遭受从未有过的挑战。这种经济上的侵略所导致的影响不仅仅反映在物价的涨落,同时更重要的是威胁着以此为生的千百万中国渔民以及鱼商,而鱼价的跌落所加剧渔村的日趋衰败又致使渔民破产而纷纷加入海盗的行列,进一步恶化了整体渔业经济的环境。因此,一方面加强对帝国主义侵渔遏制,另一方面打击海盗,净化海洋秩序成为政府应对危机的重要举措。但事实上这种被动救济是难以舒缓中国渔业经济的整体环境,而加强自身建设完善基础设施,则成为后期政府应对渔业危机的重要取向。

第一节　渔业危机及政府的初步介入

清季以来,随着帝国主义的入侵,我国的海上渔业资源逐渐被帝国主义所掠夺,特别是甲午战争后,日本凭藉台湾为基地对中国的南海渔业资源进行掠夺,接着又借助于第一次世界大战之际占领青岛,从而开始了对中国北方渔业资源的侵占,其后,又凭藉着军事压力不断对我国的江浙地区进行侵渔。这一系列的侵略行径不仅掠夺了中国的渔业资源,而且加剧了渔民的贫困化趋势。基于此,我国政府针对这种状况采取了较为积极的应对措施,使上述矛盾有了一定程度的缓和。

一、帝国主义对中国水产品的倾销

明清时期实行海禁政策,中外民间贸易受到很大限制。康熙年间,海禁开放,中外水产品随着贸易的发展而不断拓展。鸦片战争之后,帝国主义强迫清政府签订了一系列不平等条约,中国至此丧失了关税的自主权,实际上也就丧失了保护自己商品的权力,而这是外国的水产品如潮水般涌入中国水产品市场的重要原因。

据统计资料显示,1900—1935 年的 36 年的时间里,在中外水产品输出入总数中,全部都是入超(如表 2-1 所示),并且从整体上来说呈上升趋势。1910 年之前基本保持在 1000 万海关两之内,至 1911 年则突破了一千万,而至 1923 年逐渐上升至二千万以上。1932 年的入超达致最高点为 27824133 海关两,是 1900 年的 8.29 倍。

表 2-1 1900—1935 年水产品对外贸易输出入情况表 单位:海关两

年份	输出	输入	入超	年份	输出	输入	入超
1900	1207539	4562093	3354554	1918	1122918	12169982	11047064
1901	1087996	5655555	4567559	1919	1201540	13564235	12362695
1902	1196352	5513322	4316970	1920	1651158	1104983	14453825
1903	992011	6823094	5831083	1921	2184683	17458371	15273688
1904	967553	7419848	6452295	1922	2170163	20266006	18095843
1905	1164337	10797972	9633635	1923	2325578	22714463	20388858
1906	964719	10020766	9056047	1924	2414935	27495939	25081004
1907	1019680	10299591	9279911	1925	1684610	24429225	22744615
1908	1153062	9466636	8313574	1926	1218483	25498495	24280012
1909	1457072	10444744	8987672	1927	2350436	26261443	23911007
1910	1498664	10530081	9031417	1928	2934644	24941303	22006659
1911	1400957	11659803	10258846	1929	2673654	26274731	23601077
1912	1617683	12279204	10661521	1930	2796082	25853222	23057140
1913	1898815	14817745	12918930	1931	2863782	23561346	20697564
1914	1781643	15112230	13330587	1932	4036937	31861070	27824133
1915	1759222	17323293	15564071	1933	3063981	22443183	19379202
1916	1779745	15963607	14183862	1934	3074000	18214000	15140000
1917	1796467	16267545	14471078	1935	3098000	19028000	15930000

资料来源:吴有为、徐荣:《我国近代水产品贸易概况》,《古今农业》,1990 年第 1 期。

日本之水产品在 20 世纪二三十年代,在世界渔业界已取得霸主地位。日本通过向西方学习,在近现代化的征程上快速推进,这同样反映在日本的水产行业中。在 1909 年以前,日本国内基本上还是以底延绳渔业为主;从 1909 年到 1918 年,则是日本拖网渔业的初期发展阶段；自 1920 年发明了对拖底曳网渔轮后，直到太平洋战争爆发，这种先进的渔业生产手段，使日本国内的渔业有了突飞猛进的发展。“在政府的积极扶植下，一方面随着渔业资本主义的发展，为了减缓国内资源的低下乃向远洋扩大；而另一方面，在国家采取侵略的扩张渔业基本政策下，彻底地贯彻远洋渔业的发展。”①因此，日本国内“在这个时期的船只数曾达到 1000 艘（500 对）以上，与受法律限制的 70 艘拖网渔轮比较，超过了十几倍”，“它的主要作业区是离开日本近海，向中国大陆沿海移动”。②

“外人侵渔，侵入我国领海捕鱼之国家，日本实为始作俑者。”③日本对中国的侵渔与其渔业经济发展息息相关。日本的侵渔主要使用拖网渔轮和手操网渔轮两种方式。拖网渔轮是由英国人发明并于 1906 年传入日本。由于此船捕鱼甚丰，此种渔船在日本如雨后春笋般地发展起来，进而与沿岸渔业发生了极大冲突。为了缓解矛盾，1911 年制定规则并暂时设立禁渔区域。1914 年，因为船舶增多和技术进步，和沿岸渔业的冲突更形严重，于是订定捕鱼区域“必须在东经 130°以西，朝鲜沿岸禁止区域以外”。这种模糊的界定使中国的渤海、黄海都成为它们的捕鱼区域了。而手操网渔船者是以数十吨的发动机船二艘合成一网，因此，囊括海中一切鱼类的渔业。20 世纪 30 年代，“日本此项渔轮约有四千四百五十二艘，总吨数为 81344 吨”，如此庞大的捕捞能力与日本沿海渔业资源矛盾尖锐，对我国沿海的侵渔遂愈演愈烈④。

日本政府为了大量攫取我国的渔业资源，积极推动对华侵渔活动的组织化、规模化。“他们时常将沿海先予详实的调查，不论渔业方面、运输方面。经过适当的布置，然后有渔轮的侵入。”如“1914 年台湾总督水产和日本农林省水产局之试验船凌船丸及飞隼丸等，调查我东海南海渔场，关东厅水产试验场，历年不断调查黄渤海海洋状况后，每年召集东、黄渤海会议，集合有关人员讨论黄渤海东海拖网渔业及机船网渔业方针以及生产调查事项”⑤。此外，日本西岸各县水产试验场之试验船，亦每至吾沿海调查，其中最重要者是日本共同渔业株式会社早鞆研究所技师熊田头四郎每年必至吾国沿海调查，而在吾国南部沿海的渔场状况等却由日本南

① 【日】川崎健著，郑利荣[译]：《鱼的资源学》，台湾“国立”编辑馆 1986 年版，第 35 页，转引自宋承荣、张庆山《日本殖民渔业对旅大水产资源的独霸与掠夺》，《辽宁师范大学学报（社科版）》，1997 年第 5 期。

② 【日】日本水产厅西海区水产研究所，【译】白力行：《东海海底层鱼类资源的研究》，上海水产研究所 1962 年印行，第 1 页。转引自宋承荣、张庆山《日本殖民渔业对旅大水产资源的独霸与掠夺》，《辽宁师范大学学报（社科版）》，1997 年第 5 期。

③ 《渔业》行政院新闻局印行，1947 年版，第 10 页

④ 屈若搴：《从渔业方面观察各国在华之经济势力》，《中国经济》，第二卷，第五期，第 1－2 页。

⑤ 屈若搴：《从渔业方面观察各国在华之经济势力》，《中国经济》，第二卷，第五期，第 4 页。

洋协会台湾支部等办理。通过调查,日本对我国的“海岸港湾形势”,“洞悉无遗”。[①] 其结果是中国人“尚未知道的渔场,而日本人却已经来侵渔了”,特别是江浙沿海的几个渔场,“日本人简直调查的十分详细,他们的侵渔是以时期的不同而变更渔场,如在清明时节,以发现在吕泗洋水深二十到二十四寻的海面,谷雨左右就在海礁东北及北的方向水深三十寻左右处,到了秋风以后,立冬以前却又在花鸟山北东至北东方向水深三四十寻处”。[②] 并加强了对我国珍贵渔业资源的捕获,如“沿海所产之鲷鱼,颇为丰盛,日本视为珍品,大肆捕获,近年来有绝种之虞”。[③] 为了更好地配合在中国沿海进行侵渔,日本水产业建立了各种组织,如“日本山口县组织,中国海机船底曳网渔业组织”等组织用合作的方式共同来侵渔。与此同时,日本政府为了缓和国内的矛盾,对社会的自发侵渔积极予以支持。如“日本农林省亦每年六月举行东海、黄海、渤海渔业会议常会,凡水产局长,各课长、技师及海军省、交通省、台湾、朝鲜等俱有代表参加,以讨论关于调查及统制之计划”。[④]

日本侵渔的另一个策略即为对华进行水产品的倾销。日本本来就是水产品的输出国,对华水产品贸易已有悠久的历史。约在 1740 年,“由日本德川幕府直辖的东虾夷,即开始把昆布(海带)、海参、鱼翅、干鲍等输入了我国”。迄至日本的箱馆开港以后,鲍鱼和海参等也都不绝如缕的运来销售。当然,我国政府亦采取了一些措施以杜绝水产品的输入,虽然这种输入在数量上有所减弱,但却没有禁绝,日本的水产品仍然可以通过各种秘密途径登陆中国。1865 年,日本政府准许其人民自由贸易,于是日本的水产品就尽量地输入我国了。[⑤]

随着对华侵渔活动的猖獗,日本的水产品产量激增,对华的水产品输出不仅具有掠夺性,而且明显地具有资本主义的商品倾销性质。在 20 世纪后,日本主要是以大连、上海、香港等作为渔轮根据地,将所捕获之水产品,倾销我国市场。如表所示:

表 2-2 日本之水产品之输入统计表

年份	1913	1918	1928
价值(海关两)	2800225	4390455	8315390

资料来源:屈若搴:《从渔业方面观察各国在华之经济势力》,《中国经济》,第二卷,第五期,第 15 页。

① 《渔业》行政院新闻局印行,1947 年版,第 10 页。
② 屈若搴:《从渔业方面观察各国在华之经济势力》,《中国经济》,第二卷,第五期,第 4 页。
③ 《渔业》行政院新闻局印行,1947 年版,第 10 页。
④ 屈若搴:《从渔业方面观察各国在华之经济势力》,《中国经济》,第二卷,第五期,第 1-2 页。
⑤ 屈若搴:《从渔业方面观察各国在华之经济势力》,《中国经济》,第二卷,第五期,第 13 页。

从1913年到1928年，日本对华水产品输出量增长了两倍，呈直线上升趋势，造成鱼价日趋低落，沉重地打击了中国渔业，我国新式渔业举步维艰，旧式渔业日趋破产。

日本不仅大量掠夺我国沿海渔业资源，随着侵渔的日趋深入，还觊觎我国内陆的淡水渔业资源。1929年10月3日《申报》报道："日本派遣岸上镰吉民一行5人，事先来向吾国文化及教育机关有所商洽，迳行前往长江流域，探採各种鱼类。国之中央研究院函请外部，向日方交涉，先须由院派员参加，并审查所得标本，迄今已逾旬日尚未有所表示，而岸上镰吉民等旅程急速，竟度越重庆，本日且将由合江乘自动车直越成都，再行深入雅安、泸定、打箭炉、叙洲各地，或滞留多日，或往复考查，一方置交涉于不顾，一方则积极猛进，显见具有深心，吾国沿江沿海持渔业为生计者，何祗千万，设该民等东西互贯，工作告成，再从事沿海迨及全部，考察完竣，扼吭拊喉之刻毒计划，渔业经济前途，何堪设想。"[①]从上述报道可以明显看出，日本凭藉文化交流之名，行考察我国内地淡水资源之实，从而遭致时人的深刻关注与担忧。

虽然，政府与社会对日本的侵渔表达了强烈的不满，但是并没有遏制日本侵渔的步伐。1928年，日本渔轮在江浙沿海捕鱼的日渐增多，并且把所捕之鱼售之于沪，引起了上海渔轮局的不满，遂群起抵制，并报请官厅设法要求日轮进沪增加关税之请求，在上海鱼商的强烈要求下，江海关作出了外国渔轮进入上海需纳报关税，即每担1.5元，但这种措施实际并没有遏制日本对上海的侵渔。

日本侵渔对中国历届政府来说是一个巨大的挑战，更是一个持续性的斗争。日本的侵渔实际上不仅是对我国渔业经济的掠夺，扰乱了我国渔业经济的循环系统，同时也是对中国主权的一种侵凌。因此，无论是官方抑或民间都对日方的侵渔表示了强烈的不满，并在此基础上双方都为此付出了积极的努力。但必须指出的是，在中日力量悬殊的角力中，日本始终处于强势地位，因此，仅仅依靠阻止外来侵渔势力以保证国计民生的策略，只是一种应急的策略，而并非长久之计。实际上，只有苦练内功加强自身建设，使中国的传统渔业向现代渔业的转变，才应是解决危机的应有之道。

二、危机中的官民应对

中国的渔业经济在20世纪二三十年代受到了严重的挑战。一方面，由于政府权力的式微，沿海，特别是沿海岛屿与大陆交通的阻塞，使政府权力难以达致，加上社会动乱，从而为日本侵渔提供了可乘之机。而另一方面，由于日本的捕鱼技术更

---

① 《中国渔业危机益迫》，《申报》，1929年10月3日。

为先进,生产成本更为低廉,从而使相当一部分商人与日本人相勾结提供了可能,他们狼狈为奸共同构成了较为严密的倾销网络。从表面上看来是帝国主义的入侵,但实际上反映的是中国传统力量与日本所代表的现代因素的博弈。面对挑战,官民如何应对,成为政府保护民生的重要主题。

(一)政府在应对危机中的初次尝试——以江浙渔业公司为中心的考察

渔业一直是中国重要的经济部门,最早可追溯到传说时代的包牺氏结绳为网罟,教民捕鱼。只是这一传统的产业部门也和其他部门一样,至近代已远远落在西方人后面。当中国人还在墨守千年旧法捕鱼时,西方国家已出现了力量雄厚的渔业公司,装备先进的渔轮和电气渔具。

至 19 世纪末年,欧洲、日本的渔轮相率涌到中国沿海捕捞,且把渔业公司直接办到中国,中国传统渔业面临着生存威胁。1903 年冬,德国在胶州湾创建"中国渔业有限公司",准备在中国及东亚一带海域用拖船新法捕鱼。近代实业家,时任商部头等顾问官的张謇在得知这一消息后深为不安,认为这是外国"侵我国之海权,夺我民之渔利"之行为,并认为创办新式渔业企业不仅事关发展实业,还关系到保护国家领海主权和航政的大事。旋向商部禀呈建议,要求沿海各省均集股成立渔业公司,由政府着力保护。清政府根据张謇的条陈,立即将条陈发给沿海各省督抚阅看,令妥筹办理。同时,批准张謇先行招集商股,妥筹酌办,谕令苏省督抚实力保护。

张謇在接到两江总督传知的朝廷谕旨后,即与苏松太道袁树勋筹商,提出了一个具有相当规模的发展中国近代渔业的计划:"全国分别设立南洋、北洋两大渔业总公司,总公司下各省自立公司。南洋总公司应包括江、浙、闽、粤 4 省,而江苏、浙江应并立一个公司,将先行建立。"①

1904 年始,他积极创建江浙渔业公司。在张謇的主张下,从德国的"中国的渔业有限公司"花费了 5 万两银子购买了当时较为先进的蒸汽动力渔轮"万格罗"号[后改名"福海轮",它是一艘蒸汽动力拖网渔轮,这是中国第一艘机动渔轮。船长 33.3 米,宽 6.7 米,功率 367 千瓦(500 马力)。②],投入海洋捕捞,并兼渔政维护工作。同时,为了保护民生,净化渔民捕鱼的环境,他奏请政府同意,在"福海"渔轮配上武器,由"官府发给快炮 1 尊,后膛枪 10 支,快刀 10 把",③负责护洋任务,保卫江浙洋面民众渔船,担负起"渔政"管理的职责。

从渔业公司创办的过程来看,清政府在创办的过程中起到了主要作用,他们期

---

① 汪林茂:《中国走向近代化的里程碑》,重庆出版社,1998 年版,第 357 页。

② 郭振民著:《我踏金鳌海上来》,嵊泗县文史资料第十辑,中国文联出版社,2002 年版,第 32 页。

③ 《江浙渔业公司简明章程》,《东方杂志》,第一卷,第十二号,第 189 页。

望通过创办渔业公司,进行近代渔业的建设从而在中外渔业的竞争中占一席之地。当然我们从公司的章程也同样可以看出官办的明显特征,首先,从公司创办的资金来看,用于创办公司的资金来自于官款(在章程中叙述为“官款垫购”)。但在江浙渔业公司章程明确规定此公司为采取股份公司的创办原则,“集股银六十万元计六万号,每股银十元,便于两省各渔户虽力薄者亦得入股均沾利益,其有力者一人十号百号千号均听其便”。[①] 这种章程的规定性与实际操作中的差异为后期的官民冲突留下了隐患。其次,江浙渔业公司进行的工作来看,它实际上具有政府所承担的公权,主要是对海洋渔业的保护。公司“由官发给快炮一尊,后镗枪十枝,快刀十把,管驾大副定时督同水手操练藉以保卫江浙洋面各渔船”。[②]

北洋政府时期,随着外人的侵渔,特别是日本渔轮的入侵,政府逐渐考虑到通过政府的力量强加对海洋资源的维护,但北洋政府在这件事上只能说心有余而力不足,因为政府财政困窘,要重新筹资以建立护渔机构确有困难,于是在这种情况之下,政府即把目光集中于江浙渔业公司。

1923 年初,农商部以江浙渔业公司有官股之关系,提出对其账目进行查核,并拟派部员王文泰、李士襄对江浙渔业公司进行查账。但时任江浙渔业公司董事的盛竹书则认为,公司并非官办机构,其中之垫款乃是江浙两省所垫而并非农商部垫款,进而强调公司与农商部既无行政上的隶属关系,又非公司的股东,“始终不肯交阅账据”,拒绝其查账[③]。这种态度给予政府进一步采取行动进而扣留人员留下了口实。旋王文泰、李士襄遂向农部通报此事,随之农商部饬令浙江省长查封江浙渔业公司。3 月 1 日,浙江省长致函宁波外海水警厅,将福海、富海两轮扣留。于是水警厅“扣留渔轮,查封房产,拿办在事人员”。[④]

这一纸命令实际上也就敲响了江浙渔业公司的丧钟,接下来只是程序问题。而作为公司是无力对抗政府行政命令的,对此我们无意关注。在这里我们有必要讨论一下封闭渔业公司的法理基础能否成立,两者的矛盾在何处,从这些问题中我们可以审视政府在把其权力渗透至民间社会中是如何考虑的,从中我们可以看出政府的行为所代表的利益偏向于谁? 这是我们要关注的问题。

江浙渔业公司被查封之后,作为董事的盛竹书不甘痛失渔业公司,乃不断寻求各方的援助。他首先上书商会,陈述原委,希冀浙江省省长能了解事情的原委以收回成命,为了便于分析,笔者现摘录全文如下:

---

① 《江浙渔业公司简明章程》,《东方杂志》,第一卷,第十二号,第 190 页。
② 《江浙渔业公司简明章程》,《东方杂志》,第一卷,第十二号,第 190 页。
③ 《查封渔业公司声中之两函》,《申报》,1923 年 3 月 16 日。
④ 《查封江浙渔业公司之声诉》,《申报》,1923 年 3 月 13 日。

……查江浙渔业公司,虽由南通张啬老创办,而樊君时勋实发其端,当时樊君因吾甬地处海滨,穷苦小民,均以捕鱼为业。光绪30年间,德人用渔轮在江浙洋面捕鱼,甬帮鱼商虑渔业利权为外人攘夺,大起恐慌,请求张啬老创办公司,一面先由樊君向德人交涉,购回渔轮,改名福海,需银5万两,先请沪道暂垫,嗣因道款不能久悬,乃请南洋大臣咨商江浙两省各拨银2.5万两归还道垫。原定章程,本议官商合股承办,讵福海开办,即不获利,招股三年,认股者甚属寥寥,是以旋复将商股发还,由官商筹垫,以资维持,官股即改为官垫,官商均未有股单。渔轮亏本,尚请两省补助,旋因上海冰鲜渔船进口,完纳税饷,多方留难,鱼商大感不便,有法商出而保办,悬挂法旗,代行纳税,并令各渔船大船缴费80元,小船缴费60元,张啬老以为有损国体,且利权外溢,因嘱樊君禀请沪道,详奉南洋大臣核准,归公司管理。公司因此附设渔会,每船所纳之费,较法商收纳之数,折减七成,且令福海渔轮兼任运送银洋,捍卫海盗。由是鱼商非常感激,惟当时渔船不多,所纳之费,亦属有限,后因银洋有渔轮护送,鱼行得多缴款项,且渔船有渔轮引导,亦得远赴重洋采捕,是以渔业逐渐发达。上海进口渔船较多,而渔会收入亦渐加增,除添置富海渔轮及房屋冰厂外,所有两省官垫之款,因民国元年江苏程都督查案催还,答以展期十年,故于民国十年间,将两省官垫如数缴还,不足之数,由董事会设法筹垫,总之渔轮历年亏折,全赖鱼商缴纳渔会之费,藉以挹注,是渔会即有盈余,亦属鱼商纳费所积储。公司不过居以名义而已。鱼商以公司办理保护事宜,颇为周至,且历年缴纳渔会之费,俟官商垫款归清后,有兴办两省渔业学校之议,是以多数鱼商深知内蕴者,无不信服,此江浙渔业公司自开办迄今经过历史之实在情形也。炳记于民国五年,因樊君时勋物故,啬老委托为公司董事,以续樊君之职,因事关公益,且与甬帮鱼商多属乡谊,是以勉允担任。至此次部令查账,并非部款,况农商部以振兴实业为原则,渔业亦实业一部分,而江浙两省尤关重要。江浙渔业公司办理垂二十载,鱼商称便,成效卓著,农商部若关心渔业,理应随时奖劝,以示鼓励,乃据部员片面之报告,妄加干涉,试问共和国有此政体乎,若论公司手续,照法律未尽完备,亦因开办在满清时代,公司条例尚未修正,且公司为收回海权,保护鱼商而设,寓有公益性质,与专办营业公司情形不同,即使当年有官垫之款,官厅亦应审查性质,不得与普通公司相提并论。……至江浙渔业公司,启封房屋,撤消争办,以保渔业,而安人心。①

在上书中,盛竹书把江浙渔业公司创办的经过,以及开办以来公司职权范围的拓展,同时对政府所筹款项进行了详细的解读,并对这次查账的来龙去脉作了比较清晰的说明,以求省长秉公办理。如上所述,渔业公司在创办之初实际上就存在一

① 《查封江浙渔业公司之声诉》,《申报》,1923年3月13日。

些问题，特别是官办抑或商办等问题上含糊其辞，从创办来说政府应该起到了重要作用，但在投资问题上确不能表现是官股而明显叙述为官垫，实际上在其后的运作中，也是由民间管理，政府并未对其有任何的资金挹注或者经营上的管理。值得注意的是，在盛竹书的上书中我们发现，能够维持江浙渔业公司运转的并非是官府垫款所购渔轮的经营业绩，而是渔商自愿缴款的护渔费用，即使是江浙两省之垫款，但后来已经缴还给了政府。这在某种程度上已经承认其独立性。因此，如果说盛竹书的上述言辞属实的话，那么江浙渔业公司在其缴还官垫之后，应该说与政府并不存有任何关联。

同时，盛竹书还在上书农商部的内容中，在避免挑战政府权威的前提下，把查封江浙渔业公司之事归咎于王文泰与李士襄，并认为“王李两部员，蓄意渔轮已久，未免危言耸听”。希望“执事以金融界巨子，兼居要津，洞悉商情，当不为部员所朦也”。同时对他们俩的工作提出了质疑。“……特是王李两部员，身为海州、定海两地渔业技术传习所所长，无论其传习成绩优劣如何，该所开支实在与否，然藉查办江浙渔业公司事，久驻沪上，未免有旷职守，我中华民国，扰攘至于极。”①

我们并没有发现浙江省省长或农商部要员对盛竹书提出这些问题进行正面的答复，但一些政府机构确对盛竹书的控述提出了质疑。江苏省立水产学校对盛竹书的言行给予了批驳，他们认为农商部对查账应有必要，首先，农商部对渔业有保护之责，因此对于查账于法有据。“夫江浙渔业公司艰难缔造，垂二十载，挽回海权，保护鱼商，其功足录。诚如执事所言，我国海岸线，绵长数千里，渔业一端，关系国计民生至巨，吾人对于此惨淡经营之公司，爱护之心，固不稍减于执事，为避嫌计，自无拒绝查账之理，农商部对于渔业本有监督保护之责，江浙渔业公司，既有公司之名，复营渔业之实，何能独外此例。”其次，查账方面不论省查或部查，“不过部省权限之争议耳”，这与查账本身并无多大的联系。并且“官垫之款，虽非部款，实系省款，你农部派员查办，既系根据职权，且又经省委，更无拒绝之余地”②。

当然作为江苏省立水产学校只是一旁观者，那么当事人是如何看待江浙渔业公司的所有权呢？王文泰等认为，首先，根据公司积股章程，政府的款项为官股，而并非官垫，因此完全有查账之权。江浙渔业公司“开办十九年，并无商股，全恃两省官股5万两营运”，同时“此项官股，该公司积股章程第五条，已明白规定，安得强指为垫款，公司历年总收入，据经理陈昌樾节略所称，有80余万元，除去股本与开支外，尚存十余万元。此项余产，当然归公，犹之先生为交通银行经理，营业盈余，自

---

① 《查封江浙渔业公司之再声诉》，《申报》，1923年3月14日。

② 《查封渔业公司声中之两函》，《申报》，1923年3月16日。

应分给股东,非经理可以把持,其理甚为显明。而该公司将余产扣留,并未与股本随同缴还两省,谓非有意图吞,其谁能信"。其次,江浙渔业公司管理以及权限素有问题,不仅"渔民鱼商屡向部省控告该公司办理不善,请求查办",并且"江海关副税务司诺乐古亦一再呈请农商部及税务处,取消其报关之权,任令冰鲜船自由报关投税,以昭公允"。[①]

如上所述,王文泰等要查账以及后来查封公司,扣留渔轮,主要是从法律文本出发看待江浙渔业公司,因为其凭藉的是当时公司积股章程,而无视公司实际的操作。从双方所陈理由,我们认为王文泰所代表的政府在法理上是有欠缺的,因为从规章上看,公司是由江浙垫款建立,换言之,没有江浙垫款江浙渔业公司是难以创办成立的。然而,后来公司以股份有限公司的名目进行招股,却"招股三年,因渔轮不能获利,商仅集股二万余元,旋因汤蛰老创办沪杭甬铁路招股,渔业公司商股不特无人认缴,且已集股款纷纷要求拨作路股,适彼时我浙人对于浙路异常激昂,未便违反不得已将已集股款发还,故公司并未招足商股,而江浙两省亦未指为官股。"更为重要的是,"民国元年江苏程都督查案索款,亦称旧垫,如果系官股应有股单,且股款断无索还之理,既已还清,且有两省财政厅批示可证,亦与无股同,况因渔轮而入股,渔轮实亏本于股东亦无利益,公司所有之产,实系渔会中纳税之储余,官商均不得认为已有只可以渔业之财,仍为渔业办公益,办理自为允当"。[②] 因此,从上述分析中我们可以看出,江浙渔业公司从性质上来说,并非实质意义上的股份公司,因为它违背了股票发行的基本原则,即股款的不可退还性。退还 5 万元这一行为,也就承认了这一官款的性质是官垫而非官股,这应该是毋庸置疑的。但作为农商部对政府以前竭力所创办的企业有监督之权,这应该也无可厚非,这是因为江浙渔业公司本身并非一般的私立公司可比,它有着维护海上秩序,打击海盗及报关等一系列具有公益性质的功能。正如总商会在致浙江省长的函件中所强调的那样"以最高监督官厅之资格,从事清查,只须将历年所收渔会经费如何支配,如何储存,其用途是否正当,逐一查明办理,已足以尽监督之职责。"[③]他们认为农商部的权力仅止于查账,不应该涉及其他。更"无虚实未明,遽将人员拿办,更万无蹊田夺牛,遽将护洋最要之渔轮扣留停搁,使沿海渔户连带受其影响之理"。同时更强调这种行政压制经济的行为,可能产生更为严重的后果。"今忽惑于部员余利之甘言,不惜用雷霆万钧之力,没收其财产,逮捕其人员,非但轶出行政官厅监督范围之外,而风声所播,更足以使一般企业家闻而却步,钧长兼听并视,迩言必察,吾浙又

---

① 《查封渔业公司声中之两函》,《申报》,1923 年 3 月 16 日。

② 《江浙渔业公司案之重要陈情》,《申报》,1923 年 4 月 2 日。

③ 《总商会为江浙渔业公司呼吁》,《申报》,1923 年 3 月 17 日。

正在招致商贩，开发三门湾鱼垦之际。窃谓兹事之举措，颇系全局之视听，应请查照公司创办时之成业，暨历来经过之情形，咨明农商部公平处理，并将渔轮房屋人员先为启封释放，以安人心而平商愤。”①

当然，鱼商反对政府查封江浙渔业公司的最重要的考量主要是因为鱼汛即将到来，而江浙渔业公司的渔轮尚被政府扣留，遂担心护洋等问题。于是，宁波、上海渔业永丰、敦和公所电请浙督办、省长要求政府把福海渔轮归还给鱼商以保证对渔民的保护。他们强调理由有二，其一，江浙洋面护洋向赖福海、富海两轮。“……渔船放洋采捕，向赖福海、富海两渔轮运送银洋，以资保护，办理多年，鱼商甚为称便，若仍由外海水警厅循例照缉，鱼行不敢放款，渔民无力采捕，春汛已届，异常恐慌，乞将福海、富海两渔轮发交敝两公所鱼商执管。”其次，“渔业公司所置福海、富海两渔轮之款，实系敝两公所鱼商纳税余款所积储”，因此，“两渔轮归敝两公所鱼商执管，甚为公允”。② 在鱼商的反对下，浙江省长出于民生的考量，采纳了鱼商公会的呈文。将“两渔轮交宁波总商会具结承领经管，并负保护渔业责任”，并饬令“道与外海水警厅接洽办理”此事。③ 至此，查封江浙渔业公司事件遂告一段落。

江浙渔业公司因政府的支持而得以创立，但在后期的运作中逐渐脱离了官方的控制，而成为实质意义上的社会机构。但这种机构因其具有因其具有公益功能如帮助护洋以及代缴报关费等，从政府的角度来看，这种民间社会的制度设计实际上占据了政府的权力空间，侵占了政府的利益。特别是在渔业经济遭致外力破坏的环境，加强集权以控制渔业成为政府的必然考量。在这一情势下，查封江浙渔业公司之目的是为了使政府权力渗透渔民社会的一个重要步骤，在寻求重新构建新的制度运作体系中，政府则有更多的话语权，并且能够通过制度安排达致控制渔业经济的目的，从而保证政府在应对危机中能够掌握主动权。那么如果我们以此为标准来判断这一事件的话，应该说它在打破传统渔业的循环体系中已经取得了先机，这就为后期政府的组织构建打下了基础。

（二）政府操控渔业社会的初步尝试——以江浙渔业事务局为中心的探讨

北洋政府通过行政手段查封江浙渔业公司之后，为了掌握江浙渔业资源，旋即开始谋划成立组织以致在行政渠道上能够控制渔业经济。1925 年 6 月，在联军总司令孙传芳和江浙两省长官的核定下出台了江浙渔业组织章程，筹划在上海地区设立江浙渔业事务局，事务局置总办一人，会办二人。其主要事务有：①法令之编制。②渔区之划分。③渔民之保护。④渔业之调查。⑤技术之改进。⑥渔轮之检

---

① 《总商会为江浙渔业公司呼吁》，《申报》，1923 年 3 月 17 日。

② 《请放被封渔轮之函电》，《申报》，1923 年 3 月 16 日。

③ 《江浙渔业公司两渔轮已释放》，《申报》，1923 年 3 月 23 日。

查。⑦其他关于江浙二省渔业一切事务。[①] 特别值得指出的是,在其组织章程的第七条规定"凡从前江浙两省关于渔业上一切公有之产业悉归局办理,即就原有渔业收入充局经费",这就为其掠夺渔业资源提供了法理基础。

7 月,由联军总司令孙传芳委任莫永贞为总办,江苏实业厅长徐兰墅,浙江实业厅长郭之江各为会办,拨开办费一万元,并饬令江苏、浙江两财政厅各筹拨 5000 元,交莫总办,携带来沪,组织机关,规定事务局经常费每年 3 万元,其江浙公款置办之渔轮由局直辖[②]。经过为期一个月的筹措,江浙渔业事务局于 8 月 1 日正式在上海成立,同时为了宣布其性质曾发布公告以示宗旨:

为布告事,照得渔业为民生大利,海疆系国家大防,吾江浙省区,东濒大海,岛屿攒列,水产丰饶。比年以来,两省人民,从事捕捞,日趋发达,轮船载运,来往如梭。徒以生息荆棘之中,备受蹂躏之苦。其不肖者,假借外资,利用外舶,指鹿为马,反主为奴,攘夺近海之渔区,垄断商市之利益,凡此种种,悉厉吾民,浙闽苏皖赣联军总司令恻然悯念,计设统一之机关,实行保民之政策,熟虑兼筹,已非一日。本总会办仰承联军总司令命令,特在上海地方设立江浙渔业事务局,于本日完全成立。此后设施秉承两省长官办理渔业行政,无非原尔弊害之革除,谋尔事业之发展,凡尔渔民鱼商如有疾苦,悉以上闻,本总会办之力所及,必为补救。经此布告之后,尔渔民鱼商亦宜各安主业,毋得妄事惊疑,或为庸人自扰,致干为便,特此布告。

中华民国十五年八月一日[③]

从其布告来看,江浙渔业事务局之成立主要是因为"海盗纵横,猾吏剥蚀,商奸民蠹,日事侵渔",而保护渔民之生产,维护渔民之生计。然而,必须指出的是,其布告"保民政策"之说辞,以官方之意,则要求政府在掌握全部渔业经济的条件下,才可能加强对渔民的保护。实际上在具体的操作层面就要求渔民社会交出公共权力,完全由政府代庖。其结果是,在这种权力转移中,必然潜藏着利益的位移,这可能是政府权力渗透的另一方面的考虑。正是循着这一思路,江浙政府通过行政手段,促使江浙渔会鱼商公会以及鱼商保安联合会之团体。于 8 月 9 日,经过集议向渔业事务局办理了移交手续,从而使孙传芳完全掌握了江浙渔业的管理权。

然而,好景不长,1926 年 9 月开始的北伐,长驱直入,打乱了孙传芳的阵脚。1927 年初,当孙传芳溃败之后,革命军进驻上海,根据当时战时之需要,无暇考量沪上机构的重组问题。当时总策略是"沪上各行政机关,不问新旧一律暂于维

① 《上海将设渔业事务局》,《申报》,1926 年 7 月 11 日。
② 《上海将设渔业事务局》,《申报》,1926 年 7 月 11 日。
③ 《江浙渔业事务局昨日成立》,《申报》,1926 年 8 月 2 日。

持”。[①] 在这种情形之下，总部军需处职员何广遂衔总司令命令，出任渔业事务局局长一职。

6月5日，国民政府召开中央执行委员会政治会议，蔡元培委员因教育经费支绌，携同张人杰、李煜瀛、褚民谊向会议提出议案，要求开征渔税（值百抽五）以维持教育经费之开支。同时，举荐谭兆鳌为江浙渔业事务局局长，并得到了会议之批准。消息传开后，立即引起江浙地方鱼商的极力反对，并向蒋介石表达了鱼商之意愿：①要求江浙渔业事务局如数发还江浙渔会之财产；②取消江浙渔业局收回委任谭兆鳌之成命。对于第一条，得到了蒋介石之准许，但对于取消江浙渔业事务局却未置可否。其后，旅沪鱼商罗日希，以及上海永丰公所等先后电呈财政部，极力“反对谭兆鳌为渔业局局长”。但财政部却认为“本部委任谭兆鳌为渔业局长，系遵奉命办理，今据渔会代表邬振磐所称，系曾奉蒋总司令批准在先，是否确实无案可稽。至渔税一项，本属地方税范围，加征是否适当，似应归省政府直辖，财政机关酌办，即该局之存废问题，亦应由江浙两省政府商同处置。”[②]上述说辞不仅否决了收回委任谭兆鳌之成命，同时亦为地方政府加征鱼税作了动员。

从本质上来看，不论是孙传芳抑或是国民政府，他们创立或接任渔业事务局的宗旨相差无几，也就是在渔业领域的利益中分一杯羹，以缓解日趋紧张的财政压力。对此，我们从财政部修正的江浙渔业章程中可以一览无遗。此章程规定，江浙渔业事务局隶属于财政部，实际上就为其征收渔业税提供了制度以及法理依据。其中的第二章则完全是解释说明如何征收渔业税。

财政部修正江浙渔业局章程

第一章，总章。第一条，江浙渔业事务局隶属国民政府财政部，掌理江浙两省渔业之振兴及渔业之整顿事项。第二条，江浙渔业事务局设局长一人，由国民政府财政部委任之，管辖范围内一切渔业及渔税事项。第三条，江浙渔业事务局设秘书二人，由局长选任之。第四条，江浙渔业事务局设课长三人，承局长之命，分任总务督察保卫三课事项。第五条，江浙渔业事务局就江浙两省局业繁盛之区酌量情形，划分区域，设分局若干所，每分局设分鱼局长一人，由局长遴员充任，承局长之命分任各该区渔业及渔税事项。第六条，各区域应于渔产丰富地方，设立渔业稽征所，各设所长一人，稽征员若干，由分局长遴员呈请局长委任之。第七条，局长对于本局及各分局各稽征所人员，有任免及监督指挥之权责。第八条，江浙渔业事务局成立后，凡江浙两省原有沿铁路及水陆各税所征收之渔税，完全划归本局，照章抽税，

① 《渔业团体之呈文》，《申报》，1927年12月6日。
② 《国府对江浙渔业局之通令》，《申报》，1927年8月8日。

所有私立各鱼团,应一律取消之。第九条,江浙渔业事务局成立后,应呈由国民政府财政部分咨江浙两省政府,令行各县各地方水陆军警及各属总分各商会,一体知照,并予各分局及各稽征所予以协助保护。

第二章,征收。第十条,凡江河湖海水产品,以及产区销区之鲜干腌□等项鱼类,应照市价暂定为值百抽五,悉就各区鱼行征收之。第十一条,凡征收税款,应即时填具联单,由各区按旬连同单报,报解本局汇齐,按月造具收解清册,一并呈解财政部。第十二条,征收渔税,照市价值百抽五,即每百元抽洋五元,由本局刊发简明布告,揭示鱼行一体知照,遵章报税,如报税不实,或有走私漏税等情事,应分别轻重处罚,各行户亦不得借端高抬低压,或其他种种勒索。第十三条,凡产区与销区非同在一地域者,应在产区时抽税百分之二五,至销区时再抽税百分之二五,补足值百抽五之数。渔户过区,因货未售出,无资纳税时,得由该产区或稽征所查验实货若干,填给验单放行。至销区时总所持验单带征百分之二五之出产税,销区收得前项税款,应即汇交产区之征收机关,并准得将汇费扣还。第十四条,凡由产区而销于他处者,如无前条所述之验单,或验单失落时,仍应由销区按值百抽五之税率,一律抽足之。第十五条,就行征税,实为统一渔税办法,嗣后渔户取鱼以及鲜干腌?一切水产,均须归行买卖,其有私出售者应责成鱼行检举,报局惩罚。

第三章,防范。第十六条,江浙渔业事务局得随时派巡视员承局长之命,分赴各区,巡视所辖各机关及渔业渔税各种情形,报告局长。第十七条,各稽征所办事各员,由主管分局随时查察防范,如有与船行店盆贩各户,串同舞弊,或违法苛索,不能实行保护时,经主管分局查明确实,应即呈报本局分别核办。第十八条,江浙渔业事务局设稽查若干,分赴经营渔业各种行店,稽查逐日行情,及出入货物重量销售账目,有无流弊随时呈报局长。第十九条,凡各区渔船之在海洋江湖,往来取鱼为业者,应另领渔船牌照并编列号数,由各分局各稽征所各巡船随时稽查之。第二十条,各稽征所暂设巡船若干号,分驻要隘地点,防范漏税及其他事情。第二十一条,渔船停泊地点,如有其他船只混杂其间,认为形迹可疑者,由巡船报明分局长所长,一面督同渔团联甲随时搜查,其关系较为重要者,应由分局长呈报本局核办。第二十二条,渔船有藏匿违禁品,或夹带私货物时,一经查获得将该船扣留,并即时呈报本局核办。

第四章,保护。第二十三条,关于渔船保护事项,应由本局呈请令行所属各地方官厅,实力保护,其每藉端借贷,不时骚扰情事,应由地方官厅严行取缔。第二十四条,凡遇同业交争或恃强欺压情事,得随时劝止或和解之。

第五章,经费。第二十五条,江浙渔业事务局及各分局各稽征所,由渔税项下提支二成,为经常费及改良渔业并其他费用。第六章附则。第二十六条,本章程有修改之必要时，得由本局呈请财政部修改之。第二十七条，本章程自公布之日施行。①

1927年11月6日，谭兆鳌发布公告，将江河湖海腌鲜干□水产鱼类加征值百抽五之税。7日，将全体稽查分别委定，给以正式执照，并令各稽查暂就上海区划段服务，以备日后分派两省之需。② 重税加征自然受到了渔业团体的极力发对，8日，上海南北鲜盐鱼事务所开会，到会者有敦和公所，各鱼行经理等。与会者认为"我江浙渔民，冒风涛之险，谋什一之利。年来海盗充斥，已不堪命，兼之捕获鱼类，往各埠销售，各种捐税，负担之重，即如上海而论，进口有关税，有省税、有附税、有转口税等四道之多，若渔业局再加征值百抽五，不啻竭泽而渔，何以为生"③，议决一致反对。

与此同时，作为商界之代表虞洽卿等就此电呈财政部，表示不满，希望能撤销渔业新税。为便于分析，笔者摘录全文如下：

孔部长哲生兄鉴，查江浙两省渔民综计数百万人，江海谋生，艰险为甚，近年生活日高，鱼汛衰落，苦于税重，几不聊生，然对于国税功令，仍属极端服从，盖国家不忍有病民之举，渔民何尝无爱国之诚，上下相维，自无异议。今者渔业事务局成立，变本加厉，未将旧有国税免除，先行值百抽五苛勒，按诸原定负担，骤加及倍，民何以堪，该局长谭兆鳌莅任开征，划分两省辖境及22区，不论有无产鱼县分，遍设分局及稽征所，纵容负司，带同武装队伍，四出勒征，民不堪扰，又复遍张布告，竟欲将历来所有之渔会各团体，全数推翻，以遂一网打尽之计，违法昭彰不胜枚举，各地渔民，纷纷走告前情，佥以生计断绝，祸在眉睫为虑，众口同声，如出一辙。窃思渔税为百货捐之一，各种原有捐税，仍由各关局照旧征收，何独于渔税一项毅然骤变方针，不恤渔民疾苦，度贵部必受谭局长朦请，故有此颁布新章之举，况渔业事务局之设置，实本于去年八月孙传芳意图搜刮民财，始有是局，即使退一步言，是局既务，亦称事属行政范围，于征税何与。今则以勒征重科，摧残渔业为专责，顾名思义，何以自解，尤有进者，增加税率计划，无非裕国之图，从前原有渔税，各关局带征已久，并不另支经费。今设专局办理骈枝机关，星罗棋布，开支浩繁，实益无几。在渔民骤加及倍之负担，生命因以阽危，而国家未获多数之收入，民心为之全失，未能裕国适足病民，利害相衡，得失至显，且整理国家财政，自应通盘计划，裁厘加税，既未实行，偏苦渔民生计，亦岂情发之平。我先总理以三民主义号召天下，首重民生，言之凿凿，人心是以归之，一抔之土未干，三民之旨已背。先总理在天有灵，能不为党国

---

① 《财政部修正江浙渔业局章程》，《申报》，1927年11月20日。

② 《江浙渔业事务局今日开征》，《申报》，1927年11月8日。

③ 《江浙渔业各团体联席会议记》，《申报》，1927年11月9日。

前途长太息平,和德等以事关桑梓治安,民心向背,不得不为数百万渔民请命,敬希贵部俯念民瘼,采纳舆论,迅赐撤销新税,循旧征收,并将该局长谭兆鳌撤回,以平民愤,而顺舆情,渔业幸甚,地方幸甚。①

揆诸渔业团体的反对理由主要有:①渔业获利较少,而捐税已重,新增渔税将不堪重负。即旧税未除,又增新税,民不堪负。②遍设稽征所,民不堪扰。③渔业税为地方税,当不应该为财政局管理。当然,蠲免渔业税,可能仅止于鱼商的诉求,而渔业团体则更注重于渔业事务局的撤销,实际上,在传统渔业经济体系中,渔会或渔业团体是渔民社会自身的管理组织,他们不愿意让渡自身的权力于政府。因此,他们在要求撤销渔业税的同时,更强调了要求政府撤销渔业事务局的请求。并提出了撤销的五项理由:“①以政治言,该局为军阀所特设,与其他行政机关具有历史性者不同,革命政府胡为袭军阀之旧,此应撤者一。②以利害言,前总办莫永贞,受军阀利用,意图搜刮,结果成绩毫无,徒耗临时经常等费数万元而去,将欲祸民适以捐帑,殷鉴不远,何堪变本加厉,此应撤者二。③以名实言,该局事务虽沿海渔业旧称,而查阅布告章程完全为征收渔税办法,自河海江湖至沟塘溪,一网打尽,名不正则言不顺,事不成,徒滋纷扰,无裨实际,此应撤者三。④以统系者,鱼类为地方杂税之一种,设立专局,是否可行,有无窒碍,宜让地方政府核议办理,当兹训政开始,国家地方租税期内,何堪自乱其例,致开权限之争,此应撤者四。⑤以用途言,侧闻劳动大学基金无着,条陈筹款者,率称江浙渔税可供指拨。自蒙开办以来,抗捐风潮,数见报纸,欲竭泽而布网,恐缘木而求鱼,试一体察渔民之痛苦,与公愤之激昂,及推想将来之得不偿失,何妨收回成命,另辟财源,此应撤者五。”②

在各界的反对声中,财政部针对渔业团体所提的各项要求作了部分修改,以缓解征税之压力。遂重新提出了四项解决办法:“第一,江浙渔业事务局稽征区域,以沿海一带为限,凡属内地,不设分局及稽征所。第二,征收渔税以鲜鱼水产动物为限,凡腌干鱼类所有税课,仍由财政厅照旧办理。第三,鲜鱼鲜水产动物所课税率应参照值百抽二旧税及值百抽五新税,愿望减轻,改百分之五为百分之三。第四,鲜鱼每年水产动物之应课新税,全归江浙渔业事务局主管,其从前所有旧税,除海关常关照旧办理外,凡其他各色厘金省税杂捐,一律取消归并,实行化零为整。”③上述办法,应该说对原来的渔业税在税率上有所减轻,同时在课税范围有所减少,并采取了化零为整的措施,蠲免其他杂税,应该说政府在这一问题上是做出了一些让步。但值得注意的是,渔税并没有因此而消除,而渔业事务局以及沿海一带仍遍

---

① 《虞和德等请撤销渔业新税》,《申报》,1927 年 11 月 27 日。

② 《渔业团体之呈文》,《申报》,1927 年 12 月 6 日。

③ (《渔业团体再呈财部》,《申报》,1927 年 12 月 24 日。

设稽征所仍然存在，这些问题是渔业各界所不能接受的。首先，关于鲜鱼抽税这一问题。他们认为鲜鱼与其他货物情形不同，这主要是因为："①渔民出没风涛，冒险捕获，海外之辛苦危险，百倍于内地，政府应予优异以示鼓励。②鲜鱼进口，上海关章所载，向来论儎（一只船装运的货物称作一儎）而不论斤。立不估价征税，其定税用意，在于避免留难，而不防止溃烂。③鲜鱼入市或转口早晚市□不定，须求迅速销售，非比其他货物，经久不变，有一定价目之标准。④鱼类作膳，无论鲜干河海，因为日用必需品，并无单独重课海鲜之理。"其次，关于税率，他们认为"无论化零为整，抑化整为零总宜不分完旧税范，不可超过值百抽二之通率"。同时，渔业各界认为"废除苛细杂捐，先总理早有遗训渔税为杂税之一，纵不遽尔废除，亦何可有加无已"。第三，关于鲜干分类抽税问题，他们认为"鲜与腌干同一鱼类，而所课之税，有从新从旧之分，遂不免畸重畸轻之弊，大部为最高财政机关。此等鱼类杂捐，诚无暇察知真相，只就表面观之，解决纠纷办法，上下兼顾何尝不冠冕堂皇，试一念鱼类课税之未可两歧，与夫渔业负担之不可偏重，应爽然于处置之偶疎，而亟设法以善其后。"否则"捐令尊严，不幸而无济，则窒碍难行，徒以激人民之反响，下不利于民，上无益于国，此中得失，何待著（免）大部所称振兴渔业为设立渔业事务局之本旨，则何必舍本逐末。渔业其名，渔业其实。争此纷扰无谓之些微收入耶"。最后，他们强调指出"大部之意，以为本案纠纷从此解除，不知内地纠纷虽了，而沿海一带之纠纷如故也，以为商民疑虑从此消弭，不知腌干鱼类加征之疑虑虽去，而沿海一带渔税之纠纷更甚也，大部以为化零为整，不同于□敛，值百抽三不至于□民，不知同一鱼□，而鲜与腌干课税悬殊，既乘税则之平，且益加渔民之痛也"。[①]

鱼商通过函电呼吁的同时，组织鱼商代表赴京向政府各部门请愿，要求政府裁撤渔业事务局并取消渔税。在强大的压力下，政府于 12 月下旬同意渔业团体的请求，核准取消江浙渔业局，"所有报关等事，亦令财政部转饬江海关监督，照常办理"。[②] 旋定于 1930 年 6 月底撤销，并由农矿部会同江浙两省派员接收，改为江浙区渔业委员会，将该局渔业行政及护洋事宜划出管辖。其渔税部分，则仍由财政部责成该局改组办理。旋"因军事（中原大战）尚未结束，所有一切护洋及税收事宜"，"一时未便变更"，"仍饬暂维现状照旧办理。"直至 1931 年 5 月才得以裁撤。与此同时，国民政府于 1931 年 3 月 28 日发布通令豁免渔税。

吾国渔业，日渐衰落，如非积极提倡，妥筹保护，实不足以资挽救而图振兴。兹特将所有鱼税渔业税一律豁免，嗣后无论何项机关皆不另立名目，征收此项捐税，

① 《渔业团体再呈财部》，《申报》，1927 年 12 月 24 日。

② 《江浙渔业局取消》，《申报》，1928 年 12 月 27 日。

用副政府废除烦苛,维护渔业之至意。[①]

江浙渔业事务局创立于北洋时期的孙传芳,而国民政府全盘予以接受后,以征收渔税,为中央财政支绌找一挹注之源。但这种一厢情愿的想法遭致了鱼商的激烈反对,在民众的反抗声中,国民政府为了体现其恤民之旨意,逐步顺应民意,最终取消这一机构,并下令免除了渔业税。在这一次博弈中,政府始终处于被动状态。而这种被动状态来自于其民生理念与现实操作的背离。一方面他们的"三民主义"有为民谋利之主张,但其措施却与其主张南辕北辙,这就使其在法理上难以自圆其说。如前所述,在二三十年代,江浙渔业不仅有海盗纵横,同时还有日本侵渔之危机,作为政府理当为渔业经济所面对的困境出谋划策,而不能与民争利,甚至只知索取而不知服务,这种两难困境实际上是鱼商在与政府权益之争中占据主动地位的重要原因。

救济渔业是政府涉足渔业社会的一个极为合理而冠冕堂皇之理由。但我们发现,无论是孙传芳抑或是早期的国民政府在涉足渔业社会之际,虽然表面上是以救济渔业为宗旨,但在实际操作中却是以抢夺利益,加强控制作为他们的最终目标,虽然这种控制可能有为渔业经济谋福利的意图暗含其中,但他们在初始阶段所呈现的姿态却没有彰显这种意愿。在政府与渔业社会缺乏沟通与信任的情况下,政府的这种单方面的运作只能有两个结果:其一,政府通过高压力量来获得控制权进而丧失民心,如孙传芳。其二,遭到鱼商的极力反对而无疾而终,如国民政府。因此,从政府对渔业社会的初步介入,我们发现,如果政府不能够真正从渔民的利益出发,是很难获得民众的信任和支持,那么政府救济渔业这一宗旨亦终将会成为空中楼阁。

第二节 危机的日益加重与官民的因应之策

随着中外矛盾的不断上升,特别是中日矛盾日趋激化,江浙渔业经济呈现出这一时期的重要特征:一方面是日本侵渔日趋加深,另一方面不仅国民政府比初期应对更为积极,同时在民众中间更唤起了强烈的民族主义情绪,特别是在上海一·二八抗战之后,民众的仇日情绪高涨,并积极开展了抵制日货运动。在此期间,抵制日鱼在上海销售成为救济渔业经济活动中的重要组成部分。

一、日本侵渔的日渐加深

1929 年爆发了世界性的经济危机,不久日本经济也遭受影响。在这种情况之

① 《命令》,《申报》,1931 年 3 月 29 日。

下，日本为了转嫁经济危机，加强了对中国市场的开发。日本"因近年全国不景气之关系，鱼价已一落千丈，全国共有2千余之手缫渔轮，均陷于难以维持之境况，故拟相率来沪营业者，大有人在"。[①] 在1930年，经日日社调查所得日本共有24艘渔轮在江浙沿海捕鱼，如表所示：

表2-3　1930年日本在江浙沿海捕鱼渔轮统计表

渔轮	船东	载重（吨）	马力（匹）	来沪时间	捕鱼次数与数量	代理人
大成丸第十、十一号	下关永井氏	50	80	本年春	上半年四次，平均每次获鱼600箱，每箱重30斤；下半年一次，获鱼1200箱	福岛商店
大成丸第十、十六号	下关永井氏	50	80	本年10月	捕鱼一次，1300箱	福岛商店
博通丸第一、二号	下关浜井物之助	50	100	本年10月	共捕4次，2800箱	
周防丸第一、二号	下关浜井纸子	50	100	本年3月	捕4次，共3200箱	
昭和丸两艘	内容未详					
满千丸第一、二号	大连小野木庆洽	未明	50	本年1月	捕12次，每次400箱	
统洋丸第一、二号		30		去年11月	捕20次，每次400箱	
大新丸第一、二号	下关大新组	50	50	本年11月	捕1次，1300箱	

资料来源：《日本渔轮越海侵渔之调查》，《申报》，1930年12月29日。

上表所示共有16艘渔轮，此外还包括"明玄丸第十号、第十二号，大成丸第七、第八号两艘，平渔丸两艘均于本年11月来沪"，公然在我江浙沿海肆意侵渔，"并以上海为根据地，每次将所捕获鱼物，交由十六铺鱼行代为销售，专以压迫我国之渔民渔业为目的。"[②]更重要的是，日本对中国的侵渔日渐具有组织性与计划性。根

① 《日本渔轮越海侵渔之调查》，《申报》，1930年12月29日。

② 《日本渔轮越海侵渔之调查》，《申报》，1930年12月29日。

据时人分析判断,就日本对江苏侵渔的事实显示出“日人抱有一种决心,向我国沿海渔场侵略,并且极有步骤与方法”。如对上海而言,其计划为:“一、日本政府努力保护奖励日本渔轮,向江苏沿海渔场发展。二、各日本渔轮自身联络一气,在上海成立渔业组合(合作社)以整个的团体,谋攻上海一盘散沙,毫无组织之中国各轮船渔业公司。三、利用华商贪图小利之心理而即与以小利小惠诱为彼助。四、即使发生交涉,自有强硬政府为其后盾,渔场上则籍机械能力之渔轮,以压迫我国帆船渔业。五、最后目的在攘夺我国渔业,对于江苏外海之重要渔场,尤为注意,实行以经济力量压迫上海鱼市,以达其操纵东方渔业经济之目的。六、以推广渔业为移民入手,大连、青岛二处即其先例。”①从上述计划中,我们可以看出日本渔轮侵渔不仅仅有政府的支持,先进的技术,同时能够建立组织以作通盘之计划。反观中国的渔业经济却处于极其不利之局面。不仅缺乏强有力的政府援助,同时从事渔业者亦如一盘散沙,更有奸商出于自身利益的考虑而与日本侵渔势力暗通款曲。这种局面使得中国在面对日本的侵渔时显得束手无策,导致日本侵渔势头日甚一日。如表所示:

表 2 – 4 日本输入水产品统计表

年份	1928	1929	1930	1931	1932	1933
价值(海关两)	8315390	11278924	10719630	7420069	4424633	2486923

资料来源:屈若搴:《从渔业方面观察各国在华之经济势力》,《中国经济》,第二卷,第五期,第 14 – 15 页。

日本渔轮的入侵江浙使“我国海权渔利暨国计民生,影响甚巨”。首当其冲受到打击的则为渔轮业。因此,上海三兴渔轮局,中华渔轮局、黄海渔轮局等各渔轮公司于 1930 年 12 月 28 日呈请中央实业部,上海市政府等各机关采取有力措施以应对日本之侵渔。

日本帝国主义秉侵略之野心,连年在江浙沿海捕鱼,甚至来沪售卖,我国官民虽时与日领交涉,而获效綦鲜。前年冬季上海各渔轮公司,以日渔轮来沪多日,竭力抵制,遂有设法限止日本渔轮向江海北关报税,每担一角五分,满望其负担重税,不再来沪,今则以不景象之故常有大批日渔轮进口,察其内容,似有组织对于我国行商又似极有联络。敝局等目击丧权辱国,身受经济倾压,何能容忍,徒以限于权能,不得不联名环请,迅即令饬上海鱼行摊贩,不得出售日本渔轮货品,以作彻底之

① 王德发:《一年来日本渔轮在江苏沿海捕鱼及侵占上海渔业中心之计划》,《民国日报》,1931 年 4 月 8 日。

抵制，尤不得藉口来沪鲜货，系长崎冷气库藏品，非采自中国海面，又以租界为通商口岸，与外人通商，不得为谓非法等语，以作搪塞，愚见所在，非如此不足以言抵止，否则一旋踵间，江浙鱼市将为日渔轮攘夺而去，为持呈请严禁鱼行摊贩售卖日轮鲜货，以维渔业而保主权，实为幸甚云云。三兴海轮许一飞、中华渔轮局龚国樑，黄海渔轮局王梓康。①

同时，作为政府官员对于日本侵渔同样表示强烈愤慨。如1931年4月，立法委员庄崧甫回奉化省亲，途经上海，亲见日本渔轮在我沿海肆虐，异常愤怒并立即致函蒋介石，要求采取措施以救渔民以倒悬。

菘近日返里，甬江鱼市，大起恐慌，因日本渔轮侵入江浙所在辖佘浪岗海礁洋面，巨舰大网，竭泽而渔，所以我国渔业因日本渔轮侵入江浙所辖佘山、浪岗海礁洋面，巨舰大网，竭泽而渔。所以我国渔民自冬□春，收入大减。而日本渔轮则各满载以归，且日人利用我国内奸，冒充中国渔轮悬挂国旗，变易船名，其远销时，则以船中中国人出面，上海方面鱼行与之暗订合同，广为推销，如此侵略，不但海权丧失，而渔民生计，将决然断绝。查佘山、浪岗海礁洋面为我国东方大港，产鱼最旺之区。清明之夏间尤为渔汛最旺之期，江浙闽三省渔船，□集于此，纷纷捞捕，无□数千余艘，海洋收入不下二千万。关系国计民生，至重且巨。近年以来，我国渔业，以极凋疲，今又被日轮大肆蹂躏，若不急图挽救，百万渔民将来于待毙，菘为民生计，为国家计，不得不电告左右，以维渔民目前渔汛旺期之生计，望即火速派舰多艘保护渔民生计，籍以保全，而领海主权亦不致丧失，国家幸甚。②

与此同时，江浙渔民对日本渔轮越界捕鱼同样表达了愤慨并通过鱼栈公所、渔业公会向政府求助。

呈为日本渔轮越界捕鱼，变本加厉，民不堪命，请求严重交涉制止，以保固定渔区而维渔民生计事，窃日帝国主义者，制造最新式之捕鱼机，结队来华，越界捕鱼，始则以台湾、香港为根据地，侵略我沿海南部之渔业，继复以青岛烟台为根据地，侵略我沿海北部之渔业，今乃变本加厉深入腹地，以上海为销售之市场，横行于江浙洋面，实行侵略我沿海中部之渔业，断绝我数万渔民之生计，迭经业鱼各界，请当局以外交手腕，严重交涉制止，并函上海市政府转饬鱼商，不卖日鱼各在案。一者江浙洋面，日届头水渔汛，多数帆船渔民，类被摧残蹂躏。近日来曾请求设法救济者纷至沓来，垂头丧气，状极堪悯。询得日本渔轮从前不过30余艘，今年骤然增至200余艘，悬挂我国国旗，雇佣我国领江，在嵊山，佘山、洋安、将军帽等处，横冲直

① 《日本渔轮越海侵渔之调查》，《申报》，1930年12月29日。
② 《日渔轮侵入江浙洋面》，《申报》，1931年4月8日。

撞,极其蛮强,撕毁我渔具,儿戏我人命,结果彼则满载而归,我则一无所获,按沈家门为中国第二渔场,嵊山、佘山等处本为固定渔业区域,若改任外轮肆意横行,不但已长鱼类均被捞逐净尽,即各鱼类种子,亦将尽归绝灭,渔民束手,渔场破产,彼帝国主义者对于渔业上整个经济侵略政策,遂固无抵抗而全部成功,公会公所等察日本渔轮,近尚不敢明昌不讳,特以保护之道来问,无知之愚民可欺,故得鱼目混珠,施展鬼蜮伎俩,证以虚悬我国旗事,已无丝毫疑义,倘政府当局能予切实保护,多调军舰,梭巡洋面,对方知有戒备,势必遁逃匿迹。再查嵊山、海礁、佘山、洋安、间更、将军山等处早经划为固定渔场,数十万渔民生计之所系,拟请上开各□洋面经纬线以内,明令禁止任何渔轮入内捕鱼,既可培养鱼类之滋长,尤可杜绝外轮之弊混,二水渔汛,转瞬即届,时机迫于眉急,后患实有堪虞,不得已越级上诉,环请钧府秉总理之遗教,为渔民谋解放,打倒帝国主义,严防经济侵略,赶于最短期间内多调军舰巡洋保护,一面明令禁止,永远不准任何渔轮,在嵊山、佘山、将军帽、洋安捕捞鱼类,翘首待命,不胜惶恐迫切之至。①

从上述材料的叙述中,我们可以看出无论是传统渔业(传统捕鱼的渔民),还是现代渔业(渔轮业)以及政府官员,都对日本侵渔表示了强烈的不满与愤慨,并要求中国政府立即采取措施以救济渔业。揆诸上述要求,他们所揭示的内容主要集中于以下几方面:首先,揭示日本侵渔的日趋严重的现状。“日帝国主义者,制造最新式之捕鱼机,结队来华,越界捕鱼,始则以台湾、香港为根据地,侵略我沿海南部之渔业,继复以青岛烟台为根据地,侵略我沿海北部之渔业,今乃变本加厉深入腹地,以上海为销售之市场,横行于江浙洋面,实行侵略我沿海中部之渔业”。其次,表达了对中国渔业现状及前景的担忧。特别是“近年以来,我国渔业,以极凋疲”,“今又被日轮大肆蹂躏,若不急图挽救,百万渔民将来于待毙”。第三,揭露了一些奸商的恶劣行为。实际上日本渔轮在对江浙沿海进行作业以及在中国沿海城市进行水产品的销售之所以如此顺利,实际上与一些鱼商相勾结关系甚密大有关联。如“日人利用我国内奸,冒充中国渔轮悬挂国旗,变易船名,其远销时,则以船中中国人出面,上海方面鱼行与之暗订合同,广为推销”。最后,要求政府采取积极的措施以应对危机:其一,多调军舰巡洋保护,以驱赶日本渔轮,给中国渔民以平静安全的捕鱼环境。其二,要求政府“严禁鱼行摊贩售卖日轮鲜货,以维渔业而保主权”。

针对上述情况,实业部极为重视,并采取了以下措施。首先,与交通部协商,要求“以后凡渔船请领照时,应先令其呈验本部所给渔业执照,否则应予驳斥以杜冒

① 《日渔轮侵入江浙洋面》,《申报》,1931 年 4 月 8 日。

替”,同时要求财政部饬令各海关监督,“定于五月一日起禁止一百吨以下外国轮船入口”。其次,通过财政部,饬令“各海关,严密查禁外国渔船悬挂华旗,并规限请领临时航行证各手续”。再次,令饬浙江建设厅,“商派水警船艇”①予以协助护洋。

由于采取了较为严密的措施,对日鱼商在江浙洋面的侵渔起到了一定的抑制作用。遂引起了“在沪上、安东及青岛三地之日鱼商,大起恐慌”,旋“由日本当局向我国交涉,主在保存其捕鱼权”,在日方的强力压制下,国府所宣布的“五月一日禁止百吨之日渔船进口一事”,不得不“宣告为无期之延期矣”。②

政府之妥协引起了江浙渔业团体的强烈抗议,他们认为:“日本渔轮侵占渔场早有禁令,该日轮展期已满,复请缓限,一误再误,国体攸关,民怨沸腾,政府若再任日轮进口售卖,则沿海百万渔民,万难生存,局势严紧,煽惑有词,酿成惨案,事在意中,群情惶急,无可制止,务恳根据原议,严令沪关水警,即日禁止日轮进口,以安人心。”③值得注意的是,旋在江苏省政府联同中央派员一再交涉,并联合鱼商及各界一致抗争下,终达目的。同时,对超过百吨以上的渔轮新增税收,即在原来的基础上增加 3 元,即每担 4. 5 元的关税,以阻滞日轮的侵渔。上述政策对日本渔轮进入上海销售提高了门槛,使日鱼在上海的销售有了明显的下降。以日本手操网渔轮在上海侵渔一项而论,“则以民国十八至民二十七月间,为最猖獗,计有渔轮 38 艘,如第八、第十大秀丸,第十五、十六博通丸等,最少时,计有十四艘,平均每月达 28 艘,以最少数,每年每只渔船 3 万斤计,则每年被侵损失达 84 万元,计民十九一年中,日渔轮上海者有 172 次,民二十六月进口者 50 余次,7 月而后,因我海关限制百吨以下外轮进口,渐次减少,间有进口者,必□□纳税(每担四元五角),如是日本渔轮即不能任凭与我华渔轮竞争,因本国渔轮鱼税,早经政府通令免缴,盖□以限制外轮之侵入,一则保护□□国内渔业之发展”。④

与此同时,为了加强对江浙渔业管理,在实业部的筹划下,于 5 月 15 日在上海老西门泰瑞里,组织成立江浙渔业管理局,以加强对海关的稽查工作。同时上海市市立渔业指导所,亦提出要求加强对进入上海的日本渔轮偷漏渔税的监督。于是,江浙区渔业管理局以及海军部巡防处派舰予以巡缉,上海市渔业指导所复于淞口设处检查,以加强对日渔透漏之稽查。应该说,上述政策在一定程度上遏制了日本侵渔的势头,如(表 2 -4)所示,至 1931 年后,日本的侵渔势头有了明显减弱。但

① 《实业部查禁日轮侵渔》,《申报》,1931 年 5 月 8 日。
② 《日渔船仍口进口》,《申报》,1931 年 5 月 1 日。
③ 《江浙渔业团体电请制止日渔轮进口》,《申报》,1931 年 5 月 4 日。
④ 《日本渔轮侵渔现状》,《申报》,1932 年 6 月 6 日。

必须指出的是,这种数字显然并非与实际情况相一致。实际情况是,鉴于中国政府之交涉以及日益高涨的反日情绪,日本在侵渔的策略上有所调整,采取了更为隐蔽的措施。如"日人狡计百出,刻在我国东海、黄海侵渔之日渔轮,偷捕所得,辄先运至大连,盖大连海关此时尚在日人手中,再由大连用华轮运至上海,竟无人能发见其奸,结果,日渔轮获大利,华渔行获小利,而本市华商渔业公司乃赔累矣,因每逢日鱼由大连进口,上海鱼市即暴跌,华渔轮极受影响"。[①] 所以"毋怪吾们满眼的看见日本货,而统计上却未见增高"。[②]

但这种私运私销之局面并没有维持多久,一·二八沪战后,日本渔轮亦乘机侵入,"或由吴淞登岸,以汽车或□船运入或直接驶上海,二三月间□□陆续运来,铜盆鲳等万箱(每箱约40斤),初备军用,嗣出其余□约六千箱,分次售出。渔轮直接进口者,有鹗丸、汛丸、福岛丸等,六月一日进口1200箱,二日八百箱,三日又八百箱,鱼类为小黄鱼、非红娘等,多由吴淞用驳船运入,至沪后则由我国人□贩□为其设法推销,以图小利"。[③]

从政府的上述活动来看,政府对于日本的侵渔政策做出了积极的努力,但是由于中日之间在军事、经济以及技术等方面相差悬殊,这种处于守势的外交态势注定了国民政府在这一较量中的劣势地位。更为重要的是,在中日矛盾日趋加剧的状态下,国民政府只能把这局限在经济活动,而难以有更大的作为。特别是1932年之后(一·二八抗战之后),国民政府在抵制日本渔轮侵渔这一活动中,更缺乏强有力的政策,因此后期抵抗日货主力军则让渡于民间社会。

(二)民间社会的抵制运动

从日本侵渔的势态以及手段来看,仅仅依靠政府以防止日本侵销,其效果是有限的,特别是那些沪上奸商私行贩运日鱼运销上海,对于政府而言,可谓防不胜防。

社会团体是社会系统自我约束,自我救助的群众组织。其成立之宗旨在本质上是以互助为目的,一旦其成员的利益受损,它能够通过组织的力量来加强自身的保护。因此,在沪上的渔业团体就承担起维护上海渔业经济系统良性运转的基本功能。实际上,当日鱼在沪上侵销时,上海渔业公所就不断上书呼吁政府对上海渔业经济进行保护以抵制日鱼的侵销。但如上所述,政府在处理这类问题上,虽有成效,但没能阻止日本的侵销,特别是在1932年后,日鱼侵销渐趋严重。揆其原因,主要有两点:其一,国民政府基于政治、军事等方面的原因,实际上也难以在中日之间的经济斗争中,获取主动地位,而只能是被动应对。其二,中外勾结,为日本在沪

① 《日本渔轮又在沪活动》,《申报》,1931年10月31日。

② 屈若搴:《从渔业方面观察各国在华之经济势力》,《中国经济》,第二卷,第五期,第16页。

③ 《日本渔轮侵渔现状》,《申报》,1932年6月6日。

上侵渔大开方便之门,使政府防不胜防。相对来说,由于日本的技术更为先进,在生产率更高的情况之下,生产成本亦相对较低,故其鱼价比之中国渔船所获要低。一些商人为了贪图便宜,便暗通款曲与日商接洽购鱼以渗入上海。如"小东门大街瞿长顺鱼行歇夥顾阿和,近见仇鱼有利可图,竟然昧良忘义,大贩仇鱼,当前日海洋丸运来大批毒素黄鱼时,该顾阿和竟向闵行路治和冷藏库,贩购扁式木箱装置之黄鱼数百箱,深夜用汽车运至十六铺"。由于"不敢公然出售,乃将该项仇鱼私藏于老马路铁锚巷 54 号内",并"秘密售与各鱼贩"。①

在这种状况下,不仅在日本侵销的源头——即日轮在江浙沿海肆意捕鱼——难以采取遏制措施,同时在销售的末端——上海鱼商与日商之勾结——也应对乏术,其结果是很难在抵制日本的侵渔中做出更好的成效。为了维持上海渔业经济的正常运转,保护鱼商的利益,上海渔业团体开始进行了自我救济的行动。1933 年 3 月 29 日,上海渔业团体(主要是上海冰鲜渔业及咸鱼业同业公会——笔者注)专门就日本侵渔成立了渔业检查仇货委员会,内部设执行委员会,会内分设秘书处及调查、总务以及宣三科。委员会选举金楚湘、黄振世、陈玉如等十五人为执行委员,并录宣言:"我们的使命,为中华民族得生存,本不折不挠的精神,愿与奸仇拼命地周旋。"②

上海渔业检查仇货委员会之宗旨在于阻滞日鱼的侵入,最大限度地保护上海鱼商的利益,但值得注意的是,这一团体本身是一民间组织,并不具有政府的公权力,因此其检查之对象主要针对在沪的一些勾结日本的商人,揭露并给予一定的制裁。就其从事的活动来看,其主要的任务主要集中在以下几个方面:

其一,对运入上海的仇鱼(即日本鱼)进行调查。

调查是应对日本侵渔的首要环节,只有真正了解日本侵渔的各种手段,让公众了解日本水产品运入上海的时间和地点,并公之于众,进而引导民众予以监督,以阻滞其销路。如 1933 年 5 月 1 日,鱼检会据密报杨树浦到海洋丸一艘,满载仇鱼。于是"常务金楚湘至该处调查,果见海洋丸一艘,该轮船身甚巨,上有无线电、冷藏室等之设备",为了更真切的了解海洋丸所运水产品的状况,金楚湘当即"雇佣小轮至该日轮近处暗视少顷即有驳船四只,靠并日轮,该驳船公用局船照一为 8709,一为 8568,一为 8586,均满载纸箱木箱,装贮已经冷冻大黄鱼等 3000 余箱,其箱上有'丰洋','共同渔业''船内冻鱼'字样,旋该四驳船由长福轮拖驶简路验关,验关后驶至外白渡桥北境俄领署左首起货,复由汽车六辆,运向虹口而去,汽车号码一

① 《大批仇鱼运沪后渔业团体纷谋抵制》,《申报》,1933 年 5 月 6 日。

② 《渔业检查仇货委员会成立》,《申报》,1933 年 3 月 30 日。

为市 8367,一为市 3440,一为市 3426,一为市 3518,一为租界 9496,一为租界 16675,该鱼每车均有日人押运。"①与此同时,"他们还查明大黄鱼三千余箱,……由虹口密勒路宏昌冷气公司冻藏"②。从这一情况来看,对日轮输送水产品的调查可谓细致周到,从上面所给的材料中不仅包括鱼之种类、数量,同时还对于运输车辆及目的地都有详细的报告。应该说,这样的报关对于有效防止这些水产品的销售能够起到抑制作用。

其二,对勾结日人的鱼商予以揭露。

实际上,日鱼之所以能够在上海大肆侵销,在很大程度上与国人中的一些奸商勾结有很大关联。在利益的驱使下,一些商人趋利的本性模糊了他们民族意识,进而铤而走险与民族的敌人相勾结。而两者的结合共同构成了一个完整的销售网络体系,基于此,查获勾结日人的鱼商成为渔业检查委员会的重要任务。如 1933 年 5 月 13 日,"有沙船一艘,海关号数为 0365,船名金宝利,船主郑全良(即阿号,据本市渔会调查该船以前未来沪)由宁波秀山装运黄沙来沪,在杨树浦广信码头起卸,于 14 日卸完,旋受鱼贩王姓之嘱,15 日先驶往高桥装冰,再驰出吴淞口白龙港地方,偷驳日本渔轮运来小黄鱼、大黄鱼及鲳鱼等 250 余担,于 17 日清晨,驶进十六铺出售,经渔民察出其奸,……报告海关。海关当以该船冒称国货,计图偷漏完税(约 1500 元)已将该船扣留"。而渔业检查仇货会在得知此事后,经过细致调查,"得悉该船此次偷运日渔,实际悉惯做日轮鲜鱼生涯之洽丰,经理陆锦堂及捐客王庆棠等预定计划"。③ 并把此事公告于众,以儆效尤。

从上面的论述中,我们发现,不论是冷藏公司抑或是承担销售的鱼行都涉足其间。根据姜豪在 6 月份之调查"上海的咸鱼及冰鲜业鱼行……有洽丰、恒昌、公顺、协兴以及同兴等数家均曾发现贩卖大批日鱼多次,其余属于地货行业之永茂、慎丰二家亦以营日鱼为营业之主要部分。"④这就为日本侵渔提供了便利的渠道。值得一提的是,渔业检查仇货委员会只是一个群众组织,因此并不具有政府所赋予的任何权力,他们的最大权限只局限在:①公告。如对某某等行贩运仇货,大青川、油滑仙、小小口鱼等应如何儆办案。②建议权。如上所述,当日渔通过宏昌公司冷藏时,特"函市商会,予以惩戒",并请商会转函银钱业同业工会立即停止宏昌冷气公

① 《大批仇鱼来沪》,《申报》,1933 年 5 月 5 日。

② 《宏昌公司冷藏日鱼,鱼检会请惩戒》,《申报》,1933 年 5 月 11 日。

③ 《奸商偷运日渔被扣》,《申报》,1933 年 4 月 18 日。

④ 《上海市洋庄茶叶同业公会、渔业仇货检查委员会,全浙公会、电机丝织厂业同业公会、第四区丝织公会有关组织情形及工人向厂方进行斗争等文件》,档案号:722 - 5 - 376,中国第二历史档案馆藏。

司往来货款。[①] 以达致惩戒之目的。应该说,这种不具有公权力的社会团体,偏处上海一隅,因其在渔业界的地位是能够得到一些社会组织或者是政府机构的协助,或许能够起到某种威慑之作用,进而在杜绝鱼商勾结外人之行动中取得一定之成效。但一旦脱离了这一特定区域,实际上他们的影响力微乎其微。例如,4 月 27 日,有沙船二只满装仇鱼到浏河,有鱼贩陈汉章激于义愤"随往当地太仓县公安局浏河第一分局及江苏水上公安局水警第四区第 16 队队部告密,惟以上两处,均以为陈别有作用,且斥为多事,不予受理",旋赶赴上海仇鱼检查会报告。"该局既得陈密报,……遂立备公函推派常务金楚湘、黄振世二君雇汽车驶赴浏河,到达该地后,先投公安局水巡队及太仓县党部浏河区分部等处,投递公函,并请派员协同检查。结果……公安局及水巡队不派员",并且"该局长竟多方推诿,并斥陈另有作用,更谓陈不应赴沪报告。言毕不顾有客,即恨恨入室",于是,"由经售该仇鱼公盛行经理陈凤岐,区分部常委张其相及仇检会之黄、金二君同赴码头检查,该船中所装之小黄鱼、米鱼、鞋底鱼尽系日鱼,正拟同赴公安局及水巡队报告时,公盛行经理陈凤岐因情虚之故,即遍觅无着。随由金黄陈三君同往上述二处,请即将该仇船仇鱼暂为看管一宵,待次日再行处理。"[②]翌日,仇鱼完全上岸,而装仇鱼之沙船亦将被其脱逃。

1934 年初,当日本在大连建设大规模渔场后,加大了对上海市场的侵销。如 1 月 22 日,运到大批日鱼入沪,"计一千担有奇,蓄藏宏昌冷气公司,已向本埠鱼商界东昇、公顺、生记三商号接洽"[③]。6 月,"日鱼之输入,除迳由日轮者外,尚有大批由青岛、大连、烟台等处入口,转运来沪,因从青岛等地进口,可省去海关完纳每件税金二元有余。至最近鱼货以黄鱼、青川鱼为最,数在两万件,值约 40 余万"[④]。8 月《申报》又报道:"日本渔业界最近又产生一新计划,将于下月初派渔轮 68 艘西来,作有步骤之整个侵略。"[⑤]这就再一次证明,官民合作对日轮侵渔政策的措施,在某种程度上来看是作用并不明显。一再的挫折也从反面告诉我们这种被动救济的途径其效果是极其有限的,这不仅给予政府,同时对于人民亦提供了深刻的教训。在 1933 年后,实部则对日本侵略我国渔业概况,以及如何救济发表了看法,他们认为振兴我国渔业办法有两项:①消极办法,应提高日本各种鱼类进口税,禁止日渔轮入口,加派船舰保护我国渔船。②积极办法,应设国立水产试验场,兴办新式渔业

---

① 《宏昌公司冷藏日鱼,鱼检会请惩戒》,《申报》,1933 年 5 月 11 日。
② 《奸商偷运仇鱼》,《申报》,1933 年 4 月 29 日。
③ 《日渔进口畅销》,《申报》,1934 年 1 月 28 日。
④ 《日鱼倾销我国渔业濒厄境》,《申报》,1934 年 6 月 18 日。
⑤ 《日派大批渔轮侵略我国领海渔权》,《申报》,1934 年 8 月 27 日。

公司,设立水产专门学校,奖励远洋渔业。[1] 因此,相对来说,第二种方法虽然用时较长,但确是帮助中国从传统渔业向现代渔业转型的较为重要的步骤,更是防止日本侵渔的根本之策。

二、海盗的猖獗与政府的措施

海盗即指那些在海中劫掠商旅,抢劫财务的海上强盗,一般以劫掠钱财为目的。值得注意的是,他们与陆上的土匪亦有相似之处,不仅具有帮派之别,而且具有特定的势力范围。江浙沿海的海盗产于何时以难以考证,但有一点是肯定的,他们应该与海洋运输抑或海洋渔业生产相伴随。近代以来,随着帝国主义的入侵,渔民纷纷破产,很多人被挤入了海盗的行列,而江浙沿海同样不能幸免。

江浙海盗因渔业资源的丰富以及航运频繁而成为海盗滋生的温床,就江浙而言,这一地区的海盗有其鲜明的特点:

1. 数量多,对商旅及渔民的破坏性强

在 20 世纪 20 年代末期,江浙两省海盗已有数千人,"分为南北两帮,南帮即浙江之各州北岸一带,约一千人。北帮系苏省之通州启东等处,不下二千人"[2],并且其武器装备较为先进。他们大多出身于渔民,职是之故,对此地的渔汛及渔民捕鱼之范围及时间有确切之掌握。其结果是,海盗之出现与渔民之捕鱼之频率呈正相关关系,一旦渔汛来临,即为海盗劫掠之际,如《申报》报道:"近日江浙洋面,渔汛旺盛为渔民一年之生计最有关系时期,而海盗乘机出没,渔船之被劫掠者日有所闻,最近洋面喧传,有大批溜网船,于本月十二日、十四日等日在吕泗洋面遭劫,有数十只之多。旋经逃出之被难船伙,先后赴该帮江浙渔业联合会报告,已证被劫之船有二十只,被架之人有三十余,渔民闻之,无不惶骇。"[3]

海盗之劫掠侧重于财物,但若有予以反抗亦存有性命之忧,如宁波渔船陈胜大在遭致海盗抢劫时,有一鱼夥企图反抗而被海盗开枪致死,为了更逼真地再现海盗之强悍,我们把时人所描述之情状摘录如下:

近由宁波装载冰鲜鱼货来申,投行销售,乃驶至戢山洋面,突遇大帮海盗嘉盗船多艘,将一商船拦住,正在抢劫,陈船主郝某见之,即令各夥扯足风蓬急驶,免遭危险。不料前面又有两小船,系盗之探船。驶出而在后之盗船开枪,乃两探船闻声,将陈船围住,迫令停驶,陈船见状,难以脱险,只得落蓬停驶,而在后之盗船三艘亦追至,迫令陈船驶回,盗在后监视。讵至戢山南面一湾处,着陈船停泊,各盗蜂拥上船,有三四十名,执枪或刀棍,皆操台州音,郝船主避在梢内,被盗拖出,逼交银

---

① 《实部建议振兴渔业办法》,《申报》,1933 年 6 月 23 日。注:设法渔业银行(1933 年 7 月 7 日)。
② 《江浙渔业局扩充警力》,《申报》,1931 年 12 月 8 日。
③ 《江浙渔联会电请救济渔民》,《申报》,1930 年 5 月 8 日。

洋，郝将藏在被中三百元交出，盗不满，要郝上山，郝聆言哀求，无效，被盗掳至盗船，继将各夥身上搜抄，所有银洋铺盖衣服，尽行劫去。临行时，向船人云，着即备洋速来将船主赎回，有一夥当盗搜身上与抗，被盗开枪，当场击毙。①

从以上描述可以看出，海盗势力强大，一旦商船遇上，实难逃脱，不仅商船被洗劫一空，甚至船员还被扣留为人质，对鱼商造成了极大的威胁，一旦遇上很可能就倾家荡产，乃至家破人亡。

2. 海盗劫掠之空间大，政府难有作为

江浙洋面宽阔，这就为海盗大范围的活动提供了客观条件，同时亦为政府进剿海盗平添了难度。"海盗剿灭，颇非易事。因其散匿各港，即抢劫时亦系零星盗船，遇官军进剿，则逃至巡舰不能行驶之汊港内暂避，或则拾船登陆，致官军无从将其一一弋获。"②应该说，海盗势力的强大与政府剿匪力量所形成的力量悬殊，是海盗难以剿灭的一个比较重要的因素。与此同时，江浙洋面没有形成统一的打击力量，各个水警力量各自为政，相互攻讦，消耗力量。亦给江浙洋面之海盗的活动提供了空间。

从历史经验来看，海盗的发生与发展与当时的社会经济环境以及整个社会的权力控制疏密与否关系甚密。后者出现问题，如经济萧条或国家控制力弱，或者社会本身的失序都是海盗产生的温床。而20世纪初，特别是后北洋时期，军阀终年混战，民不聊生，经济状况日趋破败，而在这一环境为海盗的泛滥提供了基本的社会经济条件。从本质上来说，一旦这些条件日趋转好，也就丧失了其存在的社会条件，这就可以解释为什么历届政府及其渔民自身在不断打击海盗的情况下，海盗的势力并没有因受打击而渐趋消亡的重要原因。

海盗是传统渔业经济威胁的重要组成部分，近代以来，如何保护渔民进行海洋捕捞主要是渔民社会的自发行动。国家并没有成立机构以维持海洋捕捞的环境。如前所述，在20世纪20年代，当国家的权力渗透至渔民社会中后，并没有为渔业经济构建一保护网络，而是一味索取，引发了鱼商、渔民的强烈不满。在这种权力博弈的过程中，海盗势力逐渐发展，进而对渔业构成了严重危机，如在吴淞，"每届清明以后，……其营业概数，则每年除渔船伙小货自售外，由萃盛宝丰慎泰三行经售之总数，达50余万之巨，历年所到船只，头汛约在百号左右，二汛则至少百余艘，多至二三百号不等。"但1928年却在此"发现盗船百余艘，盗匪500余人，持有精锐枪械，大肆骚扰或船货被劫或掳人勒赎"，因而"头汛渔船到淞，不满四十只"。海盗的猖獗使苏省鱼市大受影响，以苏省鱼市营业颇丰的浒浦所属之彭家桥三处为

① 《陈胜大渔船主被质》，《申报》，1931年5月18日。

② 《江浙渔业局扩充警力》，《申报》，1931年12月8日。

例。据闻“彭家桥头汛只到渔船两艘,其营业之衰败,已可概见,刻今二汛抵淞者,尚不足三十号,所获之渔,均剩一舱或半舱,其余均为盗劫。”[①]与此同时,海盗之猖獗还间接影响了整个渔业经济的运作。首先,捕鱼船只的减少必然会引发渔获量的减少,从而影响鱼市的正常交易。其次,对鱼行影响甚大。由于“春鱼船放洋每向鱼行预备开行费用,每船至少200元,多至五六百元不等,追获鱼来淞售卖时扣还,即得行佣又可收回借款,历来如此”。但由于海盗的掳掠,使鱼行不但“行佣无着,并且血本已成泡影,日来各鱼行经理皆垂头丧气,深报无限隐忧”。[②]

当然,海匪对渔业经济之破坏不仅仅只吴淞一地,在整个江浙地区都存在着这种威胁。因此,鱼商纷纷向国民政府以及江浙等省政府提出要求,希望政府能够在“渔汛正旺,海洋盗匪,如此猖獗”之际,“迅予饬属勒限追捕”,打击海盗,“以解倒悬”。[③]在民众的强烈要求下,国民政府加强了对渔民的保护措施。实际上,对于政府而言,面对如此广阔的洋面,而在水警力量实在有限之情形之下难以对海盗形成威慑力量。职是之故,面对如此尴尬之境遇,国民政府只能以保护渔船为主,而把打击海盗放在次要的位置,往往显得较为被动。如1931年初,吴淞蕰藻浜内停泊之鲞鱼船数十艘,“拟往北洋赶捕二汛,于本月十八日在淞口鸭窝沙洋面遇盗,将吕长隆船主吕泰华、陈发顺船主陈长福二人架去,约往北江大港赎票,每名索值五千元,现尚无音信。各渔船于出事后,纷纷驶回吴淞咸裹足不敢往前”。“缘刻下北洋渔汛,正在旺盛之际,若因此而错过,则渔船与鱼行所受之损失,甚非浅鲜。遂推派代表孙绍策、苏志诚等商请于吴淞水警第四区,派船保护,”5月21日,“由区部第16队吴大队长令派二、三两分队,分乘巡船,随同大批渔船出发保护驶往北洋,赶捕二次渔汛”[④]。因此,我们发现,这种事后救济的措施,是难以起到保护渔民之目的。

值得注意的是,虽然海盗日益猖獗,但国民政府并没有成立相应统一的机构以应对之,而渔业团体的护洋工具又被政府通过行政之手段予以剥夺。在这种新的护洋制度尚未建立之际,渔民只能在事发之后求救于政府,难有长效的制度性保证的临时性措施实际上其效率是有限的。因为,这种被动救济主要发生于渔民已经身受打击,难以缓解渔民所遭受的痛苦,也不能从心理上给予渔民以安全感,这就不能为渔业经济的良性循环创造一安全的环境,其结果是渔民被劫之悲剧将会不断重演。在这种情况之下,实业部于1931年5月31日召集海军部、财政部进行协商,并决议:“1. 财部将江浙渔业事务局结束,所有护洋行政部分及巡船等均交实部

① 《海盗猖獗鱼市大受影响》,《申报》,1928年1月11日。
② 《海盗猖獗鱼市大受影响》,《申报》,1928年1月11日。
③ 《江浙渔联会电请救济渔民》,《申报》,1930年5月8日。
④ 《水警保护大批渔船出口》,《申报》,1931年5月22日。

接管,改组为实部江浙区渔业管理局。2. 关于外国渔轮进口,已由财政部令饬各海关设法禁止。3. 关于租船护洋一节,已由海部遵令,派舰巡弋保护,除整个计划由三部会商呈复外,所有实施办法则由主管实部专案呈核。"[①]从上述决议可以看出,国民政府所成立的江浙区渔业管理局成为江浙渔业经济的行政主管机构,这就从制度设计上保证了江浙渔区的统一管理,有利于加强协调,统一行动以获得资源的有效配合。但在护洋问题上,仍然要求三个部门的合作,其中海关主要是针对外国渔船的侵渔,而海军的主要任务则是协助渔业管理局保护洋面的安全。相对而言,这种制度设计就加强了对海盗的打击力度。

江浙渔业管理局成立之后,对护洋做出了以下措施:

第一,加强对海洋的日常巡逻。

打击海盗是江浙渔业管理局的一项重要的任务,而一旦成立专门机构,就能够形成制度化的保护措施。加强了对海洋的巡航,以保证渔船的安全,并在护洋的过程中屡获战绩。如"据海鹰巡舰报告,谓该舰于本月十七日上午九时,出巡至浙江石浦吉水门外时,遇见形迹可疑之船只多艘,当经勒令停驶,拟即加以检查,讵该匪船等见势不佳,即且抗且逃,旋被该舰猛力追击,相持三小时之久,匪始不支,纷纷上岸逃逸。当时击毙海匪数名,伤多名。并救获被掳渔船及宁波岛沙船各一艘,暨难民二三十人,闻经此一击后,附近海盗均闻风远窜云"。而在关键时期,则更加注重防护。如"值冬季渔汛,海风更炽巡缉不容稍驰,故护局虽当经费万分竭蹶之际,仍勉力加紧护渔工作,韩局长督饬所属各舰缉务起见,曾于上月□赴湖江外海巡视一周,并严饬所属福海、海鹰、安庆、表海等各巡舰,随时加意巡缉"。因此,自"实业部江浙区渔业管理局局长韩有刚氏莅任以来,锐意护渔,夏秋两季,迭获海盗,"有力地打击了海盗,一时"渔民称颂"。[②]

第二,进行组织建设,加强护洋力量。

实际上,江浙洋面广阔,洋面岛屿纵横,而海盗"散匿各港,即抢劫时亦系零星盗船,遇官军进剿,则逃至巡舰不能行驶之汊港内暂避,或则拾船登陆,致官军无从将其一一弋获"。而渔业管理局"所辖两省海面,颇为广阔,仅有巡舰四艘,名为福海、海鹰、表海、庆安,每巡舰平均约三百吨左右,每舰有官长士兵等 30 名,有机关枪,步枪、木壳枪",因此加强警力以补不济成为护洋防盗的重要基础。于是在 1931 年底,渔业局一面呈请实业局发放枪支。实业部即为所请,旋即领到枪支"各科约百枝左右"。一面委托江南造船所完善装置,以应时需。与此同时,优化轮舰

① 《保护渔业计划》,《申报》,1931 年 6 月 1 日。
② 《江浙渔业局海鹰巡舰进剿海匪》,《申报》,1931 年 12 月 24 日。

组织构成,减少资源浪费,如"每年海盗最猖獗时期,为春间之二三月,黄花鱼汛后。现在冬至时带鱼上市时期,本局巡舰,须有渔船集合出发捕鱼时,随时保护,达到捕鱼处,仍须在旁弋巡,俾负意外,惟本局巡舰行驶速度,较渔船为快,以致每一巡舰,与渔船同时出发时,巡舰必先至捕鱼处,再折回中途海船处,如此往返二三次,渔船始克达目的地,惟巡舰本身,耗煤不免太多","现已计划添置巡船(帆船),以便可以与渔船同时行驶,不致有舰快船缓之虑"①。进而保证了对渔船的保护。

第三,加强对渔船的管理。

为了加强对海匪的打击,对渔民的船只进行管理能够有效地减少海盗的潜藏之所,同时压缩海盗与渔民相勾结之空间。渔业局认为"江浙区洋面渔区广汛,船户繁杂,每周良莠不齐,难免窝奸匿盗"。基于此"本局为求便利保护周密起见,依照本局组织条例之规定,施行渔船检查,编订渔船牌号。凡在本局管辖区域,所有大小渔船,不论本籍客藉,自布告之日起,限一个月内均须一律遵照本局渔船管理规则,请领渔船牌号,除分令各巡舰各护渔队各办事处遵照办理"。②

在江浙海洋渔业管理局的维护下,江浙洋面的海盗活动有趋于缓和的态势。但值得注意的是,由于政府财力支绌,江浙渔业管理局难以为继不得不进行机构缩减。1932年8月,渔业管理局奉令改组为"江浙区海洋渔业管理局"后,以便集中精力与财力加强对海匪的打击。该局局长范质龙,为谋发展渔业及扩充警力起见,特添购巡轮,补充警额,并在各处成立分办事处。但由于国民政府在进行渔业现代化的建设当中,并没有得到大多数鱼商的支持,不得不于1933年11月接收到实业部的训令,撤销了江浙渔业管理局,在此基础上于12月底"在沪设置护渔办事处","选派前江浙渔业局长袁良骅为主任",③护渔之任务日渐退居其后,至1936年,因筹建渔业银团缺乏资金而被裁撤。

近代以来,海盗日趋成为沿海渔业经济中的重要威胁,但对于海盗的打击,历届政府缺乏有效的措施,而把这一权力让渡给民间社会。国民政府成立后,在"民生"的口号下,他们对农村以及渔村等下层生活状况开始进行一系列的调查,并在此基础上进行改善民生的制度设计。相对于渔民来说,打击海盗,营造一个安全的护渔环境,是改善他们生活状况的基本要求之一。因此,国民政府专门就此成立机构以打击海盗的势力,在政府的运作下,海洋环境有了一定程度的缓解,但由于政府所配制的力量相对较弱,难以形成覆盖整个洋面的打击力量,因此,渔民被海盗劫掠之消息仍时有所闻。实际上,这种直接打击海盗的政策指向,并没有真正看到

① 《江浙渔业局扩充警力》,《申报》,1931年12月8日。
② 《江浙区渔业局检查渔船编订牌号》,《申报》1932年。
③ 《实业部将设护渔办事处》,《申报》,1933年12月8日。

问题的症结，事实上，海盗之所以如此猖獗，从某种程度上可以解读为渔民“逼上梁山”之无奈，因此，要真正解决海盗问题，在打击海盗的同时，必然要在改善渔民生活上着力，这才是杜绝海盗的应有之策。

第三节 行政归属的整合：从被动救济到主动建设

鸦片战争以来，中国面临着从传统社会转变为现代社会的问题。这种转型同样存在于海洋经济之中。如前所述，我国渔业经济所面对的主要危机是日本的侵渔，从而打乱了我国的渔业经济体系。但实际上，这不仅仅是两国渔业主权和利益之争，也是传统经济与现代经济之间的博弈，而在这种斗争之中，中国只有招架之力，而显得处处被动。因此，如何完成这一转型，也成为当时各界人士讨论的话题，而国民政府亦在此基础上试图通过官民合作以加快中国渔业经济的转型过程，但利益的纠葛却处处不断消解政府的努力，使得这种转型举步维艰。

一、渔业救济之理论探索

中国渔业状况在二三十年代仍然处于传统经济的状况，实际上，早在20世纪初期，就有人对中国渔业经济的发展提出了较为中肯的看法。指出“中国海产渔业富甲于全球，东南沿海七省，形势天然，蜿蜒曲折达12000余里，其间岛屿林立，数尽万千，为鱼类天然宝库。北有寒流，南有暖流，故四海群鱼无不归之，其渔产价值，据最精确之测验，至少可值银208805048元。特每年由旧法所捕得者，犹不及四分之一”。因此，认为要达到保证渔业经济发展至少要从两个方面着手。

首先，科学至上：用科学以解决渔业上一切问题。

科学至上是20世纪20年代，中国人民在追求强国富民的征程中所信奉的拥有绝对权威的话语，或终极追求。在这种思想的泛化下，应该说科学已经成为解救传统中国的不二法门。

科学是改良技术以及工具的基础，而传统渔业中，很多技术相对于现代科学技术来说，都较为落后，因此，加强科技改进成为传统渔业向近代渔业转型的重要步骤。如渔业专家王棠就渔业而言，在应用科学技术方面提出至少要从四个方面入手，以改变传统的生产技术达到渔业增值之目的：首先，应用科学以改良渔具。我国渔业经济素乏人关注，因此长期以来，传统渔业经济并没有多大的进步。“中古以降，始有以绳结网，以骨角等类制钩，专从事于渔业者，法虽简陋，而渔具之胚胎，实滥觞于是，洎平今世，虽历时数百年，顾实无远大进步”，然而，“世界渔业称发达之国家，如日本、美、英、挪威以及俄国等，其渔具之进化，实有一日千里之慨。自以轮船实行捕鱼后，世界鱼类产量大增，消费因以益广，更有利用枪炮炸药以捕鱼者，如捕鲸炮是也。最近更有利用电气以捕鱼,利用飞机于空中侦察鱼群,用无线电报告渔轮,而往捕投者更为国人所梦想到者矣。考世界渔业所以能由江河而近海而远洋,事业之能由小而大,大而至于能影响国家财政与渔权者,盖无不受科学改良之赐。"因此,要对中国的渔业经济进行建设"必先自改良渔具始"。其次,应用科学以保存水产物永久之新鲜。鱼类与其他商品不同之处在于保鲜问题,这是关系渔业经济发展的重要组成部分。一般而言"鱼类离水后,在华氏六十度气温下于30小时内每不能保持其新鲜,或趋于腐败。"因此"渔船归港后,若不以迅速之手腕将鱼类尽行售去,经济上必受非常损失"。这是因为"鱼类之新鲜与否,其价值低昂极有关系"。当时国内所用之冷藏,"所用之冰,多为天然冰,多混杂质,颇有害于鱼类","故犹未达万全",所以应"利用气潜热而造成之冷藏机械,如酸化硫黄庄缩冷却机"以保持鱼类之新鲜。再次,应用科学以水产物造成种种之实用品。实际上,"近世华研之道日精,举凡宇宙间一切万物,无不各具一种特有本能,以供人类之利用"。例如"鲸脑油鳕肝油等,视为价高用广有名之减摩滋补用品,考其原料所自来,鱼类实为其重要部分"。因此,通过技术对鱼类产品进行加工,扩大其销路,以增加鱼之附加值,亦是提高渔业经济价值的重要手段。最后,应用科学以增加水产物之产量。他认为"欲鱼类产额增加,可实行养殖尚矣",然而,"我国养殖事业,早发明于数千年之前,特以养法陈腐,设备简陋,未能锐意精研。如食料供给之过度或全不兴,池之建筑不合法,致与鱼类生存上有碍,他若疾病害虫之不除,水温水质之不注意皆为其未得良好结果之重要原因",而"今者养殖之学大进,世界各国莫不竞相养鱼,其称最发达者,首推德国,论其获利,有多至四五倍以上者,举凡鱼之受精,卵之孵化,种种改良,皆可以人工行之,可谓巧夺天工矣"①。

其次,政府角色:渔业经济之组织者与管理者。

一直以来,由于中国海权意识的淡薄促使政府对渔业经济同样缺乏关注,这是导致中国渔业经济难以发展,或者说难以向现代化转型的重要原因。而发达国家之所以渔业经济如此发达与政府的重视程度有很大关系。他认为"欧美各国工商业之所由兴……极端提倡奖励者,实为其重要原因,吾政府对于渔业亟应提倡",并强调政府提倡渔业经济之理由有三:其一,为国家计,盖民以食为天,无食则不能为生。"以中国沿海水面之广如此,而所产鱼类犹不能供沿海数省居民所需,内地人民有终其身不能尝海味者,比比皆是,岂得谓平,故政府对于渔业,至少应有一种相当政策,使鱼之产额,足供本国人民之所需而有余"。其二,为沿海渔民计。"我国沿海有数十万渔民,平时率以小本经营为生,而网小船破,捕捉艰难,一旦没有凶

① 王棠:《对于整顿中国渔业之管见》,《申报》,1924年6月15日。

歉,则悉皆流为饿殍,甚且铤而走险,置身海盗。其直接于民食国家收入者,姑不具论,而间接使沿海不靖,商旅不行"。其三为国家道德计。"因权利义务应相衔并重,渔民捕鱼,赋税以数百万计,占国家岁收一大部分,且终年穷居海上。凡陆上居民,所享之一切权利,彼辈皆不能一沾染之,若政府但知取之不易,而不思归以少数金钱,以谋渔业上之改良,使彼辈得稍享利益,对于渔民是为不义,即对于己身,亦为不智,盖若渔民逃荒,政府将赈恤之不暇,更从何处征赋耶"。①

政府提倡之路径主要构建适当之组织系统,那么,作为政府应如何操作,他指出这要从三个方面入手:第一,创立渔业试验场。试验场之目的,"专以解决一国或国内某区域渔业上之困难问题,同时并研究发明有益于渔业之各种新原理及方法的促进其改良"。第二,创办渔业教育机关。中国传统渔业的难以发展主要还是人才的缺乏,因此必须大力培育这方面的人才,才是解决问题的关键。首先,创立渔业专门学校以培养专门人才,以"充当渔业技师教员及渔业推广人员"。实际上在20世纪二三十年代,由于政府及社会对渔业的漠视,很多人对渔业经济毫不关心,因此这方面的人才奇缺,"查我国全境沿海七省水产学校之成立者,仅有直、苏、浙三省立中等学校","专门学校尚付阙如"。"夫以此中等程度水产学校之毕业生,其学问经验,依各国惯例,只可充当技手,此种人才非有技师之指导竟无事可为,其无开辟事业之能力,要亦甚明,然渔业专门学校不设,技师之人才无由出,今日之技手,其不能办事于社会,又何待言,学生不能办事,社会必咎学校,故学校非提高程度进办专门,不能解决此项困难。"其次,设置渔业职业科,其"目的专为教育渔民子弟而设,使其稍明渔业上种种必要之艺术技能学理"。第三,设置渔业推广机关。加强渔业知识以及渔业状况的宣传,更重要的是把试验后的技术转化为现实生产力的过程,即"以试验场所研究之结果,普及之于所有渔民"。其形式可分为二种:一、文字的渔业推广,"即以文字普及关于渔业上种种之必要智识艺术技能,使一般不能入学校之成人渔民,得以稍明大概,而达改良之目的"。同时,"将试验场研究所得之新学理新试验或各专家之重要著作,与各种渔业统计表印成年刊月报或披露于各种新闻报纸,以广文字鼓吹之能力。"二、演讲的渔业推广。即"延请渔业专家指导员或极有经验之农夫,于沿海各渔村中,为巡回的循环演讲,每处或一日或三日不等,讲演旧有鱼法之种种得失及新知识之传播,讲演之后,继以讨论。凡赴会渔夫,均可就本人所遇之疑难问题,质诸演讲者,以求解决"。其宗旨在于"普及渔业之知识以补文字推广之不足"。② 这不仅仅是因应危机的应急之需,同时亦是

① 王棠:《对于整顿中国渔业之管见》,《申报》,1924年6月22日。
② 王棠:《对于整顿中国渔业之管见》,《申报》,1924年6月22日。

改善渔业经济技术水平,救济民生的重要步骤。

上述方案是加强渔业经济从传统向现代转型的关键点,而更为重要的则是政府对渔业经济的提倡,这是因为传统渔业经济经历了多年的发展,实际上已经形成赖以为生的利益集团以及盘根错杂的利益纠葛,这种循环体系中,如果没有外部力量进行强有力的资源的重新配置,而要求自身的改良,其希望是渺茫的。基于此,国民政府对渔业经济的救济进行了积极的努力。

二、国民政府建设渔业经济的尝试

1931 年,为了加强对渔业经济建设的力度,国民政府进行改组,把一切渔政悉归实业部管辖。而实业部以建设为主,这就从根本上转变了国民政府对渔业经济的基本政策,把重点转移到了促进渔业经济转型上来。

首先,加强社会宣传,以引起社会各界对渔业的关注。

中国的渔业经济之所以没有发展,其中一个重要原因是缺乏社会的关注。为了让社会各界了解各国渔业发展状况以及本国与世界渔业经济发展的差距,由实业部与上海市政府共同于 1931 年 4 月 4 日—8 日,在上海举办了为期五天的渔业建设宣传会。

这次展览以展示中国渔业发展状况,介绍先进的渔业生产技术为宗旨。组织者把展览划分为十个展区,其各个展区的内容主要为:"一、二、三为私产,四为海洋气象航海物品室;五为渔具、钓具室;六为江苏省沿海旧式渔业室;七为外洋各国新式渔船及网具室;八为水产分藉刊词室;九为新式渔业及渔区模型室;十为水产制造品"。① 为了使观众更清晰的了解展览的内容,在整个参观的过程中由水产专家王德发引领并加以讲解。

这次展览于 4 月 4 日上午九时开放,一般上午参观,同时为了吸引观众的参与,下午增加了游艺活动、表演节目,如"少年宣讲团化装演讲,渔家乐歌舞及渔业影片、计分:①探海记。②海洋奇观。③温轮捕鱼情形。④捕鲸情形四卷。"②等节目。出乎意料的是,由于所展的东西系属罕见之品,遂吸引了大批参观者。在第一天的展览会上,为了减少参观者之拥挤,"至下午二时半,即宣告停止入场"。然而"至下午四时,来者犹络绎不绝,欲夺门而入,虽经该会办事人员,婉言劝导,而人声鼎沸,其势汹汹,甚至有越垣而入者,该会恐发生事故,即将游艺停止,始告平息,……综计昨上午,到会者不下九千人。"③如潮的观众打乱了筹委会初步的设想,于是于次日,即召开紧急会议,议定方案以弥补招待不周之虞,并借此机会扩大影响。

---

① 《改进渔业宣传会第二日》,《申报》,1931 年 4 月 6 日。

② 同上。

③ 同上。

当即“议定五案:①请公安局添派警察八名维持游艺及赠品摸彩处秩序。②分配游艺场及各展览室职员。③添聘水产专家,举行演讲。④添印刊物,以广宣传。⑤派专员招待新闻记者。”[①]与此同时,随着会展范围的扩大,使费用超过了当初的预算,不得不电请农矿厅、市社会局以及试验场加拨经费。

查敝会开会举行宣传工作,原定经费预算为1100元,由省市及渔业试验场三方平均担负,即经分请照拨在案,惟此次宣传范围不无扩大,陈列物品,既属丰富,而印刷刊物、亦极紧多,且陈列各品,大都运自远方,途路遥远,用费实多,照原定预算,属觉难符开支,经敝会总干事临时会议,通盘计划,不敷之数约计900元,当经议决拟请贵厅(局)各增拨四百元,贵场增拨100元以资弥补。[②]

在科学技术一再证明其强大威力之际,政府和社会都以科学技术作为自身发展的重要凭藉,无论是中央党部代表杨清源,抑或是上海市长张岳军都把中国渔业经济衰落之主要原因归咎于科学技术上的欠缺。如张岳军认为:“盖今日之世界,乃一科学的世界工商业之竞争,亦不外一科学的竞争,由是其竞争之失败,恒以其科学进步之程度以为断,夫渔业之有赖于科学,不下于农矿等业。”[③]杨清源则认为,中国渔业凋敝衰落之原因有二:“①是渔民知识幼稚不会应用科学方法。②是帝国主义者的积极侵略摧残。”即使是第二方面则与科学技术亦不无联系,他认为之所以“日英美俄诸国,到如今每年生产额量,超越我国好几倍,甚至我国市场上也充满了外国咸鱼鲜鱼日英美俄诸国”,主要是因为,他们“应用科学方法,努力改进渔具,精益求精,不断研究政府既得保护渔业,复尽力奖励”。鉴于此种危险情形,“因□起组织改进渔业宣传会,将本国渔业以及欧美各国渔业情形,陈列一堂警醒国人,并以为研□求进的张本”[④]。而此次渔业宣传会,其目的主要是为了宣传科学技术之力量,以引起社会各界的关注,从而为后期的渔业改良赢得良好的社会基础,同时获得有识之士的参与及响应。

其次,对渔民进行技术之培训。

要把技术转化成直接的生产力,则必须要生产者掌握技术才能实现。因此,加强培训渔民在近代渔业经济的转型中显得尤为重要,国民政府对此点亦有清醒的认识。在政府的倡导下,一些渔业试验场尝试对渔民进行技术培训。而1931年7月的江苏省立渔业试验场对渔轮船员的培训便是其中一个范例。

1931年7月16日,江苏省立渔业试验场,“鉴于外国渔轮在我沿海侵略年逾

---

① 同上。

② 《改进渔业宣传会第四日》,《申报》,1931年4月8日。

③ 《本市举行渔业宣传会》,《申报》,1931年4月5日。

④ 同上。

一万万元,而本国捕鱼技术,又复瞠目乎人后,特利用沪上华商各渔轮,在夏季修船休渔期间,假东门育才学校,举办第一届渔轮船员暑期讲习会,作技术及学识上之指导"。[①] 本次讲习会之目的"使听讲诸君于学术及技能上得能稍有补充,而业务亦可因之日益改进"。因此讲习所授课程,"均与渔业上有密切之关系"。为了达致上述目的,聘请了当时渔业界较为著名的专家,同时"制各种图表",以期"各船员十分了解"。在授课之际,还安排参观了徐家汇天文台,永新冷藏库等现代渔业技术工具。当然,此次讲习会之宗旨并非仅止于对船员的知识培训,同时亦期"社会上对于渔业情形,均能明了",从而引起社会大多数力量的参与,"多办几家渔业公司,多置几只渔轮"。[②] 参加此次学习的学员有"海兴、永茂、聊丰、镇宁、集美各渔轮船长机关大副等高级船员,江苏省农矿厅代表侯朝海……水产专家陈祝年……以及各渔轮公司职员等50余人"[③]。

讲习日期,"自十六日至三十一日,每日下午四时半至八时止"。参加的学员"因平日服务海上,劳苦终年,颇难获得此种听讲机会",因此,参加学习后"始终精神贯注,秩序整齐"。同时,"对于听讲船员,备有晚餐,以谋时间上之经济"。"课程凡十余种,每日除讲授外,自21日起并开映中外渔业影片,俾听者有所观感云。"[④]

这次培训由于考虑周全,准备充分取得了预期的效果,使一部分人掌握现代捕鱼技术,同时亦能够使社会之仁人志士参与渔业经济之建设,从而在加速渔业经济向现代渔业经济的转型起到了一定的积极作用。但其局限性同样表现明显。由于缺乏相应的培训资源,能够受到培训的人少之又少,或者说,这种培训在某种意义上是难以大范围的开展,而其主要作用可能更多的在于示范意义。

第三,加强组织建设。

实际上,要引导渔业经济建设,作为政府来说必须要有相关的组织机构对其作专门的指导,而渔业指导所的成立则是政府加强渔业改进计划的重要组成部分。上海"地居长江流域暨滨海要冲,既为江浙两省渔业之中枢,尤为全国新式渔业之惟一根据地,在渔业上所处地位,至为重要"。因此,上海市社会局局长潘公展,鉴于"本市渔业之兴衰,有关于国计民生颇巨",爰于1930年8月间,呈准市政府筹设渔业指导所以改进本市渔业之专责机关,"嗣以经费关系,致一时未能成立"。1930年11月份"因鉴于外轮,侵渔僭捕,日甚一日,国内渔业更形凋敝",于是,"继续积

① 《渔轮船员讲习会开会记》,《申报》,1931年7月18日。
② 《渔轮船员讲习会闭会》,《申报》,1931年8月2日。
③ 《渔轮船员讲习会开会记》,《申报》,1931年7月18日。
④ 同上。

极筹设指导所”。① 终于得到市政府的应允,并与1931年5月6日,在上海正式成立,其办公地址设在老西门泰瑞里。

渔业指导所,顾名思义是以指导并改进渔业为宗旨之机构,若要了解其具体状况,我们只要认真审视其五、六两月工作大纲,则可一目了然。如表所示:

表2-5　上海渔业指导所五、六月份工作计划大纲

工作项目	内容
关于调查工作部分	1.各种冰鲜鱼、咸鱼产销调查表。2.各种海味产销调查表。3.各种冷藏鱼类产销调查表。4.各种水产罐头食品产销调查表。5.各轮船渔业公司、鱼况调查表。6.外洋各国水产品输入调查统计表。7.国产水产品输出调查统计表。8.统计民国十九年份水产品输出入情形。9.绘制已经调查之各种渔业上临时发生之事件。10.调查本市各鱼行之组织状况。11.调查本市各轮船渔业公司之组织状况。12.调查市内有关养殖鱼类事业。13.调查日轮侵渔情形。14.调查其他一切关于渔业上临时发生之事件。15.绘制江浙两省外海各种渔场区域图。16.绘制江浙两省外海形势图。17.其他表格。
关于宣传工作	1.筹备发刊渔业界月刊。2.编印上海港务规则。3.编印上海港航行规则。4.编印航海气象信号简易识别办法。5.采制水产生物标本。6.其他宣传工作。
关于研究工作部分	1.盐藏品旧式制法之研究。2.干制品旧式制法之研究。3.鱼类冷藏法之研究。4.鱼市场渔港建筑之研究。5.新旧渔船渔具渔法等之研究。6.其他研究事项。
关于合作工作部分	1.提倡组织渔业合作社。2.提倡水产物共同贩卖。3.提倡渔民渔商共同储蓄。4.其他合作事业事业之提倡。

资料来源:《渔业指导所所务会议》,《申报》1931年5月12日。

如上所述,上海渔业指导所工作主要集中于调查、研究以及宣传等方面的工作,完全是一个以服务渔业为宗旨的机关。没有调查就没有发言权,只有真正掌握了真实的渔业状况,才能够保证所做出决策的正确性和有效性。而上海渔业指导所针对上海的调查与研究则能够为上海市政府乃至实业部做出正确的决断提供了最充实的依据,从而为政府后续的渔业改进计划做出积极的贡献。

综上所述,在20世纪20年代末30年代初,国民政府在对待渔业经济建设上所作出的积极努力主要集中于以上三个方面。但由于政府财政支绌,要持续进行渔业经济的建设,完成渔业经济的成功转型,不是一蹴而就的,而必须有持续的政府力量的支持,才能完成这种艰难的转型,这就必须要有大量的资源作后盾。但在财政困窘的情况下,政府更倾向于通过渔业社会自身的力量来达致渔业社会经济

① 《渔业指导所昨日成立》,《申报》,1931年5月7日。

的转型,质言之,要达到渔业经济的转型必然要渔业社会的认可与整体参与,才有事半功倍的效果。

三、税费之争:近代渔业经济转型的困境

实业部成立后,就立即着手进行各项经济的建设,而渔业经济建设同样是其中重要的一环。实际上,一切渔政统辖于实业部后,其所进行渔业经济的建设扭转了以前只重攫取的价值取向。1932 年初,实业部就渔业经济建设出台了一揽子计划,以推进中国渔业经济的现代化进程。但我们知道,由于受国际金融危机以及国内政局动荡之影响,国民政府实际上用于经济建设的资金实在有限,更重要的是,由于渔业经济素乏政府重视,因此上述复兴渔业经济的计划,却没有配套资金的挹注。而与此相对应的是,要达致目标则需要大量的资金,“关于建设方面如渔港鱼市场之建筑,中央水产试验场盐鱼制造厂等之设立认为必不可少,所拟预算草案,约需六百万以上”①。在没有专项资金的情况下,其融资渠道则只能是渔业社会,其结果是在实业部拟定计划之后,就提出了征收渔业税之动议,而这一动议甫一提出即遭致渔业界人士的普遍反对。

至迟在 1932 年 9 月,关于重征鱼税的流言已经在坊间流布,“此项征税命令,不日即将公布”,渔业界遂大起恐慌。9 月底,上海冰鲜鱼行同业公会及江浙各帮冰鲜鱼商闻讯后,分电南京林主席、宋院长及实业部陈部长,并联合各帮组织团体,分投呼吁,“誓达到永远豁免鱼税之目的”,并致蒋介石电:

九江蒋委员长钧鉴,闻部议重征鱼税,有即日实行消息,商民惶骇万分。豁免鱼税渔业税新奉明令,仅及一年,今忽反汗,何以取信于民,且渔业衰落已达极点,再加负担,立釁生机,我公主张豁免于前,仍乞维持于后,万乞俯念百万渔民生死关头,迅电院部,取消原议,不胜迫切待命之至。②

同时,为团结渔业各界力量共同反对政府渔业税的征收,宁波同乡会于 1932 年 10 月 4 日召开鱼商代表大会,组织成立渔业维持免税委员会,以协调步骤共同反对政府之税收。会后由渔业界领袖虞洽卿电请政府取消征收鱼税,原文如下:

闻渔业税复活消息,渔商渔民奔走骇汗相当,查豁免鱼税渔业税,甫于上午奉令实行,遽尔反汗,似非所以示大信于人民,目对物课税,纯示通过税性质,大不宜于裁□之后,重开恶例,近年渔业衰落,不绝如缕,百万渔民,已濒破产绝境,保护不遑,何堪朘削,心所谓危不敢不告,万乞当机立断,即将原议取消,渔民幸甚,党国幸甚。③

---

① 《实业部计划整理渔业》,《申报》,1932 年 12 月 4 日。

② 《反对重征鱼税续闻》,《申报》,1932 年 9 月 29 日。

③ 《渔业各团体代表大会》,《申报》,1932 年 10 月 5 日。

如上所示，渔业界反对之理由主要有二：其一，政府的命令不应该反复，这样会失信于民。其二，渔民生活"已濒破产绝境，保护不遑，何堪朘削"。实际上，实业部进行了渔业经济建设而重拾鱼税这一措施，虽有其不得已之无奈，但同时亦有其固有思维之影响。必须指出的是，实业部本身没有擅自制定税种与征税之权力，而这一法理上之困境也注定其在这一次征税中难以赢得渔业界认同的重要原因。

对于渔业界的强烈反对，政府不得不做出相应对策。1932 年 11 月 20 日，实业部长陈公博来沪邀请渔业团体领袖晤谈。21 日上午，张申之、方椒伯、戴雍居、邬振馨、李春芳等六人等与陈公博会商。在协商中，陈公博解释了政府举办渔业税之主旨，并在此前的基础上做出了相应之妥协，提出了三点主张：第一，删繁就简，"整顿其他繁苛"，使渔业税成"单纯之税则"。第二，减低税率。原来所定之"税率最高为百分之五，现在减百分之二。"第三，所收税款由专门机构保管，并"用于渔民建设事业。"[①]但这种让步，与渔业界的要求仍然有一定距离，实际上也没有被渔业界领袖等接受。张申之代表渔业各界，"详述渔民之痛苦"，他认为"若将国府明令已撤销之鱼税，重行征收，实不堪重负，且衡诸向例，税额之数量甚微，而机关开销必大，途多稍扰"，坚决请求"豁免"。[②] 这次协商并没有达成一致意见。

与此同时，渔业团体向财政部长呼吁免税，强调指出政府征收渔税的之行为不仅与"去年(1931 年)三月廿八日，国府永远豁免鱼税渔业税之明令"相矛盾，并且"渔业……经济恐慌，日甚一时，渔村没落，较前益甚"，值此之际"实业部有重征鱼税之议，此于政府威信，既有关碍"，更重要的是，渔税为财政局管辖之，而实业部实际上征收渔税缺乏法理基础，即"实部取而代征，即论国家税制，亦复紊乱统系"，因此，对"重征鱼税之说，誓必一致反对"[③]。

针对渔业社会的强烈抗议，陈公博不得不发表声明以解释为何实业部要着力征收此项渔业税之目的，以舒缓各界对政府政策反复之质疑。他强调指出"我国沿海渔业，因渔具简陋，故为日人侵占者甚多，利益之损失甚巨，故实业部对于已拟有整个之渔业计划，主张多设渔业协进会及其他各种有利于渔民之机关，以为指导而谋改进此种计划"，实际上征收渔税所采取的是以"取之于渔，用之于渔"为原则。此次征收鱼税完全是为了渔业经济建设，实部不会摄为己有，或另挪他途。但必须指出的是，即使是实业部如此解释，从某种程度上能打消一些鱼商之顾虑，但由于其本身并没有征税之权力，如果直接由实部来具体运作，显然是不合法的。因此，为了缓解各方面之压力，实业部不得不改弦易辙，寻求一条既能达致融资之目的，

---

① 《渔业团体领袖昨谒陈公博请撤税》，《申报》，1932 年 11 月 22 日。

② 《渔业团体领袖昨谒陈公博请撤税》，《申报》，1932 年 11 月 22 日。

③ 《渔业团体为免税事电宋财长》，《申报》，1932 年 11 月 27 日。

又具有法理基础之道路。不久,即出台了整理鱼税办法,即"渔获物税暂不征收,护洋费照渔获物价值值百抽二,年可收入八十万,以取之于渔,用之于渔为原则,由渔商于收购渔获物时代征,不另设机关,其他杂捐,一律取消"①。值得注意的是,这种主观设计因缺乏渔业社会的参与及支持而"曲高和寡",这一结果再次证明,实业部的征税活动如若缺乏社会的支持将会困难重重,甚至功败垂成。

本次征收渔业税的宗旨与以前有一定的区别,其目的在于建设渔业设施,是救济渔业的重要策略。同时,亦是渔业现代化进程的必要阶段。但这次渔业税的征收一开始就遭致渔业界的各方面的反对。究其原因主要有三。其一,渔业经济在海盗和日本侵渔政策的影响下,日渐衰落,渔民日趋贫困,已不堪重负,这是渔民难以承担渔业的重要原因,也是他们反对征收渔业税的重要前提。其二,是政府的政策缺乏透明度,在征收之前没有与渔业界人士进行沟通,人们普遍对政府之政策缺乏信任,特别是在渔业事业局征收税款之后,成为官民关系融洽的一道障碍。其三,实业部征收渔业税既与政府法令相矛盾,同时又逾越其职权范围,因为作为实业部是没有权力征收税款的。基于以上原因,实业部征收渔税之失利是难以避免的。因此,实业部不得不改弦易辙,重立名目,以求"名正言顺"之效。

为了加强与渔业社会的联系,显示政府建设渔业经济的诚意,实业部决定联合渔民渔商共谋改进渔业,遂有组织渔业改进委员会计划之出台,并经中央政治会议核准。为了响应政府之号召,同时亦是为了自身之建设,在 1933 年 1 月 30 日,江浙区渔业团体于在上海社会局召开代表大会,决定参加江浙渔业改进委员会,以求共同建设渔业经济之宗旨。② 2 月 16 日,由实业部着手创立的江浙渔业改进委员会在上海方浜桥同庆街江浙区渔业管理局内宣告成立。该会设主席委员一人,由实业部部长兼任,委员九人由实业部分别派充,或聘任。其中包括"江浙沪省市政府渔业主管厅局长暨江浙区海洋渔业管理局局长、渔业界选举代表六人以及水产专家二人"。③ 渔业方面代表主要有"杜月笙、林康侯、方椒伯、戴雍唐、邬振切等六人",并聘定"周鉴殷、侯朝海二人为该会专家委员"。④

江浙渔业改进委员会之职责主要有二:"其一,关于各项渔业建设之设计及指导建议事项。其二,关于渔业建设费之筹措保管稽核及分配用途事项。"⑤实际上,我们明显可以看出江浙改进委员会之宗旨仍然是征收费用,但为了缓和渔业界之

① 《整理鱼税办法》,《申报》,1932 年 12 月 1 日。
② 《江浙区渔业团体代表大会》,《申报》,1933 年 1 月 31 日。
③ 《渔业改进委员会昨成立》,《申报》,1933 年 2 月 17 日。
④ 《江浙渔业改进委员会渔业方面代表核准》,《申报》,1933 年 2 月 7 日。
⑤ 《渔业改进委员会昨成立》,《申报》,1933 年 2 月 17 日。

反对,政府做出如下之调整。①将渔业税改为江浙渔业建设费,以示其征收之宗旨。②建立一个有渔业界代表参加的组织机构,以增强其公信力。在这一情势下,江浙渔业改进委员会制定并公布了渔业建设费征收的暂行规则。

渔业建设费暂行规则

1. 本规则依据本会组织规程第三条第二项之规定制定之。2. 渔业建设费之征收率,照渔获物市价值百抽二,以一次为限。3. 凡渔获物无论鲜咸或干制贝类,均依奉规程缴纳渔业建设费。4. 渔获物之征收渔业建设费,以满100斤为征收算数,不及次数或灵性肩挑负贩者,概予免征。5. 渔业建设费之征收,由各鱼行代征收,有必要时,得由江浙区渔业改进委员会设处征收,其开支不超过所征费款百分之五,前项征收费款,应予次月五日以前,汇缴江浙区渔业改进委员会保管。6. 凡征收渔业建设费,应填四联单,一联号给渔商,一联存征收处所,二联分别呈缴实业部及江浙渔业改进委员会,前项联单,由实业部预先印发,并由江浙渔业改进委员会加盖关防。7. 凡漏不报征及报征不实者,得由经征收机关或稽员分别情形酌量处罚。8. 本规则施行细则,由会拟订呈请实业部核准。9. 本规则奉实业部核准之日实施。(已核准)①

虽然,政府在征收费用的问题上做出了调整,看起来更为公正,特别是渔业建设费的保管权都交给了渔业改进委员会,彰显其改进渔业之诚意。但值得注意的是,因其本身涉及鱼商的经济利益,仍然受到了渔业界的普遍反对。

1933年3月5日,在上海市渔会成立之际的提案中就明确表示"注意渔业改进会,将有类似鱼税之发现,誓必反对"②之表态。而当这一讯息传递至江浙后,各界鱼商纷纷表示反对,其理由主要有三点:第一,在外国的侵渔下,国内鱼商已不堪重负。"商等□年亏本,至今已在奄奄一息之际,即如远销上海一埠而言,进口有海关盐局之严厉检查,有交通部航政局及地方政府航政卫生公用财政各局之登记,各种纳费各种束缚,鲜货营业已极困难,较之洋货进口,一税之后,全国通行□相比较,又不免自绝生计。"第二,鱼商不能代征。这是因为"按渔业习惯,渔民捕之于海,渔商运销于市,所以鱼行售出之货,大半由渔商运轮而来,若建设费由鱼行扣取。事实上变为渔商独任负担,更非事理之平"。第三,与国府法令之不合。"江浙区渔业改进委员会征收此项建设费,根据于实业部整顿渔业计划,曾奉中央政治委员批示,有参酌成规妥慎办理之"。然而,"近年日人侵渔沿海渔业一落千丈,我政府洞鉴其情,于二十年三月间,颁布渔业税鱼税豁免之令,既有免税之成规,又有

① 《实业部及渔会征收渔业建设费》,《申报》,1933年3月22日。

② 《市渔会昨开成立大会》,《申报》,1933年3月6日。

缴税时代□□抽税之成规,均未蒙实业部□□,而竟然□订定值百抽二之建设费,似未免建设其名征收其实”。[①] 同时,他们对有渔业界参加的渔业改进委员会持有明显的不信任之态度,强调指出“渔业改进委员会,则顾名思义,即如何集思广益,图谋设计以求渔业之改进,乃不此之图,而甫经成立,亟焉惟以征收费用为讨论之中心工作,即偶有其他关于渔业之讲求,亦仅夏蛙井底之见,稍有渔业常识者,无不笑其□妄”。更为重要的是,对于渔业改进委员会成员的构成抱有很大成见,他们认为此次“选举舞弊,黑幕重重”,当中的鱼商不能代表渔业各界的利益,并呼吁政府“准予制止此项渔业建设费之征收,以维政令而苏民困”[②]。

为了统一行动,加强团结,江浙鱼商于4月4日,假四马路大西洋荣社召开临时会议,并就征收渔业建设费等问题达成了四项决议:“①我国渔业衰落,已达极点。全体渔商决难负担任何经费,对于不日开征之渔业建设费一致坚持反对。②临时组织江浙渔商否认征收渔业建设费呼吁委员会,作誓死之反对,不达目的不止。③组织请愿团发表宣言,推定分工合作。④分函各鱼行乞照二月八日来函,宁?[肯]辍业,不愿代扣是项建设费之成约。”[③]同时,向全国各界同胞、各机关、各团体、各报馆发表宣言以示坚强决心,并希望得到各界人士的同情与响应。

窃维吾国以农立国,鱼类出产素丰,沿海一带繁殖,尤为繁殖,百万渔民,依鱼为生,艰危劳苦,难得一饱。吾渔商出发外海,集资取买,不避风涛,甘冒盗险转运市场,籍博什一之利,渔民渔商相依为命者也,□自强寇侵蚀,夺吾渔权,侵销各地,霸占市场。本国渔业,日见衰落,渔民生计渐陷困窘,政府目击伤心,毅然于二十年二月明令豁免渔税渔业税,并谓嗣后无论何种机关不得另立名目,征收此项捐税,痛下决心,扫除积弊。盖所以维护渔业昭苏民困也,渔商渔民方自庆幸。正拟喘息之余,徐图改进,而渔业改进委员会又有征收渔业建设费之拟议,厘定章则,推派人员定期开征,事在必行,渔获物类,值百抽二,鲜咸干制,无一幸免其征费,政府豁免明令是否抵触,渔商力量能否胜任,皆非所计,决议施行,试问渔业界遭际?连,内有海盗骚扰,不得安心生产,外受强邻侵略,层层压抑,固有渔权损失殆尽,仇货充斥,漏危匪细,内外交凌保持现状,尚非易易,建设有心,取费乏力,引领待贩之不暇,有何余力抽成备款,而谈建设乎。更查建设费之征收,系鱼行征收,其负担完全为渔商可无疑义,支配不均,孰得为平,方今渔商运输运费牌照,开支浩大,周转不灵,倒闭歇业者,时有所闻,自救之不暇,更向余力担负经费,从容谈建设乎,政府能另筹的款,实施于渔业之建设,不特渔业昕夕求之不得,国计民生,胥利赖之,若谓

---

① 《渔商继起反对征收》,《申报》,1933年4月4日。

② 《渔商反对征费》,《申报》,1933年4月2日。

③ 《江浙渔商会代表昨为建设费草案》,《申报》,1933年4月5日。

用之于渔者，仍须取之于渔，则不待享受建设之实惠，两省渔商早已同入枯鱼之肆矣，垂毙亟待拯救，负担何堪再加，此吾江浙渔商对于建设费所誓死力争一致反对者也，事关切身，难安缄默，爰于即日起成立江浙渔业商否认渔业建设费呼吁委员会从事于否认建设费之各项工作，一俟任务终了，即行结束。①

虽然，招致渔业各界的反对，却没有动摇实业部征收渔业建设费的决心，但为了体恤民意，对征收费的数量做出了让步，即把原来的百分之二下调至百分之一。“凡属鲜咸干制贝类等渔获物，一律于4月15日起，开始征收值百抽一之渔业建设费，责成各地经售商号，切实照价代征”。② 为了防止在征收过程中鱼商“故意延抗，意图偷漏情事”，该会(渔业改进委员会)于4月8日公布了渔业建设费征收之罚则。

第一条：本罚则依据实业部江浙区渔业改进委员会征收渔业建设费暂行规则第七条之规定订定之。第二条：凡渔民渔商运载渔获物以多报少或偷漏不报者，除责令照数补纳建设费外并按漏报费额，处以五倍以上十五倍以下之罚款。第三条：凡渔民渔商不遵或拒绝稽征员之稽查，除责令遵照手续办理外，经查明属实者，并处以十元以上五十元以下之罚金。第四条：伪造及涂改渔业建设费票据者，依照伪照有价证券律惩治。第五条：凡渔民渔商犯本罚则二条以上，各依本条之规定并科之。第六条：前项罚金，由处罚机关将所罚实数，分填四联罚单，分别给发并汇报会部，前项四联罚金，由实业部江浙区渔业改进委员会印发，征收机关加盖钤记。第七条：前项罚金以七成充公，三成奖给查获及报告人，充公之款，应由征收机关每届月终，汇解实业部江浙区渔业改进委员会保管。第八条：本罚则自公布日(1933年4月8日—笔者注)施行。③

为了加强与鱼商的协调，保证渔业建设费的征收，由改进委员会之渔业界代表戴维唐等做东于征收渔业建设费之前，即4月14日晚宴请渔业界之领袖，双方就渔业建设费征收加强了协商。政府代表周监殷对为什么征收渔税及其豁免的经过以及渔税改为建设费之苦衷作出了详细的解释，最后渔业界各代表对政府征收值百抽一之渔业建设费表示了理解。但必须指出的是，虽然征收渔业建设费得到了一些渔业界领袖的支持，但相当一部分中下层渔业从业者，特别是渔业建设费的代征机关——鱼行，仍然对此反应冷淡，征收工作开展的并不顺利。于是在开征后的第三天，即4月17日，由方椒伯(渔业改进委员会委员)主持召开冰鲜鱼行同业工会昨召集鱼行全体大会，他首先解释了征收渔业建设费的必要性，“渔业建设为部方苦心孤诣，改进渔业而设施，部方初拟征收值百抽五，继因免税委员会之吁请，经

---

① 《渔商发表宣言》，《申报》，1933年4月6日。
② 《渔业建设费罚则》，《申报》，1933年4月15日。
③ 《渔业建设费罚则》，《申报》，1933年4月15日。

中央政治委员会议议决,减为值百抽二,复经免税委员会及改进委员会等一再要求陈部长,以值百抽二深恐渔民不堪负担,始准减收值百抽一”。其次,强调征费的建设用途。“所征之费,以取诸于渔,用诸于渔为原则”,如“第一设施为护洋,其他尚在计划中,至护洋巡舰,除原有四舰外,业问海军部新购二舰,昨已到申,即日派往护洋,使维护渔汛更形周密,到时会各鱼行等,咸认满意”。第三,征收之“款由改进委员会保管组主任林康侯氏保管”,杜绝挪用之弊,以消解鱼商之顾虑。最后,要求各鱼行“一致遵行”予以代征。[①]

在上海渔业界领袖的支持以及政府政策透明度加强的情况下,渔业建设费的征收收到了一定之效果。据渔业改进委员会的报告中声称,“今据定沈区、崇通区、沪太苏区、海州区、杭嘉绍区、温台区各主任报告,业已征收,对于建设费均已一致赞成,只石浦渔商,尚在反对,然此系枝节问题,举本处前途并无关系”。[②] 显然对征收渔业建设费之前景充满了信心。

然而,值得注意的是,由于江浙渔业改进委员会征收此项费用为节省开支,以行政命令的手段把此任务强加于鱼行。这实际上加重了鱼行方面的负担,亦给鱼行带来了较为尴尬的境地。首先,鱼行缺乏行政让渡的权力,对渔民征收建设费用缺乏法理依据。其次,渔民与鱼行之交易,多为“放账”。“渔民既不愿缴纳建设费,鱼行未便强为代征,倘鱼行果强为代征。渔民以出资非出本愿之结果。鱼行所放账目,殊有难收归之虞,自然结果趋势所及,无异鱼行代征渔民缴纳建设费。”[③] 因此,从一开始就有部分鱼行对征收渔业建设费予以抵制,如上海之盛大、源昌等鱼行。第三,在征收渔业建设费的过程中,一些“征收人员种种苛扰及需索”之行为,以及重复征收之举如“为章则所未规定之零数,亦以整数计算;不以海贝等类向为舶来品,在进口时,已由海关征收关税,该处又征建设费”[④]等行为为鱼商所痛恨。因此,随着矛盾的日趋加剧,反对征收渔业建设费的鱼商日趋增多,特别是受到了冰鲜鱼行业的极力反对,致使征收工作陷入困境。更令实业部感到尴尬的是,渔业改进委员会常务委员杜月笙于 5 月底“以公和私猬集,无暇兼顾,业已函辞,并冰鲜渔业同业公会主席委员,亦一并辞去”。[⑤] 杜月笙的退出无疑对江浙渔业改进委员会的公信力一个打击,进而更使征收工作雪上加霜。6 月 4 日,渔业改进委员

① 《冰鲜鱼行业为建设费事昨开会》,《申报》,1933 年 4 月 18 日。
② 《渔业改进会之进行》,《申报》,1933 年 4 月 30 日。
③ 《代征渔业建设费昨调解无结果》,《申报》,1933 年 6 月 8 日。
④ 《征渔建费尚待调解》,《申报》,1933 年 7 月 3 日。
⑤ 《杜月笙辞渔业改进会常委》,《申报》,1933 年 5 月 30 日。

会召开紧急会议以商讨应付之策。①

为了打破这种僵持局面,受政府之委托,6 月 7 日,杜月笙、虞洽卿以及俞佐庭以中间人的身份,对当事双方进行了第一次调解。调解中,鱼行方面坚辞不愿代征渔业建设费,甚至以“情愿收闭歇市”相威胁。而周监殷则坚持要求鱼行代征,并强调“鱼行代征建设费,系部令所定,若鱼行不负代征之责,是无异推翻征收建设费。若鱼行不负代征建费责任,征收处此后对于未曾缴纳建设费货物,惟有一律扣留,强制执行”。② 双方坚持己见,第一次协调不欢而散。

由于双方立场强硬,第一次调解宣告破裂,遂引起了各界鱼商的强烈反应“闻讯之后,群情异常激昂”,并议决组织江浙渔业联合会,以示抗争到底之决心。并推定孟禄久,胡甸荪、毛安卿三人为联合会常委,总务刘同华,文书胡志廷,宣传张振芳负责办理会务。并就渔业建设费之征收达成六项办法:“①电国府、各机关、各发团、各报馆解释渔商万不能代征渔业建设费之苦衷。②发表告各界上海市冰鲜业同业公会衡受压迫书。③召集江浙两省鱼商,共同扩大江浙渔业联合会。④函蒋委员长请救济同乡鱼商渔民。⑤向行政院请愿。⑥函虞洽卿、庄菘甫、黄锦荣、陈果夫、陈布雷、杜月笙为合力援助。”③6 月 12 日,各地行商推派代表来沪,举行代表大会,正式成立江浙渔业联合会,业租定东亚银行五楼 507 号为办事机构。④ 并于 6 月 14 日招待新闻界,报告本会成立之目的以及政府种种不是之处。他们认为“江浙渔业联合会系由江浙两省鱼行公会,腌腊咸渔业同业公会,冰鲜鱼行公会以及各地渔业团体所组织”,因此符合国家法令。其目的在于“联络同业感情扩张营业,此时凡为渔业谋福利者,本会亦极表欢迎。反之,凡侵害我渔业正当法益者,本会亦当惟力是视,相与周旋,以求自卫方法”。并在发布会上强调指出渔业建设费征收于法无据,于理不合,进而呼吁“新闻界一致声援”,“主持公道。”⑤

实际上,我们可以看出,这次反对者并非一般的鱼商,而主要是代售渔获物之中间商人,即鱼行。他们之所以反对征收渔业建设费的理由主要有以下几方面:第一,这与政府之宗旨在操作上是有出入的,平添了鱼行之负担。实业部提出建设费征收采取“取之于渔,用之于渔”之方针。因此,鱼商认为,“渔”而非“鱼”,因此主要指的是渔民而非鱼商。换言之,建设费应从渔民直接征收,而不能从由鱼商代征。“渔民直接交易者为鱼贩。实行商向鱼贩征收,而鱼贩小本经营,且名实不符,

① 《渔业改进委员会召开紧急会议》,《申报》,1933 年 6 月 4 日。
② 《代征渔业建设费昨调解无结果》,《申报》,1933 年 6 月 8 日。
③ 《代征渔业建设费昨日调解破裂》,《申报》,1933 年 6 月 9 日。
④ 《江浙渔业联合会昨日成立》,《申报》,1933 年 6 月 13 日。
⑤ 《江浙渔业联合会招待新闻界》,《申报》,1933 年 6 月 14 日。

断不肯承认额外经费。”同时其征收对象太宽,“无论鲜咸或干制或贝类,均须缴费,故凡运自外洋及外省干制贝类,已经海关征税者,亦概在征收之利,试问此项贝类货物,行商用何种方法,可向外洋及外省渔民取得征收之权,恐环球无此办法”。第二,这与鱼行交易之惯例相冲突,从而会使鱼行之利益受损。“商贩与渔民交易,在习惯上每多放账,强为代征,将未于账款让必多轇轕,结果仍归行商赔累”。第三,渔业建设费之征收常有扰民之举。由于征收处的设置,一些职员在征收过程中罔顾法令,肆意征收下人为地平添了两者的矛盾,强化了鱼商对建设费之不满。如“同一鱼区,在甲区已征有,运于乙区,仍须重征,在由甲乙区运至丙区、丁区亦然”。“盖始给单分运落地皆征,无异厘局设卡收捐。”“又其章程不满百斤者免征,而近查各处征费收据,凡重量在三四十斤者均被勒捐,甚至单上一物不名,亦勒至数十元之巨者,凡此皆确凿有据。闻该会持有奥援,竟至一意孤行,四出派人检阅商号薄据,调查营业资本,一似于征收变相厘金之外,更须加征营业税者,稍不如意,动辄扣货,非特鱼鲜等物腐烂抛弃,不堪出售,更苛定罚则,处罚五倍至十倍之多,至商业血本损失,不可数计,似此骚扰压迫,鱼商同业实属万难忍受”。①

针对渔业界的质疑,江浙渔业改进委员会给予了答复:

首先,对关于为什么要征收渔业建设费的问题做出了进一步的解释。征收渔业建设费之目的在于渔业建设,其建设之内容主要涉及三个方面:其一,净化渔业经济环境,抵御外鱼之入侵,加强对海盗的打击力度。其二,加强组织建设,理顺关系。加强政府与社会的合作,缓解中央及地方在渔业政权中的关系。其三,进行技术改良,共谋江浙渔业经济之发展。同时,对征收建设费的法律基础做出了解释,即“前年(1931年——笔者注)3月,因防止外轮渔获物之侵销及提倡本国渔业起见,国民政府乃对于本国鱼税渔业税有豁免之命令公布,惟渔业法规第35条,征收渔获物税一款,于去年(1932年——笔者注)国民政府公布立法院修正渔业法中征收渔获物税之条文,照旧保存,令政府未征百分之五之续税,先筹渔业建设费,实为政府维护渔业之善意。”②

其次,关于渔业改进委员会之机构。该机构之成立既是国家行为,同时又是民意的体现。1932年底,中央政治会议第三三一次及三三六次会议对渔业问题进行了协商,并做出了二项决定:其一,渔业建设费,照价值百抽二,由鱼行代收汇缴。其二,由实业部设江浙区渔业改进委员会,以实业部兼主席委员。职权为经费之保管、支配、稽核及其他改进渔业事项。会后由实业部拟就江浙区渔业改进委员会组

---

① 《江浙渔联会电请撤销渔业建设费》,《申报》,1933年6月19日。

② 《实业部江浙区渔业改进委员会之解释》,《申报》,1933年6月19日。

织规程草案,呈奉行政院转呈国民政府备案,然后根据国民政府京字第七号训令,乃于1933年2月15日,由陈部长到沪召集各主管厅局长专家委员,以及"核准之各渔会等团体,推选代表,依法成立"。从法律程序上是合法的。①

第三,关于代征之问题。实业部认为,由鱼行代征之目的"以谋减少征收之纠纷及苛扰,表示与渔业界以诚信及合作"。之所以选择鱼行主要是因为鱼行向有代征之惯例,"江浙区渔业之情形,各地不同,然鱼行均属经售水产物取行佣或余利,如民国六年起,江浙渔会时代,上海各鱼行经办冰鲜船应征收之关税鱼税报洋费报关水续费,江浙渔会事业费等,每艘每次代征洋达六七十元,其款即由各鱼行向渔商售出货款项如下扣除之"。而且"从前上海各鱼行,如行佣公川报关手续,公安各帮,公所费等,种类及数额甚多"都由鱼行代征,因而指出鱼行独反对"建设费之征收","其理由并不充分,且易引起怀疑"。实业部更从渔民与鱼商之关系来强调鱼行征收之可行性,"渔民以采捕之水产,委托鱼行代售后收取现金,鱼行赖依渔民所获之水产物,经售后酌取行佣或余利,其市价之升降,款项之出纳,均以鱼行为渔业经营之中心,并渔民鱼商各不能脱离,均须互相扶助者",故渔业建设费之征收,以鱼行代征实最为相宜。②

第四,对于"取之于渔,用之于渔"之宗旨的解释。实业部认为,"我国所称之渔业,实包括水产之采捕养殖制造运销,保管等业而言,与日本国所称之水产业相同,如实业部之渔牧司,各市县之渔会,具行政及组织范围之规定,即其明证所谓取之于渔用之于渔者,非狭义的取之于渔民用之于渔民,实广义的取之于渔业用之于渔业。"③

第五,加强制度建设,防止征收人员之侵扰行为。"惟本会及渔业建设费征收处,均创办伊始,各项章则之审查备案,颇费时日,因此各项手续尚未能全依照预定计划办理,并职员之任用及事务之处理等,尚待整理,此后一切事项,在可能范围,均取公开注意,昨部令派员监理渔业建设征收事宜及二十一日举行临时会议,实业部陈部长亲莅沪上主持一切,即为着手整理之"。④

为打破僵局,实部不仅正面回应了渔业界的各种质疑,同时针对他们所提出的较为突出的征收人员的苛扰状况进行了调查。不久即由实部选派袁良骅抵沪,对"渔业状况之改进及整理与征收费之苛扰与否"进行考察。与此同时,江浙党部下发命令,要求各县党部将"各处派员征收骚扰情形,及征收税用途暨征收处所一并

---

① 《实业部江浙区渔业改进委员会之解释》,《申报》,1933年6月19日。
② 《实业部江浙区渔业改进委员会之解释》,《申报》,1933年6月19日。
③ 《实业部江浙区渔业改进委员会之解释》,《申报》,1933年6月19日。
④ 《实业部江浙区渔业改进委员会之解释》,《申报》,1933年6月19日。

查明,详实具复,以凭核办"。[1] 实业部希望通过积极的行动以缓解鱼商与实业部之间的矛盾,以赢得鱼商之支持。当然,要真正达致上述目的,仅仅依靠解释与制度的细枝末节的修改无助于问题的解决,实际上只有加强协商,平衡两者的利益诉求应该是解决问题的根本途径。

6月中旬,实业部部长陈公博参加了渔业改进委员会第二次会议,会议期间,陈特嘱虞洽卿等对征收渔业建设费进行调解。为了在调解中处于主动地位,6月21日,江浙渔业改进委员会在江海关四楼国际贸易局开临时会议,以讨论修改渔业方案,由陈公博主持,达成了如下意见:"①坚决征收渔业建设费。②确定渔业五年计划,分期施行。③建设费未收到前,渔业管理局及渔业改进会费用,每月各二千元,均由实业部拨用,以三个月为限。④把建设费降低至百分之一。⑤对于舶来鲜咸鱼,则宜另组调查小组会议处理之。⑥江浙渔业联合会,系属非法组织,尚未呈准市党部及社会局备案,应予取缔。"[2]从上述决议中,我们发现实业部的基本立场并没有发生变化,只是在税率的选择上做出了一些让步,但同时亦可看出,实业部对鱼商之抵制极为不满,特别是对鱼行自私自利的作为较为愤慨。

在如此基调之下,6月24日,虞洽卿等人再度召集江浙渔业联合会代表孟禄久、毛安卿、胡甸荪等进行协商。最后由调解人与渔业各团体代表达成了初步意见:"①由调解人将渔民种种痛苦及征收人员之苛扰代陈实业部鉴核。②在此案(征收人员之苛扰——笔者注)未解决前,希望实业部对于征收费用暂从缓征。③征收费用拟再建议酌予减轻已纾民困。④渔汛时海盗猖獗,请政府迅派巡舰从严巡缉以固海防。⑤宁波、镇海、定海三处,向无护洋办事处,当组织护洋委员会办理护洋事宜。⑥建议政府将各局缩小范围以节靡费"。[3] 从上述调解意见来看,似乎鱼商之抵抗强度相对缓和。值得注意的是,上述意见基本上迎合了政府之要求,而忽略了鱼商之利益,特别是对于鱼行之征收问题没有采取积极的应对措施,因此,对于这次协商之结果,渔业界并不认同。于是在调解之后的第三天,即6月26日,江浙渔会召开代表大会,并对征收渔业建设费之提案达成了六项意见:"①江浙渔业改进委员会责令鱼行代征建设费与原则不合,万难承认。②海味业系舶来品,当进口时已经海关报税再征建设费,系属重税加征,请于释明。③咸鱼业亦系舶来品居多,其报税时与海味业同,亦应免征两重税。④调解人根据实部主张调解结果,距原则甚远,碍难接受。⑤调解人主张征收护洋费,尚为事实上所可能,尚可与鱼

① 《令文》,《申报》,1933年6月20日。
② 《渔业改进会昨开临时紧急会议》,《申报》,1933年6月22日。
③ 《征收渔业建设费昨再度调停可望解决》,《申报》,1933年6月25日。

商商洽。⑥调解人所调解结果，如实业部仍维护征收原则，鱼商当坚持反对。”①从上述六条意见，明显可以看出江浙鱼商在反抗渔业建设费之决心从未动摇。

由于双方坚持己见，各不相让，致使渔业建设费的征收之僵局难以打开。值得注意的是，这一僵局持续的时间愈久对实业部愈不利。实际上，江浙渔业建设费征收不久就遭到一些鱼行的反对，不久鱼行纷纷停止缴纳。“在上海缴费者只五家②，余则停止缴费，故征收处所征收之建设费，为数极微，各工作人员薪津，迄今将三月，并未发给。该处主任戴雍唐（原为冰鲜同业公会总务主任—笔者注），由个人垫付办公费，已达万余元，上次所允每月补助江浙渔业管理局经费洋 2000 元，亦未拨付分文，故截至现在，所有各费已实行停止征收，故工作亦在停顿状态。”③因此，当双方僵持近月余，实部已不堪负担，再次请求虞洽卿等作第三次调解。根据调解人之意见，实部做出了如下承诺：“①以国产咸鱼建设费，一律豁免，以救中国渔业，舶来品应值百抽一；②鲜鱼建设费改为护洋费。③至应征之费，由改进会征收。”④从以上两次协商之结果以及实际的操作层面我们基本可以确定一个基本事实：对于能否顺利征收渔业建设费，其主动权则在鱼商手中，易言之，鱼商的配合是顺利实现征收渔业建设费的重要前提。因此，对于这一次的协商是否能成功关键还是看所达致的调解协议是否符合鱼商的利益诉求。实际上我们从上面的承诺可以看出，实业部已经做出了很大的让步，不仅咸鱼不征收，同时征费之机关改为江浙渔业改进委员会，减轻了鱼行之负担。在此基础上双方达成了九项意见：“①征收百分之一建设费，遵照部令，仍不变更。②舶来货之咸鱼类，于 7 月 16 日起，实行征收百分之一建设费。③冰鲜类之征收费，再行集议，即以从前之护洋费作为建设费。④进口出口及转运各地之鱼类，只准征收建设费一次，不再重征。⑤其余海贝各类，一律豁免。⑥建设费征收处办理不当，应予撤销，改由江浙渔业会办理。⑦对于征收各费，应实支实销，认真公布，不得巧立名目，任意变更。⑧改进实行条例重加厘订。⑨实行护洋巡舰以保渔业之安全。”⑤

相对而言，上述结果在遵照部令的前提下，更多地考虑了鱼商的利益，因而也

---

① 《江浙鱼会昨开代表大会》，《申报》，1933 年 6 月 27 日。

② 据陈公博回忆，中国的鱼行差不多全在上海法租界的十六铺，租界里面，中国法令差不多是无效的。这案（征收渔业建设费）成立以后，在法租界内开始更无法执行。法使馆不答应，法领馆也不答应，我（陈公博）派人去交涉了几次，法国方面倒很客气地回劝实业部不要抽这种小费。后来我才知道法租界方面有它特殊的情形，它的习惯就是不愿意多理中国的法律命令。大概他的意思也不是专门和中国政府为难，只因为法国的劳力在中国并不算强大，每事迁就，不足以示其有力的意思罢了。资料来源：李士豪、屈若搴：《中国渔业史》上海书店，1936 年版，第 61 页。

③ 《征渔建费尚待调解》，《申报》，1933 年 7 月 3 日。

④ 《征收渔业建设费渔商已表示愿缴》，《申报》，1933 年 7 月 18 日。

⑤ 《渔建费纠纷调解结束》，《申报》，1933 年 7 月 21 日。

赢得了部分商家的赞同,如孟禄久返杭(州)后,即电谢三位调解人,"此次在沪,承公等三次调解,提出九项,分别办理,就中将征收处撤销咸干贝类,自国产者一律豁免,进出口鱼类征税,以一次为限,不再重征等项,敝同业尤属受惠不浅,公等苦心孤诣主持正义,岂为敝同业实受其赐,即渔业各团体均利赖之,谨此电谢"。[①]

如果我们把政府所允诺的基础与后九条之协商意见相对照,实际上我们发现其中征收机关出现截然相反之意见。政府征收渔业建设费之目的,在于统筹经费以按计划进行渔业之经济建设,鱼商却要求撤销建设费征收处,而由江浙渔业联合会办理,虽然这也许是针对征收处之苛扰而做出的选择,但却在客观上束缚了实业部进行渔业经济建设之手脚。因此实业部对此次调解之结果甚不满意,特别是对于要求撤销渔业建设费征收处更是不满,为此特发出布告,以示澄清。

为布告事,本处奉令成立办理征收一切事项,正在进行。近日以来,有人散布流言,竟谓征收处有取消之说。须知本处系中央附属机关,征收渔业建设费系遵章办理,组织即未变更,专责复为缓进。除对于招摇之徒函请地方官署依法办理外,合亟布告,仰各知照。[②]

同时渔业建设费征收处重申征收渔业建设费的法令,并要求各鱼行"切实遵照征收简则,将各渔获物应扣之渔业建设费,一律照售价百分之一代行扣缴,并由本处依照向章。查对各鱼行营业簿据,为征收标准"。[③] 对于政府的坚决态度,江浙鱼联会于 7 月 29 日再次召开大会,并商定办法:"①如官厅逼迫太甚,则于严重时期,各地一律采取紧急有效之应付方法。(秘)②于必要时推派代表晋京请愿。③对于 1 项办法各代表回至各本会时再行以长计议,尽八月十日以前用书面陈述意见到处以凭综合办理。"[④]同时致函汪院长及蒋介石,再次对征收渔业建设费进行了申辩。

必须指出的是,由于渔业建设费征收的困境而引起渔业建设的困顿,在某种程度上导致了护洋经费的支绌,使护洋力量日渐减弱,从而导致海匪又复猖獗,因此冰鲜鱼商[⑤]"对渔业局办理护洋深怀绝望",他们认为"该局时以积极建设相号召,

---

① 《渔业建设费纠纷解决电谢虞杜俞三调解人》,《申报》,1933 年 7 月 23 日。

② 《渔业建设费征收处布告辟谣》,《申报》,1933 年 7 月 30 日。

③ 《渔业建设费征收再函鱼行扣缴》,《申报》,1933 年 8 月 6 日。

④ 《江浙鱼联会昨开会员代表大会》,《申报》,1933 年 7 月 30 日。

⑤ 自实业部征收渔业建设费以来鲜盐鱼行各同业一再强调,而鱼行方面,仍有一部分未肯就范,其间惟冰鲜鱼商因有护洋关系,对建设费均照章缴纳。历办四月并无异议,后因为福海巡舰沉没庆安亦已退租,旧船仅海鹰一船尚未修理,而海鸿、海鹄两舰又不能驶往远海,渔业局方面对此并无积极补救方法,且本年海盗尤多,除台匪外,另有朱松舟之队伍数百人,散在小东洋一带,且枪械均全为害尤烈。使冰鲜鱼商遂感失望。

即此最低限度之护洋事业，尚不能应商人之要求，其他更为无望”[①]。因此近亦纷纷集议，有加入反对派之形势，而使征收工作日趋艰难。

与此同时，淡水养殖业亦加入了反对者的行列。在越来越多的鱼商反抗声中，再坚持原议，不仅已不可能，同时亦必然会失却民心，导致政府公信力的下降。于是实业部于1933年11月10日特派于参事、徐秘书会同原调人虞洽卿、杜月笙、俞佐庭函约冰鲜同业领袖刘月华、张振芳、黄振世等，至广东路航运俱乐部，作最后之调解，“各方均开诚布公，经数小时磋商调解”，最终达成如下协议：“①渔业建设费，由冰鲜同业公会劝导代收。②同业咸鱼干制，贝类行销地，概不征收建设费，以及扣货留难等情。③桶头鱼鲜在第一次投行时征收建设费，沪地不得再收，其漏未征收者，始由沪行代收，如有窒碍，则通知征收处办理。④渔建费以值百抽一为原则，实业部予以相当之保障，如有变更时，须先征求公会之意见。⑤冰鲜同业公会代收之渔建费，由公会收集汇解，征收处如认为有稽核之必要时得派员会同公会代表到行会查，到渔建费之保管，冰鲜同业得派代表参与”。[②]

经过数月之较量，鱼商最终迫使政府做出让步，并基本依照鱼商之意愿达成协议。在征收方面则由同业公会代征，消除了鱼行之顾虑，同时又省却了征收处之苛扰。在征收之对象方面，主要征收冰鲜鱼类，照顾了鱼商之利益。最重要的是，征收费的保管与分配有渔业同业公会的直接参与，彰显了鱼商的权利。从某种意义上来说，在这场渔业建设费征收的过程中，渔业各界团结一致，消解了政府掌握渔业界的努力，使政府不得不重新思考如何来掌握渔业经济的发展路径。

值得注意的是，当实业部与鱼商达成关于渔业建设费的协议之际，即11月21日，江浙渔业管理局及渔业改进委员会及该会建设费征收处等各机关，突“接奉实业部命令，限本月底结束，建设费亦定即日停止征收”之命令。[③] 应该说，这一结果既是意料之外，但更是情理之中，这主要是有以下原因决定的：

首先，资金管理权的旁落。实业部进行渔业经济的建设的主要资金来源于渔民，那么要进行各项建设实际上必然要掌控资金的基本用途。在最初阶段，为了赢得鱼商的信任而组织的江浙渔业改进委员会来掌管这笔资金，虽然有渔业界领袖之参与，但政府还是能够掌握组织的运作，从而保证资金与政府的渔业经济的计划

---

① 《渔业局办理护洋冰鲜鱼商深怀绝望》，《申报》，1933年8月16日。

② 《渔业建设纠纷解决》，《申报》，1933年11月11日。

③ 《渔业机关停止进行》，《申报》，1933年11月23日。注：本市冰鲜鱼行同业公会主席委员，原选任杜月笙，旋以杜氏以公私纷繁，无暇兼顾，函辞该会主席，迭经该会派员慰留，无如杜氏辞意坚决，未允所请，致该业业务紊乱，团结涣散，渔业中任人以长此以往，决非该业前途福利，爰经全体议决于日昨备具公函，推派该界领袖方椒伯、黄振世往杜寓，面恳打消辞意。闻杜氏鉴于该业情词恳切，已愿就职，并允于日内到会视事。资料来源：《杜月笙重主冰鲜业》，《申报》，1933年12月4日。

达成一致,而后来的协议,同业公会的全程参与,在很大程度上可能会成为渔业建设的阻滞力量,进而难以保证渔业经济计划之顺利实施。

其次,渔业建设资金的进一步减少,难以承担渔业建设的主要任务。渔业建设费用原拟征收百分之五,后改为百分之二,之后又减少至百分之一。并且当局“当时曾允? 征收渔业建设费后,将江浙两省暨沪市等船捐,以及其他杂捐一律豁免”。而“江浙沪三省市将因渔船捐豁免,须由渔业建设费收入项下拨十余万元,以资补偿,再加以护洋等费,所余者不过(几)万元,将何以兴办渔业建设事业”,因此“中央决予撤销”亦在情理之中。①

第三,对民生的考量。江浙渔业建设费之宗旨是“取之于渔,用之于渔”之方针。但实际情况可能与原先设计有很大出入。其最大的可能是,索取多,而建设少。而这种可能所遭致的后果将会引发更多的社会不满。“渔业建设费征收本意,原为改进渔业保护渔人购置渔轮及捕鱼工具,使渔业有所仿效”。② 因此,若一味只求索取,而不求建设,其结果只能是丧失民意并导致政府权威的消弭。

综上所述,渔业建设费征收是政府旨在进行渔业经济建设这一宏观计划的重要前提。但由于渔业经济的日趋衰落以及传统势力(即鱼行)的普遍反对,使征收工作一波三折,举步维艰,最终不得不停止征收。从表面上来看,这只是一场税费之争,但实际上也包含了传统势力与现代势力的一种较量。实际上,国民政府所进行征收渔业建设费的努力,可以说是中国现代渔业经济整体转型的一次初步尝试,在这一过程中,政府力争通过渔业建设费的掌握来加强对渔业社会的管理,重塑渔业经济的生态环境,以保证其对渔业经济的控制。而鱼行所代表的传统势力却借助渔业建设费扰民、病民这一主题大做文章,向政府的权威不断进行挑战,并最终在政府这一现代化努力的过程中赢得了主动权,消解了政府权力对渔业经济的渗透与掌控,从而使政府在不断妥协中放弃了原初的设计,而这一系列的博弈使我们更清楚地认识到近代渔业经济转型的艰难。

---

① 《渔业管理局月底结束》,《申报》,1933 年 11 月 29 日。
② 《湖社请免征渔建费》,《申报》,1933 年 10 月 5 日。

第三章

渔业统制的实施:上海鱼市场的设立

无论是被动救济还是主动建设,在国民政府的渔业建设的初始阶段,其效果并不明显。被动救济则主要是因为传统渔业在现代渔业经济的肆虐下,唯有招架之力,而主动建设,本质上是中国传统渔业向现代渔业经济转型的过程。然而,由于政府在采取措施时更多从主观设想出发而罔顾民间社会的利益取向,以及传统渔业经济系统中的较为繁复的利益纠葛,致使政府的建设一开始就遭到挫折,那么,中国经济救济的关键点到底在何处?这是本章所要阐述的问题。我们知道近代化的过程是一个系统工程,但这一过程实际上不可能整体推进,而必然要寻求一个突破点,以此促进经济的整体转型。

第一节　渔业救济的困境与路径选择

国民政府成立后,就开始在渔业经济的现代化之进程中着力耕耘。如在上海举办改进渔业宣传会以加强社会对渔业经济的稔知与关注,举办渔轮船员讲习会以增进船员的现代渔业知识以适应现代捕鱼技术改进,同时还加强了打击海盗之措施以免除海盗之骚扰,增加关税以减少日渔之侵凌。在保护渔业经济,救济民生方面,精心设计,用心良多。如上所述,虽然政府采取各项措施以救济日益衰败之危局,但实际上,上述政策虽然在改善渔业经济环境等方面起到一定的作用,但对于整个渔业经济之复苏并没有取得积极之效果。那么,渔业经济状况恶化之根源到底为何?对此问题的解答不仅能够寻出渔业经济衰败之根源,同时亦是以此为路径寻求救济渔业经济的重要基础。

一、鱼价波动:渔业经济的根本困境

实际上,真正能体现渔业经济状况的晴雨表则为鱼价,鱼价的波动是衡量渔业经济状况好坏的重要指标。我们以冰鲜鱼业为例,来探讨上海渔业的基本状况,我们选择 1931—1934 年的鱼价为例作一统计,来看看上海渔业经济状况到底如何。

表 3 – 1　1931 年 7 月至 1934 年 6 月上海鱼价统计表

时期	价格＼种类	大黄鱼	小黄鱼	鳍鱼	鲳鱼	鳗鱼	鲨鱼			鞋底鱼	梭子鱼	白果子	蛇子鱼	金线鱼	带鱼	墨鱼	杂鱼
20 年 7 月	最高	26	19	23	30	16	15	25	7	22	11	11			21	10	15
	最低	16	7	11	16	9	8	11	2.5	11	50	6			11	4	4
8 月	最高	36	28	24	36	20	20		9	260	17						10
	最低	20	12	19	20	12	10	15	2.5	18	12						4
9 月	最高	40	26	25	42	25	22	28	10.5	25	20	18	16		22		16
	最低	15	18	14	28	16	17	20	5	19	10	12	14.5		7		7
10 月	最高	50	40	30	50	28	26	33	16	40	24	18		70	28		18
	最低	20	18	18	30	11	10	11	2.5	16	5	7		60	15		6
11 月	最高	50	35	26	45	28	24	28	10	28	14	20	18	28	24	20	20
	最低	18	15	19	38	11	12	15	3	15	7	8	14	18	15	15	7
12 月	最高	55	32	18	45	28	18	28		28	14	20	18	35	25	35	18
	最低	18	11	16	26	13	11	13		13	7	10	10	30	11	17	7
2 月	最高	一・二八淞沪抗战期间															
	最低																
3 月	最高	40	28		35	12	20	33	13	16	20			22		15	10
	最低	18	12		26	8	10	18	4	8				14		13	6
4 月	最高	24	15	21		12	10	20	6	16	20			14		13	10
	最低	16	7	18		6	6	8	1.5	8	8			10		5	6
5 月	最高	28	11	24	28		12	16	6	16	18					12	12
	最低	5	3.7	10	7		4	7	1	8	8					3	3
6 月	最高	20	16	16	28	10	12	18	5.3	16	16	10				13	10
	最低	10	3	12	10	5	6	8	1	6	6	6				3	6
7 月	最高	22	13	18	20	10	13	20	5		14	8	8		16	5	10
	最低	11	3	11	12	5	8	10	1		6	6	6		8	4	4

续表

价格＼种类 时期		大黄鱼	小黄鱼	鳍鱼	鲳鱼	鳗鱼	鲨鱼			鞋底鱼	梭子鱼	白果子	蛇子鱼	金线鱼	带鱼	墨鱼	杂鱼
8 月	最高	26	18	22	26	18	16	22	10		24	14					14
	最低	16	12	14	16	12	12	14	3.5		20	10					6
9 月	最高	28	18	24	32	18	18	24	10	20	18	12	12		19	18	14
	最低	15	8	14	18	8	9	10	2	10	6	6	6		12	16	6
10 月	最高	24	18	18	28	18	18	18	9	18	16	10	14	35	19	20	14
	最低	14	9	10	20	8	10	10	1.5	10	6	6	10	20	11	12	6
11 月	最高	35	22	26	30	16	18	22	8	20	14	11	14		18	20	14
	最低	14	8	14	24	9	10	11	1.5	14	6	6	9		12	14	6
12 月	最高	35	21	20	32	18	22	22	9	24	14	10	14		20		16
	最低	16	10	14	16	6	8	10	2	11	7	7	8		12		6
22 年	最高	40	50		35	24	40	50	14	26	30	16	14	24	18	30	16
1 月	最低	14	14		24	11	12	13	2	14	20	8	10	16	12	20	4
2 月	最高	40	45	20	35	30	26	28	11	28	30			24	20		18
	最低	20	24	16	24	13	7	12	2	8	18			11	14		3
3 月	最高	45	40		40	32	24	42	15	28	26		14	35	16		16
	最低	20	14		30	20	8	20	4	14	20		10	14	4		4
4 月	最高	45	30	24	45	24	20	34	10	28	28			20		20	14
	最低	10	3	16	15	6	5	11	1	6	12			16		14	4
5 月	最高	25	8.5	23	33	14	12	15	5	19	22	10	8		11	20	12
	最低	4	3	8	10	6	4	5	1.5	2	4	3	6		9	4	2
6 月	最高	16	6	14	20	12	12	16	5.5	12	13	5	9		12	12	10
	最低	4	3	8	7	3	2	8	1	3	6	2	3		6	5	2
7 月	最高	19	11	16	22	12	11	20	6	16	12	5	10	26	17	10	8
	最低	6	3	6	7	4	6	9	1	4	4	3	6	22	7	7	2
8 月	最高	22	10	18	30	14	16	22	6	20	14				18		8
	最低	10	8	11	10	8	12	10	2	10	10				12		6
9 月	最高	30	20	19	33	20	20	24	8	24	15	6			19		12
	最低	10	8	12	16	9	7	10	2	11	5	4			10		4

续表

价格　种类 时期		大黄鱼	小黄鱼	鳍鱼	鲳鱼	鳗鱼	鲨鱼			鞋底鱼	梭子鱼	白果子	蛇子鱼	金线鱼	带鱼	墨鱼	杂鱼
10 月	最高	30	19	25	35	16	24	23	11	22	14	21	12	24	20	24	10
	最低	14	8	12	14	8	7	11	2	12	3	6	8	16	10	14	4
11 月	最高	26	20	28	28	13	17	23	8	20	10	12	16		18		10
	最低	12	6	14	18	7	8	9	3	10	4	7	6		10		4
12 月	最高	30	22	18	31	16	16	24	11	20	20	11	12		18	24	12
	最低	12	6	12	20	7	6	9	2	10	4	6	8		4	18	4
23 年 1 月	最高	35	30	24	36	21	22	40	10	22	22	10		16	16	22	12
	最低	13	7	14	15	7	8	11	1.5	9	7	6		14	7	20	4
2 月	最高	25	50	30	36	20	25	30	9	17	30	14	12	20	20		14
	最低	10	11	11	20	5	7	13	1.5	5.5	16	10	8	13	10		4
3 月	最高	30	30	25	40	19	19	25	8.5	21	28	10		24	16	20	12
	最低	12	10	18	20	7	8	13	1.5	9	24	8		10	12	12	4
4 月	最高	40	40	24	35	20	20	26	1.5	25	25			15		25	12
	最低	12	4	16	20	6	3	10	1	7	14			14		12	3
5 月	最高	26	7	20	25	11	10	13	6	14	12	5	4	21		15	7
	最低	5	2	5	5	4	3	4	1.5	2.3	5	2	3	16		4	1
6 月	最高	10	5	11	22	8	8	15	4	12	10	5			11		5
	最低	1.2		3			3				3				8		

资料来源:耘圃:《最近三年来上海渔轮业之回顾及今后之展望》,《水产月刊》,第一卷,第四期,第 34 - 35 页。

从上表中我们可以得出如下之结论:

首先,鱼价波动幅度较大。我们以大黄鱼为例,1932 年 1 月,最高值为 58 元,而同期最低值只在 8 元,下降了 6 倍有余。不仅仅大黄鱼如此,其余之鱼亦然。然而,当进一步审视这三年的大黄鱼之价格后,我们则会发现一个普遍的规律,即其价格波动幅度较大的月份一般在五、六月份。那么,为什么会出现这种状况呢?为了说明这一现象,我们统计了 1933 年及 1934 年上海水产品的进口数量(如表 3 - 2 所示),从中可以发现,每年的 4 月至 7 月是上海水产品输入量最多的时期,特别是五月份在全年输入数额中所占份额最大(当然就黄鱼而言,这时亦是其渔汛时期),根据价值规律,这时物价低落是很自然的。但同时亦说明,上海渔业销售体制在应对大量货物麇集时的苍白乏力。

表 3－2　1933 年及 1934 年水产品消耗数量

1933 年			1934 年		
月份	数量(担)	价值(元)	月份	数量(担)	价值(元)
一月	77074.87	1651582.83	一月	45496.14	671294.44
二月	25270.56	660158.08	二月	45006.78	728907.69
三月	43503.69	957856.26	三月	55411.15	978329.93
四月	179589.58	2069258.11	四月	170028.97	2197117.05
五月	214674.10	2811282.25	五月	348510.72	2717143.06
六月	111226.24	1415502.65	六月	239826.44	1892836.15
七月	122263.05	1578494.55	七月	68181.90	1026186.33
八月	34274.58	669926.70	八月	76899.47	1127901.71
九月	66478.44	1018678.92	九月	84398.19	1213327.54
十月	98117.82	1763506.56	十月	101352.72	1558462.15
十一月	78326.14	1453568.04	十一月	67871.02	984685.64
十二月	120839.40	1538594.70	十二月	163394.13	1494981.80

资料来源:《1933 年水产品消耗统计特辑》,《上海市水产经济月刊》,第 4－5 页;《1934 年水产品进口统计特辑》,《上海市水产经济月刊》,第 4－5 页。

其次,从整体上来看,从 1931 年至 1934 年三年的时间内,上海鱼价总体上是呈下降之趋势。同样我们还是以大黄鱼为例,当然为了便于比较,我们把这段时间分为三段(即第一阶段为 1931 年 7 月至 1932 年 6 月,第二阶段是从 1932 年 7 月至 1933 年 6 月,第三阶段即为 1933 年 7 月至 1934 年 6 月),如果我们从这三个阶段的最高值分别为 58 元,45 元以及 40 元;而与此相对应的最低值则为 5 元,4 元以及 1.2 元。就平均价格来看,我们同样会得到相同的结论。如表所示:

表 3－3　三年来重要鱼类在上海市的平均价格

	二十一年度	二十二年度	二十三年度
小黄鱼	13.18	16.27	12.65
大黄鱼	21.50	20.95	16.68
鳓鱼	14.90	15.95	14.83
鲳鱼	24.45	24.30	21.83
鲨鱼	12.60	13.50	9.91

续表

	二十一年度	二十二年度	二十三年度
鮸鱼	15.60	18.58	14.19
鲽鱼	14.68	15.30	11.54
鳣鱼	5.46	5.60	4.08
带鱼	16.20	13.40	10.88
墨鱼	16.27	15.58	12.28

资料来源:屈若搴:《渔村的贫困及其救济对策》,《水产月刊》,第二卷,第六期,第 4 页。注:二十一年份因战争之影响,社会购买力大见衰落,故鱼价乃有数项不及二十二年度之数字。

虽然有战争之影响,但二十一年度的平均渔业价格仍然比二十三年为高,因此,鱼价日趋走低应是上海渔业经济在 20 世纪 30 年代初期的一个重要趋势。而这种状况就可能会对整个渔业行业造成很大的影响。

第一,最为直接的是对捕鱼行业的影响。首先是对传统渔业的影响。鱼价的走低直接导致渔民的破产。在江浙,"素称全国最发达的地方,尤其是大黄鱼、小黄鱼、墨鱼以及带鱼是向称唯一盛行的四大渔业。前三者俱是春夏鱼汛的绝大收获,可是去年(1933 年—笔者注)鱼汛时期,渔船全亏本"。其原因主要是鱼价跌得离谱,以大黄鱼为例,竟有"每元 130 尾的代价出售"(一般 40—60 尾为一斤,130 尾最少应算为 2 斤有余了)。因此在传统渔业经济的生产成本不变的情况下,如此低廉的鱼价自然会对渔民生产造成影响。如"定海沈家门一带渔船集中地,往年有千艘以上的渔船出海捕鱼,而这次出渔的竟不及三分之一"①。这里需要说明的是,传统渔业经济的衰落自然会对渔村产生直接之影响。

其次,是对现代渔业产生了负面的影响。一般而言,鱼价之波动是市场经济优胜劣汰的重要推动力,那么在传统渔业经济日渐衰落的情况下,现代渔业产业到底如何呢?中国的近代渔业起步于江浙渔轮公司,但由于人才之匮乏,资金短缺,渔轮公司的发展不尽人意。仅上海而言,至 1931 年上海渔轮公司,共有拖网渔轮八艘,为"中华、海兴、永茂、集美、海顺、永丰以及茂丰等,手缲网渔轮三对,为达富达贵,福生一二及民生一二三对。1932 年增加泰兴手缲网渔轮一对,1933 年增加复原复利手缲网渔轮一对,1934 年增加连云拖网渔轮一艘,华生、华利、华福手缲网渔轮三对"②。从渔轮数量上来看,这几年是呈上升趋势,那么重要的是它们在上

① 屈均远:《一年来吾国渔业经济的回顾》,《水产月刊》,第三卷,第一期,第 1-2 页。

② 耘圃:《最近三年来上海渔轮业之回顾及今后之展望》,《水产月刊》,第一卷,第四期,第 28 页。值得注意的是,截止到 1934 年六月底还有鸿丰、德泰及舜兴手缲网渔轮三对,尚在呈请注册。

海渔业经济中的地位是否同样随着渔轮数量的增加而有所上升呢?为了弄清楚这一问题,我们来看这几年渔轮业的渔获量与整体冰鲜鱼的比重并以此为标准来检视渔轮业在这些年中的发展态势。如表所示:

表3－4　最近三年来上海轮船渔获在全部进口冰鲜中所占之地位

月份 种类	1931年 7－12	1932年 1－6	1932年 7－12	1933年 1－6	1933年 7－12	1934年 1－6
渔轮	26756	25274	37765	24504	84232	40885
冰鲜	142376	257738	191897	242901	442797	212294
百分比	18.79%	9.8%	19.67%	10.09%	19.02%	19.25%

资料来源:耘圃:《最近三年来上海渔轮业之回顾及今后之展望》,《水产月刊》,第一卷,第四期,第33－34页。

虽然,渔轮数量有所增加但,但渔获数量确非我们所臆测的那样有长足之进展,从他们的百分比可以看出,他们这几年在上海渔业经济中所占之地位仍然有限,难以发挥重要的作用。以1933年为例,上半年,"以值旧式渔业的最盛渔期,消费地以产量的庞大,价格是一落千丈,于是渔轮业,乃亦大受影响,一时停泊者有数艘,未停止出渔者也多在飘摇状态中","直到冬季乃渐见起色,而事实上,他所以能渐见起色的原因,竟是因为外海旧式渔船出渔者少,一部分冰鲜船放弃运输工作之故"。①

虽然渔获量相对减少,而生产成本未呈低落走势,如"每艘拖网渔船月需开支4500～4800元不等,手缲网船由300～3700元之谱",而渔获物收入"在旺季(九月至一月)虽有少数利润可图,淡月则入不敷出,若加利息及修理费暨折旧费,则本市新式渔业公司除一二家手缲网渔业公司外,不能维持现状者甚多。如中华之拍卖,海兴之抵押,即为实例"②。我们以1934年为例来审视上海渔轮公司的营业状况,如表所示:

表3－5　1934年度上海拖网渔轮营业状况统计表

项目 公司	渔获物 总量(斤)	渔获物总 价值(元)	公司及船上 总支出(元)	盈(元)	亏(元)
永顺渔轮局	547416	44871.85	49871		4999.15
永丰渔轮局	678458	54560.46	51120	4440.46	

① 屈均远:《一年来吾国渔业经济的回顾》,《水产月刊》,第三卷,第一期,第1－2页。

② 姚焕洲:《廿三年上海渔业之总检阅》,《水产月刊》,第一卷,第九期,第1页。

续表

项目 公司	渔获物总量(斤)	渔获物总价值(元)	公司及船上总支出(元)	盈(元)	亏(元)
永胜渔轮局	801587	53001.84	59500		6498.16
三兴公司	543945	35465.30	51000		1553.47
陈嘉庚公司	676886	49011.72	57600		8588.28
茂丰渔轮局	991537	59422.91	68450		9027.09
中华渔轮局	265226	19103.79			
联兴渔轮局	835208	59283.92	61300		2017.08
江苏渔业试验场	445010	29336.08	44238		14901.92

资料来源:姚焕洲:《廿三年上海渔业之总检阅》,《水产月刊》,第一卷,第九期,第 2 页。

实际上,我们从上表中可以清楚地看出,上海渔轮业(这里指的是拖网渔轮业)在 1934 年大部分都是亏本,只有一家能够盈利。确实反映出上海渔轮业在艰难中度日的窘困。

第二,对鱼行的影响。从鱼行经营之性质来看,一般而言,他们的盈亏与否与鱼价高低并无必然之联系。它们主要收取佣金来赢得利润。从本质上来说,这些佣金数量的多寡与渔获物之数量成正向关系。因此,鱼行要获得更多的佣金收入,其方式则是以收获更多的渔获物为根本。但鱼价之跌落对鱼行同样存在影响,我们以上海冰鲜鱼行为例,如表所示:

表 3-6 1933 年度上海冰鲜鱼行营业统计表

鱼行名称	资本额(元)	营业数量(元)	盈	亏	各鱼行被拖欠数目
顺大	30000	754500	6500		10200
公顺	24000	705000	5400		9100
公大	30000	642000	2000		9100
源利	20000	850500	14000		5100
丰号	24000	442000			
大成	30000	589000	5200		1400
泰昌	36000	882000	6100		7200
生记	30000	560000	5200		8400
洽丰	30000	561000	3500		12000
鸿发	20000	784000	5200		14000

续表

鱼行名称	资本额(元)	营业数量(元)	盈	亏	各鱼行被拖欠数目
德昌	20000	482000	3500		5700
源通	36000	652000	7500		10800
源裕	30000	684000			4400
源茂	36000	783000	8400		4200
鸿昌	36000	560000	5500		7100
乾丰	24000	725000	3000		3100
源昌	30000	496000			5100
福康		215000			
昇昌	15000	231000	1000		2100
恒昌	20000	355000			3000
大和	20000	328000	1000		3200
祥顺	24000	408000	3000		5000
惠丰	20000	491000	2000		51000
合计		13180000			

资料来源:姚焕洲:《廿三年上海渔业之总检阅》,《水产月刊》,第一卷,第九期,第4页。注:上述数据主要是根据鱼行自报的应该与实际情况有一定的出入。

从鱼行经营之规则而言,鱼行一般是不会亏本的。但因为“冰鲜渔船借款之拖欠,而致反盈为亏者,在在皆是”。我们从上表可以看出,他们所得盈利不及所拖欠之款项,“苟渔船生意不佳,此项借款不能收还时,则变成呆账”①,形成鱼行营业反盈为亏之境遇,如上表所示,只有源利、大成以及源茂三家鱼行的盈额大于拖欠之款项。因此,当渔业经济整体衰落之情况下,鱼行亦未能免,“也是只见败落,不见发旺”!如在1934年,就发生了多家鱼行因无法回笼资金而倒闭的事实。“很有历史,很大营业如公大、洽丰等鱼行,多宣告清理,……在1934年秋季清账的时候,各鱼行无一不大批裁去职员……目前也只能免撑危局。”②

从上述分析中,我们发现鱼价之波动是导致渔业经济整体环境日趋式微的一个很重要的原因。一般而言,在市场经济的条件下,供求关系与物价之涨落是能够自动调节的,这也是保证物价水平稳定的经济规律。但这种规律却被现有的交易

① 姚焕洲:《廿三年上海渔业之总检阅》,《水产月刊》第一卷,第九期,第4页。

② 屈均远:《一年来吾国渔业经济的回顾》,《水产月刊》,第二卷,第一期,第2页。

体制以及技术水平的落后所束缚而难以发挥其应有的作用,因此,改变旧有的流通结构应该成为扭转渔业经济发展的重要路径。

二、加强流通:渔业救济的基本路径

如前所述,国民政府以三民主义为党国之宗旨,对渔民之救济自然是其中应有之义。事实上,在30年代初,国民政府一直对渔业经济的救助给予了积极的关注,不仅在打击海盗,阻滞日渔之侵销,抑或是在传统渔业经济转型中都有积极的态度。但事实上,上述政策在解决中国的渔业经济的衰败中并没有发挥其应有的作用,或者说其作用是很微弱的,整个渔业经济状况并未改变。

一般而言,时人在分析渔业经济衰落的原因时,主要有以下几方面之因素:①外力侵入;②捐税苛重;③海盗横行;④交通阻碍。[①] 然而改良渔具,建设交通事业,普及渔民教育妨碍侵渔等各项事业共同进行,"乃规模宏大,需财浩繁之事业,非一蹴可几"。若由政府投资,则财政支绌,难以为继,倘若"取之于渔,用之于渔"则难以获取渔业界之信任,因此,上述不计重点的全面建设之路径,是难以在渔业界实施的。而被动的救济政策,如"废除一切巧立名目之苛捐杂税,又有待于地方政府之实行,恐非短期间所能实现"[②]。因此,要解决渔业之问题,必然要用有效之方式去解决根本问题,以收到最直接之效果。

那么如何才能解决日益衰落之渔业经济,要解决这一问题,首先要弄清楚的是,促使渔业经济衰落的最主要原因是什么。事实上,从上面的分析中,亦可看出价格之波动是促使渔业经济衰落的直接原因。而与价格这一因素相联系的则是供求关系,即供过于求,价格下降,供不应求,则价格上升。这实际上也是渔业价格在鱼汛时期下降的重要原因,如表所示:

表3-7　近年来上海水产品消耗统计表

1933年度			1934年度			1935年度		
数量(担)	价值(元)	平均价	数量(担)	价值(元)	平均价	数量(担)	价值(元)	平均价
1171638.47	17588009.71	15.01	1466377.63	16591173.49	11.31	1408149.78	15491360.04	11.00

资料来源:《水产月刊》,第二卷,第12期(1934年1月25日版),统计特辑第1页;第三卷,第12期(1935年1月25日版),统计特辑第3页;第四卷,第11、12期合刊(1936年1月26日),第12页。

上表所示,从1933年至1935年三年中,平均价格日趋下降,特别是在1934年下降的特别明显,价格从15.01元下降至11.31元,下降了24.65%。

---

① 邓鹰裕:《中国渔村衰落之原因》,《水产月刊》,第一卷,第二期,第2页。

② 其远:《救济渔村之根本办法》,《水产月刊》,第一卷,第四期,第1页。

上海这一年大约能消费多少鱼,没有确切的统计,但我们可以做一个推测。以1934年为例,这一年“上海国产海洋冰鲜重要鱼类进口数量为774829担”,我们假设全部消费于上海,那么每日平均消费量大约在2123担(一年以365天计算)。若以此为标准,在上海鱼汛时,“例如小黄鱼每日进口量有自一万担以至二万二千担者”,如此数量的渔获物一时大量涌入,相对于2000余担的消费总量显然是大大超过了消费需求。“当业者事前既乏推销之策,临时复不能节制分配,冰鲜货又以天热易腐,不得不减价脱售”,[①]使鱼价一落千丈。故当鱼汛时,小黄鱼“每担有售至1元者,最高亦不过五六元,但在非鱼汛时期,则可高至30元以至50元”[②]。从上述推论中,我们认识到巨大的供需矛盾是鱼价难以上升的重要因素。因此,要稳定甚或提高鱼价,则必须从推广销路入手,而渔业因其有保鲜之要求,则对此要求更甚。

实际上,商品的推销不仅仅有助于调剂消费,互通有无,稳定物价,更能够“促进生产机能”[③]。生产是消费之基础,而消费是持续生产的必然保障。“凡欲谋一种事业之发展,主要归咎于两点,即生产之提高,然后在生产额最提高之后,尤需顾虑到如何使之可以销往各地”。然而就上海而言,“似此运销问题,尤较增加生产问题为?切时要,而亟待解决”。上海水产品常见“每当一批冰鲜渔船或冰鲜桶船到港时,适于此时亦有数艘渔港进港,则到货过涌,全市供过于求,而售价狂跌,每担竟有增跌上下至一二十元之区”,其原因“无非为货品拥挤,市面不能容受,又不能设法转销各地而形成之通货膨胀”。[④]

如上所述,运销成为解决上海渔业经济的不可回避之问题,那么如何解决运销问题,这是问题之关键。相对而言,鱼类产品因其具有保鲜问题,则在运销问题上比一般商品之要求高,成本更大。因此,在传统社会中,困于交通而减少不必要的损失,一般商人不愿把海鱼运往内地,而只能麇集于沿海进行销售,导致沿海的海鱼供过于求,而日渔的入侵又加重了这一矛盾。更重要的是,作为传统渔业经济循环体系中的关键角色——鱼行,却格于其固有性质(即它们的经营收益取决于数量的多寡,而与鱼价之高低无关),而难以起到对渔获物数量之自动调节作用,易言之,传统渔业循环网络是无法自身完成这种自我调剂之功能。那么,这就必然要有外力的注入,打破这一组织体系,重新构建一个网络以附加其自动调剂之功能,才是解决渔业经济问题之关键。

① 耘圃:《推广水产物销路方法刍议》,《水产月刊》,第一卷,第十期,第2页。
② 耘圃:《推广水产物销路方法刍议》,《水产月刊》,第一卷,第十期,第3页。
③ 耘圃:《推广水产物销路方法刍议》,《水产月刊》,第一卷,第十期,第4页。
④ 《水产品运销问题之检讨》,《水产月刊》,第四卷,第一期,第1页。

第二节 渔业统制思想与鱼市场的筹设

20 世纪 30 年代初期的世界经济危机,为统制经济思想之传播与实践营造了可行的社会经济环境,而这一思想的出现则为渔业救济提供了一条可供选择的路径。事实上,鱼市场的筹设则是统制渔业销售的制度设计。它从组织体系以及营业制度上都以统制思想作为其重要的价值取向,但这种缺乏与社会沟通的制度设计却引发渔业社会的强烈反应。

一、统制经济思想及其内容

1929 年,世界性的经济危机的爆发日渐蔓延至中国境内,进而对中国经济产生了较为深刻的影响。而政局的动荡又使中国经济雪上加霜。经济不景气自然引发人们对中国经济现状以及未来的深刻担忧,这些都为统制经济思想的产生以及被中国政府实践提供了社会经济环境。

1931 年 7 月初,《申报》的时评率先向中国的学术界提出了如何看待中国经济的根本问题,文章指出"币制问题,金融问题,关税问题及各种税收问题,吾人诚不否认上述问题之极关重要,但在根本问题未得解答之先,则此种问题恰如不附干之枝叶,漫无归宿,而其讨论之结果,亦将归于蹈空,无补于中国经济之前途"。因此,时评认为,研究中国经济问题应先从根本问题入手,即:"①世界资本主义之现状及其前途;②资本主义经济之整个性;③中国经济在世界资本主义经济中之地位及其关联;④中国经济之变迁与现状;⑤中国经济之特质。"[①]资本主义难以避免的经济危机迫使一些经济学者反思并寻求一种新的经济方式来因应经济危机爆发的所带来的一系列影响,他们的主要原则是在保留资本主义生产方式合理之处,进行必要的改良。中国经济学社领导人留美博士马寅初[②]在 30 年代前被称为资本主义自由经济思想的代表,然而,当经济危机之后,对于上述问题的回答确有了明显的改变。他认为:"本人向倾向于资本主义,但现在已觉极端资本主义不能施行于中国,极端共产主义亦不适用。"而应该扬长避短,取两者之优点,避其不足,即"一面作有计划之生产,一面保留私产制度"[③]。马寅初的这种经济制度的设计实际上与后来所提出的统制经济思想之本质是一致的。

据笔者所能看到的材料,正式提出统制经济这一概念的可能是中国经济学社

① 《中国经济学社当前之巨责》(一),《申报》,1931 年 9 月 3 日。

② 有关经济学社在时人眼中是"集全国经济学界之巨子,担负深关我国民族前途之重任"。因此,他们的学术思想在当时中国学界乃至政界都有一定之影响。

③ 《资本主义欤共产主义》,《马寅初全集》,第 5 卷,第 376 页。

社员武堉幹于1932年10月上旬在《申报》上发表《实施统制经济》一文[①]。之所以提出统制经济思想这一理论,这与时人的认识密不可分。他们普遍认为,统制经济是治疗中国经济困境的良方,其作用主要表现在以下几个方面:

首先,抵制外国之侵略。这是因为"我国一切经济活动都像是一盘散沙以致金融贸易大权完全握在外人手中,听他们得摆布,而国内一切生产事业,也都因没有通盘筹算的计划,以致需给不能相应不能为系统的调节"。其结果是"在现在国际竞争日益激烈的时代",当"别国以有组织有计划的经济侵略方法来进攻",如果"我国却散漫无备,那是终于不免受天然的淘汰的",因此"有计划的经济抵抗方法"[②],是保证经济独立以及发展的必要手段。

其次,改善经济不平等之状况。"在现在经济组织下之自由竞争主义的经济,必定使一部分企及的人富有财产千万,使一部分的人陷于穷困之境,故统制经济的第一个目的,就是籍国家的权力以改革人类社会上自然的经济条件中的不平等而拯救贫苦的人民。"[③]所以统制经济,可谓改善社会不公,协调经济利益的有效方法。

第三,对衰落弱产业的整理。衰落产业不振的根本原因,"便是因为某产业的生产能力,在相对的或绝对的过大时而发生出来的,又无能力的及生产费昂贵的生产企业之存在,也是衰弱产业不振的一个原因",而统制经济就是站在国家的立场,务必要统制这些生产能力过大的生产,并须统一与整理那些衰弱的产业。[④] 进而加强协调,改善产业的生产结构,以促进衰弱产业的发展。

就上述而言,统制经济是面对日陷困境的渔业经济重要的救济渠道。但事实上,从渔业经济本身的发展而言,统制经济这一措施同样是极为重要的。我们在第一章对中国渔业经济状况作了简要分析,从中可以看出中国的渔业经济虽然历史悠久,但科学技术水平仍然很低,而这与渔业经济本身有一定联系。与农工业相比,渔业有更多的制约因素。首先,缺乏社会的关注。"农业的生产是比较可以安心的,因为农民有耕作地的土地所有权,并有从其所有土地上所生产的收获的所有权,况且生产的因果就在于自身的劳力、勤勉以及技术而定。而渔业却是行渔于公共水面的渔场,以采取移动的无主的水产物。"这就导致社会各界不愿意投资于渔

---

① 对此问题亦有人提出同样的看法,可参见孙大全《中国经济学的成长》,上海三联书店出版社,2006年版,第246页。当然亦有学者提出不同的意见,如黄岭峻,杨宁则提出"统制经济"一词大致出现于1933年7月至8月间。参见《统制经济思潮述论》,《江汉论坛》,2002年,第11期。

② 《实施统制经济》,《申报》,1932年10月10日。

③ 《现代统制经济》,《申报》,1933年1月16日。

④ 《现代统制经济》,《申报》,1933年1月16日。

业。如渔民就“不能像农民那样的富有有形担保(土地)”,所以难得到低利资金的周转。其次,渔业社会本身缺乏自我救济的能力。由于“渔村多散布于沿海孤独的地方”,“居民不容易受到社会文明的刺戟”,所以“渔民本身知识程度幼稚难于自拔”。[①] 因此,在这种状况下,只有政府的介入才能真正解决渔业经济发展的困境。事实上,政府的介入正是统制经济思想的实践活动。

毋庸置疑,从经济学的角度来看,过度自由竞争的资本主义生产方式是导致生产过剩,爆发经济危机的重要因素。因此有效预防这种恶性竞争,加强政府对宏观经济的调控是防止经济危机的重要制度保证。因此,当时的经济学家所提出的统制经济思想即有其必然性,又有其合理性。

但就中国而言,是否存在着实施统制经济的基本条件,这同样是学者们关注的重要问题。暨南大学教授张素桢认为,我国实施统制经济有其必要性,主要表现在两个方面即“①受外货之倾销,国内市场被其压迫。②使全国实业趋于工业化”的唯一路径。同时,他对我国实行统制经济较为乐观,这是因为“我国人民被政府摧残已惯,如政府能于此时,实行于人民切实有利之统制经济,则人民欢迎之不暇,决不能有所反对,且英美诸国,宪政发达,政府之职权皆受明白规定,如一旦施权过度,人民有干涉可能。我国宪政尚未实现,政府行使任何权力,可不致受挫与反抗,故能顺利进行”[②]。他主要是基于中国民权尚不发达,人民缺乏表达权利的习惯与路径,而作出的基本判断。从统制经济的本质来看,它是“国家依据其经济领域的需给计划而羁束的经济制度”[③]。强调的是政府的权威,但民国政府并非强有力之政府,无论从控制的疆域,抑或是行政权力所能达致的深度实际上都很有限,统制经济则要求政府能够控制经济从而规制经济。因此,一些学者对政府是否能够在中国进行统制经济表示了怀疑。首先,中国缺乏强有力之政府。“……我们中国如其要求实行统制经济……必须要有一个万能的强有力的政府来主持这件事,但是可怜的很,像上述的一个政府,我们尚在飘渺梦想之中,根本便成了问题。”其次,中国社会没有经济组织。“中国是一个经济无组织可言的国家,不但国内各种生产形态是不健全,而且因为深受各帝国主义者的经济侵略和压迫的缘故,根本便把我们的经济组织构成不起来。以如此零乱复杂散沙一般的经济形态更想置之于有计划的集团化的统制之下,不必说是难乎其难。”[④]

关于中国是否能够实施统制经济,穆藕初做出了比较系统之分析,他在《从统

---

① 屈若搴:《中国水产统制问题的探讨》,《商业丛刊》,第一卷,第二期,第 9 – 10 页。
② 《统制经济演讲》,《申报》,1933 年 10 月 5 日。
③ 《现代统制经济》,《申报》,1933 年 1 月 16 日。
④ 《从统制经济计划经济到中国经济的自主运动国货运动》,《申报》,1933 年 10 月 10 日。

制经济计划经济到中国经济的自主运动国货运动》这篇文章中，首先强调实施统制经济的必然性，他认为“欧战而后，世界经济即形成为两个体系，一为资本主义经济体系，另一即为社会主义经济体系。此两个经济体系无论在其性质上有若何根本不同之区分，但其趋向于计划经济之途”。“此盖为历史与时代之必然要求，故酝酿为今日时代之澎湃新潮，而不可遏制。”因此“在今日一国而不能实施统制经济，则匪特其国家经济将陷于紊乱状态，无由振拨抑即根本不能列为世界经济成员之一”。反观我国经济“已濒于全部破产之状态，言工业则各个产业部门，皆奄奄一息，言农业则农村整个凋敝不堪，民生涂炭，国本动摇。而由于经济恐慌，列强且正眈眈虎视，无不欲以其庞大之经济力量控制我国，使我国实际沦入次殖民地之地狱。”进而提出“若此时我国而尚不准备实施统制经济，以有计划之行动打破当前经济之紊乱状态，则长此以往，国脉民生，断难延续，其结果终必沦为列强经济共管之惨局”。他同时指出，关于能否实施统制经济主要取决于以下五个方面：“①应有一坚强有力之中枢政府。②应为一能自立自主之独立国家。③于资源入以吸产业之生产数字，都有精确调查与统计。④有可供运用之资本与技术人才。⑤适合国情之精密计划”。那么我国是否具有上述条件呢，他认为：“其一，我国今日中央政令，尚不能遍及各省，僻远之区，尚多恣意自为者，全国不能打成一片，则一旦实施统制经济阻力自多。其二，我国经济较为欧美列强本自落后。正以落后之故，近年来乃几于完全为欧美列强所控制，……其尤甚者，今日世界各国，无不竭力提高其关税壁垒，以杜绝外国货品之侵入，而保护其国内之产业，独有我国关税尚未能实施保护政策。因之外货涌入，利权外溢，列强之经济势力伸入我穷乡僻壤，我国生产事业都无力与之抗衡，不为附庸，即归倒闭，若一旦而言实施统制经济，则此外国势力必做有力之反动。其三，过去我国国营企业大抵腐败不堪，号曰国营，实则大权操于官僚之手，其用人行政，一无计划，且年皆毫无企业常识，徒以侵蚀公帑，中饱私囊为能事，故举凡国营企业，内容之糟都不堪问，至于民营企业，又以苦于资本之征薄；二苦于捐税之繁重；三苦于战乱之纷扰；四苦于外国资本势力之高压，亦甚少比较规模宏伟组织严密，足以有为者。故今日而言，统制经济，则资本之短绌，以致人才缺乏。其四，我国社会，今日尚未完全脱离农业经济之范畴，农民之意识大抵为散漫无组织。”[①]因此，我国虽然要进行统制经济以救济各项产业，但由于条件尚不成熟，我国施行统制经济必然会阻力重重。

综上所述，统制经济的实施在国民政府时期应该是有一定的难度，但值得注意的是，由于统制经济思想的基本理路是强调政府对社会经济的控制，这实际上与国

---

① 《穆藕初论统制经济与中国》，《申报》，1933 年 9 月 23 日。

民政府的集权思想不谋而合。其结果是,这种学术上思想上的探讨得到大多数政府要员之支持而转化成了实践。

1933 年 9 月,国民政府行政院院长兼财政部长宋子文在出席世界经济会议之后,极力主张仿行欧美之统制经济政策。很快,他的主张就变成了政府的政策。不久,全国经济委员会改组,成为统制全国经济的最高机关。10 月初,全国经济委员会下设棉业统制委员会,以陈光甫为主任,开始对全国实施棉业统制。至此,中国的统制经济思想就由学者的提倡开始变为政府的政策。[①] 而政府的支持,又更加激励了学人对统制经济探讨的劲头。在这种思潮之影响下,一些渔业专家也开始了对渔业统制思想的探讨。

如上所述,在时人看来统制经济是遏制经济衰退的一条重要的路径,因此,当渔业经济濒临破产之边缘,一些渔业经济专家自然对此颇感兴趣。1933 年 10 月,《申报》发表的《渔业有统制之必要》一文提出要通过渔业的统制达到救济渔业之目的。作者认为"吾国渔业之衰颓已达极点,内而渔村破产,海盗纷起,外而邻国侵渔,尽量倾销",而衰败之真正缘由主要有以下几点:首先,渔民缺乏管理,以致知识匮乏,不求技术改良。"绵长万里之海岸线与夫数百万之渔民历来缺乏管理,夫所指导渔民知识,依然固陋,捕鱼旧法,不谋改进,采捕只知集中一处,遂以滥捕之结果致使渔获逐渐减退,生产日微,所捕鲜鱼,又以制法不精,难以持久,而不能行销远方,获利至艰。"其次,行销之地过于集中。"鱼商贩运,亦只知运销一地,譬诸上海为历史上渔产销售地,于是不论货品之奸劣多寡,市场之供求盈亏,群以沪上为惟一销地,而不知择地择价。"再次,外国水产侵销加重了渔业的衰落。"市场之中,外国水产喧宾夺主,复运用其倾销手段,贬低价格,扰乱鱼市,使吾渔产亦不得降价求售,多受损失,即所以制吾渔民之死命。"再"加上土劣之榨取,官商之压迫",其结果是,"渔民乃有弃其罟网,善良者向都市谋生活,桀骜者流而为盗,海盗纵横,则生产更微,循环往复,相为因果,此吾国渔业之日趋衰颓,乃有今日不可收拾之状也"。[②]

以上三点是吾国渔业衰落的基本原因,那么要同时解决上述问题,只能施行统制经济。首先,加强统制,有助于管理与指导渔民。对渔民而言。"盖吾国沿海村镇,全为渔民集中之处,天然资源,绝形丰富,所以奄奄就闭者,正为缺乏统制致散漫不堪,既不知改进技术,又动辄分帮械斗,江浙外海,虽有各项渔业公所之组织。但其成绩,只向渔民收取金钱,并无改进渔业之功用。至渔民自身,则蚩愚桀骜,对

① 孙大全:《中国经济学的成长》,上海三联书店出版社,2006 年版,第 248 页。
② 《渔业有统制之必要》,《申报》,1933 年 10 月 10 日。

其事业可谓一无认识,一旦渔获丰足,金钱到手,则为狂赌滥嫖,一旦生产不足,资本亏蚀,则聚众劫物,到处骚扰,凡此情状,试一赴海外各岛,便能历历在目,渔业之所以不能进步者,实由于此,是以必须组织各项合理化之渔业组合,办理渔民教育,调查渔村经济,为之谋根本改善,故非有强有力之统制机关,经过详实调查,精密计划,不可奏效,若徒唱保护渔民之空调。"其次,对于运销,实亦不能不加以统制。"盖吾国鱼商。只向平素销售之集散地输运,不问该地之需要如何,亦不思向内地推销之利益如何?如何事可以全部出售?如何事可以安定价格,漠然不知,毫不计及。即如去年之墨鱼鲞商人,在嵊山一带收取之墨鱼鲞,全数运沪,而舟山群岛之产品,则由宁波各墨鱼鲞行收集皆以各自盲目营业之数,毫无联络,致销路停滞,货品废弃颇多。"事实上,"去年舶来水产品之输入,即以日本产墨鱼干而论,其销售于吾国者已达11479担,价值329489金单位,约合国币60万元。其数值之可惊,可见国内市场对墨鱼干需求正殷",那么物价之涨落并非归因于供过于求,而是"吾国鱼商不知运销之故而有此损失"。因此,运销有统制之必要。第三,抵制外国之侵销同样要进行统制。"年来日货之倾销更足以摧残吾国渔业之生存。虽国人对日本水产品具有戒心,然一般贸易商人反因此改换标记,冒称国货,或偷运进口,私销内地,而坐享大利,此诚然渔业前途之最大障碍,如能有统制贸易之机关,则海味行商,在统制之下,不克自由买卖,故即使日产之如何跌价,亦难获得买主,若竟自行运吾国,亦必与消费者直接交易之困难,断不能如目下之畅销,故统制以后,即使不能切实使贸易之不自由买卖,然最低当获有精确之统计,则可审定国内供需之情形,必能使输入有相当之节制,以免外国水产品之大量输入,而直接影响于国内产业之生存。"①

综上所述,在作者看来,渔业统制是救济渔业经济的根本出路,不仅能救济渔民,安定渔民生活,同时亦是保持物价之稳定的重要保证。当然,作者亦承认我国渔业经济仍然存在着很多问题,如新式渔轮之发展以及产品的生产等诸多问题尚需要着力解决,但他强调指出"惟以起渔业于垂死之地步,非加以统制不为功也"。② 由此看来,渔业统制是救济渔业经济最为关键之步骤。

自从全国经济委员会成立后,于是"农业之统制也,棉业之统制也,丝业之统制也,煤业之统制也,工业之统制也,商业之统制也,无不甚嚣尘上,且有专任其司以督其成"。统制经济的实践活动自然引起了人们对如何开展渔业统制的思考,因为"渔业衰微之状,无殊丝绵,强邻侵夺,弥见其盛"。值得注意的是渔业"漫无纪章

① 《渔业有统制之必要》,《申报》,1933年10月10日。
② 《渔业有统制之必要》,《申报》,1933年10月10日。

素鲜注意之业，欲言统制，好似一部十七史，不知从何处说起，欧美日本之言统制，因司事者平日对改业之一切状况，发达之经过，作有系统之记载，详细之探讨……直若洞壁观火，历历如绘，故而言统制，孰也为经，孰也为纬，一举措而即指挥如意，效果实验。我国渔业，宁能有此，故空言统制也，不过徒拥其名，实之不归，益于何有"①，呈现出渔业统制的难度。

既然在渔业上有统制的必要性，同时又存有诸多弊端难以回避，那么如何施行统制呢？对此水产学专家(署名为君一的学者)提出了自己的设想，即渔业统制主要从销售上去实施，创办鱼市场以进行运销上之统制。② 他认为，业渔者终岁劳苦，却难以尽仰事俯蓄之责。"渔业市况在我国之今日，直可谓五花八门，虽罄南山之竹，犹难写绘以俱穷，业渔者只知以血汗得来之渔获物求其脱售，市价之高低，一任鱼行之操纵，受其宰割剥削，犹以为理所当然。终岁勤劳，上之不能以事父母，下之不能以蓄妻子。"其原因主要在于"鱼商唯利是图，或则贬价竞买，破坏同行之利益，或则奇货可居，任意扰乱市场，其下焉者嗜利忘仇，或则锐意为之侵销，或则冒混以为国货，至乎其极，市价既形淆乱，同业又复倾轧，营业之不振，无待言苏"。其解决之道则在设立鱼市场。实际上，"在东邻及欧美各国，皆有鱼市场之设置，盖鱼市场者，原为水产品销售之统制机关，举凡渔民之渔获物，麇集于此"。之所以提出创建鱼市场来达致救济民生之目的，主要基于以下原因：首先，消除商人层层剥削之苦，"主场政者准市民需要之鱼类与及时之鱼价，规定相当之价值，使渔民得以偿其劳力，无受层层剥削之弊害"。其次，能消除鱼商之间的恶性竞争。为鱼商者，"既同时贩卖鱼市场之鱼类。所有价格亦均在同一水平线上，自无差歧互竞之事"。第三，在一定程度上抵制外鱼侵销。"至外鱼之侵销，虽非鱼市场所得制止，然可由主场政者制定方案，请求政府重征渔税，同时约东鱼商，课以重律，于此虽不足以使外鱼绝迹，要亦未能如前此之喧宾夺主也。"因此，从上述功能可以看出，"鱼市场之设置，在目下渔业衰落，渔民鱼商交受其害，与外鱼尽量压迫之候，实为惟一之补救方剂"③。

当然，鱼市场之功用仅止于买卖是不完整的，更重要的是要能够达致调剂市价，稳定市场之目的，这才能从一定程度上扭转日渐衰微的渔业经济。我们知道鱼汛"每依时令，渔民之捞获，恒在同一时间，倘供过于求，势必市价倾跌"。因此，作为具有统制运销功能的鱼市场，仅仅提供销售地域是不够的，还必须要有一些辅助

① 君一:《渔业统制政策之实施》,《水产月刊》,第一卷,第一期,第 2－3 页

② 作者在文中强调了三个方面，即鱼市场之统制，渔业经济之统制，渔业管理之统制，本文在这里主要就鱼市场之统制加以阐述。

③ 君一:《渔业统制政策之实施》,《水产月刊》,第一卷,第一期,第 3－5 页。

设施，如“建设冷藏库与轮船铁道冷藏运输”等设备以达致调剂鱼价之目的。首先，“冷藏库者，以科学之方法冷藏鱼类，虽在酷暑仍能以低温保全其鲜味者也。每当鱼汛，鱼类荟萃鱼市场，自为必然事，需求既少，市价低跌，亦势所必然。冷藏库即所以调剂市价，举凡过剩之鱼类，扫数贮藏冷藏库中，一俟鱼汛已过，市价高腾，即将贮藏鲜鱼流通市面，于是过剩之生产，既不因消耗少而使市价惨落，亦不因生产少时，而使鱼价高腾”。实际上，我国东南各省，于冷藏库之设置已有多处，只因鱼市场之统制犹未见实施，故各自为政，其结果是难以达致冷藏库贮藏应有之功能。其次，轮船铁路冷藏运输在日本欧美各国行之已久，我国交通当局，“方在发轫创设中，一旦成就，海鱼、河鱼、咸水淡水便可纵横内地，匪特调剂民食，且可使鱼价平准”。在交通不发达之状况下，渔获物“囿于一隅之销售，恒使一元之价，得售数十斤，而非生产之地，虽数元之值亦难获一饱”，因此，“轮船铁道之冷藏运输，在我国今日实属刻不容缓”，如若不然，“虽有鱼市场冷藏库仍难收统制之效”。职是之故，“鱼市场、冷藏库、轮船铁道冷藏运输，均有相互之关系，三者如血脉之于筋骨，相？而不相离，故欲言渔业之统制，对此三种建设未能具备仍是畸形之发展也”。作者最后指出，“鱼市场之设置，虽在限制鱼类之销售，市价之调剂，要亦在记载渔业之状况，统计产销之数额，行之一二年，殆有数目字可资比较，用此基础以课渔业之精确统制，而筹划对于渔业上之根本建设”①。才是救济渔业的正确路径。

统制经济思想是20世纪30年代初一股重要的思潮，它的出现有其客观的社会经济环境，同时亦有经济学家以及国民政府一些要员的大力提倡与支持，乃至以制度之设计来保证这一思想的实践。而在这一背景下，因渔业之衰落无殊于其他产业，遂有人提出通过渔业统制来达致救济渔业经济之目的，而实业部正藉这一股热潮进行渔业统制的实践，以达致控制并救济渔业的两重目的。应该说，国民政府成立之后，特别是一切渔政划归实业部后，实部就开始对渔业经济进行各项建设。但是在自由经济时代，经济发展之规则主要依靠的是市场经济规律，政府对经济应该是以服务为宗旨，而不是直接参与生产与销售的各个具体环节。因此，在初期的渔业经济建设中，作为政府而言，它并没有理论上的支撑来控制渔业经济的发展，使他们在具体的操作中显得底气不足，进而导致在重组渔业社会的过程中进退失据。因此，从某种意义上来看，自由经济思想是实业部掌控渔业社会的理论难题，而统制经济思想的出现为政府再次救济渔业提供了重要契机。

二、鱼市场的筹设

我国渔业设官远在夏商之间，然在行政序列中设专科管辖则至清廷始。光绪

---

① 君一：《渔业统制政策之实施》，《水产月刊》，第一卷，第一期，第3－5页。

二十二年,谕饬沿海各督抚筹备渔团,旋各省沿海府县多设渔团局,然此时中央渔业行政尚无特定组织,最后清廷于各省置劝业道,其农林科中设有水产股,专管水产事业,此则为水产行政组织之嚆矢。辛亥革命后,南京政府成立,渔政归实业部管辖。1912年3月政府北迁,实业部分为农林、工商二部,渔政事归农林部,由部设立渔业局以司其事,此为在中央渔政设立专局之始。1914年7月合并农林、工商为农商部,下设总务厅及矿政、农林、工商、渔政四司。1927年,张作霖受任大元帅时,分农商部为农工与实业二部,于7月10日派米逢泰为渔牧司长。与此同时,国民政府在北伐以前,已在广州设置实业部及北伐胜利奠都南京乃改设农矿部,下置渔牧科(江浙渔业局由财政部接受改为渔业事务局)。1931年,农矿部与工商部合并为实业部,并扩充渔牧科为渔牧司。1931年3月,国民政府下令豁免渔业税后,财政部设立之江浙渔业事务局等征收渔税机关奉令结束,一切渔政悉归实业部办理。

相对此前而言,实业部把更多注意力集中于渔业经济建设之中。1932年,陈公博就任实业部长后,正值统制经济思潮开始酝酿之际,值得注意的是,陈公博也是统制经济思想的重要倡导者。他认为,"关于经济建设,对于我国原有的生产,采取统制政策,对于我国没有的生产,采取中量生产"。① 在实业部制定的《四年实业计划草案》的序文中,陈公博说:"目前我对于中国现状是主张采用统制经济而不是自由经济,在一般理论,一个国家采取统制经济不一定会繁荣,一个国家采取自由经济不一定会衰落……可是自欧战以来,各国自足政策已成为国家信条,而狭义的国家主义经济已到了极端的白热。在这种情况下,在各国还没有统筹办法之前,任何国家采用自由经济,徒然供给各国狭义民族主义的经济作牺牲品罢了。"值得注意的是,在他强调统制经济的同时,不仅仅强调政府主导,同时还倡导与人民合作,即政府与社会共同参与统制经济的实施,即"非政府与人民合作,统制经济不易成功。我所谓合作,不但是政府和人民要有相互之了解,还得要相互的努力,过去在生产间,以为政府单是剥削人民不能扶助人民,本人近来得经验,无论哪一单位的生产,已知道没有政府力量的扶助,不能发展。而在政府方面,也不应自视力量太大,不体察人民的实况"②。这种统制经济主体的设置在某种程度上亦消解了社会以及各种利益集团的抵抗力,以便于统制经济的实施。

与此同时,在渔业界亦出现了呼吁进行渔业统制的声音,1933年9月22日,上海市及苏浙鲁冀粤闽各省渔业家及研究水产者杜镛等29人,电呈中央,请设法救

---

① 陈公博:《为实业计划告国人书》,《民族杂志》,1933年12月。

② 陈公博:《统制经济与组织》,《民族杂志》,1933年11月。

济渔村,并要求于全国经济委员会添列救济渔业专案。电文如下:

南京分送中央党部常务委员会、中央政治会议、国民政府林主席、行政院汪院长等钧鉴,我国渔村占沿海各省农村之大部分,近年濒于破产,渔场受日轮压迫,渔民流为盗匪,又淡水区域之水产业,亦属农村重要渔业,非设法救济不足以谋振兴,恳请中央选聘渔业专家,加入农村复兴等委员会,或设统制全国的渔业改进委员会,并与全国经济委员会添列救济渔业专案,俾得详拟计划,确定经费,实施复兴,伏乞俯准。①

如前所述,统制渔业之具体措施主要包括三项内容,即鱼市场之统制,渔业经济之统制以及渔业管理之统制。就此三者而言,鱼市场之统制是三者中最为重要的一环。我们知道,上海又为全国水产品集散的最大市场,"尤为日轮侵渔唯一之目的","凡我渔业界无论直接间接有关之人士,允宜集合精力,团结一致,作有系统之组织,为最大之努力以发达本国生产,解决民食问题,兼以驱除外轮在我领海之倾渔"。因此,"努力于上海鱼市场之筹设,洵为当务之急"。②

有关实业部何时提出建立上海鱼市场,由于资料所限,笔者难以对此做出准确的判断,但至迟在1931年所制订的计划中还未曾提出建立上海鱼市场。③ 根据笔者所掌握的资料,上海市渔会曾于1933年7月提交一份渔业建设计划,其内容包括:"①筑渔业市场于上海。②辟海港于嵊山。③建气象台于沿海一带。④建设无线电台于重要洋面。⑤设渔业银行于各种重要地点。⑥添造护洋巡舰,以期渔业得有安全及福利。"并呈请实业部审核。据称实业部已交渔牧司计划中,"大致可蒙允准"。④ 接着,在实业部的倡议下,由实业部与上海市政府双方合作共同举办。

---

① 《杜镛等电请救济渔业》,《申报》,1933年9月23日。

② 耘圃:《对于筹设上海鱼市场之管见》,《水产月刊》,第一卷,第三期,第1页。

③ 1931年4月在上海举办的改进渔业宣传会上,主席李东芗代表实业部报告中央渔业行政计划。一、取缔外国渔船已拟有办法。二、保护渔业拟在沿海分为辽宁、冀鲁、江浙、闽粤四区,每区设一渔业管理局,其目的:1.护洋2.取缔。每局经费五十万,巡舰5艘,先办浙江区渔业管理局以江浙渔业事务局改组之。三维持旧有渔业,提倡新式渔业。即维持旧有渔业办法,即取缔近海拖网渔业,以维持之,提倡新式渔业分五种:1.创办中央模范水产试验场,经临费五十万,分渔捞制造养殖三部,俟试验有成绩时,得添设宣传、讲习二部,中央试验场设在吴淞制造部,即附设于总场,渔捞部设嵊山,养殖部分为二处,淡水部设在京沪线,咸水部三门湾。2.中央规定远洋渔业奖励金与沿海各省合作,中央国库支出25万元,沿海各省省库支出25万元(每省3.6万)。3.划分奖励区域及禁止区域,奖励办法每船一吨30元,一马力25元,一无线电30%。每一渔船,至奖励区域捕捞鱼,约可得奖金2万元。4.奖励金之外尚有补助金。国内所有渔轮能至远洋捕鱼者,给予奖励金之半数,外国购来之渔轮,认为的确适用者,亦可得补助金50%。5.中央规定二十年度水产行政费150万元,100万元充管理局经临各费,50万元充水产经临费,由实业公债八千万中拨充。——资料来源:《申报》《改进渔业宣传会第五日》1931年4月9日。但必须指出的是,在上海筹设鱼市场这一动议早在1922年曾由海军部提出过,但因遭致各方面反对而作罢,后于1929年亦被提出来,亦未曾实施。

④ 《渔会计划改进渔业》,《申报》,1933年7月28日。

并在上海市政府之委托下,上海市社会局于 9 月 4 日拟定出了初步的鱼市场计划,计划包括四个部分,即上海鱼市场之设备,鱼市场之地点,鱼市场营业和营业方法以及经费预算等。计划草案如下:

一、上海鱼市场之设备。1. 渔业专用码头,此项码头,致短须有六百尺,沿浦岸建筑附浮船一具,能随潮水涨落,以备本市渔轮冰鲜渔船淡水渔船等之随时靠岸起卸渔获物,及装运水煤之用,使能同时供给拖网渔轮二艘及多数冰鲜渔船淡水渔船等靠岸。如此,则装卸迅速,时间可省。2. 冷藏库制冰厂,冷藏库之设备,至少须十万立方公尺之容积,以便能储多量水产物制冰厂制冰能力,每日须能制造 40 公吨,以供给渔轮及冰鲜船之用。3. 包装场及仓库。包装场系备渔获物起岸后分类整理,何者备供市场,何者宜输入内地,何者宜储入冷藏库,均须预为处理,以期迅速。仓库则为堆置盐干水产品之用。4. 拍卖场,拍卖场为鱼市场每市场每晨营业之重要场所,地位须较大,空气光线及排除污水之装置最须注意,其布置宜取井字式,务以便利场内交通为主,可参照小菜场之建筑设计之。5. 渔业银行。鱼市场即为本市鲜盐鱼类之唯一集散支配场所,估计每月营业总额约在 150 万元左右,对于营业垫付及渔民鱼商之借贷,必不能免为流通金融繁荣渔业计,渔业银行之设置,尤为切要。6. 渔业消费合作社。举凡渔业上及渔业人日常因事业上或个人消费上所需之一切用品,平日购用,尤不经过居间商人之手,其所剥削积年累月,亦颇可观,故须附设消费合作社,共同购买,共同消费,则可免去居间商人之分利,抑亦节省开销,增加收入之一法也。7. 置备冷藏汽车及冷藏船,鱼市场设立之目的,在调剂民食,促进生产与推广销路,然倘遇生产过剩或外埠需求甚般时,除利用京沪、沪杭两铁路及长江船舶运销别埠外,其距鱼市场较近之城镇市乡,又须利用公路,以冷藏汽车运输。反之,倘遇供求不足时,则须自备收鲜船冷藏船,前往渔场取鲜。8. 活水池。上海每年淡水渔轮入之消费,不下五百万元,其来源率多自浙江菱湖等地,平时活水船到沪后,非俟完全售出,不能离沪,费时失业不能殊不经济,故鱼市场须自备活水池,以供短时期之饲养。9. 电信装置。鱼市场为与渔场连通消息起见,宜装置一百瓦特长短波无线电台,以与在渔场工作之渔场沟通消息,报告每日各种鱼类之市价,俾各渔船能自行预算其渔获物之价值,以决定进口之日期。10. 娱乐部。包括阅报、看书、沐浴、电影、讲习会等。11. 鱼市场各部办事处。12. 寄居舍。

从这些设备可以说考虑的较为完善,无论是泊船、冷藏、买卖以及运输等各个方面都考虑周全。实际上鱼市场是集销售、储藏、运输于一身的有限公司,因此从设备上以及运作制度上都更适应现代渔业的运销体制,具有传统鱼行所不具备的制度设计。

二、鱼市场之地点。本市之大上海计划确定后,首已努力于中心区之建设,将来商港北移，铁路远，则租界不复能枢纽全市，市民有迁徙之可能，是鱼市场之建筑，宜就近商港区域。在吴淞薀藻浜附近，似较妥善，此商港计划之实现，尚须时日，故如上海市鱼市场在最近一二年内，即须建筑时不妨仍于南市关桥附近沿浦地段，择地建筑为宜，然为便于统治进出口渔船，使不致为旧有势力所垄断，则将鱼市场建于杨树浦以北接近市中心区沿浦一带，即可为有力之控制。

后经详细论证，接受了社会局的后项建议，觅定杨树浦对岸之东沟地方浚浦局所填之滩地，约50余亩作为场基。

三、上海市鱼市场营业范围及营业方法。鱼市场之组织及业务在中央未颁布鱼市场方法以前，一切均照鱼市场方法草案办理。鱼市场及支配当地水产品鲜盐鱼之最高机关，责任綦重，其营业范围除海鲜河鲜外兼及干制品。营业方法，普通部委托贩(卖)为主，平时受渔轮业冰鲜船盐鲜船之委托，代为拍出，遇有不足市场需要及内地委托代购时，须自行设法购入，籍资调剂渔获物起见，鱼市场复先于包装加以整理，估计本市每日民食需要数量，如欲销往内地或受有定单时，即行包装，交由二路及长江船舶装运内地，故鱼市场成立伊始，即须与京沪杭两路及招商局接洽，添装冷藏设备，以利运输。其在本市附近城镇而无铁路轮船经过者，则自行以冷藏汽车或冷藏船装运，倘仍有鱼存，即行存入冷藏库。鱼市场鲜咸鱼类之批售由经纪人以拍卖方法出售，拍卖完竣后，由鱼市场负责人将鱼价交给售主，只扣少许手续费，其率照售价百分之五起，不得超过百分之七。

值得注意的是，上海鱼市场的营业方法不仅仅关注了鱼市场内部的营业，实际上它的制度设计是对整个上海渔业乃至沿海省市渔业的一个总体调剂。因此，它的营业不仅止于市场内之贩卖，更包括渔获物之冷藏以及运输，以达调剂之目的。

四、经费，建筑经费计鱼市场全部建筑费20万元，另冷藏库制冰厂20万元，码头及冷藏汽车及船约10万元，渔业银行资本50万元，共需100万元，惟土地价值尚未在内。①

如上所述，我们可以看出这是一个比较详尽的计划，它的设备、地点、营业方法以及经费等都有比较详细而具体的构思，特别是它的设备应是比较完善的，无论是渔船卸货，买卖、仓储、冷藏以及运输，这些基本的涉及渔获物的购销各个环节都有明确的设计，甚至对渔业的金融问题以及渔业的组织都具有比较积极的构想。后来的事实也证明了，上海市社会局的这一计划成为实业部筹设鱼市场的一个重要的蓝本。

上海地居我国沿海之中枢，“扼长江之咽喉，凡苏、浙、鲁、闽、粤等沿海渔民采

① 《市社会局拟定鱼市场计划草案》，《申报》，1933年9月4日。

捕之渔获物,长江流域之淡水产鱼介等物,都视上海为惟一之集散市场,又以人口众多,交通便利,鱼产消费,日见庞大。国外鱼类莫不视为惟一倾销之尾闾,是以上海一地,于环境地理上已成为全国渔业经济之中心,惟上海渔业既占重要,有如上述"①。因此,在上海设立鱼市场不仅改变上海原有的销售体系,同时又能够借助于上海相对发达的销售网络达致协调全国渔获物之目的,使鱼价相对稳定,达致救济渔业之目的。

与此同时,为了汲取经验,实业部于 1933 年 10 月 27 日派遣水产专家侯朝海、张柱尊、王德发以及建筑师徐敬直等赴日本以及青岛进行考察。为了便于分析,我们把考察组的考察内容列表如下:

表 3-8 考察组考察内容统计表

日期	地点	考察内容
10 月 28 日	抵达长崎	往长崎县水产试验场讲习所参观,由该场技师太森信圭田出任招待,导观标本模型陈列室,罐头工厂,鱼粉制造室,卜型冷藏库,无线电信室,最新建造渔业试验场兼海洋调查船鹤丸,及手缲网渔船等
10 月 29 日	长崎县水产会	导观鱼市场、渔轮及冷车铁道等
10 月 30 日	户畑	水产研究所标本室及研究室,内多我国沿海渔产及海底底质等标本;后导观户畑鱼市场,码头,渔港,制冰厂,冷藏库,罐头工厂,仓库,制箱工厂及拖网手缲网渔轮等
10 月 31 日	下关	先至岬之町日本渔网船具株式会社,后至土新地町及木町参观编网所,织网染网工场及下关鱼市场之拖网渔轮
11 月 1 日	登日光丸 前往青岛	
11 月 4 日	往青岛市政府	询问青岛渔业情形,午后参观青岛水族馆(市长不在一注)
11 月 5 日	往青岛市政府	由市长介绍青岛渔业情形
11 月 6 日		往各处鱼菜市场考察,并略采集水产物标本
11 月 7 日		乘船回沪
11 月 8 日		抵沪

资料来源:《考察日本长崎门司户畑下关及我国青岛鱼市场报告》,《水产月刊》,第一卷,第四期,第 31-32 页。

① 《上海市鱼市场建筑大要》,《申报》,1934 年 2 月 6 日。

从他们考察的整个行程来看,从10月28日至11月6日前后不过十天时间,其中在日本只考察了4天左右,时间比较仓促。但他们的日程安排极为紧凑,参观之内容较为全面而详尽,获取了比较多的信息。这次参观主要涉及四个地方,即长崎、户畑、下关及青岛。事实上,由于这次参观的主要目的是要为在上海建立鱼市场做准备,因此这次参观的侧重点主要是日本以及青岛的鱼市场,目的则是为筹设鱼市场提供经验来源。为了便于叙述,我们把这几个鱼市场作一简要介绍:

1. 长崎鱼市场

长崎鱼市场位于长崎港之北端,面对港口而建,前有防波大斜堤后有紧连铁路,其渔轮码头长210英尺。全部建筑占地539坪(16816公亩),另铁路用地315坪(9417公亩)。建筑物除卸鱼市场外,还有长崎县水产会事务所,市场共同事务所,共同储藏所及鱼类仲卖株式会社之营业所(金融部)渔箱制造所等。其主要建筑物如下:

表3-9　长崎鱼市场主要建筑物

区别	建筑物种类	面积(坪)	座数	占地坪数
市场事务所	二层楼	60	1	34
第一起渔场	平屋	175	1	175
第二起渔场	平屋	364	1	364
共同事务所	二层楼、平屋	130	1	110
共同仓库(附冰藏库五)	二层楼	225	1	129
仲卖会社营业所	二层楼	48	1	42

资料来源:《考察日本长崎门司户畑下关及我国青岛鱼市场报告》,《水产月刊》,第一卷,第四期,第31-32页。

鱼市场设有场长一人,书记二人,管理员四人,场役二人,请愿警一人,搬夫若干人。与鱼市场有直接发生关系者,有专属委托买卖业者(仿佛鱼行)十九人,买受人(买客及小贩)五百余人。其销售之渔获物分为两种:一为近海渔获物,以一百斤为单位;二为远洋渔获物(以手缲网渔业与轮船拖网渔业之渔获物)则以一箱为单位,鱼市场代客买卖。其每年营业额达400万元。所收佣为鱼价之百分之十,其分配如下:①金融部手续费2.7%;②水产会补助费0.7%;③水上搬夫扛力1.0%;④拍卖手续费5.6%。[①]

① 《考察日本长崎门司户畑下关及我国青岛鱼市场报告》,《水产月刊》,第一卷,第四期,第32-33页。

2. 户畑鱼市场

户畑鱼市场临近户畑渔港,位于滨海湾,完于大正十五年(1926年——笔者注)。盖当时拟利用渔港,发展户畑市渔业。该湾三面环陆,水深波静,船舶之出入碇系,极具安全,且认为最适宜之远洋渔业根据地。由此出发三千浬,北达额霍次克海,白令海,南航七百浬,至台湾,更南一千六百浬,至东京湾,悉、西可至我国渤海黄海东海及南海诸渔港。户畑附近人口百万,临近北九州工业地带及煤炭产地。至于交通则水陆俱便,且有廉价之水电煤气,可资应用。

户畑鱼市场为当地鲜鱼分配之权威者,计有售鱼之拖网渔轮54艘,收手缲网渔轮70艘,运搬船15艘,又小渔船每年约六千艘,其渔获物多经其支配,每日鲜鱼起岸数量约200吨,每年起岸渔获物,约值2千万元。①

3. 青岛鱼市场

青岛外滨黄海,内包胶澳,湾港天成,岛屿罗列。每当春秋两季,鱼群之洄游栖息于近海一带者甚繁。青岛鱼市场有二②,一为青岛渔业公司所创办,该公司资本为20万元,1931年5月成立,办理贩卖一切水产物品及渔业货主之委托贩卖事项,并垫付竞买之鱼款。1932年营业40余万,股利5厘。③

此次考察对各鱼市场的建筑状况,营业额以及交易时间等基本情况有了大致的了解,这为上海鱼市场的创立提供了重要的参考。例如关于场地的选择。首先必须是渔业汇集之所,同时还要交通发达以货通各地。其次,是要求当地的渔业经济较为发达,并有长期、固定的渔业资源供应。通过考察与比对,实业部"觅定杨树浦对岸之东沟地方,浚浦局所填之滩地,约50余亩"建立鱼市场。④ 并根据实际情况对上海鱼市场作了如下的设计:

上海渔业现状之不良,凡与渔业有关或无关之社会人士,均须亟待改进,并有优先成立上海鱼市场之期望与活动,就上海渔业之环境及滨海带江之天然地位,为求切于实际起见,宜采用起岸鱼市场及支配鱼市场兼有之组织性质,并因海洋鱼介类之卸卖,亦可称为海洋鱼市场,分场为便利淡水鱼介类之卸货亦可称为淡水鱼市场。1. 本场:即海洋鱼市场,设在本埠杨树浦定海桥下浚浦局新填滩地。2. 分场:即淡水鱼市场设在本埠南市吴桥附近。本场地址之所以择定杨树浦,外界对之视离市面太远,要知该处基地,四周有相当发之余地。对于海船进口,较多便利,约可省去一小时又半之航行时间。平凉路对市中心区之发展尚属适中。附近道路平

① 《考察日本长崎门司户畑下关及我国青岛鱼市场报告》,《水产月刊》,第一卷,第四期,第33-34页。
② 另一个则为日本人所创办,这里就不做介绍了。
③ 《考察日本长崎门司户畑下关及我国青岛鱼市场报告》,《水产月刊》,第一卷,第四期,第40页。
④ 《实业部浚浦局商洽渔场地价》,《申报》,1934年1月19日。

坦,是交通上之可解决者。本场即为海洋鱼市场之设备,为便利统制进口渔轮及冰鲜渔船使不为旧有习惯所牵制起见。择地于浚浦局新填滩地,沿浦一带,占地面积45亩,在沿浦之沿岸,至少在八百尺至一千尺之长度,所有必备之建筑及附属设备如次:

一、属于码头方面者,上海港因受潮水涨落之影响,潮差甚大,故须注意沿岸之水深,并须备有浮船式之建筑。1. 沿岸码头。沿岸码头之长,至少须占有八百尺以上之长度,为节省经费计。先建筑长六百尺阔六十尺,表面以泥筑成没有排除污水。设备上覆马口铁之高蓬,宽四十尺,须装有电灯电话自来水之设备及简单办事处,海关管理员室、鱼箱、鱼桶、鱼篮储藏部,专为起岸鱼介整理之用。2. 浮船码头及渔船码头,共长5000尺分二段。3. 浮船前之水深,最低潮时须有十四尺之深度。4. 杂用码头,共长150尺。5. 系船浮筒,三只专为拖网渔轮与缲网渔轮平时系留之用。6. 小港,长450尺,阔120尺,低潮时水深六尺,专为冰鲜船及小渔船停留靠岸之用。

二、属于市场方面者,除卸货市场即以沿岸码头应用外,更设下列诸部及各种市场上其他应有之设备。1. 经纪人竞买市场,占地28700平方尺,内设经纪商店30间及竞买场三部分。竞卖台三个。2. 零售竞卖市场,占地5万平方尺,宽72尺,长700尺,内分露售处50间,每间面积244平方尺,零售间以过道相通市场内设有管理室休息室,卫生洗手间便所等及其他各种设备。

三、属于冷藏库方面者,占地25800平方尺,分下列六部:1. 机器间。2. 制冰室。3. 冷冻室。4. 冷藏室。5. 储冰室。6. 办公室。①

1934年1月5日,行政院141次会议,通过设立上海鱼市场。旋实业部于2月12日委派由余恺湛、侯朝海、梅哲之、周监殿、冯立民以及吴恒如等组织成立上海鱼市场筹备委员会,并指定余恺湛、侯朝海、吴恒如为常委。筹委会成立后,即选聘了一些水产专家及相关技术人员,共同组织成立了上海鱼市场筹备委员会其职员分别如下:

常委:余恺湛、侯朝海、吴恒如

委员:徐廷湖,严继光、姚焕洲、冯立民

设计委员:张柱尊、王德发、王重、沈祖同、陈炎、华印椿

调查员:张济

办事员:姜维藩、陈化龙、吴楚材、温穗熙、郑锡作

书记:徐正康、邢纺华、章仁邦

---

① 《上海鱼市场建筑大要》,《申报》,1934年2月6日。

兼任调查员:毛菊生、屈其采①

筹委会成立后,就积极进行着上海鱼市场的筹办工作,揆其内容主要集中在三个方面:

其一,关于建设方面。

首先,勘察地址以确定场基。实际上,关于场址的选择,早在 1933 年 9 月的上海社会局所制订的鱼市场计划中就有较为明确的意向。后通过实业部派员进行现场勘察,于 1934 年初基本确定场址设在杨树浦对岸之东沟地方,浚浦局所填之滩地②,上海鱼市场筹委会本打算购买这块地皮,但时任浚浦局长宋子良却对于鱼市场的选址计划并不认同。他主要是担心鱼市场之恶环境,污染此地环境,于是要求他们拟选择吴淞地带。对此,鱼市场认为"敝会计划鱼市场,均用最新式之建筑,既有宏大之冷藏仓库,复有适宜之冲洗装置及完备之渠沟,对于清洁设备极为完密","与十六铺一带鱼行之腥气四溢迥乎不同",以打消其顾虑。至于选址吴淞地段,因"距离沪市过于遼远,往返因属不便,且港面极狭,不能停泊多数之渔船",并不适宜设立鱼市场。并强调指出,如果得不到浚浦局的支持,那么"一切计划势成画饼,而实业部年来发展渔业经济,统制鱼市之苦心,亦将负之东流"。③ 在这一情势下,宋子良只好应允,但他提出"只肯出租,未恳价卖",因此,筹委会不得不变更购地计划,"与该局接洽租赁该地段 47.6 亩。"并于 1934 年 7 月 30 日拟定租地草约呈送实业部批准,对此,实业部未曾有异议,只对契约作了一定之修改,并于 9 月 22 日复文要求"遵照指示各点,迅与上海浚浦局总局磋商更正"。④

9 月 24 日,筹委会与浚浦局达成如下协议:

1. 鱼市场建筑用地需面积四十亩至五十亩。

2. 租地沿岸水深由浚浦局每年设法开浚,并保证低潮时深度十三英尺以便停靠渔轮及水运鲜运送船。

3. 租价在初期十年间,每亩以 735 元计算拟请浚浦局优待实业部提倡新事业起见,特允八折实付。

4. 鱼市场租地之四周拟请浚浦局添建马路及桥梁。

5. 在浚浦局方面须收回上海鱼市场租地,须于五年前通知上海鱼市场并偿还

---

① 《关于职员考绩案》,上海档案馆藏,档案号:Q464-1-35。

② 筹委会在选择场基是主要考虑以下几个方面之因素:一、陆上方面:1. 交通便利,2. 场址宽阔,3. 四周无阻碍交通之建筑物,4. 隔离繁闹市街,5. 接近海洋;二、海上方面:海面辽阔,2. 水深适中,3. 适合船舶停留场所,4. 无碍海上交通,5. 渔船出入便利。——资料来源:《实业部上海鱼市场计划说明书》《水产月刊》第一卷,第五期,第 7 页。

③ 《函稿》,上海档案馆藏,档案号:Q464-1-361。

④ 《关于租借浚浦局地皮案》,上海档案馆藏,档案号:Q464-1-41。

建筑上之损失。

6. 浚浦局如拟出租鱼市场附近地段须先询明鱼市场。①

双方在得到实业部之首肯并在协商一致的情况下,于 1934 年 11 月 1 日正式签订了租地契约。

租地契约

一、本契约由上海浚浦局(以下称出租人并包括其继承人或让受人)与实业部上海鱼市场筹备委员会(以下称承租人并包括继承人或让受人)于 1934 年 11 月 1 日订于上海,兹经两方彼此同意,出租人愿将坐落周家嘴岛上黄浦江与浚浦局路间之地段计面积 47.6 亩,如附图所载出租人与承租人作为建设鱼市场之用,期限 20 年,自 1934 年 11 月 1 日—1954 年 10 月 31 日。

二、浚浦局路及定海路桥仍由出租人全权管理,惟承租人如在租地上修筑道路或在水边建造码头或他项曾经出租人认可之装卸货物便利设备时,应有完全处置之权,但承租人关于上述码头之使用须遵照港口章程及港务长所订之任何规则。

三、承租人在租地内装卸及储藏其出口或他种货物,必须遵照江海关及政府一切章则,如有继续违背此项章则情事,经该管官署通知后于相当期间仍不终止者,本约即行取消,出租人不负赔偿责任。

四、承租人不得纵容任何污秽存留租地上面,并须为其员工装置适当之卫生设备,又须有曾经出租人认可之装置,以便清除阴沟污垢,营业渣滓鱼兽残余垃圾以及其他种种不洁之物,又卫生布置用以减除腥臭及蝇患者必须交由出租人审查认可。

五、出租人应尽力监护上述道路、桥梁,惟对于承租人使用上述租地或当其物产生,在该路上或桥上运行时不负盗窃、变乱、火灾、填祸等所致之损失。

六、在出租人将该租地前面浚浦线以外之处,一度浚挖至最低潮位下四公尺之深度,以便停泊渔船,以后如须浚治均由承租人自理。

七、承租人得将驳船改建并得在该租地前水面上建造码头,惟须先得出租人之认可。

八、承租人在租地上建造房屋以作合法之制造及商业之用,惟其图样须经出租人及市政府之准可至防范火灾及火星须有曾经出租人认可之戒备。

九、承租人应将该租地图以适当之墙篱,其式样须经出租人之认可并应对加修理维持完整,惟须予出租人以在合理时间进入该地,各部查勘之权以视本契约所订各条是否履行。

---

① 《关于租借浚浦局地皮案》,上海档案馆藏,档案号:Q464-1-41。

十、如该租地之全部或一部分须充港务及浚浦之用,出租人得将本契约撤消之,惟须五年前以书面预告,在此情形出租人应偿还承租人在地上永久性之改良设备,连同房屋在内,其数额由仲裁人三人估定之,此项仲裁人由出租人推选一人,承租人推选一人,其第三人则由上述二人选任之。

十一、承租人于五年前以书面预告得将本契约撤消之,但在此情形下,出租人对于租地上永久性之改良设备不给赔偿。

十二、本契约终止时无论照第十或第十一条所规定之五年预告,拟因二十年之期限已满,承租人得将地上各项建筑及改良设备悉数移拆,惟不得损害租地至墙篱阴沟及装卸设备之固定部分,不适用本条之规定,倘租地受有任何损害,应由承租人修复原状。

十三、承租人为租用上项地亩,愿按年以现款或银行票据付租并于每年十一月一日预付来年租金。在第一期十年内,自1934年11月1日—1944年10月31日止,每年租金为中华国币31752元正,在第二期十年内自1944年11月1日—1954年10月31日止,每年租金为中华国币37800元正。

十四、承租人如违约不将应缴全部租金予到期之日按照本契约第十三条之规定付清或不遵守本契约各条款之任何方面时出租人得于书面通知后十四日将该租地收照并得将其地上所有全部货物建筑岸线前设备机器工具施以管押如租金仍不付清,出租人得于三个月之后,采取适当之步骤招寻新租户承买上述各物之全部或一部分,当此项新租户寻得之后,出租人即从上述售卖所得之款内提出充分数额,偿还其本身因违约所受之全部及各项损失,如有余款应立即交还原承租人。

十五、承租人非经出租人之书面允许,不得将该地转租,惟此项允许出租人不应无理由拒绝之,如果分租,承租人非经出租人之书面允许不得征收高于本契约所规定之租金。

十六、本契约各条款如遇争执不能解决时,两方应受仲裁人三人之裁判。此项仲裁人由双方各推选一人,至第三人则由上述两人选任之,本契约由双方签字盖章以资凭证。①

就在租地契约商定的同时,上海鱼市场筹委会于10月1日起在《申报》《新闻报》等报刊上招商投标建筑鱼市场场屋工程广告,“至同月二十三日投标截止日止,共计收到泰昌营造厂等16家所投工程标书”。② 并最终选定新昌泰为夺标者,如表所示:

---

① 《捐助回复信笺》,上海档案馆藏,档案号:Q464-1-39。

② 《关于鱼市场房屋工程案》,上海档案馆藏,档案号:Q464-1-42。

表3-10 建筑鱼市场投标结果清单统计表

投标人	馨记	钟山	董瑞和	泰来	余洪记	利源	久泰锦记	新昌泰
标价	491395	450000	442500	399000	369641	361000	359000	347000
投标人	仁昌	新金记康号	泰昌	沈生记	新森泰	陈裕兴	三森	陆根记
标价	339000	329500	322500	319500	315000	305000	297000	284576

资料来源：《关于鱼市场房屋工程案》，上海档案馆藏，档案号：Q464-1-42。

1935年1月1日，上海鱼市场正式动工兴建，其主要建筑有：

（1）竞卖场。竞卖场是一间如上海一般水泥建筑的小菜场样式所在，占地南北长211.7呎，东西长71.2呎。东为渔船码头，北接市场办公处，水泥地上嵌有无数小铁轨，上置小铁簸箕在40部作为运鱼离码头之用，铁轨直通码头，小车亦用电气马达拖曳。

（2）码头。码头有三个，共长六百呎，阔25呎，建筑极坚固。系铁架三合土上盖铁皮，码头上备有多数淡水龙头系备到埠渔船免费取用。立码头上东望，烟波浩渺，帆影幢幢，虬江码头东北在望，相距仅六里，码头西沿，建有临时仓库四所，长42呎，高14呎，阔25呎，备临时放置鱼类以蔽风雨。

（3）经纪人办事处。经纪人办事处在竞卖场西，共两层，底层有办公室27间，每间长40呎，阔14呎。二层为各渔轮公司营业处，共有办事室25间，卫生厕所设备俱全，并有储藏库一。竞买时亦于场中挂牌公布，如普通交易所然。

（4）办公处。底层占地777.055平方尺，面临黄浦江，东面为渔船码头，南临拍卖场，北接冷藏库，西望经纪人办事处及广场，屹立于鱼市场之中心。办公处之下层，设有小规模之银行备借本与渔民者，名为渔业信托社营业处，另有社员办公处、大厅、会客室各一间，鱼市场办公室五间，储蓄库及夫役室、电话室、厕所等各一间，膳堂、传达室等均备。二层有总办公室一间、理事室二间、会议室二间、档案室、小办公室、监事室、研究室、图书室、技术室、会客室、陈列室、膳堂、伙食间、厕所等各一间。三层为职员宿舍，有卧室六间、夫役室、浴室、厕所各一间。四层有大平台，无线电台室一间，俯视码头极清晰。五层面积狭小，仅长25呎见方，为无线电员及气象报告员之卧室。六层、七层与五层大小相同，为气象信号台，又称瞭望台，午夜装置强度灯光，作灯塔之用，并可放信号，向渔船告警，瞭望台高七十八呎，登最高处四望，则市中心区及上海特区与淞浦两江，均星罗棋布。①

值得注意的是，冷藏室之筹设应是鱼市场的辅助设计中比较重要的一环，同时

① 《鱼市场的平面立体与轮廓》，《申报》，1936年5月17日。

应是有较大争议的部分。就渔业统制来说,市场之销售,鱼产品之运输以及冷藏的三方面之相互配合是调剂民食,稳定物价重要的保证。上海渔获物之所以骤高骤低与市场缺乏冷藏室有相当关联。具体而言,冷藏室能够起到调剂市面鱼量的“蓄水池”之作用。一旦沪市鱼类充斥,则可以贮鱼于冷藏室内,以消解供过于求而导致的鱼价之下跌,而当市面渔获物减少之际,再从中取出,以达致供需平衡之效。因此,冷藏室的设计对鱼市场来说其重要性不言而喻。

虽然从鱼市场的立场来说,冷藏室是必需的,但整个上海的冷藏业之营运是不足的。事实上,上海为我国冰鲜鱼类之集散地,应事实之需要,上海有冷藏库12家(1933年——笔者注),其中有华商冷藏库7家。如表所示:

表3-11 1933年上海冷藏库统计表

公司名称	茂昌	新茂昌	永新	宏昌	洽茂	洽和	大华
资本额(万)			15	32.4	50	12	6
职员数	14	15	12	18	35	20	10
冷藏室数(间)	30	9	8	15	32		10
可藏容量(斤)	300万	120万	145万	200万		200万	119万

资料来源:《上海华商冷藏公司之调查》,《水产月刊》,第一卷,第四期,第3页。

上述冷藏室原先主要以贮藏蛋类为大宗,但其中亦有随着渔业行情的变化增加渔业的贮藏。据上海市渔业指导所调查,1933年上海华商冷藏库冷藏鱼类数量达38289担。如表所示:

表3-12 1933年各月份上海华商冷藏库冷藏鱼类数量表 单位:担

月份	一月	二月	三月	四月	五月	六月	七月	八月	九月	十月	十一月	十二月	总计
数量	15780	2390	2860				31216.78	4502.25	3332.14	4899.43	1501.00	940.18	38289.00

资料来源:《上海华商冷藏公司之调查》,《水产月刊》,第一卷,第四期,第4页。

上表所示我们可以发现,就时间上来看,主要集中于下半年,而贮藏最大者为七月份,达致31216.78担,占总数的81.53%。而1934年由于鱼价大跌,贮藏于冷藏库的鱼量大增达到73574.44担。① 从它们的贮藏容量来看,仅仅华商就达致10万担以上,贮藏上海之鱼不存在任何问题,但从历年来的贮藏量来看,上海鱼商对此并不感兴趣,这与冷藏公司的传统习惯以及鱼行购销制度有一定的关联。近年来,大部分冷藏室因为经济不景气而缺乏货源,造成资源浪费。如上表所示,1933

① 《上海华商冷藏公司之调查》,《水产月刊》,第一卷,第四期,第6页。

年,冷藏鱼类数量与其贮藏空间相差很大,即使在七月份其贮藏已不过达致总贮藏量的三分之一左右。因此,从冷藏业的角度来看,上海鱼市场建造冷藏室并非符合市场之原则,同时对上海冷藏业的发展更是雪上加霜。

职是之故,当上海鱼市场建立冷藏库时受到了上海冷藏业的反对,他们认为,"现当我国渔权旁落,渔民频受外力侵迫之时,凡此设施具见钧部对于渔业已有整个发展计划下风逖听感奋莫名,惟闻鱼市场全部建筑包含冷藏库设备,此则不无斟酌之处",这是因为"日前沪市冷藏库之发达,实际上已超过需要","公司除划一部分专营冷藏者,甚多空间地位外,近因蛋类出口衰落,原惟蛋类之冷间空间亦多。况同业尚有宏昌、洽合、洽茂、大华、永新,及上海仓库等多家,此外冰蛋厂如培林班达怡和等数家,本不营冷藏者,亦因蛋类营业衰落均兼营冷藏鱼,故就现状而论,沪市冷藏厂已觉供过于求,各家均有大量空仓地位,因此栈租价目一再跌放,同业竞争逾越常规,而一核各家所得,租费每落成本以下,入不敷出,证以去年各家全年营业亏多赢少,此在同业中人类能道其详尽"。进而强调指出,"将来冷库造成,开始营业,沪市同业因受营业上影响难免跌价竞争,届时钧部未得实惠而同业已蒙重大打击,有违钧部维护实业之本旨,恐意料所不及"。与此同时,兴建冷藏室而"连带及冷藏设备、经费之筹措,营业上把握固环生问题,惟机器等件均须购自他国,漏卮外溢,增加入超数字,恐非钧部所愿"[①]。表达了对鱼市场兴建冷藏室的不满与自身发展前景之担忧。

虽然从市场经济的角度而言,上海鱼市场冷藏库的建造不符合市场经济之原则,但实业部之目的则力求通过鱼市场来达致统制渔业销售之目的,而冷藏库应是其中较为重要的一部分。因此,上海鱼市场在复函中指出:"鱼市场附设之冷藏库,非特与市场密切联络,且予渔民鱼商贮藏及用冰极大便利,实为鱼市场必要之设备,碍难分离。"[②]实际上,即拒绝了其要求。

上海鱼市场设计的冷藏库占地面积 25800 平方尺,东西长 67.11 公尺,南北长 35.4 公尺。分为六个部分,即①机器间,②制冰室,③冷冻间,④冷藏室,⑤储冰室,⑥办公室。[③] 其情况列表如下:

---

① 《洽茂等公司建议供给上海冷藏需要案》,上海档案馆藏,档案号:Q464-1-81。

② 《洽茂等公司建议供给上海冷藏需要案》,上海档案馆藏,档案号:Q464-1-81。

③ 《上海鱼市场建筑大要》,《申报》,1934 年 2 月 6 日。

表 3-13 上海鱼市场冷藏库构成表

名称	高(公尺)	长(公尺)	阔(公尺)	面积(平方公尺)	容积(立方公尺)	能力	设备情形	备考
冷冻室	3.302	10.82	10.97	118.7	392.0	每小时冷率720B.T.U,即每日(24小时)能冻鱼30.5吨	用冷冻柜二只盐水冷度华氏零下15度管子装置用并流式或由流式用泛式	
冷藏室	3.302	14.02	10.97	817.5	2699.0	每小时冷率660.00B.T.U,藏鱼1500英吨	采用直接伸张程式,保持固定冷度在华氏〇度	平均每1.7立方尺能藏鱼一英吨
	3.302	14.02	10.97					
	3.302	18.90	10.82					
	3.302	14.02	10.82					冷藏室分五室※
	3.302	14.02	10.82					
制冰室	4.72	18.90	10.82	204.5	965.2	每24小时制冰45.35公吨	冰块重136.08公斤(300磅)采用泛滥式	
机器间	3.81	15.24	7.32	174.2	701.8	每小时冷率960.00B.T.U(80吨能力)亚姆尼亚氯压机一部每点钟1260.00B.T.U(即105吨能力)亚姆尼亚氯压机二部	氯压器用最新式半卧式双汽缸二次压缩式亚姆尼亚氯压机	全部冷冻能力为冷冻室60吨,冰藏55吨,故用二部105吨,约足应用冷藏或有不足见用50吨一部以便更换
	4.42	7.72	8.05					
器室	4.72	13.41	6.86	92.0	434.2	约用面积86.5平方公尺	用平卧甲管式	

资料来源:《实业部上海鱼市场计划说明书》,《水产月刊》,第一卷,第五期,第9页。

冷藏库计有冷藏室 5 间，经理室 2 间，制冰室 1 间，冷冻室 2 间[①]，机器室 2 间及处理室数间。

最北端为制冰处，底层用钢划成水沟，上面盖厚数寸之木板，分为数百小块，每块约 4 尺见方。制冰时将盐精倾入，通入冷气后，不久即成冰块，再以手拉机引出冰块，运送而出，计每日可出冰 50 吨。冷气机房即在紧邻，有 500 匹马力引擎。又因每日需用净水极多，故设有大自流井，深 1200 尺，水塔即在冷藏库外，极其壮伟美观。[②]

冷冻室一间，面积 118. 7 方公尺，容积 392 立方尺，内设冰冻柜两架，装置冷气管，使冷度在华氏零下 15 度，每小时冷率为 20. 000BTU，于 24 小时内可冻鱼 30 公吨半。

冷藏室计五间总面积 817. 5 平方公尺，容积 2699. 3 立方公尺，冷气管采直接伸涨式，能保持固定冷度，在华氏零度，每小时冷率为 660. 000BTU，可藏鱼 1500 英吨。

制冰室面积 204. 5 方公尺，容积 965. 2 立方尺，下为冷水池，中置盛冰器 672 只。覆木盖，每器可冻冰 300 磅，每日产冰量约为 50 吨，各室均以软木护壁，厚度自六吋至九吋，而门户均以橡皮沿边，弗使传热。制冰冷藏之冷气，系用亚姆尼亚压缩之方法。

机器间，装有方棚两架，发（电）5 千瓦，以引动全部机器，共有马力 487 匹，其亚姆尼亚气压机四架，每架以百匹马力引动压缩亚姆尼亚液体至凝缩器内，使之受冷而打至各部利用其伸涨时，吸收热气之作用，以冷凝冰块，及产生冷气，至其所用之清水系自凿深井两口，各达 550 呎，亦利用（电）力，以十匹马力之抽水唧筒打入蓄水池，沈淀后，再打入水塔，其容量为 100 吨，以供给全场饮料及制冰之用，而其全部电力，系由闸北水电公司供给，每机每小时用电 82 度，全部机器工程由约克机器厂承建，造价约 35 万元。[③]

应该说，冷藏库的筹建从本质上来看并非为了整个上海渔业冷藏供求之不足，更重要的是为了统制渔获物之需要。必须注意的是，如果鱼市场的筹建没有设立相应的冷藏库以保鲜，那么所产生的后果将是鱼商有更多的借口把鲜鱼贮藏他处，从而使鱼市场的统制成为“空中楼阁”。那么除了上述目的，鱼市场筹建冷藏室还有什么意图呢？对此我们有必要再加以分析。

如上所述，冷藏库之功能有二，即冷藏与制冰，那么我们就从这两个方面来

---

① 但从上表显示只有一间。

② 《鱼市场的平面立体与轮廓》，《申报》，1936 年 5 月 17 日。

③ 《鱼市场昨晨正式交替》，《申报》，1936 年 4 月 18 日。

审视。

首先,冷藏。我们知道上海渔业价格的波动如此之大应该与没有及时冷藏以调剂供应量密切相关。上海鱼市场有 5 个冷藏室,其设计库容各种冷冻鱼虾类 2.5 万担。那么如此设计的冷藏量能否达致调剂市场之目的,那么我们首先来看 1933 年(如表所示)华商冷藏库的渔获物数量。我们发现仅七月一个月的冷藏数量达致 31216.78 担,远远超出上海鱼市场的贮藏能力。那么我们是否能就此判断鱼市场的设计库容太小而不敷应用呢?要做这样的判断,我们必须要从以下三个方面加以考量。首先,这两个的统计口径不同,一个是指库容量,即是静态的空间,另一个是指当月的总贮藏量,它是有进有出,是一个动态的数量,两者不具有可比性。其次,我们发现除七月份外,其余月份的贮藏量都很少,甚至十二月份只有 940.18 担。第三,鱼市场的设计目的在于统制鱼的销售以调剂市价。因此,它的设计理念应该不是仅仅加大贮藏量以调剂平衡,更重要的还是要加强与各地之间的协调,进行统制运销,达致供求平衡之目的。因此,从这个意义上来看,如此设计容量应该是能够满足需要的。为了说明这一问题,我们选取了 1936 年 10 月份鱼市场的贮藏量来加以求证。如表所示:

表 3-14　上海鱼市场二十五年十月份冷藏库进出口贮藏鱼类数量统计表(单位:斤)

	大黄鱼	小黄鱼	鲨鱼	乌贼	桶头
进	24168		1393	860	39
出	116909	32674	274	6079	42

资料来源:《上海鱼市场关于"渔业指导所"调查冷库进出口鱼类数量案》,上海档案馆藏,档案号:Q464-1-567。

如表所示,十月份贮藏库运出之总数为 156598 斤,而进入贮藏库之总数为 26469 斤,实际上无论如何计算,它们与鱼市场的库容总是存在一定的差距。需要指出的是,上海鱼市场的贮藏价格与一般的冰栈价格相仿。

从上面的分析中,我们应该可以判断,鱼市场之冷藏库之设计能力是能够起到调剂市场的作用。虽然,它并没有按市场经济的规律而行事,分割了其他华商冷藏业的利益,但却为统制渔业之销售打下了基础。

其次,我们来看鱼市场的机制冰。实际上在鱼行时代,渔业用冰因其价格因素主要是用天然冰。由于天然冰所含杂质较多不利于渔获物之保鲜。因此,为了提高鱼之质量,上海鱼市场冷藏库加以制作机制冰来满足渔获物保鲜之需求。

鱼市场的制冰能力,"每日能制透明栈冰 50 吨,及不透明冰 30 吨","若全年产量以制冰300天计算,共可制冰24000吨。"[①]为了吸引渔民购置冰块,上海鱼市场冰栈销路除供所有渔轮及冰船应用外,还规定了对渔民的优待办法:渔轮及渔船用冰办法:终年者每吨5元;1月—4月,每吨4元;5月—9月,每吨6元;10月—12月,每吨5元。[②] 为了推销鱼市场之冰,1937年4月,上海鱼市场把"除供给渔民鱼商需用外,所有余外之透明冰及白冰"之推销任务承包给了任宝钰。

综上所述,我们发现上海鱼市场的冷藏库之设计不仅仅是为了统制渔获物之目的,同时又体现了救济民生之旨趣。首先,冷藏室的设置,就大大便利了鱼商贮藏需求,而不必另存他处,增加运销成本。在鱼市场冷藏室建立之后,就有一些经纪人"络续将寄存于茂昌、洽茂各冷气公司之大黄鱼运回本场冷藏库存储,其量每日不下五六十担。"[③]其次,为了惠及鱼商,鱼市场的所制之冰卖给鱼商时有比较优厚的价格,明显低于市场价(一般在8元至10元左右)。这就在提升鱼的品质的情况下降低了他们的成本。因此,如果我们不是站在冷藏行业的立场来讨论鱼市场的冷藏室设计,而是从整个渔业行业这一角度来考察的话,鱼市场的这种设计不仅是合理的,而且是必要的。

其二,上海鱼市场筹备委员会进行各项调查。

20世纪30年代初期,当统制经济成为思潮之后,很多人都相信统制经济是救济各项产业的灵丹妙药,也可以用来救济渔业。由于各个国家的情况不同,如何实践同样有其差异,"譬如淡水渔业发达之德国,其计划决不能适合于远洋捕鲸业盛行之挪威,复如今日盛行渔业统制之日本,其主点舍渔业采捕之统制外,在于水产品输出检查之统制,而美国自蓝鹰运动发生后,渔业界亦急谋统制,但其主点则在于水产罐头业之维持"。易言之,实施统制之前,首先要对整个渔业经济进行详细之调查,如"海洋潮汐之影响如何?饵料之含蓄,光线之透视以及海之形质等等如何?俱足影响渔业之生产……更如劳力之供给,资本之多寡,渔民之组织,渔业之共同经营等,与渔业生产有密切之关系,但试问今日中国水产经济之状况,究属如何"。正如学者所尖锐地指出,我们不能"因渔产之少,而即创办几只新式渔轮;海盗横行而乃派数艘巡舰游弋海面"[④],这些都不能解决根本问题。总之,必先有详确之调查,然后设合理之计划,这才是实施统制经济的正确路径。于是,正是循着这一路径,上海鱼市场筹委会对上海渔业经济状况进行了较为详细的调查,其内容主要包括:

---

① 《上海鱼市场制销》,上海档案馆藏,档案号:Q464-1-559。

② 《上海鱼市场销售摊头案》,上海档案馆藏,档案号:Q464-1-563。

③ 《上海市鱼市场冷气项件》,上海档案馆藏,档案号:Q464-1-56。

④ 《渔业统制之初步作工》,《申报》,1934年2月5日。

(1)每年渔轮渔获数量种类价值之调查。

(2)冰鲜渔船输入地别、种类、数量、价值。本市场销售若干,以何种类为最多,销往别埠者若干,以何地为最多。

(3)冰鲜桶头输入地别,输入方法、运费、输入种类、数量、价值本地销若干,以何种类为最多,销往别埠者有若干,以何地为多。

(4)咸鱼(分国产及舶来品两种),输入地别,输入方法,运车费,输入种类,数量、价值,本地销若干,以何种类为最多,销往别埠有若干,以何地为最。

(5)淡水鱼类输入地别,种类、数量、价值、输入方法属于养殖业者有若干。

(6)冰鲜河鲜各鱼行之历史,制度、资本、数额、营业范围、买卖习惯、佣金类别及其成数、放款方法,每年营业总额。

(7)鱼贩之帮别、分布、组织资本,营业范围,贩卖习惯及其他各种情形。

(8)华租各界小菜场、菜馆之地点,贩卖水产物之种类,销场、数量、价值。

(9)机器制冰、天然冰,每年之制造额,采集量,全部销场,用于渔轮冰鲜船及其他用场者若干,每年价格之涨落。

(10)上海所有冷藏制冷厂数,天然冰场数及其制冰能力,储藏容积,近年来实际储藏数量取费价目。

(11)其他各种调查设计。①

一般而言,渔业之调查有助于统制之实施,反之亦然。渔业经济的统制亦将有助于调查数据的精确性,这又为今后政府的渔业经济政策提供了基本之数据,有助于渔业经济之转型。

其三,拟定各种鱼市场法规章则。

为了更好地使鱼市场进行有效之运转,对其进行组织制度之设计应是市场开办的应有之义。因此,上海鱼市场筹委会制定了鱼市场的各项规章,其内容主要有:

(1)实业部上海鱼市场管理处组织条例。

(2)实业部上海鱼市场业务规程。

(3)实业部上海鱼市场管理规程。

(4)其他各项关于鱼市场之规则章程。②

1935 年 11 月 15 日,上海鱼市场筹备委员会宣告结束。从 1934 年 1 月至 1935 年 11 月,上海鱼市场筹备委员会在将近 2 年的时间里为上海鱼市场的筹建作了大

---

① 《计划大纲草案》,上海档案馆藏,档案号:Q464-1-33。

② 《计划大纲草案》,上海档案馆藏,档案号:Q464-1-33。

量的工作，不仅建设了鱼市场的工程，同时还进行了大量的调查工作，并在此基础上制订了一系列的规章制度，这些努力为后期的鱼市场的开业以及营业打下了较为坚实的基础。

第三节　统制经济思想下的组织体系与交易制度的设计

鱼市场的筹设其目的不外乎统制渔业，其方式主要是通过统制销售市场来达到统制整个渔业经济的目的。而上海鱼市场就是承担这一任务的主要平台。那么，从政府来说，如何统制销售这就要从制度设计来加以确立，以保证渔业销售控制在政府之手。因而，鱼市场的组织建设，即权力归属于谁决定了统制政策实施的力度。而交易制度的确立同样规制了渔业销售的统制方式与统制的疏密。因此，本节主要选取这两者来审视鱼市场是如何以统制为宗旨来进行制度设计的。

一、鱼市场的组织机构

鱼市场的筹设是渔业统制的重要组成部分，如前所述，实业部长陈公博在提倡统制经济时，强调统制经济的实施必然是政府与社会的合作，而非仅仅是政府之责，职是之故，鱼市场的筹设同样亦采取了官商合办之性质（关于此点，将在第四章予以阐述）。

上海鱼市场筹备委员会于 1935 年 6 月 8 日，在上海鱼市场组织条例草案中，作出如下的组织设计：

（1）本场设监理委员会，以监理委员七八人至十一人组织之，由实业部聘任或派充，并指定一人为主席，监理委员任期三年。

（2）监理委员会之职掌如左：①业务方针之审定；②预算决算之审核；③重要契约及债务之审定；④各项章则之审定；⑤总、副经理以外重要职员任免之审定；⑥职员违法失职之检举；⑦营业及账目之检查；⑧重要业务之监察；⑨其他重要业务之规划。

（3）监理委员不得兼任本场其他职务。

（4）本场设经理处置总经理一人，由部遴请简派，副经理一人，由部荐任。

（5）总经理综理全场业务，副经理辅助总经理处理全场业务，总经理缺席时，由副总经理代行职务。

（6）经理处设左列各课，第一课、第二课。

第一课掌左列事项：①关于文书撰拟收发及保存事项；②关于保管印信事项；③关于会计事项；④关于物品之修缮购置及保管事项；⑤关于人事进退考绩事项；⑥关于工役之雇用及其管理事项；⑦关于水产之调查统计研究事项；⑧关于水产事

业之宣传指导出版事项;⑨关于机械之管理事项;⑩关于气象电信信号之管理事项;⑪关于不属于他课事项。

第二课掌左列事项:①关于鱼介类及其制品受托交易事项;②关于经纪人监督事项;③关于冷藏制冰营业事项;④关于货物保管及运输;⑤关于船舶及码头之管理事项。[①]

上述组织设计分为两个平行的组织构成,即监理委员会以及经理处。从它们掌管之职务可以看出,监理委员会所掌握的是宏观之规划以及对业务之监察,而经理处则着重于上海鱼市场的直接管理。但这种设计的主要不足在于,监理处缺乏对经理处的直接监督,因为两者都直属于实业部,其人选都由实业部直接遴选,同时,两者之间并非存在着行政上的隶属关系,这实际上就难以保证权责之统一,同时其监督权亦会名存实亡。因此,当上海鱼市场筹委会提出申请批准时,实业部渔牧司则提出了质疑。它们认为,“经理处经理协产之产生,同系由部派充,恐将来监理委员会与经理处之职权难免不有发生纠纷之事。”并对上海鱼市场筹委会提出要求他们参照“中央银行第十一条内有‘总裁为理事会之主席’之规定”。以及“江苏省农民银行章程第十四条内有‘总经理副经理由监理委员会荐请省政府任命’之规定。”[②]等内容进行整改,其宗旨则在于事权之统一。

但对于渔牧司之质疑,筹委会则有自己的解释,它们认为,“委员会制之机构散漫,责任不专,效率殊弱”,而鱼市场“属于营业性质之机关,责任贵专一,办事尚敏捷者,尤不适于委员会制”。事实上,中央银行“设有理事会与监事会,其总裁副总裁由常务理事中遴选,一方为常务理事,一方为总理全行事务之首领,是已为首领与委员会之混合制矣”。并且“该行另有监理事会,当无碍其监察业务之独立行驶”。而“本场之组织除经理处外,仅有一监理会,倘经理而兼任监理会之主席,则形成自监自理之形态,监理商务职能独立行驶,务必形同虚设矣”。因此,两者必然要分开,否则难以形成监督之权。而“江苏农民银行之监理委员会,其地位高于总经理,关系仿照江苏银行办法,使监理会地位与公司之董事会等,总、副经理由监理会荐请省府任命,藉免政局影响,用意至善”。“惟其(江苏农民银行——笔者注)监理人选较严,余三人由省政府委员兼任外,其余聘任委员为本省耆绅名流,资望地位均一时之选,故能统属总、副经理”。与此相对的是“本场监理会之地位,如仿照苏农银行办法,于人选资格,能否高于经理,似须顾虑”。因此“本草案将监理会与经理处均直属于实业部,系仿照国营招商局办法,令监理会成独立之监督机关,

① 《关于部令公布上海鱼市场组织暂行章程案》,上海档案馆藏,档案号:Q464-1-9。
② 《关于部令公布上海鱼市场组织暂行章程案》,上海档案馆藏,档案号:Q464-1-9。

而经理处则采用首领制度，俾一面得收办事负责与敏捷之效，一面仍有独立之监督，以免流弊”。①

实际上，从筹委会设计的理路来看，它更注重于经营的独立性，目的是为了减少在经营中更少受到监理会或理事会方面的阻滞。而渔牧司的意见则更强调对营业的管理，加强对经营之监督以及领导，以保证权事之统一。经过讨论之后，上海鱼市场组织章程于 1935 年 11 月 2 日部令公布，其组织体制在原来的基础上有了较大程度的修改。其主要组织机构设置如下：

(1)本场设理事会，由实业部委派理事九人至十五人组织之，任期均为三年，期满得续派连任。理事会设常务理事三人至五人由实业部于理事中指定之，并指定一人为主席。

(2)本场设监事会，由实业部委派监事七人至九人组织之，任期均为三年，期满得续派连任，由实业部于监事中指定一人为主席。

(3)本场设经理一人，协理二人均由实业部派充，但经理得以理事会主席兼任。

(4)左列事项经理事会决议由经理执行：①业务方针；②预决算；③重要契约；④各项章则；⑤经理提议事项。

(5)监事会之职掌如左：①账目之稽核；②营业上之检查；③预算决算之审核；④职员违法失职之检举。

(6)本场设置左列各课室：第一课、第二课、第三课、会计室。其分别职掌事项如下：第一课：①关于文书之撰拟收发及保存事项；②关于保管印信事项；③关于物品之缮购置及其保管事项；④关于人事进退考绩事项；⑤关于工役之雇用及管理事项；⑥关于不属他课事项。第二课：②关于鱼介类及其制品受托交易事项；②关于经纪人监督事项；③关于货物保管及运输事项；④关于船舶及码头之管理事项。第三课：①关于水产之调查统计研究事项；②关于水产事业之宣传指导出版事项；③关于机械之管理事项；④关于气象电信信号之管理事项；⑤关于冷藏制冰营业事项。会计室：掌理全场会计事项。②

11 月 15 日，实业部指派余恺湛、严继光、徐廷瑚、侯朝海、袁良骅、俞佐庭、林康侯、冯立民、张晓耕，虞树勋为本部上海鱼市场理事，并指定余恺湛为理事会主席，又派梅哲之、陈烈聘、杜月笙、虞洽卿、陈廷煦为该场监事，并指定杜月笙为监事会主席。同时委派余恺湛为上海鱼市场经理，侯朝海为协理。③

---

① 《关于部令公布上海鱼市场组织暂行章程案》上海档案馆藏，档案号：Q464 - 1 - 9。

② 《关于部令公布上海鱼市场组织暂行章程案》，上海档案馆藏，档案号：Q464 - 1 - 9。

③ 《任用职员案》，上海档案馆藏，档案号：Q464 - 1 - 15。实业部上海鱼市场委任职员还有：派华印椿为本场秘书；派姚焕洲暂充本场第二课主任兼代第一课主任；派张柱尊为本场第三课主任；派王重为技师等。

从上述组织体制的设计,到人员的选派,都可以看出实业部统制渔业之实质。首先,从组织设计来看,与上次相较,修改后的组织增加了理事会,并且权力基本保持在理事会上,而经理职权大大降低。从上面我们可以看出,经理处实际上只是执行机关,并没有任何决定权,同时总经理还由理事会主席兼任,这就从制度上凸显了经理处的从属性质,从而保证了权属的统一性。其次,组织人员基本上都是由实业部选任的。从理事到经理甚至一般的课员都是由实业部直接遴选,从而加强了实业部对鱼市场的监管。更重要的是,这些人选中基本上都是政府人员,而代表鱼商的有名望之士不多,只有杜月笙、虞洽卿等少数几人,并只能选为监事,其职权仅止于监督之责,并没有对鱼市场的任何行政上,乃至宏观管理上的权力。因此,从本质上来看,这种制度设计,是实业部统制经济思想的重要体现,它期望通过政府主导并控制的鱼市场来管理并左右上海渔业的销售进而对整个中国的渔业销售网络进行调剂,从而使渔业经济活起来,达致救济渔业之目的。但这种完全由政府主导的制度设计,大大减少了渔业社会参与的空间,从而引发了渔业界的普遍反对,使鱼市场的开业受到相当的阻碍。(关于此点,笔者将在第四章给予讨论。)

二、鱼市场交易制度的设计

从市场经济的角度来看,价格杠杆是促进经济发展的重要因素,其本身是反映供需平衡的重要指标。但在特殊的条件下,这种反映亦存在某种偏差,即当货物并非与消费者直接面对时,价格在反映消费需求上,就会存在着诸多障碍,而在上海的渔业交易制度中就存在着这类问题。

传统渔业交易制度是鱼商把渔获物交给鱼行,然后零售商贩又从鱼行中购买,再至菜场售卖。其路线图为,渔民-鱼商-鱼行-零售商贩-消费者。我们以冰鲜鱼为例来检视鱼商在这一交易制度中的获利状况。其获利之多寡由两方面决定:其一,为售卖货物之货款;其二,所交之费用。

冰鲜渔船在来沪交易时所需付的费用主要有:①行佣:从价8%;②公川:从价0.3%;③现扣:从价1%;④秤手费:从价0.3%;⑤扛力:从价0.1%;⑥灯捐:每船每次进口扣收洋八角;⑦会费:每船每次进口扣收洋六元;⑧渔会护洋费:每船每次进口缴洋二十元;⑨码头捐:每船每次进口扣缴洋二元;⑩印花税:每船每次进口扣缴洋一分。①

从上述十项来算,一只冰鲜船进口,如装载2千斤,卖了一百元的鱼价,如果从价格上来看的话,则要扣去前五项共9.7%,即9.7元。然后还要从每次交易这一活动本身来看,则又要加上后五项共计28.81元,两项共计38.51元。实际上我们

① 千里:《鱼市场交易制度商榷》,《水产月刊》,第一卷,第五期,第24页。

可以看出，所卖之价格与所扣之费用是呈正相关关系的，即价格越高则费用也同样高。质言之，若卖了二百元的鱼价，则要 48.21 元。但必须指出的是，如果鱼价下跌，所交的费用实际上并不能减少多少。因为，有些费用并非根据鱼价下跌而减少，而是根据交易的次数来计算的。即不管每次交易多少，价格如何，28.01 元的各项捐费是要如数缴上的。还必须要注意的是“这些费用只是市场上的贩卖手续费，政府和地方上的捐税不在内，冰鲜船的赢利亦不在内”。因此，一只渔船若获得两千斤鱼，其所获“恐怕比贩卖手续费还要低，恐怕能与生产费相抵已算不错了，要想有些资金发展事业，真是妄想”①。

更为重要的是，这种交易制度并不能真正反映市场的供求状况。我们以淡水鱼为例来审视上海鱼价与交易制度之间的关联。我们首先来看看上海市淡水鱼价的涨落表：

表 3－15　上海市淡水鱼类择日价格比较表

价格＼日期 鱼类			一日	六日	十一日	十六日	廿一	廿六	卅
鳍鱼	最	高	65	70	80	70	80	100	100
		低	30	30	20	35	32	20	25
鲫鱼	最	高	70	70	70	70	80	100	96
		低	20	20	20	35	32	20	15
青鱼	最	高	33	32		30		30	
		低	30	16		28		20	
花鲢鱼	最	高	22	20	25	24	22	26	25
		低	20	12	20	20	20	20	20
青虾虾	最	高	40	45	35	40	32	35	35
		低	20	22	20	25	20	20	25

资料来源：千里：《鱼市场交易制度商榷》，《水产月刊》，第一卷，第五期，第 24 页。

从上表所显示的数据可以看出，在十六铺之鱼市场上，“于未明的早晨数小时间，价格的差别——恒在一、二倍，以致五倍”。这里需要指出的是，在“十六铺的批发市场上交易之后，运到菜市场上的零售价格，决无如此巨大的差别”。换言之，

① 千里：《鱼市场交易制度商榷》，《水产月刊》，第一卷，第五期，第 24 页。当然在交易的同时，鱼行为了照顾客户在交易时，会给予冰鲜渔船夥友一些津贴，有：(1) 轮布：每船每次进口五元；(2) 拆花：百分之一点八八四；(3) 伙食：每船每日三元，以三日为限。

"现在鱼市场交易制度的现象,是一种鱼品的批发价格在同时相差常为倍数,而当日零售价格的相差不过悉数"。之所以造成这种现象与交易制度有关,即一旦有大量的鱼类运入上海,将在批发市场上表现出供过于求之现象,零售商必然会故意抑制价格以获厚利,而并非考虑消费者之需求。所以"在同一市场,同一时间,对于一种鱼品,因量数的多寡,叫卖的先后,鱼行与零售商间,彼此发生种种不同的估计,遂使批发市场于顷刻之间千变万化"。至于零售市场,"在零售商间既有默契平衡的市价,在消费者复有估价的习惯,所以一日之间常现稳定之状态"。从这里可以看出,在这种贩卖制度下,"零售商赢利的厚薄,直接为消费者所支配;而生产者赢利的厚薄,则操纵于批发市场的贩卖制度"①。

因此,要稳定价格必须要改变这种交易制度,使价格的波动能真正反映出生产者与消费者之间的供求关系,其最为直接的办法就是减少中间环节。当然,由于传统势力使然,它们是不可能自动退出历史舞台,若要两者兼顾,则必须在传统交易制度上有所创新。对此,水产专家王千里认为,最直接而有效的办法,就是采用"标准价的交易制度",其内容主要包括以下五个方面:"①鱼市场上各种鱼类,每日按照其量数多寡,消费需要,及前一日零售价格,与以往种种统计经验等,各规定一标准价,仍施行'竞买法',俾于竞买时其价格得以平衡;②标准价有两种规定办法:一种只规定最低价,使价格只能上涨,不能下降;一种则规定最高与最低两价,叫价竞买时不出此范围,在初期似只规定最低价为宜;③最低价格的范围,以不低于生产费与用费之合,不低于零售的百分之八十为标准;④标准价对于货主则变为'平均价'的规定,鱼市场上同种类同质量的鱼类,在同一时间则卖出者,虽有标准价的规定,但实际价格随竞卖程序之先后,核算其种种不同的价格,作为一平均价,将价款按平均价分付予货主,或将此项鱼类的价款,无论其实价若何参差,统合计于一处,再按照货量算一单价,分付予货主。但同日不同次的交易,及同类不同质的鱼类价格不能相混。(5)标准价的修订,在鱼市场行政上须有完善组织,不能私人意旨所操纵。"②并进而指出,标准价的交易制度有以下五方面的作用:"一、为保障批发价格,不使跌落于生产费与用费之下,以免损伤渔业资本;二、使批发价格与零售价格协调,中间不为竞卖制度所操纵;三、使价格平衡,对于生产、贩卖以及消费三方面俱有利益;四、使消费市场直接支配生产,不为贩卖制度所投机垄断;五、方便生产贩卖两方面的利益平均,不受市价巨变的影响。"③作者认为,这种制度"是将市场纳于经济正轨,使消费者直接支配生产者,贩卖只是工具,且在完善处理之下,

① 千里:《鱼市场交易制度商榷》,《水产月刊》,第一卷,第五期,第24页。
② 千里:《鱼市场交易制度商榷》,《水产月刊》,第一卷,第五期,第24页。
③ 千里:《鱼市场交易制度商榷》,《水产月刊》,第一卷,第五期,第24页。

生产与贩卖两方面的浪费俱可免除……生产与贩卖两方面的赢利可以日渐增厚,……渔业始能有规律的发展”①。

应该说标准价的交易制度对鱼市场的交易方式有一定的借鉴意义,它为最大限度降低经纪人对鱼商压级压价的风险起到了制度性的保护作用,有助于政府救济渔业的根本宗旨。但必须指出的是,标准价的交易制度也存有一定之缺陷。首先,它打破了市场经济的基本原则。虽然国民政府要通过行政手段来进行渔业之统制以平准物价,稳定市场,但其主要是通过调剂货物之流通来达到供需之平衡。因此通过政府定价实际上有背于市场经济的基本原则。其次,鱼的标准价真正确立也是一个很大的难题。例如,就成本而言,因为捕鱼带有很大的偶然性,它的成本实际上是很难计算的,因此,标准价交易制度从理论上看是显的公允、合理,但在操作层面则具有相当的难度,但它所倡导的竞买方式却被鱼市场所采纳。

实际上,上海鱼市场的筹建以及交易制度设计在很大程度上借鉴了日本的中央卸卖场的组织体系与交易方式。因此,要弄清楚鱼市场的交易制度有必要对日本的中央卸卖场作一简要介绍。

日本自1914年受欧洲大战之影响,工商业得以异常发展,渐以之通货膨胀,物价暴腾,而国民生活深受胁迫。1918年夏,各地又发生剧烈之饭米骚动。政府乃不得不在大都市廉价售出白米以维护社会之稳定,同时,设立小卖市场以贩卖日用必需品,俾图物价之调节。但此项设施对物价之调节,究无充分之效果。1922年乃由日本社会事业调查会应其内务大臣之咨询。鉴于时势之需要,以为有设置中央卸卖市场之必要,农商务省及以此作为提案。经46次议会之通过,而于该年三月公布中央卸卖市场法。

所谓中央卸卖市场乃于一定设施下,集买卖双方,有一定之时间,一定之商品,一定之交易方法,而为交易者。值得注意的是,中央卸卖市场,既为一般公认价格公正与食料品分配之圆滑起见,在消费者视之,最要者为价格之低廉。而一般价格之上下,乃以一般人民之需要与供给多寡之比例及营业费之多寡而升降之,故中央卸卖场之创设费必需节省。职是之故,中央卸卖场的设立有一定之条件,首先,位置之选择,须交通便利,水陆运输上联络良好者为必要条件。其次,须为人口众多,市内运输迅速,最好能在都市之中部,以是原则。1922年11月1日,日本政府指定东京、大阪、京都、横滨、神户、名古屋等六大都市为施行地点,积极筹备设立大规模之中央市场。

由上观之,日本之中央卸卖场的设置是在经济衰败,民生贫困的状况下出现

---

① 千里:《鱼市场交易制度商榷》,《水产月刊》,第一卷,第五期,第24页。

的,其设计宗旨是为了救济日益贫困化之民生。因此,实业部创立鱼市场无论是所处的经济环境及其制度设计之理念都在某种程度上与日本政府所遭遇的情况相似,因此,日本的救济路径自然亦成为国民政府借鉴的重要范本。

一般而言,日本之中央卸卖场乃由公共团体或公益法人为经营鱼类、肉类、鸟类、卵、蔬菜及果实等卸卖,这种些卖场有四个特殊条件:一、开设者须为地方公共团体或公益法人,个人或营利之公司所开设之市场,即使其他条件完备,亦不得称为中央卸卖市场。二、市场内所交易之物品,须含有上述六种之新鲜食物,但各都市内因特别情形不能完备者,须呈请主管大臣之核准。至其原则,则中央卸卖场必须交易上述六种之新鲜副食物(而事实上则以鱼类为主要)。三、上述六种新鲜副食物之贩卖限于卸卖(趸售),不得零卖或小部分之批发。四、中央卸卖场并非任何都市与乡镇俱可开设者,必须在特定之区域内,此项特定区域之决定,由主管部指定,通常即称此项指定区域为中央卸卖市场指定区。如东京、大阪等,未经指定之区域其设立之市场,虽含有其他规定条件,亦不得称为中央卸卖市场。必须指出的是,鱼市场的设置与中央卸卖场还有明显的不同,则是开设者并非地方团体或公益法人,而是实业部,是政府之机构,因此从某种意义上来看,开设者的不同背景也注定他们的立场之分歧。

应该说,交易制度的好坏是衡量交易是否公正、公平的最为重要的指标。日本在中央卸卖市场制度未成立前,关于鱼类之卸卖,为鱼间屋(鱼行)及卸卖商经营,这种交易制度对生产者以及经营者双方俱有害无利,正如前文所论证的那样,鱼行的交易制度在抵抗风险中的乏力加重了渔业经济的衰败是一致的。因此,如何设计一个体现公平的交易制度,以保证"新鲜食料品自生产者至消费者,以秩序之分配制度,免除不正当之行为",则是救济民生能否成功之关键。我们知道,交易制度是由一定的交易环节以及特定的交易方式构成的,那么日本中央卸卖场的交易环节,即它的营业制度到底是怎样构成的以及他们之间的交易方式到底如何?下面我们就做一简要介绍:第一,卸卖人。系基于中央卸卖市场法及关系诸法规,而受地方长官之许可,在属于自身所办理之部类物品,受货主之委托而卖出或买下,故称为卸卖人。因其与卸卖市场有密切之关系。故有种种限制:①贩卖物品以委托为主。②贩卖之方法以拍卖为原则。③除一定手续外,不论任何理由,不得再取报酬。④在指定区域内,除特别理由外,不得在中央卸卖市场以外经营卸卖业务。⑤不得与中央卸卖市场法施行规则第十条抵触。⑥在中央卸卖市场内不得参加自己经手之买卖。⑦卸卖人须缴纳保证金。第二,仲卖人。(经纪人)乃基于中央卸卖市场法及关系诸法规,用自己的观察计算而营物品之买卖者也。详言之,则从中央市场之卸卖人方面,因自己的观察计算之结果,买进物品,再将此(逐部)卖与小贩商人,而在此买卖之相差中,取得利益。在中央市场中营仲买人业务者亦有一定的限制:①须得到许可。②须交纳保证金。③不得在中央卸卖市场以外设自己所经营物品之店铺,以收买该票物品。④不许兼营卸卖人业务。第三,买出人。即小卖人,为小卖商如饭馆、饮食店等之营业者,即为直接供给一般消费者以生鲜食料品为业者。第四,附属营业人。为营业不属于市场交易之物品种类者,以供给卸卖人、仲卖人、仲买出人等必要之材料,如直接之搬运业、金融业、通信业、仓库业、贩水业等,间接如食堂,文房具业、理发店、燃料业等。

必须指出的是,上述四种营业者参加基本的营业交易的主要是卸卖人、仲卖人以及买出人。上述人员在交易中所扮演的角色及顺序为,凡生产者或贷主将其货品运至中央卸卖市场区域内,即全部交与卸卖人。卸卖人乃于翌日清晨,用拍卖之方法,代为卖与仲买人。仲买人买得贷品后,或全部送至附近都市出货或即在中央卸卖市场内仲买人市场中,卖与买出人,或直接卖与消费者。[①]

这种交易制度消除了鱼行交易制度一系列的弊端,在更大程度上维护了生产者之利益,更有利于体现公平交易的理想,这主要体现在两个层面:

首先,通过拍卖制度保障货主之权利。这种拍卖方式之主要内容包括:①贩卖方法以拍卖为原则,非特别情形,不许用拍卖以外之方法。②拍卖时买卖物价格之表面,须用金额,以不许用符号、暗记为原则。③已行买卖交易物品之物价数量总价额,须即刻报告市长。④卸卖人如货主质问时须呈示其受托品贩卖之账簿书册等,并答复其质问。⑤拍卖时之开价者之雇佣,须预得市长之许可。⑥拍卖时其贩卖方法不正当时,即停止其继续交易。⑦卸卖人对于其自己经理人货物,不得参加买卖。⑧货物损伤或减少重量,如无市场检查员之证明书,不得向货主交涉。[②] 从上述设计中,我们发现这种制度设计重点在于维护货主之利益。例如,货物是以拍卖为原则,同时为了保证其公正,对拍卖之开价者亦有严格之规定,这就保证了买卖的客观公正,能够在最大限度地维护货主之利益。同时给予货主更多之权利,例如第四、第较为以及第八条之规定,这些制度设计完全都是为了维护货主之利益。

其次,对卸卖人的义务设定以维护货主之利益。为了保证交易过程的顺利,中央卸卖场对卸卖人做出了种种义务设置,以维护货主之利益。如,第一,卸卖人如受到委托物品后,须即刻通知货主,其受领物品之种类、数量及受到之时间及物品之状况。第二,卸卖人如受到委托物品,至明日须将卖账交与主货,并即日付与货

---

① 当然,之特殊情况下例外,这些情况主要包括:①市长认为不适当用拍卖方法之物品时。②市场认为数量过多,或货物迟到,拍卖困难时。③依拍卖之方法发生不?当之价格时。④有不耐拍卖之?之品目数量者时。⑤为除卸卖人外,仲卖人与附属商人之买卖时。⑥为应买者特定买入之产地品种大小等物品时。

② 《日本中央卸卖场之概观》,《申报》,1935 年 5 月 27 日。

主其所代为出之款额。第三,卸卖人除预定之手续费外,不得以任何名义索取报酬。第四,卸卖人如不即支付卖出金额,货主可扣除正常手续费后,余额向市场由该卸卖人之保证金中取出。第五,卸卖人须将卖出账簿另书一页按日呈报市场。[1]

上述制度设计在最大程度上维护了生产者之利益,同时亦在一定程度上维护了消费者的利益,其主要表现:①物价之价格公正而公布之,以避免小贩商之贪求暴利。②食料品腐败者固不论,即近于腐败有传染病媒介之危险者,俱先经市场不许交易。③因其为统制的卸卖机关,故对消费者之分配方法有极良之运输机能,使其分配各地迅速(而免)损及物品,(且)使价格不因运输而骤增。④卸卖人等受市场之严(重)监督,不使因价格物价,以取消人为的物价高涨。⑤市场( )有冷藏库等,以贮藏余剩之物品以调解物价。⑥因交易无一向之因循制度,故物价为正规之低廉。[2]

因此,无论从生产者的角度,抑或是从消费者的立场而言,日本中央卸卖场的交易制度都能够保证他们利益诉求。这种制度设计,在日益衰退的社会经济环境中,最大限度地满足生产与消费之利益,最大限度地压缩了商人囤积居奇,扰乱社会经济之活动空间,维护了社会的稳定,为经济摆脱危局,振兴工商业发挥了积极作用。事实上,在20世纪30年代,国民政府所遭遇的社会经济环境与日本当时的情况存在一定的相似性,如何救济渔业经济,最大限度地维护鱼商(渔民)之利益成为鱼市场制定交易规则的首要课题。实际上,日本中央卸卖市场之制度以及标准价的交易制度为上海鱼市场之交易制度提供了借鉴,但为了加强统制,上海鱼市场筹备会员会根据中国的实际情况对此进行了一些修改,并于1935年10月11日把草案呈送实业部予以批准,为了便于分析,我们把上海鱼市场的营业规则摘录如下:

实业部上海鱼市场营业规则草案

第一章　总纲

第一条:本规则系依照实业部上海鱼市场组织规程第二条及第三条之规定制定之。

第二条:本场交易之鱼货,其种类规定如左:(1)海产鱼类;(2)淡水鱼类;(3)咸干鱼类;(4)其他水产品。

第三条:市场每日开闭时间由本场酌定公布之。

第四条:本场休假日期规定如左:(1)国庆日;(2)国历年终日;(3)春节日。本

---

① 《日本中央卸卖场之概观》,《申报》,1935年5月27日。

② 《日本中央卸卖场之概观》,《申报》,1935年5月27日。

场认为有必要时得另定休假日,并得于休假日开市。

第二章 经纪人

第五条:本场设置经纪人代客承办鱼介类及其制品之购买事项。经纪人名额暂定为十人,如有必要得随时增减之。

第六条:本场经纪人以中华民国人民为限。

有左列各款情事之一者,不得为本场经纪人:(1)无行为能力者;(2)受破产宣告者;(3)褫夺公权尚未复权者;(4)处一年以上之徒刑执行完毕或赦免后未满5年者;(5)在本场受除名处分未满三年者。

第七条:凡愿为本场经纪人者应填具志愿书、履历连同经营渔业经验证明文件并备具保证金5千元及殷实铺保两家之保证书送交本场审查核准后呈由实业部发给营业执照。

第八条:经纪人对于本场应负由其交易所生之一切责任。

第九条:经纪人不得采用不正当方法参加拍卖,拍卖时不得使用暗语、暗号。

第十条:经纪人得置代理人代理其业务。

第十一条:经纪人须在本场指定地点内设置营业所。

第十二条:经纪人关于交易所用账册单据,其格式应由本场规定之,并得随时调取检查,如有咨询应即答复。

第十三条:经纪人及其代理人均由本场发给徽章,非佩戴徽章者概不得入场参加拍卖,如遇遗失,毁损,应请求补给,并不得出借或赠与别人。

第十四条:经纪人置代理人时须将代理人之履历书送经本场审核认可方为有效。代理人解职时,经纪人将其解职情由向本场报告备查。

第十五条:经纪人对于本场一切章则务须切实遵守不得违背。

第十六条:经纪人有交易关系尚未了结或贷款尚未付清时,不得歇业。经纪人歇业时须提出歇业理由书并将营业执照及入场徽章缴还本场。

第十七条:经纪人受除名处分时,如有未了交易关系,应由该经纪人即行了结,否则由本场指定其他经纪人代为了结,如有损失应由该经纪人负担。

第十八条:经纪人有违反下列情形之一者,本场得暂行停止其交易或予除名。(1)按照第四十条第一款之规定追取贷款而尚未缴交者;(2)延付货款者;(3)有妨碍本场业务之行为确有实据者;(4)十日以上未曾向本场购入鱼货者;(5)每日所购鱼货其总值不满五千元者;(6)违背本场一切章则者。

第三章 经纪人公会

第十九条:经纪人应组织经纪人公会以增进其营业上之共同利益及矫正其弊害。

第二十条:经纪人公会所定之规约及其决议事项须经本场认可始生效力,本场若认为不当时得令其为一部或全部之更正。

第四章 交易方法

第二十一条:货主委托交易之鱼货种类数量及其最低售价,其未注明售价者得由本场体察情形代为,认为适当之价格售出。

第二十二条:本场接受货主委任书后其鱼货已起岸运至本场者,应检查计量,即为点收制给收条。

第二十三条:委托交易之鱼货主不得任意撤回委托,其有不得已情形,经本场许可者不在此限,但仍须缴纳相当之经手费,其数额另定之。

第二十四条:委托交易之鱼货,其已送交本场点收,持有收据者,由本场负责保管,如有损失应由本场赔偿,但重量应有之减耗及因气候关系与不可抗力遭损失者不在此限,未经起岸点交本场之鱼货得以样品为标准,托由本场交易但此项鱼货应由货主自行负责保管。

第二十五条:委托交易之鱼货由本场以拍卖方法售出之,但遇下列各项情形之一时,本场得以其他方法售出:(1)认为事实上不宜适用拍卖方法售出者;(2)鱼货数量过多或到场过迟,认为拍卖发生困难者。(3)适用拍卖方法有抑低货价之虞者;(4)认为有适用其他买卖方法之必要者。

第二十六条:施行拍卖时,所用之言语以国语为主,但得酌用上海通用言语。

第二十七条:本场拍卖鱼货应以货主委托的先后为次序。

第二十八条:鱼货有左列情形之一者,本场得拒绝代为交易:(1)已腐败或有碍于卫生者;(2)法令禁止捕捉或禁止售卖者。

第二十九条:买卖单位以市斤为标准,但为交易便利起见得酌用其他适当之单位。

第三十条:参加拍卖者以本场经纪人为限,但经纪人因故不能到场时得以代理人参加。

第三十一条:经纪人非经由本场在上海市区域内收买鱼货者,本场除估计其鱼价照章收取经手费外,并得予以除名处分或没收保险金。

第三十二条:鱼货买卖交易成立后本场应即登记簿据。

第三十三条:拍卖价格本场如认为不适当时,得随时停止拍卖。

第三十四条:委托交易之鱼货如未达指定价格时准用前条之规定办理。

第三十五条:买卖交易成立并经登记簿据后,本场对货主及经纪人应即各送结算书一份,双方对于已确定之交易不得生异议。

第三十六条:买卖成立后,经纪人应即将所购鱼货接收并即搬离拍卖场。

第三十七条:鱼货一经接受应由经纪人负责保管,如有损失与本场无涉,其未经起岸点交本场之鱼货仅以样品作标准,而售出者经纪人亦应于交易成立后即时接受,并即搬离鱼货放存处所,不得延宕,关于此项鱼货之接受如有争执,应由本场解决之,双方均应遵守不得异议。

第三十八条:经纪人对于购入之鱼货如无正当理由,延不接收及撤离者一切损失统由经纪人负担。

第三十九条:鱼货售得价金,除扣除经手费及其他应交款项外本场应即日如数付给货主。

第四十条:经纪人应缴本场之货款,每五日清结一次,但有左列情形之一时,本场得随时追取。(1)未付货款其数额超过规定之最高限度者,其最高限度由本场酌定公布之;(2)经纪人受除名处分或被停止参加拍卖时。

第四十一条:经纪人延时付货款时本场得将其保证金扣除,如有不足应向保证人追缴之。

第四十二条:经纪人受客委托,所为交易本场只认该受托人之经纪人为交易主体,其委托者关于交易上之一切事项除得迳与其所委托之经纪人直接办理外,与本场不生任何关系。

第五章　公断

第四十三条:经纪人与委托人因委托关系发生争议请求本场公断时,本场应就职员及经纪人公会职员中临时推定公断员三人以上组织公断会审议判断之公断员有涉及本身或其亲属利害关系之事件须回避之。

第六章　经手费奖励金及补助费

第四十四条:本场受委托交易之鱼货对于货主照下列规定收取经手费。(1)海鲜鱼介类总价6%;(2)淡水鱼介类总价5%;(3)咸干鱼介类及其他水产品总价5%。

第四十五条:本场于所收经手费中照左列数额分给经纪人:(1)海鲜鱼介总价3%;(2)淡水鱼介总价2.5%;(3)咸干鱼介类及其他水产品总价2.5%。

第四十六条:前两条所定数额本场所认为有必要得随时变更之。

第四十七条:本场为鼓励货主及经纪人增进鱼货交易起见,得给予相当之奖励金其数额及办法另定之。

第四十八条:本场对于本市渔会水产业同业公会及渔业合作社得给予补助费,其数额及办法另定之。

第七章　附则

第四十九条:凡本规则所未规定之一切事项,本场得临时揭示施行之,一经揭示货主及经纪人应即服从不得异议。

第五十条:本规则自呈奉实业部核准之日实施。[①]

呈奉实业部后,实业部对上述营业规则作了一些修正,但总体上的改变不多。[②] 事实上,我们知道虽然中日两国所处的境遇有些相似,但在救济路径上却有一定之差别。日本政府设置中央卸卖场主要是为了平准市价,救济民生,但遵守的是完全意义上的市场经济原则,即尽量减少政府对经济的干预。但值得注意的是,国民政府创立鱼市场以救济渔业所依据的是统制经济的理论指导,强调的是政府直接干预。因此,在制度设计上,则具有两个方面的考量,首先,是要保证对渔业经济的统制;其次,是对渔民(鱼商)利益的维护。而这种设计理念我们可以从其营业规则中一览无遗。

(1)加强对经纪人的管理与监督。鱼市场不仅对经纪人的身份申请程序有比较明确之规定,更重要的是要求经纪人组织经纪人公会,同时规定"经纪人公会所定之规约及其决议事项须经本场认可始生效力,本场若认为不当时得令其为一部或全部之更正"。这些措施都有助于加强对经纪人的管理。

(2)上海鱼市场在参照日本中央卸卖场的条件下,对中央卸卖交易方式进行了修改。它剥离了卸卖人这一经营者,而由鱼市场替代其职权,即"本场直接接受货主之委托",其目的则为了更好地掌控渔业市场,以便拍卖时能有计划地制定标准价格。如前所述,上海鱼市场是由实业部代表政府进行筹设的,那么作为政府的代言人,其宗旨就是保证政府救济民生之理念得以付诸实施,最大限度地维护生产者及消费者之利益。但值得注意的是,由于政府取代了卸卖人的位置,承接了卸卖人的权利,但却没有相应的规章来因应其应付的职责。这种既享受权利而忽略义务的设计(当然,我们认为是为了统制之必要)很容易使社会对其产生不信任感,实际上,在后期的实践中亦是困难重重。

(3)佣金大为降低。关于佣金问题,姚焕洲在考察青岛大连鱼市场的报告书中就谈到这一问题,他对青岛鱼市场1934年的营业收入进行了总结,并认为其之

---

① 《关于鱼市场营业规则案》,上海档案馆藏,档案号:Q464-1-11。

② 后实业部对此作了一些修改:第一条:原"第二,第三条"改为"第二十三条。"第四条改为:(1)国庆日;(2)元旦日;(3)上海商业习惯上一般休业之日。鱼市场认为必要时得于休业日开业。在第十条后加一条:第十一条:经纪人置代理对须将代理人之履历书送经鱼市场审核认可后方为有效。代理人解职时经纪人须将其解职情由,向鱼市场报告备查。第二十一条:货主委托交易之鱼货应有其本人或代理人出具委托书交由鱼市场交易,委托书应注明鱼货种类数量及其最低售价,其未注明售价者得由鱼市场代以适当之价格售出。第二十九条:删除。第三十一条:删除"或没收保险金"。第四十六条:加"并呈实业部备案"。第四十七,第四十八条删除。第四十九条,删除"一经揭示……异议"。资料来源:《关于鱼市场营业规则案》,上海档案馆藏,档案号:Q464-1-11。

所以销售不振主要原因为抽收佣金问题。[①] 他认为"该公司扣收佣金,分货主与买客两种,货主佣金抽百分之十,买客亦加算成价百分之十(即每箱十元之鱼类,付账时须交十一元)。佣金既多,鱼价自高,势必使消费者增加负担。又若购买者(即经纪人)降低鱼价时,则货主亦受无形损失,……盖鱼市场既从中多收佣金,则小贩,消费者或货主,必使一方受损,此为不可讳言之事实。"[②]因此要保证鱼市场的正常运作并获得鱼商的支持,佣金必然要少于十六铺鱼行之佣金数。这里面就会衍生出另一个问题,即一旦佣金减少,那么则意味着收入减少。在收入减少的情况下,如果要满足各组织机构资金需求,则必须精简机构。另一方面经纪人的数量也不宜过多,过多则所分单位基数增大,那么在佣金数一定的情况下,各单位所得将必然减少,基于以上考虑,上海鱼市场把佣金定为:"①海鲜鱼介类总价 6%;②淡水鱼介类总价 5%;③咸干鱼介类及其他水产品总价 5%。"而把经纪人定为 10 人。

在统制经济思想的指导下,上海鱼市场应运而生,并进行了一系列旨在加强渔业统制的制度设计。从政府的角度来看,这种设计有其必要性与合理性,其目的主要是为了加强对渔业经济的控制以达到调剂民食,稳定物价,救济民生之目的。但这种制度设计则完全是政府单方面的设想,没有顾及传统渔业经济体系中的各方面利益,因此,它必然会遭致鱼商,特别是鱼行的反对。但无论如何,这是中国渔业经济从传统走上现代渔业经济的重要一步。

---

① 对于营业不振他共总结了四点原因:(1)受外交影响,未能按照预定计划进行;(2)营业不振,资金不能充分应用;(3)该公司渔船吨数甚小,渔获不丰,获利困难;(4)我国旧式渔船因市场佣金问题过多,私自贩卖未能充分招徕。资料来源:姚焕洲:《调查青岛大连鱼市场报告书》,《水产月刊》,第三卷,第八期,第 25 页。

② 姚焕洲:《调查青岛大连鱼市场报告书》,《水产月刊》,第三卷,第八期,第 24 页。

第四章　传统权力与制度制约：上海鱼市场的统制政策与鱼商应对

统制经济是一种干预性经济，它强调政府应对经济进行强行干预的一种经济形式。我们知道，一直以来，在传统渔业经济体系中素乏政府的影子（政府只是渔业经济系统中充当护卫之角色或分享渔利的当政者）。然而，20 世纪 30 年代，由于统制经济思想的强劲推力以及国民政府的大力支持，实业部开始对渔业经济进行全面介入。政府的介入虽有其标榜的救济渔业的口号作为其统制渔业的重要理论支撑，然而在现实层面，由于经年以来所形成的利益团体却无法不对政府的运作表示质疑与抵制。因此，双方在对鱼市场的组织体制必然会产生较大分歧。本章所探讨的是，当渔业统制在真正实施阶段，在渔业经济体中享有更多利益及表达权的鱼商是如何应对政府的再次努力的，而他们的抵制在某种程度上亦是对政府理想的制度设计的打磨，致使这一旨在改善渔业，救济民生的政策在某种程度上呈现出不再棱角分明。通过分析，我们更可探寻出近代渔业经济转型的艰难与困境。

第一节　从鱼行到经纪人：权力折冲中的妥协

统制运销是实业部筹设鱼市场的重要目标，但在传统渔业经济的循环体系中，鱼行是支撑这种运销网络的重要枢纽，而鱼市场的筹建就是要取代鱼行的功能，这必然就与鱼行的利益发生根本的冲突，那么两者之间如何调剂利益并化解矛盾，这就是本节所要探讨的问题。

一、两难困境：利益诉求中的抉择

我们知道，实业部部长陈公博对统制经济主体为谁的这一问题，有着自身的观点。他认为这一主体不能由政府独立承担，而要政府与社会携手共同参与。因此，从一开始筹划鱼市场时，即 1933 年 12 月初，实业部即拟派“参事余恺湛携同各项计划及图样等来沪，向本市冰鲜鱼行同业公会主席委员杜月笙氏接洽，请鱼商投资五十万元”。虽然“杜氏已允许所请，分头向各鱼商接洽，但各鱼商因岁？云暮，年关伊迩，且适值市面萧条，银根奇紧之际，对该项计划，虽属赞同，无如力不从心，一时恐难如愿”。由于没有得到商人之支持，官商合办这一计划不得不搁浅。但“实业部则事在必行”[①]，取而代之只能实行国营。在这一态势下，实业部只能独立行动并进行鱼市场的基础设施建设以及一系列制度设计。

必须指出的是，鱼行对参加鱼市场采取审慎之态度并非仅仅因为时值“市面萧条，银根奇紧”之际。事实上，双方在一系列的具体问题上有着各自的利益诉求。首先，是鱼放之问题。“鱼放”是指鱼商（或渔民）为了从事生产或者收购鲜鱼所借贷的资金，而这种借贷一般是无息贷款，作为回报的是，借贷者必须把他们的渔获物售卖给其借贷之鱼行（或鱼栈）。一直以来，“渔民冒险出海捕鱼，全赖鱼行贷以资本，而以售款备抵。但随偿随借，终至累积巨数。今上海鱼行此项‘鱼放’，计数共有 250 万元，平均每家约十万元”[②]。而“鱼市场成立后，鱼行或将失其原有之地位”，这就难以保证鱼行能够收回“鱼放”，将“令鱼行独蒙其损失”，而这是鱼行难以独立承担的。与此相对应的是，鱼市场当然不愿意承担这种债权的转移，双方就此甚为坚持。关于这一问题，时人却提出了一个较为合理的参考意见，他首先认为“在上海创设大规模之鱼市场建筑设备悉属现代化，颇称完善。今后鱼鲜，可以保藏处理，求善价而沽之，不至有腐败难以持久，亟图脱货损及血本之事”。而要达致此目标，则要求实业部与鱼行间“唯有确守互信共心之前提，以求合作之道”。其次，对于双方关注的“鱼放”问题提出一个解决的思路，即“其债权移转之方式”，可由鱼市场全准主管机关发行一种渔业整理偿还债券，此项债券之基金，指定以鱼市场每月所得佣金项下拨充之。上海鱼产全年贸易额，据近年统计，平均总值 2000 万元，佣金依照成例值百取八，全年收入总计有 160 万元，鱼市场与经纪人对于值百取八佣率之分配，吾人假定为 5 与 3 之比，则鱼市场佣金年数收入，全年计有 100 万元，若以其半数计 50 万元拨充此项债券基金，尽可于 5 年之内分期还清。应该说上述办法为打破双方之僵局提供了一条可供选择的路径。揆其意义本质，还是主张鱼市场承担上述债权。因此，这种“换汤不换药”的思路并没有为鱼市场所采纳。实际上，直至 1936 年初，双方仍没有对此问题达成一致意见。

---

① 《实部挽救渔产损失拟在市中心设鱼市场》，《申报》，1933 年 12 月 27 日。当然，鱼行不愿参加鱼市场的筹办，还与其担心鱼市场分享其利益，并影响其生存有莫大的关联。

② 《上海鱼市场与鱼行合作之建议》，《申报》，1935 年 4 月 29 日。当然，与鱼行有着债权关系的不仅仅是渔民，更重要的还有相当多的鱼商同样与鱼行存在着这种借贷关系。

其次,相对于"鱼放"这一问题来说,佣金问题同样是双方争执的焦点。从鱼市场公布的营业规程中,我们可以看出鱼市场为了减轻渔民负担,增加渔业的营业数额,着力把佣金降低以体现救济民生之宗旨,然而降低佣金后,"经纪人再与市场五三拆分,则鱼市场佣金净数收入为年70余万(以上海每年营业额2000万计算,鱼市场佣金为6%),鱼行方面仅48万。较原来收入减少二倍余,平均每家收入仅一万余元。故对经纪人一席不愿加入,虽经数席疏通,双方仍坚持不下"。[①]

第三,鱼商对鱼市场的组织体制同样有很大意见,从公布的组织体制与人事安排来看,基本上缺乏渔业界之代言人,虽然有相杜月笙、虞洽卿的参与,但亦只是承担监督之责,而对于鱼市场具体的运作制度缺乏设计权力的制度性的保障,只能在政府所规制的框架内行使其职责,这就难以保证鱼市场能在多大程度上能代表鱼行的利益。因此,鱼行提出要求"为该场应聘请本市渔业界先进或鱼行有关系人物担保经理或协理,方可彻底合作"。[②]

正是因为有上述理由,鱼行在一开始对参加鱼市场就保持谨慎态度,或者说就不愿加入。但问题的另一方面是,鱼行在是否加入鱼市场这一问题上并非一味固拒,这是因为它们本身固有的缺陷使其对参与鱼市场还抱有一定的期待。而这种期待来自于对鱼行交易制度的不满,我们知道鱼行对交易制度的满意与否决定于他们从中获取利润的多寡。因此,必须从鱼行所获利润这一视角来探寻鱼行对现行交易制度的态度。利润是收益与成本之差额,要弄清楚鱼行之利润则就要从这两个方面加以分析,为此,我们以冰鲜渔业为例来考察上海冰鲜鱼行在传统渔业经济体系中所能获得的利润。

我们以1933年为例,这一年上海海产冰鲜进口总数约值八百万元:

表4-1 1933年度上海海产冰鲜进口数量统计表

	渔获数量(担)	渔获价值(元)
冰鲜渔船	499046.24	4505075.87
冰鲜桶头	134692.00	2420867.66
渔轮渔获	60213.08	604757.83
日本渔轮	14471.00	291620.63
总计	708422.32	7822321.99

资料来源:耘圃:《对于筹设上海鱼市场之管见》,《水产月刊》,第一卷,第三期,第2页。

① 《实业部新建鱼市场下月中旬开幕》,《申报》,1935年10月31日。
② 《鱼行要求鱼市场聘渔业先进为经理》,《申报》,1935年10月16日。

上海海产冰鲜鱼类之进口,不论其为冰鲜船输入,抑或渔轮渔获物,向由鱼行代售,收取行佣及其他规费,如表所示:

表 4-2　渔船输入上海售卖鱼行所交之费用

序号	种类	数量	序号	种类	数量
(1)	行佣	从价 8%	(6)	灯捐	每船进口一次收扣洋八角
(2)	公川	从价 0.3%	(7)	会费	每船进口一次收扣报关费六元
(3)	现扣	从价 1%	(8)	护洋费	每船进口一次收扣护洋费二十元
(4)	秤手费	从价 0.3%	(9)	码头捐	每船进口一次收扣码头捐二元
(5)	杠力	从价 0.1%	(10)	印花税	每船进口一次收扣洋一分

资料来源:耘圃:《对于筹设上海鱼市场之管见》,《水产月刊》,第一卷,第三期,第 2-3 页。

上列十项并非所有渔船一应俱收,而是根据不同的船只征收项目有所差异。凡冰鲜船均一一缴付,若系渔轮或桶头则仅收(1)、(2)以及(5)三项,总共 8.4%。上述费用仅对鱼商而言,同时鱼行还得向鱼贩抽收从价 0.7% 之佣金。[①] 那么我们来看看,冰鲜鱼行在这种交易体制中能够获利几何?

(1)先来看看冰鲜渔船。1933 年,冰鲜渔船进口渔获物价值 4505075.87,渔船进口次数共 1707 次。从价计算者五项(上表所示),共 9.7%。即:4505075.87 × 9.7% = 436992.36(元)。与此同时,冰鲜渔船进口还要从次数扣收规费,即后五项(上表所示),每次 28.81 元,总共:1707 × 28.81 = 49178.67(元)。即冰鲜渔船共要交付行佣 436992.36 + 49178.67 = 486171.03(元)。

(2)冰鲜桶头渔轮渔获及日本渔轮所输入者,及达 3317246.12(元),因此类进口货,鱼行只收正规行佣及公川、扛力等,合计 8.4%,共纳行佣为:3317246.12 × 8.4% = 278649.67(元)。

(3)同时,鱼行还向鱼贩征收 0.7%,因此,还能够从鱼贩征收佣金为:7822321.99 × 0.7% = 54756.25(元)。

因此,1933 年上海鱼行应获得的行佣总值为:486171.03 + 278649.67 + 54756.25 = 819576.65(元)。如果我们把鱼行所收种种费用,还原成百分比的话,则为:7822321.99:819576.65 = 100:X,可以解出 X = 10.47。这就是说,鱼行时代的行佣大约在 10.47%。

如上所述,1933 年,冰鲜鱼行共收入约为 82 万,若分给上海各个鱼行,则每个鱼行的数量不足 3 万余元。如果我们仅仅从收入来看,似乎并不能看出鱼行是否

---

① 耘圃:《对于筹设上海鱼市场之管见》,《水产月刊》,第一卷,第三期,第 3 页。

存在着困境,因此有必要对上海鱼行的支出作一简要分析。鱼行之开支主要包括下列几种:(1)鱼行房租。十六铺地居闹市,因人烟稠密,地价高贵,各鱼行房租一项,每月所付约在百元以至二百元,每行年费一二千元。以总数(当时冰鲜鱼行约 29 家,其中已入公会 23 家,还有 6 家未入公会)而言,则年费租金在四五万元之谱,为数颇巨。(2)鱼行职员工资。每鱼行所有职员,动辄二三十人,以至四五十人,若以上海冰鲜鱼行 29 家计,共有职员在千人以上,职员即多,则开支浩繁。与此同时,还要交纳各种牙税等。总之,一般而言,上海各鱼行每年开销约在 4 万元,小者亦需二万元。①

从上述分析中,我们发现鱼行经营成本较重,提高利润的唯一方法就是不断增加鱼行之借贷量以获取更多的渔获物,而这很容易产生鱼行之间的恶性竞争,其结果会使鱼行不断降低放贷门槛以吸引鱼商(或渔民)的借贷,进而不断放大鱼行经营的风险。实际上,我们在前面的论述中就发现(如表 3 - 6 所示),虽然有大部分鱼行都有利可图,但沉重的鱼放负担,则始终是悬在鱼行头上的达摩克利斯之剑,随时有倒闭之危险。应该说,上述困境是鱼行自身发展无法回避的现实,同时亦是鱼行这一组织体系难以解决的问题。但如果成立了鱼市场,鱼行的经营成本将会明显降低,如房租方面,若能合租一市场,联合营业,则所省甚多。同时鱼行职员也将会大量减少,这对于鱼行之发展将会获益匪浅。更重要的是,鱼行亦会从沉重的“鱼放”负担中解放出来,以消除无序的恶性竞争。

从这个意义上说,鱼行自身无法克服的困境使一些处境艰难的鱼行对鱼市场确实充满了期待。“据熟悉渔业情形者谈,本市渔业至今已为没落时期,在此时期中,停业鱼行之经理或职员惟一出路惟投身实业部鱼市场较有办法,盖已倒闭鱼行之经理充当鱼市场之经纪人,仅须保证金 2000 元,而单独经营鱼行非二三万元不可,即以职员而论,鱼市场为政府机关,所发之薪金或不至于低于鱼行,故生活方面能得有具渔业经验之人,管理一切事务亦较应手。”②与此同时,鱼市场为了吸引鱼行加入市场并成为经纪人所采取的措施又成为部分鱼行加入鱼市场的重要因素。1935 年 10 月,鱼市场为了摆脱“因鱼行不允担任经纪人而功亏一篑”之困境。“决采断然处置,将另招新人办理。鱼行方面乃又发生恐慌,表示愿意接受,市场方面亦不加固拒。”③这一措施对于要维持其垄断地位的鱼行而言,确实是一个不小的打击,并且一些难以为继的鱼行避免倒闭的唯一选择,只能加入鱼市场。

必须指出的是,双方在“鱼放”“佣金”以及鱼市场的组织制度中存在较大的分

① 耘圃:《对于筹设上海鱼市场之管见》,《水产月刊》,第一卷,第三期,第 4 页。
② 《源通鱼行宣告停业清理》,《申报》,1935 年 11 月 4 日。
③ 《实业部新建鱼市场下月中旬开幕》,《申报》,1935 年 10 月 31 日。

歧,大部分鱼行虽然有加入鱼市场之期待,但在其所关涉的利益没有解决之前,仍然不愿意加入鱼市场而成为政府渔业统制中的配角,双方因此而形成僵局。

二、斗争与妥协:身份转换中的抗争

事实上,国民政府自从成立之后,就一直努力地想把政府的权力渗透至渔业社会,进而达到掌握渔业经济命脉与救济渔业之宗旨。但由于经年形成的传统渔业经济体系所形成的这种经济生态环境本能地对政府权力渗透存有排拒心理,鱼市场的筹设虽然以标榜救济渔业经济相号召,但其制度设计中却缺乏对鱼行利益的关注,理所当然地受到大部分鱼行之反对。虽然有一些商人加入了鱼市场成为经纪人,但由于鱼行固有的购销关系没有打破,其结果是鱼市场所要重建的渔业经济的销售网络难以形成,这就使得鱼市场的开幕变的遥遥无期。实际上,早在1935年八月份《申报》上就报道开业的信息。以及后来鱼市场为了尽快能够开业,决定"采断然措施,将另招新人",并决定于11月中旬开幕,但遗憾的是,所有努力并没有给鱼市场的开业带来利好信息。直至1935年底,上海鱼市场因缺乏渔业界人士的广泛支持而难以开业,那我们所要追问的是,为什么缺乏渔业界之支持会导致鱼市场营业的艰难,其中的原因何在?归其原因主要有以下两方面:

首先,缺乏社会之援助,特别是鱼行的支持,鱼市场不得不重新招聘人手,而这些新人的加入由于其对渔业销售等方面知识的匮乏,必然会对鱼市场的营业带来诸多不便。其次,这与鱼市场筹办的宗旨有偏差。鱼市场筹办之目的,是为了统制渔业的销售,以便于调查并为今后制订各种渔业计划以及建设打下扎实的基础,而一旦大部分鱼行置身事外,必然会对鱼市场的营业产生较大影响。① 这不仅使其统制运销这一目标难以达成,同时亦加剧了鱼市场的运营成本。

1936年初,吴鼎昌接替陈公博成为实业部部长后,加快了鱼市场的筹建。为了争取各鱼行的合作并促使鱼市场的正式营业。吴鼎昌改弦易辙,决定对鱼商妥协,以赢得渔业界人士的支持。通过双方的协商,鱼市场接纳了鱼商的条件,把鱼市场由官办变成了官商合办,并对上海鱼市场之组织章程及营业方式进行一定的修改。揆诸内容主要体现在三个方面:

其一,在组织章程上作了修改。首先,上海鱼市场的性质发生了改变,由"上海鱼市场"转变成"实业部上海鱼市场股份有限公司"。这不仅仅是字面上的修改,更重要的是,后者淡化了行政功能,而强化了其商业特征,这也成为后期鱼市场在执行统制政策时授人以柄的重要因素。其次,在组织设置上亦有较大的变动。其

---

① 这是因为渔民赖鱼商接济,鱼商赖鱼行接济,因为有经济之关联,渔民捕获必归鱼商,鱼商投售必归鱼行。而上海之鱼行大部分都集中在十六铺法租界,国民政府难以通过行政权力去干预鱼行之运行,上述渔业建设费之征收就为我们提供了很好的例证。

中第十五条规定“本场设理事十一人(后增至十五人)组织理事会,官方理事六人(后增至 10 人)由实业部指派,商方理事五人,由商股就一百股以上股东中选任之”。又如第十八条规定,“本场理事长如由官股理事充任,则常驻监察人应就商股监察人中推选之,如系商股理事充任,则常驻监察人应就官股监察人中推选之”。① 这种规定实际上是官商妥协的以达致权力平衡之结果,但从实际上看,商人或许有更大的空间。

上海鱼市场组织结构示意图②

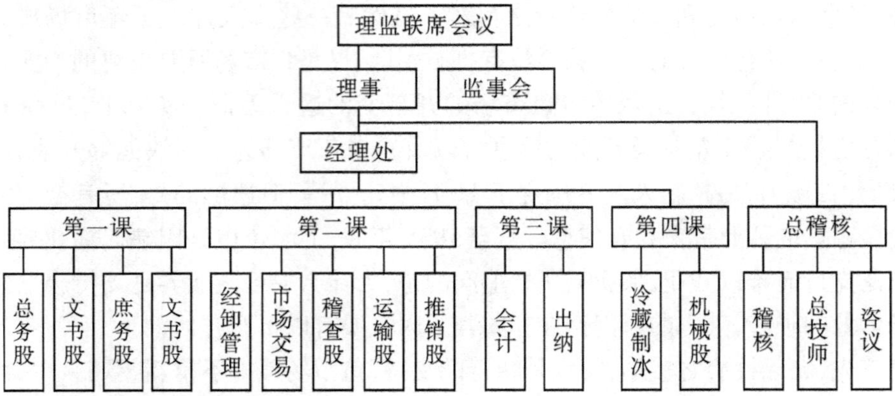

其常务理事及其监察人为:

理事会理事长:杜月笙

常务理事:徐廷瑚(官)、萧延芳(官)、方椒伯(商)、唐承宗(商)

理事:吴醒亚(官)、张法光(官)、林康侯(官)、虞洽卿(官)、徐廷瑚(官)、余恺

---

① 《鱼市场组织章程暨营业规程》上海档案馆藏,档案号:Q464-1-141。

② 第一课课长:费筠农。1. 总务股主任:姚福生;股员:顾剑声、屈均远、薛文渊、郑锡作、朱骥丞;助理员:胡敬甫、姚怀瑾、夏镇华、杨廷良;2. 文书股主任:朱品三;股员:沈启翔、钱树堂、邵家森、向德维;助理员:吴楚材、宗启后;书记:杨群雄、张子鑫、沈宏培;3. 庶务股主任:张佩璇;股员:龚伯勤、孙义倬、张渭纯、朱颐、过自新;助理员:黄培芝、姚福贵、施兆兰、魏梅章、朱佩珍;4. 编译股主任:章牧生;股员:张则鳌、温穗熙、韩颂丞、朱默兰;助理员:盛毓骏、梁腾、李宗道、邵飕飙;书记:邢幼华、章仁邦。第二课课长瞿九皋;1. 经纪及卸卖人管理股主任:瞿颂清;股员:凌安澜、蔡鹤如、武慈煊、王振世、邬兴泰;助理员:忻梵僧、罗殿臣、杨润森、朱建人、陆树穀;2. 市场交易股主任:孙季候;股员:李梦熙、瞿颂明、詹禹拜、朱宝、陈绍廉;助理员:叶文秀、陈兆麟、洪荆山、周楚珍、詹云从。3. 稽查股主任:印公田;稽查员:钱绍洵、周驾山、周云祥、强楚材、朱伯良、王连发、张元吉、刘兆兴、钟文奎、苏涤新、杨宗凯、郑国栋、吕式齐、毛金水、周德泉、方学文;4. 运输股主任:凌志斌;股员:任家卿、朱琪瑞、王起人、戴保达、周步濂;助理员:盛少鸣、林昌植、刘补甫、朱友仁;5. 推销股主任:戴克昌;股员:杨佐让、吴翰邦、王鑑澄、季维周;助理员:沈才庚、刘霭昌、杨凤伯、胡树春。第三课课长:石长乐;1. 会计主任:薛懋桐;会计员:徐世济、王润之、凌柄生、胡乐泉、陆志丰、顾伯逵;2. 出纳员:张廷飏、徐百里;3. 助理员:杨光霖、詹逸馨。第四课课长:张柱尊;1. 冷藏制冰股主任:股员:张友声、陈冶山、竺尚毅、朱梦符;助理员:潘希文;股员:李祖超;2. 总稽核:稽核:沈子良;总技师:姚焕洲;咨议:龚国樑、叶德真、杨祖钰、周孝伯。资料来源:《职员名单》上海档案馆藏,档案号:Q464-1-151。

湛(官)、张申之(官)、瞿鹤鸣(官)、刘伟军(商)、杨志雄(商)、朱晋卿(商)

常驻监察人:钱新之(官)

监察人:俞佐庭(官),严慎予(官),余廷荪(商)、詹克俊(商)

总经理:王晓赖;副经理:朱开观、孙穀臣

秘书:李植庵①

其次,关于“鱼放”的问题。鱼市场实际上并未进行债权的转换,而释放鱼行收回行本之困境,而只是通过有利于所放行本的鱼行收回其“鱼放”的措施来增强他们收回行本的可能性。即规定“无行本者,准予自由投卖,有行本者,应归放款行家经售,倘有别家经售,经放本者通知应将货款以及佣金如数移送放本行家,违者罚款”②。与此同时,为增强鱼商对鱼放收回的信心,鱼市场仿照日本中央卸卖场之交易制度专门设置了卸卖人一职,增加卸卖人主要是为了保证鱼行之利益。之前卸卖人之角色由鱼市场承担,由于双方的不信任,鱼行对鱼市场是否能够在竞买交易制度下维护其利益信心不足,而卸卖人改由渔业同业公会的人来承接,这种“自家人”的心理预期,自然会消解他们对“鱼放”难以收回之担心。

第三,佣金问题。佣金问题的主要是涉及鱼行(经纪人),鱼商(或渔民)之利益。作为鱼行来说,他们是以此为生的营利机构,增加利润是他们从商的最终目标,而鱼商(或渔民)则极力要求降低佣金以体现政府救济渔业,救助渔民之宗旨。那么如何平衡这两者之关系,亦成为鱼市场的必须面对的问题。实际上,在鱼市场最初的设计中,我们发现其所提出的佣金并不高,只有6%。更重要的是,这6%的佣金中鱼行所能分配的只能占3%,从数量的收益上来看,鱼行只获得鱼行时期的一半还不到,这也成为他们不愿参加鱼市场的重要原因。因此,提高佣金成为双方合作的基础。但若提高佣金在又无形中增加了渔民的负担,这就与部方之宗旨南辕北辙。而这时河鲜则提出7%的佣金③,实际上为上海鱼市场的佣金之确定提供了可资借鉴的标准。这是因为:首先,这是河鲜鱼行传统的佣金数额,代表了一部分鱼商的基本要求。其次,7%之数量虽然相对于部方原定的有所提高,但却比鱼行时代有所下降,这在某种程度上亦符合部方之初衷,更重要的亦是能够向鱼商的呼吁做出了积极之应对,表现出官商合办之诚意。于是1936年4月20日,上海鱼市场第四次常务理事会通过协商,确定佣金为7%。④ 而由于增加了卸卖人,所以7%的佣金作以下分配:经纪人(鱼行)得1.75%,卸卖人得1.25%,鱼市场得4%。

① 《筹备开幕典礼》,上海档案馆藏,档案号:Q464-1-166。

② 《为塘栖渔获纠葛》,上海档案馆藏,档案号:Q464-1-467。

③ 《常务理事会议记录》,上海档案馆藏,档案号:Q464-1-171。

④ 《常务理事会议记录》,上海档案馆藏,档案号:Q464-1-171。

但必须指出的是,由于在鱼市场增加了卸卖人一职,因此又对鱼商(卖方)征收 2% 的服务费,同时,又为照顾鱼行之利益在鱼贩(买方)中征收 2% 之手续费,其中 1.5% 归经纪人自收,这样经纪人可获得 3.25% 之佣金。[①] 比原来规定的 3% 略有提高。因此,如果从整体上来看,则达致 11% 的佣金。而鱼行时期的佣金只有 8%,如果加上各项规费,其佣金亦在 11.17% 左右(鱼商的 10.47%,再加上 0.7% 的鱼贩外佣),略高于鱼市场。

鱼市场由官办向官商合办的转变,引起了鱼商(这里所说的鱼商一般不包括鱼行)的不满。他们要求鱼市场维持国营而反对官商合办。他们认为设立鱼市场之宗旨在于调剂经济,平衡产销,"洵为补偏救弊之要图。凡我鱼商渔民,莫不欣然色喜,以为从此脱离鱼行羁绊,而操纵盘剥之苦痛,可以永除靡遗矣。故引领而望其实现,无殊大旱之望云霓也",但官商合办却可能使目的与路径相背离,并可能会导致如下结果:首先,有损政府威信。"鱼市场之为国营事业,早经确定,人所共晓。今以鱼行之执拗,遽尔变更,改为官商合办,匪第有损官厅威信。"其次,促使鱼行垄断鱼市场。"行商通病只便私图,罔顾大体,向之所持以剥削客商者,更将有恃无恐,势必胆大妄为,变本加厉,充其流弊,国治未及玉?之余,民累已胜铜山之重,何矧钟兹阳九之会,鱼行自体,已成强弩之末,焉有投资能力,无非籍为和缓计耳,是官商合办之有弊无利既如此,合办之能成为事实复如彼,维持原仪则可官商混合则不可。"其三,增加了鱼商负担。"方期鱼市场开业,一扫从前之积弊而清之,孰知旧秕未除,而加佣之说又起,在鱼行慷之慨,在客商力所不逮,为业欧雀,期期以为不可。"[②]

当然,鱼商之反对却无法改变官商合办之总体趋势。1936 年 3 月 30 日,上海各鱼行为"明瞭该市场之设备情形起见,特于下午一时许前往参观,到者有各鱼行经理 20 余人,……鱼商等对该市场设备之完善,机构之精良,颇为赞许,故合作营业之事,当可顺利进行"[③]。4 月 10 日,上海鱼市场开办创立会,确定了官商合办之原则"当经额定资本为 120 万元,官商各半,商股之认购者,为冰鲜渔业公会及河鲜

---

① 《常务理事会议记录》,上海档案馆藏,档案号:Q464-1-171。实际上,上述交易方式与传统的交易方式已经没有什么区别。我们知道在上海经营冰鲜鱼行的大部分都是宁波人,那么宁波的交易习惯如何呢?在宁波,鱼行者即买卖双方之经纪人,买方与鱼行分为有债务及无债务二种关系。其有债务之关系者,则收来之冰鲜必须经关系行方过秤转卖,取佣 7%。无债务关系者,则卖方可不受行方之限制,随意将冰鲜投卖各行,经鱼行过秤,取佣 6%。买方则一律取佣 2%,买方佣金不归鱼行,而作为老师父等之搬运及所用器具之代价。——资料来源:《宁波鱼市场调查》《浙江省水产试验场水产汇报》(1936 年 4 月)第二卷,第二期,第 16 页。

② 《冰鲜鱼商呈实部请维持鱼市场国营》,《申报》,1936 年 3 月 6 日。

③ 《各鱼行经理昨参观鱼市场》,《申报》,1936 年 3 月 31 日。

渔业公会各5万元,非渔业之商股20万元,其他30万元。暂由实部垫付,陆续出让,当推杜月笙、钱新之为代表,分头接洽"。[①] 应该说,对于如此融资责任,鱼市场方面并没有太多异议,但是对于鱼行而言,经年所形成的营业习惯以及垄断利润使其在制度的重新设计中难以释怀,保持传统之利润仍是其奋斗之目标。实际上,就在上海鱼市场创立会的前一天,即4月9日,一些鱼行就参加鱼市场之有关问题再次进行了协商并在维持旧有秩序的宗旨上强调了其基本原则:"(1)鱼市场应设分场于鱼市中心之原有十六铺地方,并拟定各鱼行为场务员,一应鱼类,归场务员鱼行行使职权。(2)保全各鱼行原有原行放款,原行售货营业,鱼行以场务员资格行使职务,以二十三家为限,嗣后不得再加。(3)买卖方法,仍以原有之接续买卖方法行之。(4)佣金,无论如何规定,但各鱼行仍须享受原有之百分之八,惟鲜咸船佣金,仍照现行扣佣办理。"[②]从上述要求,我们明显看出鱼行不愿让渡自己的权力,极力维持鱼行传统的垄断地位。当然,如此苛刻之条件,对于以统制渔业经济,救济民生为考量的实业部而言是不可能接受的,换言之,一旦在上述要求中有所让步,这就与其宗旨背道而驰,而鱼市场的筹建也就没有任何意义了。职是之故,双方再次形成僵局。但值得注意的是,由于鱼市场有容纳非鱼行加入经纪人的政策,一些商人纷纷要求申请加入鱼市场,如黄洞庭于1936年4月25日上书鱼市场要提出加入经纪人之要求:

呈为志愿承办上海鱼市场经纪人事业请求准予给证承办事。窃具呈人世居上海专营鱼类生涯,凡河鱼海味商贩买卖确具上乘知识而有相当经验。兹逢大部开办上海鱼市场网罗熟手,俾充经纪。具呈人不揣冒昧敢效毛遂,如荷赐录用则市场章则自当遵照无辞,谨求总经理恩赐鉴核,将上海鱼市场经纪人职务准予给证承办,俾遂志愿而利鱼市,无任翘企之至。

由于得不到鱼市场的积极回应,特别是对于佣金问题上的不满,公顺等十三家鱼行要求退还已缴股款,对此,鱼市场只得一面通告实业部,一边吸纳鱼行及商人参加鱼市场,并函知渔业公会准备于5月11日正式开幕,想通过既成事实来压制鱼行之抵制行为。为了应对鱼市场的开幕,5月4日,上海冰鲜渔业同业公会召开临时会议,就上海鱼市场股份有限公司函知开业进行商讨,并做出如下决定:"①鱼市场于本月十一日开业,本会以各营各业,彼此同为居间商,应严守界限,至股份有

① 《实业部鱼市场今日创立会》,《申报》,1936年4月10日。

② 《实业部鱼市场今日创立会》,《申报》,1936年4月10日。这次会议共达成了六项决议,还有两项为:1.鱼市场对于交通银行欠款,移归本会承认十万元,虽有鱼市场股票作抵,仍是各会员负责。现在鱼行股东对于合股鱼行,时有收歇之意,于征求对此问题同意恐难赞成。2.5万元股份,除各会员曾经分认外,不足之数,佥以维持前议,以公所财产抵借款项补充之。

限公司通例,决不能限制第三者,即以此意答复鱼市场理事会。②各鱼商纷纷函询本会最后态度是否全体加入该场,及今后处置案。决议:登报公告各会员之营业态度。"[①]这就在某种程度上为一些鱼行不参与鱼市场提供了理由与空间,翌日,则"有一部分冰鲜渔业乾丰、生记、公大等十二家(后增至十三家——笔者注),原系同业公会会员,……登报公告,仍在小东门十六铺原址营业"[②]。公然对抗政府命令。但与此同时,亦有相当一部分鱼行以及非鱼行加入了鱼市场,成为鱼市场之经纪人,他们主要是"上海市鲜渔业及冰鲜鱼行业同业公会会员沈宝记、衡泰、瞿长顺、同仁昌、裕润、永泰、惠丰、丰号、福记、顺大、源利、鸿发、源昌、炳惠、大和、茂源、久记等 17 家"[③]。

而十二家鱼行登报声明对鱼市场的声誉以及威信造成了一定的影响。因此,采取比较合适的手段以促使十二家鱼行重返鱼市场经营成为鱼市场必然要面对的问题。实际上,就在登报的当日下午,鱼市场就召开了第五次常务理事会议并做出了以下四项决议:①请部电上海市政府叙明本市场营业后根据章程第三条不得再有相同或类似之营业予以维护;②请部电上海市商会邀集冰鲜渔业同业公会说明本市场非纯粹商业机关剀切劝导以免误会;③请部公布本市场营业后各鱼行不得再有类似之营业登报宣布以杜观望;④请部咨财政部饬海关验明本市场凭证方准到埠渔船报关提货。[④] 上述决议中,其中前三项之目的基本一致,即要求当鱼市场开业后,所有鱼行立即停止其营业。但必须注意的是,上海鱼市场对鱼行的经营与否并没有"生杀予夺"之权。之所以鱼行敢于公然对抗鱼市场主要有两方面的原因决定的。首先,权属管辖之尴尬。鱼行属于中间商,其设立之由财政局审批,决定与实业部无涉。因此,一旦鱼行设立,并按规定上缴牙贴则从法律上而言就已经具有了在沪买卖之权力,实业部无权加以干涉。其次,十六铺大部分鱼行设置在租界内,政府权力一时难以对其形成有效威慑。实际上,我们从这次决议中亦发现他们对这些鱼行的行为亦只能从其货源上作文章,以迫使他们就范。

但鱼市场的措施并没有取得预想中的效果,由于十三家鱼行的刻意破坏,对鱼市场的营业构成了相当大的影响。一方面他们对鱼市场之命令置若罔闻,继续营业。另一方面,他们游说鱼商,阻挠他们进入鱼市场进行交易。其结果是,一些鱼商"听信谗言将大船改进宁波、长江、苏州咋浦等口投货,而宁波方面则改装桶头由

---

① 《冰鲜鱼行公会开会讨论鱼市场问题》,《申报》,1936 年 5 月 6 日。

② 《上海鱼市场定期开幕》,《申报》1936 年 5 月 5 日。这 13 家鱼行为:生记行、乾丰、公大、泰昌、德昌、宏源、公顺、祥顺、源通、大成、洽丰、鸿昌、源裕等 13 家。

③ 《市商会剀切劝导冰鲜渔业加入市场》,《申报》,1936 年 5 月 7 日。

④ 《常务理事会议记录》,上海档案馆藏,档案号:Q464 - 1 - 171。

北京、江天、宁绍诸轮运沪投十六铺,所谓集中鱼货演成泡影。他如南洋方面之温州、海门、舟山、沈家门、石浦、瑞安、平阳、坎门、松门诸埠桶头来货亦经其自由装与小东门,经纪人卸卖人等虽曾去邮电知劝告,置若画饼,以上各货,若无整个集中办法,市场等于虚设”①。上述情况在第二课课长瞿九皋的营业报告上具有明显的反映。5 月 14 日,他在报告上海鱼市场的营业状况时强调,“惟征诸向例,近值黄鱼汛中,以前各鱼行经销货物日在五万以上,以现在本场营业数目比较相差尚远,揆厥原因,实系十六铺鱼行泰昌等 13 家藐视功令,依照旧例照常营业,甚至故布流言,大肆破坏。本场开业伊始,少数渔民、鱼贩受其蛊惑不免稍存观望,加以装载渔获之商轮,因海关方面,未奉部方令知,依旧将货物载赴法租界旧鱼行驳卸,遂致渔获来源大受影响”②。双方的强硬态度,进一步激化了矛盾,甚至因为力争货源而发生械斗事件。5 月 22 日,总经理王晓赖向实业部报告了一起鱼市场与十三家鱼行之纠纷案:

5 月 15 日,有台州轮入口载渔货 203 桶业抵十六铺,而十三家鱼行中人竟扬言准备流血实行武力阻止,属场恐酿意外,因派稽查及军警等前往轮埠劝令货主卸货来场,讵料行抵码头,已聚集类似工人数百人,继则愈聚愈多,至下午六时许适属场同仁昌等经纪人轮拖渔货到埠,此项众人突分由码头及驳船于岸上及水面包围冲上,意在乘机掠夺鱼货,甚或危词煽惑,鼓励暴动,一经倡言,人声鼎沸,经军警协同制止仍属无效时,人丛中忽发现枪声,形势益趋险恶,属场稽查及军警等俱在前卫,当此危急时期为正当防卫起见,不得已由军警向天鸣枪以期震慑,众始稍退。③

斗争双方强硬的态度不仅无助于问题的解决,而且各自利益均遭损失。鱼市场之经营已如上述,而十三家鱼行之经营同样处境艰难。由于市场加强稽查,他们难以获得鲜鱼,而只能以咸干鱼之交易维持生计(此时咸干鱼并未纳入统制之范围)。实际上,只有双方妥协,加强合作才是解决双方困境的唯一路径,否则将会滋扰不断,不但各自利益难以保证,更重要的是与上海鱼市场的救济民生这一诉求渐行渐远。

在宁波同乡会以及渔业界领袖的一再劝导下,十三家鱼行于 5 月底终于提出了参与合作的三项条件:①免缴鱼市场保证金。②运输不便,应在十六铺设分场。③鱼行以前放款,由其自行收回等。④ 对于上述三项条件,“除第一、第三不成问题

---

① 《商请治安机关协助市场稽查提取鱼货案》,上海档案馆藏,档案号:Q464 - 1 - 454。

② 《关于营业报告》,上海档案馆藏,档案号:Q464 - 1 - 451。

③ 《关于营业报告》,上海档案馆藏,档案号:Q464 - 1 - 451。

④ 《十三家鱼行复业后决提合作条件》,《申报》,1936 年 5 月 30 日。

外”,[1]第二点鱼市场则表示不能接受。但“……该场(鱼市场——笔者注)方面,仍欢迎各反对之鱼行,放弃存见加入合作,并以留出经纪人名额,静盼各鱼行无条件加入云”。与此同时,“与各鱼行有密切关系之鱼市场理事会虞洽卿、张申之、方椒伯、萁延芳、金廷荪等定于 5 月 30 日下午在宁波同乡会再度会商,劝告鱼行加入办法”[2]。在这一情况下,“各鱼行代表在要求与已加入鱼行同等待遇之原则下,同意加入鱼市场合作”[3]。进而商定了十三家鱼行加入鱼市场之程序,即“先由同乡会正式备函致冰鲜鱼行业书面劝导”,然后“由该业复函表示同意加入后,即转函鱼市场通知”,接着“由鱼市场复函欢迎”,最后“再由调人虞洽卿、俞佐庭、金廷荪、萁延芳、方椒伯、张申之等六人,代达鱼行意见,向鱼市场监理会详商合作办法”[4]。

会毕即由同乡会委员长虞洽卿发出致市冰鲜鱼行业同业公会函:

迳启者,贵会同业,对于鱼市场一事敝会深知贵同业,处境艰难。现为顾全大局起见,务希贵会迅即转知贵同业十三家,先行一律加入合作,再可挽回利权,渔业前途,实深利赖,为此专函奉劝,至希查照办理见复为荷。[5]

然后由冰鲜鱼行同业公会复函:

迳启者,接准大函并荷洽卿、佐庭、廷荪、延芳、椒伯、申之诸乡长,殷殷婉劝,加入鱼市场一节,敝会当召集各会会员议,佥以既蒙竭诚调停,并许负责解决敝会员等,以诸乡长既负责保障,自当谨从台命,忍痛加入,惟所提各条,务乞诸乡长迅将该项要求鼎立周旋,务期达到圆满目的,俾维各行放款,保全同等待遇,以及职工生计,至何日订约,何日进场营业,统俟酌定,准函前由,相应函请贵会查照,并希即日见复为荷。[6]

6 月 5 日,十三家鱼行正式加入鱼市场,并于当晚举行理监联席会议商讨十三家鱼行加入鱼市场之事,并作出决议如下:①十三家鱼行遵守鱼市场之营业规程及一切章程。②鱼市场对迟加入之十三家鱼行与先加入者同样待遇。③十三家鱼行均有鱼市场经纪人每家一位,总计 13 位。[7]

至此,实业部所创办的上海鱼市场股份有限公司与冰鲜鱼行的纠纷告一段落。

---

① 《调迁职员》,上海档案馆藏,档案号:Q464 - 1 - 154。

② 《鱼市场上月营业达八十余万元》,《申报》,1936 年 5 月 30 日。

③ 《同乡会昨劝导鱼行加入鱼市场》,《申报》,1936 年 6 月 3 日。

④ 《同乡会昨劝导鱼行加入鱼市场》,《申报》,1936 年 6 月 3 日。

⑤ 《同乡会昨劝导鱼行加入鱼市场》,《申报》,1936 年 6 月 3 日。

⑥ 《十三家鱼行今日加入鱼市场》,《申报》,1936 年 6 月 5 日。

⑦ 《十三家鱼行与鱼市场开始合作营业》,《申报》,1936 年 6 月 7 日。相对于海鱼业来说,他们之加入鱼市场并没有多少反对之意见,不久咸干鱼亦加入了鱼市场。至此,鱼市场从形式上完成了对渔业经济的统制,然而必须指出的是,仍然有一些鱼行在十六铺营业。据第一章统计,冰鲜鱼行共 29 家,河鲜 13 家,咸鱼行 29 家,则 1933 年上海鱼行至少有 71 家。

不久,一些咸鱼行亦加入了鱼市场。至1936年10月,上海鱼市场的经纪人达致43家(表4-3)。

表4-3　经纪人姓名履历表(1936年10月)

序号	户名	经纪人	年龄	籍贯	经历
1	瞿长顺	瞿鹤鸣	62	上海	开设法租界小东门已有105年
2	同仁昌	孙以澄	22	上海	开设小东门已有55年
3	裕润	李春芳	59	江西	开设小东门有27年
4	衡泰	蔡岳	42	江苏川沙	在此鱼行任职20余年
5	永泰	凌一航	42	江苏南汇	杭州之江大学肄业
6	沈宝记	沈宝兴	53	上海	向在鱼行工作
7	福记	吴鸿昌	39	南汇	向在鱼行工作
8	源利	方国樑	57	镇海县	在鱼行工作44年
9	鸿发	翁聚邦	43	慈溪	在渔业27年
10	丰号	周柱棠	49	镇海	在渔业34年
11	顺大	邬谟勳	44	浙江鄞县	在渔业30年
12	惠丰	陈莲汀	53	上海	在渔业39年
13	大和	金庆彪	43	镇北	在渔业25年
14	昇昌	虞斐章	26	浙江镇海	服务8年
15	源茂	朱立庸	46	浙江慈溪	服务34年
16	源昌	张延德	34	镇海	服务16年
17	大记	王忠良	41	江苏太仓	在上海面粉交易所充当经纪人
18	久记	周维岳	42	慈溪	在渔业服务20余年
19	礼记	朱惟爕	28	上海	鼎泰德行什粮交易所经纪人
20	源长	叶德溪	48	江苏	鱼市场股东
21	海丰号	吴震祺	40	上海	泰兴制罐厂经理
22	顺源号	董奏甫	43	安徽婺源	
23	丰顺号	钱日恺	35	上海	钱庄银行经营十年金业交易所
24	勤益	费谦益	51	江苏	
25	湧源号	刘韻涛	42	河北	
26	永兴	杨光裕	36	无锡	
27	源源公司	胡鑒棠	25	余姚	20年前在二马路源源咸鱼行供职,一·二八后改鸿丰粮号

续表

序号	户名	经纪人	年龄	籍贯	经历
28	文记号	瞿学文	62	上海	文记鱼行经理,在鱼界 40 余年
29	泰昌	徐仰仙	49	鄞县	泰昌鱼行副经理,冰鲜鱼行公会主席
30	公顺行	李铭德	50	鄞县	经理
31	源裕	李永炤	34	鄞县	经理
32	鸿昌	陈琳甫	51	慈溪	经理
33	宏源	王庚茂	34	鄞县	经理
34	源通	水支楣	46	鄞县	
35	大成	刘同华	47	镇海	经理
36	乾丰	刘敬礼	54	镇海	经理
37	公大	史家骧	28	镇海	经理
38	生计	郑运生	46	镇海	经理
39	洽丰	张晓初	37	镇海	经理
40	祥顺	沈善榕	36	镇海	经理
41	德昌	王荣昇	46	镇海	经理
42	海源公	葛维庵	46	浙江慈溪	海味行经理,海味同业公会主席委员
43	江浙蛰皮产销公司	陈祖本	54	宁波	前恒顺咸货行经理

资料来源:《调迁职员》,上海档案馆藏,档案号:Q464 - 1 - 154。

纵观鱼市场与鱼行之纷争,浮于其上的只是一些具体的问题,例如佣金之多寡,分场之设立以及组织机构的设置,等等,实质上,这种纠纷来自于渔业经济的主导权的归属问题。一开始,上海鱼市场以国营之形式,以统制之理念所进行的制度设计在实践中遭到了各方的消极应对。其结果是,上海渔业经济在没有鱼商的协调下,鱼市场只能成为一具空壳,而没有实质性的内容。鱼市场的一再延开之结果,促使政府不得不改弦易辙,以容纳鱼商并进行了平衡政府与社会两方面权力制度设计与组织人事的安排,特别是延揽了上海渔业界领袖参与制度设计与经济管理。这就保证了渔业界大多数人的支持与拥护,虽然后期的鱼行为了取得更多的利益而与鱼市场同台竞技,但实际上对鱼市场的开业以及营业并没有实质性的影响。在政府与社会的这一轮博弈之中,政府做出了一定的让步,在保障其宗旨的原则下,让渡了大部分权力(我们从其组织制度以及人事安排可以明显看出这一点),但上海鱼市场作为统制渔业,救济民生的宗旨确得到了维护,这就达到了实业部创办上海鱼市场的最初设想。相对于鱼商而言，鱼行时代的渔业经济体系在面对危机的境况下实际上难以作为，例如鱼价的起伏不定，日本侵渔，等等，仅能束手无策。他们亦有组织起来共同维护上海渔业经济的企望，而鱼市场的成立从本质上来说是达致他们愿望的一个重要平台，亦是鱼商（鱼行）加入鱼市场的基础。值得注意的是，上海鱼市场的开业打破了原有的渔业经济循环系统，这对于以此为生的各色人等都将带来一定的影响，这就要求鱼市场在今后的社会经济活动中应加强对渔业的管理以维持上海渔业稳定之秩序。

第二节　统制中的贩运：走私与缉私之争

创办上海鱼市场之目的就是为了统制渔业，调剂民生。但由于一些客观原因，促使一些鱼商绕过鱼市场而直接与鱼贩或一些鱼行交易，从而保证自身利益的最大化。而鱼市场则因为统制之需要必然要杜绝此类事件的发生，于是在鱼市场与鱼商之间演绎出一幕幕走私与缉私的活剧。

一、走私：鱼商利益摄取的异途

走私，这里主要指没有通过鱼市场而直接在上海市进行渔业交易的行为。这一行径与鱼市场的定章相违背，在相当程度上是对政府统制政策的挑战，因此，打击走私亦成为维持鱼市场加强统制的重要一环。事实上，由于政府宣传的力度不够以及鱼商利益最大化的诉求等原因使上海鱼市场统制的渔业经济体系中存有诸多不和谐的音符，为了说明这一现象，我们可以摘录十三家冰鲜鱼行加入市场后，十六铺的一些渔业走私之状况：

（一）六月十六日印公田报告——窃据职股稽查员朱伯良报称前日奉派往十六铺调查各鱼行营业情形。兹查永兴鱼行发售黄鱼、鲞鱼、义鱼各一大桶（每桶四、五百斤），又隔壁发售碎蟹七、八篓，白结一桶。在实业银行储蓄部对过有露天摊子两处计发售黄鳝、跳鱼两桶，春子八、九袋及白虾等。

（二）六月十九日方学文报告——窃于今晨四时赴十六铺调查鱼行情形，查有永兴鱼行者（不入同业公会），今晨在源昌摊基处有鲞鱼数桶出售，唤价六元。昨天新江天轮到埠时曾被该行提出去冰鲜四桶，今晨所卖谅来即系此物。前据传说该永兴鱼行自本场开幕以后，每天在本场批购大批鱼货，在该处贩卖，今既发现有在轮提货情事，显系尚有其他内幕巡捕房西北首河货摊基出售鲜虾、螃蟹、甲鱼、鳝鱼等类为比较昨更多，竟有三秤分别秤卖，该项摊基探询所得谓系昔在永泰行为夥，现已脱离无汤阿义所组织，是否确实容再续探。

（三）六月二十日方学文报告，今晨四时赴十六铺调查鱼行情形，查得永兴鱼行本晨在新江天轮提去冰鲜八桶,均系鲞鱼,上岸后即在源昌摊基处开桶出售,唤价六元五角。①

在这五天当中,仅永兴鱼行就有三天被查出有渔获在十六铺进行交易,当然这些交易基本上并未通过市场行第一次交易,这足以说明走私之猖獗。必须指出的是,当 8 月 1 日,鱼市场把咸干鱼集中市场后,它们的走私同样猖獗。我们可以从下述报告中略窥一斑。1936 年 12 月稽查员余善庆则列举其走私之状况如下:

(一)螟蛸(即墨鱼鲞)产于北洋者,如鲁省、安东石家所涛口等处,每年产量约二千担左右,由青岛轮运申者皆归海味仍经售,由沙船运申者归南市慎茂开泰、茂兴、干记号等转售与各海味仍经销上开之货,今庚均越过市场。

(二)天津、烟台运沪之螟蛸、海盐、干贝、蛏干、蛤干、虾米、虷干等货为数更巨,目下本场虽凭提单抄佣亦有大量走漏。

(三)南洋如泗礁、黄陇、岱山、嵊山、泽山、花鸟等处生产之螟蛸、淡菜、鱼胶等每年产量有四五千担之多,凡帆船运申之货由 42 号经纪人经售,经过市场者不过千余担之则,其余之货由甬新北京轮运申归各海味仍代售市场从未经过。

(四)温州台州生产之鱼胶价约 30 元至 60 元,往年均直接由温台州轮运申,今庚则改由甬新北京轮运申该货亦完全由海味仍经售而市场尚未有经过。

(五)由福建运申之蛏干、淡菜数量甚多,货好价最高,归海味仍经销者数最多,海鱼经纪人经售者只少数而已,上列货品市场亦从未经过。

(六)江北掘港一带产生之虾米,价约□元,虾子价约……由大达大通二公司轮船运申崇沙一带,每年自四月起常年有上列货物生产,由广祥新仁和茂利宝、老宝华等轮运申,归大东门外吴家弄莱记余号(主人徐宝莱)外咸瓜街,施相公弄通元号及海味行,海鱼经纪人经售,除莱记经销之二百担外,其余尚有数百担则越出市场。②

值得注意的是,不仅场外的走私活动频繁,而且加入市场之经纪人则因规避缴纳佣金而参与走私活动的现象时有发生。如 8 月 5 日,稽查人员报告,“有货主忠召明,装有海蜇七十公担,由洽丰号在十六铺代为卸卖”。③ 大量的走私不仅使鱼市场减少佣金收入,同时这种走私存在着潜在的示范作用,从而导致加入鱼市场的经纪人重新回到十六铺,使政府的努力功亏一篑,进而使鱼市场难以完成对渔业经济的统制,而缺乏统制就无法真切地了解渔业的真实状况,无法为今后的救济渔业打下坚实之基础。需要注意的是,鱼市场设立之后,减少佣金(从 8% 减至 7%),以

① 《提理事会报告议案》,上海档案馆藏,档案号:Q464 - 1 - 177。

② 《余善庆列举螟蛸之走私》,上海档案馆藏,档案号:Q464 - 1 - 416。

③ 《洽丰号经纪人私售海蜇案》,上海档案馆藏,档案号:Q464 - 1 - 395。

维护渔民之利益，并通过拍卖方式（鱼商在交给卸卖人时可设置一个最低价）打碎了鱼行对鱼价之垄断，以保证渔业市场的公平性。[①] 因此，如上观之，鱼市场的制度设计在很大程度上都从稳定物价的角度来考虑，那么鱼商为何还要对鱼市场的开办有怨言，甚至与鱼行以及经纪人共同加入走私的行列呢？

笔者认为，这与鱼市场的自身建设有一定的关联：首先，由于鱼市场缺乏强有力的宣传力度致使不少鱼商对鱼市场的成立知之甚少，特别是对于鱼市场的交易更是一无所知，直至1936年底，仍然有人对上海鱼市场的交易不明就里，如彭浦南北湖合作养鱼场，当其要销售渔货至上海时，事前曾给上海鱼市场致函询求售卖之法：

迳启者，敝馆于本届经营海盐县南北湖合作养鱼场于今已届收获之期，徒以乡间销路颇浅，在往年亦必装运沪杭两地求售，刻悉上海鱼市概归贵市场节制，但办法如何，此间未曾明瞭，不便冒然装载，用特函询，敬希贵场即为答复以便定夺！附问题如下：

1. 本场为"青鱼""草鱼""连鱼（系花连）"三种，青草鱼大者四五斤，小者二三斤，花连系当年货不过十多两。问以上三种销路如何？

2. 何时需货即可随时装运（信件约二日可到，运货一日夜可到）目下市价（本月二十日以前）如何？问青鱼价？草鱼价？花连价？

3. 货到以后是否立刻由贵场秤取抑待客零售？

4. 每船约装二三十担，每批至多可销若干？

5. 行佣如何扣算？

6. 路中如有伤亡，则此批死鱼能否在贵场零售？

7. 如装运前来则划至何处交货？

彭浦南北湖合作养鱼场

1936年12月10日。[②]

从上述情况来看，鱼市场的一般销售情况，鱼商几乎不知，因此在这种情况之下，他们所选择的一般是自己比较熟悉的交易手段，因为这样能够比较正确地把握情况，以减少自身的损失。

其次，佣金问题。从表面上看，上海鱼市场减少佣金以照顾鱼商之利益，但实际情况并非如此简单。我们知道这鱼行时期，鱼商要交付鱼行之费用共计10.79%（如表4－2所示）（行佣加上规费，但鱼商同时也断裂了资金来源）高于鱼市场之

---

① 值得注意的是，这种最低价在有些时候是难以确定的，这同样给了卸卖人与经纪人联手垄断渔业价格的机会。

② 《交易项什件》，上海档案馆藏，档案号：Q464－1－399。

行佣9%(7%之行佣加上2%之服务费)。但冰鲜桶头顶情况却并非如此,我们知道鱼行从冰鲜桶头所收到的费用为8.4%,比鱼市场的9%行佣要低。更重要的是,冰鲜大部分是通过轮船运输,由于是客货混载之故,一般并不在鱼市场码头停靠,而直达十六铺轮埠,而上海鱼市场"距离轮埠远隔数十里,鱼鲜到埠务必转驳,每须隔日可售,鱼鲜走色,售货堕落,当此天气炎热之际,关于清蟹、蜻子、鳝鱼等类,一俟隔日尽付东流,非独资本全无,实属归家无路"①。从而表达了对鱼市场的严重不满。

第三,未能切断鱼商与鱼行之间的联系。我们知道,一直以来上海渔业经济循环网络之所以能够运转的一个主要支撑点就是鱼行对鱼商之放贷,特别是冰鲜渔业更是如此。也就是说,如果没有一个完全的金融网络体系取代原先的鱼行体系,那么鱼商只能把其鱼获物卖给鱼行,碍于实部的权限以及鱼行所处的地域环境都促使实业部难以把鱼行取缔,这就使走私成为必然。

应该说,进行渔业经济之统制是实业部筹设鱼市场的主要动机。值得注意的是,实业部在筹设鱼市场的过程中很少听取各种渔业组织的意见,同时对他们的利益也关注不够,进而使鱼市场的开办一波三折。虽然,最后达成了协议,但却在某种程度上损害了部分鱼商之利益。因此,为了在今后的经营中获取更大的利益成为他们抵制鱼市场之统制的有效武器。而渔业走私,必然会对鱼市场的统制造成较大的负面影响,在这种情况下打击走私成为鱼市场统制渔业经济的重要手段。

二、缉私:渔业统制的重要手段

缉私,本章所论的缉私就是对上海渔业的交易活动中的走私进行遏制以达到统制之目的。如上所述,上海鱼市场的走私有场外与场内之别。因此,针对这两种情况,上海鱼市场采取了相应的措施。

(一)场内缉查

场内缉查主要是针对场内经纪人在买卖过程中的偷漏走私之行为的监督,以维护鱼市场的利益。实际上,为了防止经纪人进行走私,鱼市场早在十三家鱼行加入鱼市场成为经纪人之后就对全场的四十三家经纪人发出通知,要求他们切勿进行走私活动:

为通告事,案照本场遵奉部令,开始营业以来,所有上海市区域之内各种鱼货,均能集中市场,最近生记等十三家加入经纪人,尤见合法之经营,终能扫除一时之隔阂。惟据报十六铺旧时行址,仍有营业情事,此则不独违背部章,抑且破坏本场整个计划,究竟此种旧行营业,有无本场经纪人在内主持,本场固应从事探访实在,

① 《条陈鱼市场改善办法》,上海档案馆藏,档案号:Q464-1-465。

以凭查究，各经纪人亦宜联合检查真相，以免被诬，总之本场奉令办理，必须遵行部定章程，断不容少数人之违背抵抗，尤其是各经纪人更应恪守范围，如果查有上项情事，定当按照营业规程第三十六条规定办理。

右通知第一至第四十一号经纪人　　　　1936年6月19日[①]

当然，经纪人之走私不是一纸禁令就万事大吉了，必然要辅助一定的制度设计，以防范经纪人之走私。一般而言，鱼市场交易"时在深夜，小贩聚集，动以万计，各卸卖经纪人在场买卖，全凭秤手之报数，收钱人之记账，每因人多口杂，发生争执，百忙之中，亦难免一时疎误"，在这种情形之下，经纪人在报账时难免鱼目混珠，若上海鱼市场"据以为凭"，所产生的后果则是"其买卖数目，是否相符，账册登记，是否合式，有无浮收及走漏行为，本场一无考核"，以致引发争端。一旦"攻讦频来"，"本场固难臆断，即各卸卖经纪代理人无端受毁，亦觉无以自明"。[②] 因此，为了保证鱼市场的正常交易，上海鱼市场制定了鉴定员制度以杜绝走漏，其办法如下：

上海鱼市场鉴定鱼货交易暂行办法（1936年7月17日）

第一条：上海鱼市场为鉴定鱼货交易订定本办法。

第二条：本场设置左列人员专司鉴定事宜：1、巡回视察员；2、鉴定员。

第三条：巡回视察员、鉴定员隶属第一课，于鉴定鱼货交易时，并受本场第二课课长监督指挥暨市场交易股主任、稽查股主任、经卸管理股主任之指导。

第四条：巡回视察员暂定6—12人，于营业时间巡回鱼货交易场所视察鉴定员之勤惰并指导其工作抽查其记载。

第五条：鉴定员暂定60—100人[③]，于营业时在设秤处鉴定鱼货交易记载报告书。

第六条：报告书应于每日晨九时由鉴定员直接送第一课分送关系课室存查。

第七条：鉴定员得每日核对经纪卸卖人，当日交易帐籍双方交换加章证明，设有不符情节，应指出事由嘱其更正，如经卸人拒绝更正时，应单独报告稽核室转呈总、副经理核办。

---

① 《通知经纪人、卸卖人遵章营业案》，上海档案馆藏，档案号：Q464－1－393。

② 《设置鉴定员及名单》，上海档案馆藏，档案号：Q464－1－159。

③ 鱼市场设置的鉴定员名单为：钱树棠、阎德淮、胡凤五、邵家森、郑锡作、孟然、戴尚九、赵序东、张之鑫、胡敬甫、乔守仁、顾伯达、朱树业、庄名甫、陈绍廉、林坤海、詹云从、周楚珍、王立中、魏友乐、杜才木、徐康年、张振芳、潘丙惠、温霭士、邢幼华、章炳奎、金忠怀、叶文秀、黄先德、杨廷良、季维周、胡树德、孙玉书、朱健人、杨宗凯、章仁邦、龚伯勤、朱云龙、黄珮之、魏梅章、詹禹拜、韩颂丞、张朴人、王鉴澄，朱卓炎、郑国栋、陆民球、翁吉祥、陆树穀、杨群雄、杨润森、朱伯良、钟文奎、金祝二、陆金奎、雷震、冯子康、胡积玳、郑心慧、武慈萱、朱友仁。

第八条:巡回视察员及鉴定员不得干涉经卸人之行政及款项收入,经卸人亦不得妨碍视察员之执行职务。

第九条:巡回视察员、鉴定员之任务完全由本场原有职员派充之。

第十条:巡回视察员鉴定员之之考勤奖惩适用本场考勤奖惩办法。

第十一条:本办法有未尽事宜得随时修正之。

第十二条:本办法自总、副经理核定施行。①

从制度设计上来看,其目的在于稽查经纪人的交易,以杜绝他们走漏鱼货之情事。鉴定员的职责是,每次交易完毕后,经纪人所报之账目都应由鉴定员审查底账,以确定是否相符,并加盖印章以资证明,如若不符应指出事由,嘱其更正。与此同时,巡回视察员之设置则在于监督鉴定员是否尽责,同时对鉴定员进行指挥及指导,以保证鱼市场稽查之秩序。

上述办法侧重于鱼行与鱼商之交易,即对鱼商卖给鱼行的数量的稽查与监督。当然,鱼行之交易还有另一方面即与鱼贩之交易,鱼行卖出鱼货的过程,亦是经纪人走漏的一个途径(因为卖给鱼贩,鱼市场同样要抽收手续费的四分之一)。因此为了保证鱼货不被走漏,鱼市场要求鱼货运出时必须附带有鱼市场制作的"成交单",其中的数据必须与该号账册相符才予以放行,以防止鱼货之走漏。

上述设计对于遏制漏卮,从理论上来看应该能取得一定之效果,但同时我们发现,这里关于经纪人走私将会如何处理并没有做出明确的规定,其结果是,这种规定就难以对经纪人产生强有力的约束,虽然在营业规程中有一些惩罚措施②,但揆诸资料并没有发现经纪人违章而被除名的案例。实际上,在这之后的稽查中,经纪人违章走私的仍然很多。我们以九月份为例来检视稽查制度之设计在实践中的效果。兹举例如下:

事查今晨(9月1日)六时许本市场第三十五号经纪人大成号,有烤干鱼一大篰在其栈外私自秤卖分装小篰,每小篰四五十斤,正拟装运出场,适为鉴定员等查见向其询问曾否入账簿,并有无成交单,该号又将小篰合并为大篰,声称系由鱼客购买,鉴定员以鱼客购货亦应记载账册,当向其查阅账簿,讵料该号未用本场簿册,竟然私自售货,其为偷漏无疑,当经会同稽查运输两股职员将货提存,该号竟执不遵办,声势汹汹,蛮横不可理喻,嗣径同保安队士始得将其烤干鱼一大篰又两匾扣

① 《设置鉴定员及名单》,上海档案馆藏,档案号:Q464-1-159。

② 鱼市场营业规程第二十四条规定:经纪人违反下列情形之一者,鱼市场得暂行停止其交易,或予除名。1.依第四十五条第一款之规定,追取货款而不交付者。2.延付货款者。3.有妨害鱼市场业务之行为确有实据者。4.十日以上未曾向鱼市场购入鱼货者。5.每月所购鱼货,其总额不满五千元者。6.违背鱼市场章则者。资料来源:《上海鱼市场今晨开幕》,《申报》,1936年5月11日。

留存栈。

查本场第二十七号经纪人于九月四日(9月4日)上午二时后，在船上营业，经鉴定员张之鑫发觉有海蜇两大篰，由船上提至码头货栈，即将船草簿调场核阅，其中并未列入是项账目，该经纪人显系蓄意走私违反章则，情属可恶，本应照章议处，姑念初犯，暂行自九月六日起，停止交易三天，以示薄惩。

查四十号经纪人于本月十三日(9月13日)违章卸卖海蜇八件，经已停业三日并由课传知，补账各在案，乃近查所经售海蜇八件，迄未补报入账，实属目无法纪，殊堪痛恨，应再予以停止交易一天之惩处。

查金宝顺第二八一号海鱼船于上月十三日，将海蜇三十六件，鱼胶四十公斤私行卸卖一案，经查明第十六、卅七、四十号经纪人违反本场章则，承售该项违章卸卖之私货，殊属不合，应各自九月八日(9月8日)起停止交易三天，以示薄惩。

查第卅二号经纪人掠卖河鱼，且伪称本日清晨未曾开秤。查明属实，并将正在输运出场之鱼货予以扣存，该经纪人，不守规章，并掠卖河鱼，希图私将鱼货偷运出场，殊属不合，着自本月十四日(9月14日)起停止交易4天，以示薄惩。①

从上述资料来中，我们可以得出两个结论：首先，走私频繁，涉及面广。我们可以发现在九月份这不到半个月的时间内，共查出了五例走私案件，可见走私活动之密集。并且，从整个市场情况而言，走私涉及的经纪人之范围较广。上述五则材料中，共涉及了6家经纪人，虽然我们没有材料证明市场之经纪人是否全部参与了走私之活动，但从这里的材料可以推测出参与走私的经纪人不在少数。其次，走私所面临的惩罚并不重，这同时也是走私猖獗的一个重要原因。从上述五则资料来看，走私所处之惩罚都是停止交易，并没有更有力的处罚方式，即使迭次违章其惩罚依然乏力。例如四十号经纪人在9月8日受到惩罚后，又于9月13日再次违章，也只给予了停止交易一天之惩处。据笔者所掌握的资料而言，下列可能是惩处力度最大的案件：

9月15日早晨五时半，在丁顺利船上忽见四十一号经纪人德昌号所派秤手行为诡秘异常可疑，经察看以后，又将账目之小数写在一手摺上，大数则另(行)其衣袋中私摺上记载之，当时即将市场账簿及所用两手摺同时扣留，详细核对，复发现该两手摺中自本月七日自十五日止，竟舞弊约一百元，显系营私等情，查该号船上交易记账舞弊已有九日之多，证据确实，亟应从严处罚，着即自九月十七日起至十月四日止，暂行停止交易十八日，并将该号以前九日内之全部佣金充公以儆刁顽，

① 《处罚经纪人鱼货走私案》，上海档案馆藏，档案号：Q464－1－397。

而重章则。[1]

从这则案件我们可以看出,德昌号被发现走私已经是九日之后的事,换言之,在这九天走私中并未发现其行为,这就表明鱼市场的鉴定员制度实际上还是存在着一定的缺陷。与此同时,我们同样可以发现,德昌号虽然走私性质相对恶劣,但实际上对他们的惩罚仍然难有更有力的措施,而只能把在原来的基础上延长限期。之所以惩处如此轻微,并非证明他们没有更严厉的惩罚措施,而是现实的两难困境迫使他们难以对经纪人之走私采取更为严厉的措施。这是因为,一方面鱼市场要求鱼行加入鱼市场以维持鱼市场的经营,进而为统制上海渔业经济打下基础,而必然要求他们与鱼行尽力保持合作,尽力避免恶化两者之关系;而另一方面,鱼行因为商人逐利之本性,必然想尽力逃避鱼市场规制的交易体制,直接与鱼商交易以达到利益的最大化,这实际上又是鱼市场所极力遏制的。这就使鱼市场处于两难困境,一方面它要保证同鱼行之合作而不能对其采取断然之措施,另一方面,又不得不给予一定的惩罚以示警诫,这实际上成为鱼市场难以遏制走私的根本原因。

(二)场外稽查

相对于场内稽查而言,场外稽查要艰难得多。上海渔业进口主要有铁路、公路以及水路,那么与这三者相对应的稽查工作就是火车站,汽车以及渔轮或轮船(可装人又可装鱼)的稽查。当然,对于如此繁复的流通网络仅仅依靠鱼市场自身进行稽查则困难重重。在一开始,鱼市场希望得到多方支持共同达成渔业统制之目的。

实际上,早在1936年4月,一个署名为朱维珩的人就针对鱼市场如何防范走漏提出了建议:

窃以上海鱼市场之设,原为提高渔民利益,防止外鱼侵销,计莫善焉。贵会成立,苦心筹划,开幕有期,而稍有智识者,无不额手欣喜,然则事属创举,难免不肖鱼商辞从心异,意存观望,甚有传闻,欲思私行买卖者,亦有其人,而黄浦绵延近乎百里,沿江小镇,指难屈数,苟不严厉防范,则奸商之偷漏营私,尽可施其伎俩,珩等世居吴淞,业报关已廿载,对于渔船习惯,以及沿江积弊,略具认识忝属国民,义当恭陈浅见,其防止之道,莫善于统制报关。因海鲜入口,吴淞为必经之途,报关一项疏略观之,如乎事极细微,然则一经统制则每日到船确数及鱼类总额,瞭览无遗,假使渔船进口之后,经过相当时间,而不报到市场者,则缉弋易于着手,惟渔船报关一层,须由市场附设专股驻淞切司其事,俟渔船验关放行,立即电告市场,如此则意图非想者穷其术矣。[2]

---

① 《处罚经纪人鱼货走私案》,上海档案馆藏,档案号:Q464-1-397。

② 《金楚湘、丁风山向市场陈述营业意见案》,上海档案馆藏,档案号:Q464-1-457。

这实际上是要求通过报关来控制走私，可谓事半功倍之举。因此，这一办法获得了鱼市场的认同，并要求着手"拟设详细办法"。[①] 不久，即在1936年5月9日的理监联席会议上，做出"报关处根据部章集中鱼货，查明入场者准予报关，不入场者不予报关之决议"。[②] 与此同时，向江海关监督呈文《关于渔轮冰鲜船报关案》，其内容如下：

查各地渔轮冰鲜船进口，在前向各报关行自行依章缴纳保证金，办理报关手续。兹查本场依法成立，关于各项鱼类水产品之输入上海，第一次交易必须在本场行之，业奉实业部本年五月六日渔字第四一六号布告通饬周知各在案。现本场订于五月十一日正式开业，此后渔轮冰鲜船及一切鱼类进口在本市场交易者，为数甚多，所有该项船只进出口报关事宜，自应由本场代办，俾期捷便，敬请准予登记，免缴保证金，由场办理报关手续，事关国营事业之利便，允于登记，免缴保证金。[③]

虽然海关税务司同意鱼市场之请求，但却没有答应免缴保证金之要求。于是，上海鱼市场即派姚焕洲趋前接洽，"并随函缴送登记费1000元，注册费100元"。然而，事情并非如预定之轨道运行。实际上，在争取获得报关之同时，上海鱼市场同时要求江海关饬令渔船"自五月十一日下午起，所有各埠到沪船舶一律驶泊杨树浦定海桥鱼市场交易"，以便于渔业的集中交易，减少稽查成本。当时，关务司主要是以技术方面的问题没有予以同意。[④] 其结果是，导致一些渔轮不愿在鱼市场停泊，从而对鱼市场的缉私问题增添了困境，增加了缉私成本。

5月15日，有宁绍轮装载鱼货甚多，经过鱼市场时并未停靠，而直至十六铺起卸，这一事件引发了鱼市场之警觉，并于即日电告实业部，提出渔轮停靠鱼市场之要求。

南京实业部吴钧鉴，本日清晨，宁绍轮装载鱼货甚多，经过本场不停，仍至十六铺起卸，海关因未奉财部及关务署鱼货须在本场停卸之命令未便强制停靠。探闻此间海关已呈复部署认为停在本场为适当，来源甚多，事机迫切，若不遏制，本场势将停顿，用急电请部长迅即转商财部电饬江海关嗣后凡有装载鱼货之渔船轮船必

① 《金楚湘、丁风山向市场陈述营业意见案》，上海档案馆藏，档案号：Q464－1－457。

② 《理监联席会议记录》，上海档案馆藏，档案号：Q464－1－173。

③ 《冰鲜渔轮冰鲜船报关案》，上海档案馆藏，档案号：Q464－1－450。

④ 关务署认为，按照向来办法，黄浦江内各处非经设有浮筒不准停船，职关前曾为该鱼市场制有停船浮筒六只，惟因该市场未照章付一年租价，故未装置。本月七日经该市场请由本关监督转交浮筒四只之租价到关，当将浮筒四只先行安置，其余两只租价现在函催，俟浮筒装置三、四星期，根基坚固以后方可饬令渔船前往该市场停泊。资料来源：《与海关洽商载有鱼货进口各轮停靠市场起卸案》，上海档案馆藏，档案号：Q464－1－449。

须停靠本场起卸,成败利钝在此一举。[①]

不久,实业部知悉后,即派渔牧司司长徐廷瑚赴财政部交涉。在交涉中,双方就渔船停泊鱼市场码头之问题达成一致。不久,关务署饬令"江海关准予照行"[②]。但值得注意的是,如前所述,江海关拒绝鱼市场之请主要是所设锚位等技术问题,双方在渔业统制这一原则上并没有分歧。因此,实业部要求鱼市场就上述问题积极与江海关进行协商以尽快办理。

6月8日,海关总税务司梅乐和函复鱼市场"关于所有各埠到沪鱼货船舶一律驶泊杨树浦定海桥鱼市场"之请求做出回答,即"俟浮筒装设,根基坚固,即便照办"。[③] 至此,从某种意义上来看,鱼市场要求江海关加强报关来进行缉私,则可为多此一举。实际上,我们从当时财政部长孔祥熙对鱼市场的报关所提出的质疑中亦可明了其中究竟。他认为,"所有渔船既经规定均须在新设立鱼市场停泊,是各项渔船均已集中于一特定地点,实业部自可随时监视管理"。因此,"各鱼船进出口须验明鱼市场凭证,方准报关提货一节,似无施行之必要"。至于"由轮船装运来沪之鲜鱼,职关向系按照钧署所定鲜果、蔬菜等易腐货准单办法办理,如商人能遵章办理海关手续,其船只一经到口即准立时起卸,海关非遇必要时,并不施行查验。现如规定此项轮船所装鱼货必须呈验鱼市场凭证,方准报关提取,窃恐手续增加,验放不免耽延,况据上海鱼市场代表来关商洽时,声称所有往来沪甬之轮船及大达公司各轮,现均遵照新章于开往各轮船公司码头以前将所装鱼货由海关监视在鱼市场起卸,似此情形,自亦无须验明鱼市场凭证方准提货"[④]之必要。职是之故,上海鱼市场于6月18日函达江海关,提出报关"暂由上海市渔会附设冰鲜业渔船报关处办理"之意见。[⑤] 应该说,鱼市场之所以取消报关可能还有以下两方面的原因:其一,渔会的反对。自光绪三十年,创办江浙渔业公司以来,其中所附设之渔会就专代渔船报关,虽然后来有些微之变动,但总体来说都归商民自办,而政府素未置喙。必须指出的是,渔会能通过报关费用来为鱼商置办物件,加强自身建设,因此,对于渔会来说它们并不愿意让渡这一利源。其二,节省开支。这可能是鱼市场放弃报关之另一个原因。鱼市场报关声称免缴报关费以达致救济渔民之目的。但实际上,渔船报关费用不赀,渔会报关时,手续繁杂,"进沪渔船,须向交通部航政局登记并有领取国籍证书等各种手续,此外尚须向市政府公用局登记领取各项船

---

① 《与海关洽商载有鱼货进口各轮停靠市场起卸案》,上海档案馆藏,档案号:Q464-1-449。
② 《与海关洽商载有鱼货进口各轮停靠市场起卸案》,上海档案馆藏,档案号:Q464-1-449。
③ 《与海关洽商载有鱼货进口各轮停靠市场起卸案》,上海档案馆藏,档案号:Q464-1-449。
④ 《咸干鱼集中案》,上海档案馆藏,档案号:Q464-1-468。
⑤ 《冰鲜渔轮冰鲜船报关案》,上海档案馆藏,档案号:Q464-1-450。

证,复须向财政局报捐,每次进出口均报海关查验”,凡此等等,“以鲜货营业,利在迅速均由报关处负责,于船将进口之前,代办完备,故于淞沪两处设立办事处所,房金、伙食、雇佣人员一切开支”,……每年约在7000—8000元左右。[①] 虽然从整体数量上来看,这一数据并非庞大到无法承受之程度。但节约开支应是鱼市场经营的一个重要考量。

值得注意的是,虽然江海关同意了上海鱼市场之请求,并不完全等于江海关对于渔船进入上海销售而必须停靠鱼市场强有力的制度约束,而只是赋予鱼市场有停靠渔船的资质,这种制度设计,实际上并没有真正解决渔轮的停卸问题。例如在7月27日,鱼市场就渔船停靠问题致函江海关,要求给予协助。

最近各埠到沪渔轮渔船仍有驶泊十六铺私自营业情事,殊属违背部令。除饬属严密稽查制止外,用特函达,并派本场职员宋□君趋前接洽,即烦查照前案,饬知各渔轮渔船到沪,必须首先在本场码头停泊交易,至纫公谊。又本场码头宽阔,临岸江边早经函请贵税务司代为装置浮筒六只,对于渔轮渔船,随时停泊均甚便利。[②]

没有资料表明,江海关与鱼市场是如何交涉的,但可以肯定的是,在整个鱼市场开办的过程中,仍有渔船在十六铺停靠,这也许就能够说明江海关对于鱼市场之要求同样也是无能为力的。职是之故,鱼市场只能改弦易辙,遂于8月4日要求江海关对于“各地来沪渔船渔轮,凡载运海鱼、咸干鱼及一切其他水产品之船只入口时,其报关单,未经本场验明加盖钢印者,请勿颁发提单,制止提货,俾利稽查”[③]。后经过实业部与财政部协商,同意于8月17日,“非经本场盖章不得提卸”之要求。[④] 这在一定程度上为上海鱼市场的缉私工作带来了便利。

当然,加强合作是遏制走私的重要一环,但并非海关之加入,走私就自动消除。实际上,无论是冰鲜业还是咸鱼业,他们的走私活动仍然很猖獗,而这些都只能靠鱼市场自身来加以打击。鱼市场的稽查工作主要分为两种方式:其一为驻守稽查;其二是流动稽查。

1. 驻守稽查

所谓驻守稽查,亦可称之为固定稽查,实际上就是对专门地点派驻稽查员进行持续的稽查,以防止偷漏。对于鱼市场来说,主要是针对十六铺鱼行码头进行固守,以杜绝渔获物之流失。这是因为鱼市场的开办有相当一部分鱼商并不知晓,依

---

① 《冰鲜渔轮冰鲜船报关案》,上海档案馆藏,档案号:Q464 -1 -450。

② 《与海关洽商载有鱼货进口各轮停靠市场起卸案》,上海档案馆藏,档案号:Q464 -1 -449。

③ 《与海关洽商载有鱼货进口各轮停靠市场起卸案》,上海档案馆藏,档案号:Q464 -1 -449。

④ 《上海鱼市场保佣有关文件》,上海档案馆藏,档案号:Q464 -1 -507。必须指出的是,这种情况主要是针对咸干鱼货,对于冰鲜鱼之作用不大,因为鲜货主要有保鲜之问题,在实际操作上多有不便。

其向例自然运入十六铺以便销售。其次,有些鱼货装载于轮船(这种轮船是客货混装的),而这种轮船一般而言不会因有鱼货而停留于鱼市场。最后,从南方来的渔轮首先到达十六铺,而他们可能因为运费等方面的原因而不会驶抵鱼市场销售。这些因素促使十六铺仍然是上海进口鱼货的重要入口,也必然会成为鱼市场稽查员重点稽查的场域。

2. 流动稽查

流动稽查,这是相对于驻守稽查而言的。这种稽查主要是针对那些间歇流入的地方,如菜场、车站、江面等地方。上述地方一般并不固定,无论是在时间上抑或是在地点上都是变化的。因此,对于这些地方难以驻守稽查,而只能根据讯息之变化进行流动稽查。

(1)菜场。菜场是鱼货交易的终端,直接与消费者接触。在鱼行时代,鱼贩购鱼来源单一,因此大部分来自鱼行(当然,亦有一部分来自乡间的小贩),而鱼市场之建立则使鱼贩之来源变得多样化,即可以从鱼行中购置(还有一部分鱼行并未参加鱼市场,或者有的鱼行改行为店,但仍作原来之买卖)亦可从鱼市场购置,同样的道理还有一部分来自乡间小贩。这种来源的多样性本身就给予鱼市场稽查以难题。因为,它们无法确知到底这些鱼从何处而来,而且根据 1934 年的调查,上海有菜场 66 处,而鱼摊数量则达到 3302 个。如此庞大的数量,而仅仅依靠稽查员的蹲守稽查基本上是不可能的。

值得注意的是,由于来源不同,一些鱼价自然存在着差异,因此,那些遵规守则之鱼贩自然要求鱼市场对于走私鱼贩进行查处。如 1936 年 6 月 21 日,鱼贩就举报"沪西各菜场类及大兴菜场共和路菜场,尽有无知之徒在菜场售鱼,专同乡间私运来之货"。同时,对于查处这类鱼货还提出了建议,要求他们"必须五点钟在交通路、大统路口又交通路、共和新路口,此两处铁路最要之路可坐等必遇,……方可有效"。[①] 根据线报,上海鱼市场即派稽查元毛金水前往调查,据其报告"俟至八时后始终续而到,计有吴宏才黑鱼一担,据云由龙华公泰鱼行贩来在场设摊售卖;赵阿二、阿三、阿四兄弟三人由南翔贩来时虾、稻蟹、小鱼大约有三、四担,亦在该场设摊售卖"。[②] 对此鱼市场进行极力劝导,并加强了对这一路段的稽查以防止再次走漏。然而,从整体上来看,鱼市场对于菜场的稽查总是处在被动状态,而这种状况是难以改变的。

(2)轮运公司。轮运公司是专门为客户运送货物以获取利润的公司,换言之,

---

① 《取缔大兴菜场私运鱼货案》,上海档案馆藏,档案号:Q464 - 1 - 402。
② 《取缔大兴菜场私运鱼货案》,上海档案馆藏,档案号:Q464 - 1 - 402。

它们的盈利与输送货物的多寡成正相关关系。一直以来，上海之轮运公司都有输送鱼货之传统，而它们同样也是鱼商走私的重要路径。

1937 年 4 月 12 日，稽查员发现国营招商局之同华轮装运鱼肚二件、螟蜅鲞一件、蜇皮九件，存放招商局浦东杨家渡栈房。于是上海鱼市场立即致函要求招商局协助把鱼货提场交易，同时派稽查员刘霭昌趋前接洽。然而，国营招商局却以货主所持提单盖有贵场登讫印鉴为由，放任客户取走。[①] 不久，鱼市场又发现同华轮装卸有偷漏走私之鱼货，鱼市场再次提出"将本月廿五日同华轮卸存新栈海蜇头十三件，鱼胶一件暨海晏轮卸存金利源南栈鱼肚一件均予扣留以便查明提取"。但实际上，招商局因对自身利益的考量，并未对鱼市场的要求做出积极的反映。恰恰相反，却对于鱼市场的这些做法提出质疑，它们认为"本局各轮运申鱼货悉经各该客户报关纳税，始予装轮，似未可指为走私货物。本处为顾全业务起见，对于各客户亦未便多予留难，至由稽查员提取，碍难照办"。[②] 后经过协商，招商局做出了让步，但却提出要求在"贵场呈请实业部统筹适当办法，咨由交通部通令中外航商一体照办，以免本处发生故障"的条件下，暂予协助一个半月（5 月 1 日至 6 月 15 日[③]）。然而，从资料上来看，实业部并没有与交通部达成一致意见，因为在 6 月 14 日鱼市场要求招商局延期时，并没有获得满意的答复，招商局对这一段时间影响它们的生意表达了不满，"敝局运货客商，因提货感受困难，又有舍招商局而就外轮之趋势。敝局熟权利害，以为关系贵场者轻，而影响敝局者重……所请展宽协助期限一节，实觉碍难如命"。[④]

鱼市场进行稽查其立场主要是为了统制渔业，但这种利益诉求在实践中有可能会与别人的利益产生矛盾甚至对立。如上所述，上海鱼市场之稽查就与招商局的轮运产生矛盾。就鱼市场来说，加强稽查以杜绝鱼商利用招商局走私是他们的主要目的，而招商局的主要利益则在于他们货物之多寡，而与货物之是否走私（而这种走私并非我们平常意义上的走私，而是相对于是否在鱼市场进行第一次交易为标准）无涉。一旦稽查严密，就必然会对其营业造成影响，利益的矛盾使双方难以合作的重要原因。

（3）江面之渔轮。从地理位置上看，从吴淞口进入上海的渔轮都要首先到达鱼市场，而后才能抵达十六铺。我们知道，鱼市场在一开始进行营业时则就强调渔轮要停靠在鱼市场装卸。但实际上，一些渔轮对此并不遵守规则，而经常抵达十六

① 《国营招商局案》，上海档案馆藏，档案号：Q464－1－378。
② 《国营招商局案》，上海档案馆藏，档案号：Q464－1－378。
③ 从时间上看是一个半月，实际上只有半个月，因为其承诺之时间为 1937 年 5 月 29 日。
④ 《国营招商局案》，上海档案馆藏，档案号：Q464－1－378。

铺进行装卸。因此,鱼市场稽查的一个重要任务就是拦截去十六铺进行交易的渔轮。

鱼市场进行江面之稽查一方面得益于驻吴淞办事处,驻吴淞办事处一旦有消息之后,将会立即与鱼市场取得联系,通知进行江面阻拦。1936 年 9 月 1 日上午 11 点,稽查股主任接驻淞办事处来楚白电话称:"有 1199 号金同茂帆船装载鱼乾 3120 公斤由庭元小轮拖带驶沪,该船舱面载有荳饼、荳油等物为掩护,恐有不经市场私运十六铺卸卖情事,请注意拦查。"于是,稽查股"当派张福寿、黄凤林等乘新根泰小轮在本场附近浦面守候,越时果见庭元轮拖带 1199 号船经过,即由新根泰小轮上前施放汽笛招呼停靠,讵连续数次该庭元轮置若罔闻,且开足速率向南直驶图逃,当命新根泰追赶及至西渡附近,方经追获,查得船上确有鱼货一并拦回本场码头"[①]。而另一方面则通过眼线来获得讯息,以加强稽查。如 1937 年 1 月稽查员王连发等从眼线中获知"不久有大批汕头虾子到埠加以拦提","及期果有英国公司商轮嘉膺号到埠装有汕头虾子 174 件,每件价值四五十元,当即设法侯提,预雇拖驳及本场汽船守候不离寸步",……"所装驳船两船计一百件也已到场交管理股办理"。[②]

当然,鱼市场进行稽查工作不仅仅是上述三个领域,还有其他地方,如重要的交通要道、一些交通工具如汽车等。从整体而言,庞杂的输送网络确实给上海鱼市场的缉私工作带来了诸多困难,同时因各方利益诉求之差异,也给稽查工作增添了难度。但在鱼市场的全力稽查下,其总体效果还是比较明显的。如表所示,在上述这一时段中,虽然从总体上看,鱼市场的营业总价值占进口价值的 56.25%。但实际上,在这一总数中尚包含舶来水产品 6044053.42 元(这类水产品一般不经过鱼市场交易)以及一部分海味(从鱼市场的每日营业数额来看,我们不能确定其具体所属,同时由于其数据并非巨大,因此我们在计算中并没有涉及此数)。如果除去这两项则其比例可上升为 86%。

表 4-4　1936 年 5 月至 1937 年 2 月鱼市场稽查分析表

月份	进口之价值(元)				鱼市场销售之价值(元)			
	总数	咸鱼	淡水	冰鲜	总数	咸鱼	淡水	海鱼
5	2127860.10	79960.42	169420.44	1586941.60	855737.00		169420.38	686316.62
6	1696022.96	178833.50	309980.20	976555.76	1294109.46		309980.20	984129.26
7	1053313.45	204787.00	246593.10	259750.85	509415.95		246593.10	262823.85

① 《吴淞茂兴拖船局要求赔偿扣留时间》,上海档案馆藏,档案号:Q464-1-340。

② 《职员奖惩案》,上海档案馆藏,档案号:Q464-1-181。

续表

月份	进口之价值(元)				鱼市场销售之价值(元)			
	总数	咸鱼	淡水	冰鲜	总数	咸鱼	淡水	海鱼
8	1055598.23	260576.50	297916.28	177431.67	524256.95	5469.82	297916.28	220870.85
9	1556647.81	77552.70	400588.97	458206.14	871069.61	161905.08	400588.97	308575.56
10	2154466.54	277728.62	620762.02	346916.18	1197001.70	80675.02	620763.02	495563.66
11	2469880.74	278830.74	669111.73	461875.49	1366620.22	139384.22	669111.73	558124.27
12	2835834.58	145858.68	639464.99	876978.41	1636930.72	120487.32	639464.99	876978.41
1	2269996.70	70018.34	699785.67	642378.69	1443390.52	63623.29	737388.54	642378.69
2	1987104.95	5440.64	737388.54	382885.27	1086464.23	3793.29	699785.67	382885.27
总数	19206726.06	1579587.14	4791011.94	6169920.06	10784996.36	575338.04	4791012.88	5418646.44

资料来源:1.《上海市水产经济月刊》:第五卷,第五期,第1-7页;第五卷,第六期,第1-6页;第五卷,第七期,第1-6页;第五卷,第八期,第1-6页;第五卷,第九期,第1-7页;第五卷,第十期,第1-7页;第五卷,第十一期,第1-7页;第五卷,第十二期,第1-7页;第六卷,第一期,第1-7页;第六卷,第二期,第1-6页。2.《上海鱼市场营业日报表存根》,上海档案馆藏,档案号:Q464-1-360。

但如果就上述三项(咸鱼、淡水鱼以及冰鲜)进行逐月之比较,更可凸显上海鱼市场稽查工作的成效,如表所示:

表4-5　三项与进口价值之比较统计表

月份	八月	九月	十月	十一月	十二月	一月	二月
进口价值	735924.45	936347.81	1245406.82	1409817.96	1662302.08	1449785.67	1088111.58
鱼市场营业价值	524256.95	871069.61	1197001.70	1366620.22	1636930.72	1443390.52	1086464.23
所占比例	71.24	93.03	96.11	96.94	98.47	99.56	99.85

上述计算方式可能并没有精确反映出当时走私稽查之状况,但这一数据亦从总体上给我们提供了一可供参考之数据。值得注意的是,虽然从总体上看缉私工作取得了一定之成效,但咸鱼的走私仍然很猖獗。如鱼市场从八月份开始对咸鱼进行统制销售一直到1937年2月的这一段时间内,咸鱼在市场内的销售总量只占进口总价值的51.55%,有将近一半的产品没有进入市场。揆其原因主要有以下数端:

首先,身份上之尴尬。实业部上海鱼市场股份有限公司,从名称上看完全是一个从事商业的公司。实际上我们在上海市社会局与实业部之函件往来中亦可窥见其定位为商业公司。1936 年 6 月 6 日,上海市社会局在征询实业部鱼市场之性质时函称"上海定海桥上海鱼市场,虽属官商合办,惟该场章程第四十七内载'本章未尽事宜,悉照公司法股份有限公司及公司法施行法各规定办理'"。因此,该场虽属官商合办,仍属"商业行为性质"。实业部在回函中亦称"上海鱼市场之组织,系属公司性质,对于该局行文程式,自应与普通公司相同"。[①] 从表面上看来,它是商业性质,但实际上它却承担了一部分行政之功能,这种身份之尴尬则导致一部分鱼商敢于与鱼市场进行抵制的重要因素。如 1936 年 11 月,浦东同泰昌鱼行对鱼市场的稽查行为表示强烈不满,并认为"斯鱼市场官商合作是生意性质,岂可以军政界面目对付敝行。受此压迫蹂躏,心实不甘"。[②] 有时甚至会导致暴力抵制行为。如 1936 年 8 月就发生一起较为严重的事件,稽查员何长如与张文斌于 16 日晨四时在十六铺鱼行码头,准备将以日商二字为护符之福兴鱼行两艘活水渔船托运至鱼市场时,突遭"警捕围集持枪作射击之势",在这种情形之下,何长如"用敏捷之手腕斩断缆索强制执行",并"以新根泰轮船拖带"至鱼市场。[③] 上述案件虽然并非具有代表性,但确实说明鱼市场在稽查的工作当中存在着暴力抵制之行为,这些都在不同程度上影响了鱼市场的稽查工作。

其次,稽查工作存在着一定的"滥缉私"行为,在一定程度上恶化了鱼市场之形象,平添了人们对鱼市场的排拒心理。如 1936 年 10 月 29 日,有周家桥人顾小妹有河蟹二包托张歧郎搭北沙班广祥轮携带来申,赠送于芮庆荣。30 日抵埠时即被鱼市场稽查员扣留,虽经张歧郎声明并非贩卖而系赠送吕斑路三德坊芮庆荣者,但稽查员坚持必须至市场交易后方准自由买卖。[④] 从上述案件中,我们发现鱼市场在进行稽查之过程当中缺乏比较准确的法律规范作标准,而只是根据营业规程中之"鱼货在输入上海行第一次交易须在鱼市场进行",这是比较模糊的规定与行事。这一看似简单但并不精确之规定,在执行中则颇为困难。因为它缺乏定量的规定性,到底多少即能成为走私?何为走私?这一模糊性给了稽查员自由裁量的空间,在很大程度上是由稽查员自身去判断。甚至一些在外埠购买的自食之鱼亦被纳入了缉私的范围。1937 年 1 月 16 日,宝丰轮船并泊沪南第八号码头,有乘客声称其"携有青鱼六尾,约有十余斤,系自用食品,并不出卖,不料在轮船靠埠之际,

---

① 《请示与"上海市社会局"行文程式》,上海档案馆藏,档案号:Q464 - 1 - 138。

② 《稽查金祝三扣留旅客宋家起鱼货案》,上海档案馆藏,档案号:Q464 - 1 - 418。

③ 《职员奖惩案》,上海档案馆藏,档案号:Q464 - 1 - 181。

④ 《张庆鸿冒充职员案》,上海档案馆藏,档案号:Q464 - 1 - 411。

被不识姓名者四人将鱼取去”。(后据查是鱼市场稽查员所为)[1]鱼市场的行为不仅仅给旅客之生活带来了麻烦,同时上海市警察局对他们的这种行为亦不以为然。并认为“查本分局(十六铺分局)辖境码头林立,又值旧历年关,而乘客中,由江北各埠带来鲜鱼、鲜蟹等类,馈送亲友者在所多有,若无明白规则,不独难免发生纠纷,而本分局处理亦无所依据”[2]。

再次,难以取得各方配合。由于各方利益诉求之差异,并没有在鱼市场的统制渔业经济上给予较为彻底之支持。例如交通部就因为自身之利益而拒绝稽查人员进入车站进行稽查,从而使相当一部分鱼货在没有经过鱼市场之第一次交易就流入了上海一些鱼行以及各个菜场,给鱼市场的缉私工作带来很大困难。又如国营轮船招商局同样是因为担心自身利益受损而在与鱼市场在缉私任务中顾虑重重。这些因素,说明在一个政令难以统一的国家施行统制经济是有一定难度的。

最后,存在着大量可供走私之空间。上海鱼市场成立后,虽然有一部分鱼行进入鱼市场,但仍然有相当一部分鱼行分布在十六铺、浦东以及虹桥镇等各个地方。特别是十六铺之鱼行坐落于法租界之中,对于它们国民政府则不能通过行政权力予以干预,而让它们进入鱼市场进行交易。诸如上述等等原因,都为鱼商走私提供了便利。必须指出的是,这些鱼行之货源来源较为广泛,有的直接从鱼商购置,有的则从鱼市场购销,这样就更增添了鱼市场缉私之难度。据六月二十五日印公田报告:“派毛金水前往小东门调查,查得尚有永记、同记两行河鲜颇见踊跃。今晨有鲫鱼六、七担,稻蟹十余笼,对虾五、六担,杂鱼三、四,甲鱼三、四箩,鳝鱼五、六箩,田鸡四、五担,此货比较昨天为多,尚有桶头虾二、三桶。今晨四点半钟,有利商卡车由本场装往小东门发售虾一桶,乌贼鱼式箱,口鲳鱼、边鱼五、六箱,此项海鲜是否经过市场交易等,实难捉摸。”[3]

综上所述,走私与缉私贯穿鱼市场之始终(1936 年 5 月—1937 年 8 月),两者之争所反映的是利益诉求之差异。鱼商走私目的是为了规避去鱼市场进行交易以获取利益的最大化(这很大程度上是运费问题,以及路程的远近和鱼之保鲜问题),鱼行之走私则是为了逃避鱼市场之佣金,以便获得更多之利益。而上海鱼市场则是为了统制渔业经济,从而达到救济渔业,调剂民生之目的,当然亦有维持上海鱼市场利益的考量。在这种控制与反控制的斗争中,虽然在某种程度上印证了那些对中国施行统制经济政策持有怀疑论调的经济学者,但重要的是,鱼市场在这种角力中,并没有因困难所止步,实际上它在与鱼商的不断博弈中完善着自身的政

① 《稽查金祝三扣留旅客宋家起鱼货案》,上海档案馆藏,档案号:Q464 - 1 - 418。

② 《稽查金祝三扣留旅客宋家起鱼货案》,上海档案馆藏,档案号:Q464 - 1 - 418。

③ 《关于营业报告》,上海档案馆藏,档案号:Q464 - 1 - 451。

策,从而为实业部之统制经济政策打下了基础。

第三节　控制与调剂:统制中的运销

上海鱼市场为了保证对渔业经济的控制,选择了远离法租界的杨树浦作为新的场址。这虽然在行政上能够保证对他们进行控制,但另辟场地却打破了原有的运销网络,特别是杨树浦路途遥远,如何才能保证鱼商运销杨树浦,成为鱼市场将要面对的问题。实际上,在上节中所论述的缉私活动主要针对的是海鱼与咸干鱼,那么河鲜业是如何统制的呢?我们知道,一开始实业部筹设鱼市场因考虑河鱼与海鱼之区别曾设想筹建本场与分场,即本场设在杨树浦专售海鱼;分场设在南市关桥附近专售淡水鱼。但由于开办之成本过巨,实际上并没有专设分场,而把淡水鱼同样归置于杨树浦一地销售。这就给淡水鱼之运销带来了诸多困难。于是,为了服务淡水渔业并加强对其统制,鱼市场对淡水渔业进行了统制运销。

一、鱼市场运销网络的构建

长期以来,在鱼行时期(主要是相对于鱼市场时期而言)对于上海市内的水产物之输送"大都视水产物输送地点之远近,及货物之多寡,而临时择用车辆或船只,如驳船、人工小车、运货汽车",至于担此项运费,进口搬运货物由卖主担任,出口货,运费由买主担负。① 换言之,鱼行与水产物之输送并没有直接联系,而由鱼商自行承担,这就增加了鱼商的成本,缩小了其盈利之空间。而上海鱼市场之筹建将会增添鱼商运销之成本,因此,改变运销方式成为鱼市场统制渔业并服务鱼商的重要保证。

一般而言,承担市内之运输,主要为运货汽车。其来源主要有两个方面,其一,是轮船进出口。主要有三处来源:①浙江沿海轮船。自宁波、台州、舟山、温州开来之轮船,每日清晨三时至七时进口。到埠时,如有鱼类,当日尚能销售。惟鱼市场与轮埠相距过远,输送方法,以接送南市鱼贩之汽车,运回市场为便。出口方面轮船起程,在下午五时,如有鱼运出,可于下午五时前,送到轮埠。②北洋班轮船。自大连、天津、烟台、青岛等处轮船,到沪时间无定,所靠码头,南北不一,水产物输送上较为困难。惟出口货极少,大都为进口,以汽车输送,较为便利。③长江班轮船。大长江轮船,通扬班船及北沙班船,到沪时间,除北沙班上午一至三时到埠外,余自上午十时至下午二时之间。故往接运鱼类时,如有鱼运往长江各埠者,即乘便送

---

① 张济,毛菊生《上海市内水产物输送方法暨渔船进口报关办法》,《水产月刊》,第一卷,第十一期,第21页。

往,返时则运进口货,每日有运货汽车三辆,输送一二次可矣。其二,是输送火车站进出口鱼类。火车上装运水产品,仅限于货车。出口之车站有三,即北站、麦根路车站以及南站。进口之车站为北站与南站二处,北站与麦根车站专运京沪线(上海至南京)各站,南站专运沪杭甬线各站。货车在沪出发时间,每日下午四时,六时或于八时各开一次。货车到达时间,则稍有参差。故水产物之输送时间,在下午一时至三时,一面送出口货,一面接进口货。每日由冷藏汽车一辆,运货汽车两辆,担任运输。① 上述情况主要针对的是冰鲜鱼或咸鱼的运输,而市内运输往往与缉私联系在一起。而在本节中所要探讨的则是统制运销,主要是针对河鱼而言,它更强调的是一种主导地位,强调了服务之理念。

事实上,在实业部准备筹设鱼市场时,是打算建立两个市场,即海洋鱼市场与淡水鱼市场。应该说把河鱼与海鱼统一在一个鱼市场进行销售也许是与实业部的费用有关,因为开办二个市场必将大大增加鱼市场的筹建费用与管理成本。而这又是鱼市场的开办经费难以承受的。因此,把河鱼与海鱼统一至一个市场应该是鱼市场的无奈之举。但由于所选场址主要考虑的是海洋渔业,因此所选之地址对河鱼业极为不利,甚至存有很大危险。

事实上,无论是鱼行时代抑或是鱼市场时代,有关冰鲜鱼或咸干鱼之运输方式基本未变,相对而言,它们在现代化的进程中走得更远,一般都是冰鲜渔船、轮船或火车运输,便捷安全,而河鱼运输则相对要落后。更为重要的是,由于地理位置骤然变远,这就平添了内陆淡水鱼的运输困难。因此,加强对河鲜的运销统制,既能防止河鲜走漏,同时能够在相当程度上减少河鱼船运输之危险。

我们知道,上海之河鱼大部分产生于菱湖、湖州、洞庭、平望、苏州、常熟、西塘以及吴江等处。在鱼行时代,"其运输方法,均利用舟楫,经内河而至闵行,定有时间,以应市面。设遇天时江流,致不能准时到达时,则有流淌小轮,专事拖运,所有费用,均由鱼商自理,与鱼行无涉"②,为了便于比较,我们把鱼行时期的运输情形及其价格作一简要介绍:

河鱼由产地运至十六铺时,有流淌小轮,专事拖运,一切费用,均由鱼商直接付给。而各小轮之对于运输方法以及停泊地点则根据距离之远近,鱼量之多寡分为三种情况:"①菱湖、嘉兴产鱼颇多,一般由拖轮直接拖运鱼货。②吴江、西塘等地,船只较少,主要由鱼商自行摇至闵行,再行雇轮拖至十六铺。③平望、湖州相距较远,又以潮汛关系,用小轮拖至闵行,再由闵行雇轮拖至十六铺。"至于其拖运之价

① 张济,毛菊生:《上海市内水产物输送方法暨渔船进口报关办法》,《水产月刊》,第一卷,第十一期,第22-23页。

② 《常务理事会议记录》,上海档案馆藏,档案号:Q464-1-171。

格,因市场竞争关系而有不同,一般其价格波动有一定之范围:"①菱湖至十六铺每次每船 10～12 元。②嘉兴至十六铺每次每船 6～8 元。③闵行至十六铺每次每船 4 元。④白莲泾至十六铺每次每船 6～8 元。"至于河鱼船之数量,"大约以十月至十二月底为最,每日到船达 150 艘左右。菱湖一地,每日有三四十艘。十二月过后,则渐次清淡,六七月最淡,日不过一二艘"①。

鱼市场成立后,遂决定对河鱼进行免费拖运,这一方面是因为其民生理想之追求。鱼市场之成立所追求的就是减轻鱼商之痛苦,而蠲免运费也是维护河鱼商人利益的一个举措。而另一方面亦有加强渔业统制之需要的现实考量。

刚开始,鱼市场对于河鱼之拖运关注于闵行以及白莲泾,而对于长距离之拖运并没有实施。至于闵行主要由两艘小轮免费拖运,"每日下午五时左右,各河鱼船先后聚集候拖,十二时后,可抵本场应市交易,翌晨由股编号将空船分批拖送至董家渡"。而对于白莲泾则只有一艘小轮予以拖运,每天"晚间八时,拖带各地鱼货来场交易"②。当然除了水路运输外,还有陆路运输。必须指出的是,陆路运输与水陆运输一开始并非相同,它并非免费运输而是通过补贴之方式来保证鱼商之利益。陆路运输主要分为三处,计"泗江口、中山路(现青沪路),北新泾等,其卡车商之承揽"。其贴费之方法根据路程之长短而不同:①泗江口卡车日约二车,每车帖银 8 元(共 16 元)。②中山路日约一车,每车帖银 7 元。③北新泾日约一车,每车贴银 4 元。同时车商还可迳向鱼商征收每元三分之运输费,每日每车可收六元之谱。③

实际上,由于上海鱼市场免费为渔船拖运,这就必然会产生一些问题:其一,由于免费拖运,鱼市场为了节省费用,打破了每次拖运六艘之规定,在黄浦江中甚至拖船数量达致 12 甚至 15 艘之多,虽然后来得到限制,但亦有九艘之数,如此众多的河鱼船横亘于江面随时有倾覆之虞。其二,由于拖运能力难以满足需求,这就使一些河鲜渔船滞时较久,容易使鱼身腐败,造成鱼商之损失。其三,日益膨胀的开支,亦成为上海鱼市场的一个重要负担。上海鱼市场每日每次免费接送所费甚巨,从轮运来看,共有三艘,每艘日租为 25 元,即每日共 75 元,一个月(以 30 天计算)则为 2210 元;而陆路运河鲜,则每日开支(泗江口 16 月、中山路 7 元,北新泾 4 元)共 27 元,每月开支 810 元,即两项一月共开支 3020 元。若加上工人之开支,则开支甚巨。更为重要的是,货主在鱼市场买卖所收取的服务费大部分是交给卸卖人的,如果鱼市场承担了这一运输任务,则河鲜卸卖人从原则上来说就难以名正言顺

① 《常务理事会议记录》,上海档案馆藏,档案号:Q464－1－171。

② 《常务理事会议记录》,上海档案馆藏,档案号:Q464－1－171。

③ 《常务理事会议记录》,上海档案馆藏,档案号:Q464－1－171。

的获取大部分之服务费。质言之,鱼市场是有卸下负担的理性选择,而卸卖人则有承担义务之道义责任。正如鱼市场指出的那样,“上述小轮及汽车,……名为本场义务招徕,实则为卸卖人代尽服务之责,顾名思义,应由河鱼货主自任或在卸卖服务费内开支,本场未可长尽义务。”①

必须指出的是,隐含其中的仍然还有利益之争。鱼市场承担了免费拖运之任务后,原来以拖运为生的从业者将会因为失去这一工作而陷入生活危机。因此,这些人对于鱼市场这一举措表示不满,并进而对鱼市场之拖运进行破坏。1936 年 7 月 13 日,在运输股主任吴义耕上书总、副经理的函件中,就能够体察出来。

查十六铺鱼鲜向由本场派遣工人张松山等驳运来场,开幕以来,尚无贻误。上月间,忽有朱宝年、夷朝宗、管如林、刘如山、徐正印、江四豪、江四龙等佩褂白竹市符号上盖海鱼卸卖处戳记,出而拦夺驳运,致发生殴斗,互诉伤害等事。②

同时,一些驳运商上书鱼市场要求承揽渔船之拖运:

呈为呈请用轮船拖驳鲜腌各货事,窃敝公司经营代客驳运历有年数,迅速稳妥客商称便,实因在苏州河一带过驳卸货轮运较车远为便利,且敝公司对于浦面内河各项情形,深具经验,为任何客商所信任。兹像各客商之请求,依照钧场规则声述理由,联名呈请钧场核准敝公司用轮拖驳鲜腌各货往来鱼市场至苏州河一带,此举于钧场是有利无弊而客商等则受惠多多矣。③

在种种情况之制约下,实际上由鱼市场自身独立承揽拖运工作已困难重重。而把这一利益让渡于卸卖人应是比较恰当的选择。基于上述原因,1936 年 8 月 24 日,上海鱼市场河鱼卸卖人则提出承揽拖运之责。其在函中声称:

目下时交秋凉,河鱼船来申逐渐增多,每日约有卅余只之谱,贵场所雇拖轮两艘放至闵行拖带,其拖力已满,若再增多如何设法,况水巡捕房亦非常认真,不准多拖,只限九只,如此情形实觉难于营业,为此专函奉达,自本月廿五日起,对于河鱼船拖带,完全由敝处接待所直接指挥支配,其雇轮费用,请贵场津贴每日陆拾元,如有不敷,由敝处负责,事出两全,务乞准予所请。④

从上述材料可以看出,实际上卸卖人担心的是因鱼汛来临而鱼市场运力不足,而无法把麇集一处的河鱼输送至鱼市场销售,从而影响卸卖人之营业额,导致利润之下降。而其所提出的条件实际上对于鱼市场而言是比较优惠的。如上所述,在

① 《河鱼卸卖人》,上海档案馆藏,档案号:Q464 - 1 - 349。
② 《朱宝年、管如林订立驳运海鲜承揽》,上海档案馆藏,档案号:Q464 - 1 - 428。
③ 《李明山、戴步才请示运输》,上海档案馆藏,档案号:Q464 - 1 - 431。
④ 《河鱼卸卖人》,上海档案馆藏,档案号:Q464 - 1 - 349。

这一段时间里,鱼市场每天所要担负的运输费用大约在132元左右。[①] 而卸卖人则要求鱼市场每日之贴60元,大大减少了其负担,因此鱼市场对于卸卖人所请当然亦表示认可。8月28日,上海鱼市场理监联席会议(第十一次),就上述问题进行了协商,并做出"关于轮车拖运河鱼事宜,以后应归河鱼卸卖人自行雇佣,惟市场按月津贴1200元于河鲜卸卖人,以资补助"[②]的决议。很显然,每月1200元之补助,与鱼市场当初承担运输河鱼这一任务之费用相差甚多。因此,经过一段时间之后,卸卖人发觉所费甚多,于是于9月14日上书鱼市场提出河鱼托运"仍归鱼市场办理"的请求,但并没有得到鱼市场的及时反馈。于是紧接着于25日再次上书鱼市场,并提出两种方案,要鱼市场予以答复,其函如下:

敬启者,敝人前日轮车拖送河鱼事宜,曾于本月十四日上函声明,每月开支与市场贴补之数相差甚远,恳请转函理事会收回成命,仍归市场自行办理等云。迄今未蒙示覆。惟目下秋令已届,各处河鱼船均将来沪,对于轮车拖送事宜急不容缓,若不轮车拖运来货势必绝迹。兹承贵总、副经理嘱再拟具计划如下:

一、照目前市场所雇小轮三艘,每天75元,汽车四辆每天27元计算,月需开支3100元之谱,今即请求照此数额为标准,每月由本场津贴三千元,由敝人依市场现在情形办理拖运事宜及运输股执行之河鲜运输事务,日后于渔船增多雇小轮及临时添雇汽车时,其费用不敷准由敝人直接向货主收取以补不足,但市场表面似津贴敝人每月运输费三千元,实际支出二千元。

二、由本场收入佣金项下依河鱼营业数额提出经手费一分给付,敝人作为办理上开拖运事宜等之费用,日后渔船增加多添雇小轮及临时添雇汽车时准敝人向货主直接收取以补不足。

以上二端任择其一,敝人拟暂时冒险试办三个月,再行呈请增减,务乞贵总、副经理俯赐酌夺,迅即示覆,俾便于十月一日实行而利营业。[③]

河鱼卸卖人之请求,从表面上看尚属合理,但重要的是,根据营业规程河鱼卸卖人能够从鱼商获得每担三角之服务费,因此鱼市场认为"似应由河鱼卸卖人通盘计算,庶于场方、渔户减少负担为宜"。[④] 而与此同时,鱼商对于拖运之事亦提出自己的解决办法,1936年10月,鱼商沈哲明就针对河鱼的轮运经由卸卖人承揽提出

---

① 这时期鱼市场共有小轮四艘,即新银泰(南关),新福荣(闵行),瑞生(闵行),宝福(吴淞)每只每日租金25元,驳船一只,每日五元。又协隆运货汽车行业在泗港口者,每日津贴20元,在北新泾者每日津贴7元,以上合计共132元。资料来源:《河鱼卸卖人》,上海档案馆藏,档案号:Q464-1-349。

② 《河鱼卸卖人》,上海档案馆藏,档案号:Q464-1-349。

③ 《轮车拖运河鱼改革办法案》,上海档案馆藏,档案号:Q464-1-432。

④ 《轮车拖运河鱼改革办法案》,上海档案馆藏,档案号:Q464-1-432。

了质疑,并要求鱼商自办。他指出:“承办轮拖者因客商载货到沪颇受经纪人与卸卖人之压迫,查市场规定,佣金为值百抽七,即为每值百元取七元为佣金,故实际上客商售出百元之货,结账时应得九十三元,然日前客商结账百元仅得九十元,而此应得之三元不翼而飞。……至以服务费市场规定每担三角而非每百元三元,又拖运渔船一只,勒索酒资四角,并任意索取饭鱼,损失不赀。如划归客商自办则利害切已当能兴利除弊。”[①]权衡双方之要求,鱼市场于10月8日,第十二次常务理事会议中做出决议:“(1)准由市场按月津贴河鱼卸卖人3000元,试办三个月[②],但河鱼卸卖人不得巧立名目,再向渔船或货主索取或征收任何费用,并饬市场转饬主管人员,随时加以监督,以杜绝流弊,上项决议,乃系暂时办法,应俟提交理监会议通过后施行。(2)河鱼运输事宜,既由河鱼卸卖人试办,对于市渔会代表沈哲明等所请,应毋庸议,将议决情形复知。”[③]对于上述办法,有必要对两个问题做出解释。首先,鱼市场之所以不选择鱼商而选择卸卖人,主要是因为卸卖人属于“自己人”,他们与渔业销售之数量有利益之关联,因此能够真正为渔业之统销尽心尽力。而鱼商因从自身利益的考虑可能会绕过鱼市场而销售他处。其次,鱼市场之所以给予卸卖人增加津帖,在很大程度上还是考虑到了鱼商之利益。我们从上述函件中了解到卸卖人在拖运河鱼的过程中经常征收附加费,以保证其利益免受损失,而这在一定程度上是鱼市场的津帖过少,卸卖人不得不在鱼商中抽取以弥补损失。因此,增加津帖之宗旨就是要卸卖人不再乱收费,以减轻鱼商之负担。

必须指出的是,虽然鱼市场对河鱼船进行统制运销以最大限度地维护鱼商之利益,但由于地理位置使然,河鱼商之运输仍然存在很大的危险。1936年8月,菱湖渔业公会就对河鱼之运销鱼市场提出了质疑:

(1)河鱼船只内装水少量,因船头之前端及两旁均有水栅,以便流水进出而保护鱼类生存,故其船头务须与水面成平行线,一遇风浪易生事端,查陆家嘴至鱼市场一段为潮流最湍急之浦面,市场虽用小轮拖运,然该于船船身较小,恐力不胜任,危险万分。(2)市场一带之浦面辽阔,潮流湍急,既如上述则河鱼船之停泊市场码头者,设遇风雨之天,险象殊甚,更有邮船巨舰经过之时,其浪特大,河鱼船船身激动猛力碰撞外档之船,易于断缆倾覆。里档之船难免船身轧碎,其危险更甚。(3)鱼货售完之后,船栅闭关,船内水量亦同时抽干,以致吃水量顿减,更不能抵御上述危险。(4)十六铺至市场相距三、四十里水程,各渔船虽冒种种危险幸而到达市场

---

① 《常务理事会议记录》,上海档案馆藏,档案号:Q464-1-171。

② 三个月过后,即在1934年3月的理监联席会议上,做出“应准其继续办理,函饬市场照原数津贴”之决定。资料来源:《理监会议记录》,上海档案馆藏,档案号:Q464-1-363。

③ 《常务理事会议记录》,上海档案馆藏,档案号:Q464-1-171。

码头,然时间已多隔一天,鱼货死伤亦必因之加重。(5)市场即使能在较远之处设法轮拖而使各渔船在原需日期到埠,然向来蓄养池荡之鱼究不能与上述之潮流相颉颃,譬如小孩对风浪张口岂不咳呛,即幸而不死,亦必鱼身糙伤,售价低落。(6)各鱼贩至市场购买鱼货自成交付款以及搬运装车而至小菜场(以适中地点法租界八仙桥为标准)平均最速时间须在四十分或五十分钟以上,比较由小东门运去增加三十分钟之久,淡水活鱼经此长时间之离水及堆货车上之堆叠,颠震必损伤过半,故各鱼贩均存心抑低货价,以防亏本。(7)市场房屋虽多,然有不敷一般货主住宿,早夜往返,非但不便,而且多耗金钱,将来虽免鱼货四散改投各小小行销售。(8)市场地位比较偏僻,各货主接洽生意均感不便。(9)在河鱼到船最旺时期,每日约二百艘渔船停泊码头,以每船分养木桶三只,售卖则每日早晨须有摊放木桶六百只之地位,以现有市场之地位亦未免拥挤。(10)市场地位接进吴淞,如遇大潮时,江水有咸味,河鱼一饮此咸水即死伤损失亦为不小。[①]

如上所述,河鱼商的困难主要涉及三个方面的内容:首先,黄浦江潮流湍急,河鱼船时常有倾覆之虞;其次,由于路程较远,加上海水倒灌,致使鱼类死亡骤增;第三,鱼市场的各项设备难以满足需求,给鱼商之交易带来不便。但事实上,就上述内容而言,第一项对鱼商的危险性最大,其实际情况也一再证明了鱼商的担心。如 1937 年 1 月 19 日,鱼市场之拖轮即与大英公司的拖驳轮发生碰撞,致使拖带的十艘鲜鱼船中共损失了六艘,经济损失 614.8 元。[②] 实际上不仅仅在拖带渔船时会有倾覆之虞,而且在鱼市场之码头同样会受到风浪之威胁。如 3 月 11 日上午九时,"东北巨风骤作,时值潮涨浪大致本场一、二号码头停泊之河鱼船多艘不耐风浪冲迫缆锚顿告失效,船身多数进水",此次共损失金额达 3311.03 元。[③] 由上观之,鱼市场的选址给河鱼带来的威胁并非仅仅依靠鱼市场的一些措施所能避免的,实际上要解决这一问题,设立分场可能是最为根本的办法。1937 年 1 月初,浙江吴兴县之鱼商要求农会向上海市社会局提出要求鱼市场开办分场之建议。为便于分析,我们摘录函件如下:

案据本县各乡富鱼池户张乃高等联名呈称,窃县属农民均赖蓄养池鱼为恒业,统年产额数约计二百万元有奇,每届冬春之时,池户自装小船载往沪地辗转销售以维生计,沪滨小东门十六铺一带均设有鱼行,池户等运鱼到沪投行脱售,绝无危险。盖缘该处浦江江面较小,潮浪极微,且无邮船巨舰经过,是以当宁无虞难百余年如一日。今夏实业部为维护发展渔业起见,集合渔业商民组设官商合办上海鱼市场

① 《菱湖渔业公会条陈交易意见案》,上海档案馆藏,档案号:Q464-1-396。
② 《克启隆拖驳撞损本场河鲜船》,上海档案馆藏,档案号:Q464-1-305。
③ 《救济河鱼船遭遇风灾》,上海档案馆藏,档案号:Q464-1-266。

股份有限公司设场所于上海杨树浦定海桥专营各种鱼介类,自开业后上海市区内不得另有性质相同之营业,查定海桥一带潮浪湍急,较小船只难以行驶,河鱼船身极小,其构造方法亦不甚坚固,故鱼市场自开业后,投场河鱼船只迭次出险,谨将投场困难情形及遇险事实分别陈之:一、吴兴河道浅狭,装载河鱼均系小船,其构造亦与常驶浦江者不同,盖装载河鱼之船为保护鱼类之生存,头、中两舱均蓄多量之水与水面成平行线,船头前端及两旁均开有活塞水栅六道,以利河水之流通,一经巨浪冲激,其船非倾覆即破裂。二、陆家嘴一带潮浪湍急,一届冬令风向直吹渔船行驶极感困难,市场虽顾惜鱼商用小轮拖驳,然危险更甚,缘渔船头重尾轻,一经拖带,头必下沉而侧高举,船身失却平衡,舵则失其驾驭能力,复经巨浪横激,未有不倾覆破裂者。三、渔场自开业后河鱼船只迭次出险,轻则船货沉没,重则人皆溺毙。……四、河鱼生长淡水相沿成性,一经咸水即遭毙命,差幸驶命市场,一经海潮浪激,复经远货车堆叠损伤甚多,鱼贩为牟利计,未有不任意抑价。……综上四端,仅举其重大者言之,其他弊害不胜缕陈,夫池户等一岁之生计惟此一船河鱼,设遇不测,船货生命付之流水,家室妻孥沦为饿殍,为此迫不得已沥情渎陈,恳求钧会分电上海市鱼市场暨上海湖社执行委员会上海鱼市场,遵照章程第四条于市区内相当地点设立办事处,收买河鱼,并划一市价。①

如果从保护河鱼商的利益考虑的话,那么在市区设立办事处(或分场)是救济鱼商的理想选择。因此,社会局于1月23日要求鱼市场在"市区设立办事处,收买河鱼,并划一市价"。但当鱼市场把这一情形上报理事会后,理事会却做出了"设立分场一节,暂从缓议"之决定。②

由上观之,鱼市场因资金支绌而更改原议把河鱼与海鱼设置一处,实际上就埋下了河鱼船倾覆之根源。虽然,鱼市场采取了措施,如利用拖驳船进行拖带,但在风高浪急的河道上仍然难免倾覆之虞,即使停泊在鱼市场码头亦可能遭致船翻鱼跑之境遇。对于上述困境,鱼市场一方面对河鱼之损失进行积极赔偿,以体现救济民生之宗旨。与此同时,积极创建河鱼船码头以确保河鱼船之安全(值得注意的是,由于与浚浦局在商谈租地情形时出现问题,导致河鱼码头筹建计划无限期搁置下来),但对于河鱼业所提出的设立办事处一节却态度决然。事实上,设立分场不仅仅是增加运行成本,同时也不利于统制,这也许是鱼市场担心的一个重要因素。

值得注意的是,对于河鱼而言,不仅仅有市内之托运,同时还有市外之托运,那么要加强统销力度,对市外河鱼的托运亦成为鱼市场统制的题中之义。10月21

① 《上海鱼市场关于鱼商呈请设立"鱼市场分场"案》,上海档案馆藏,档案号:Q464－1－487。

② 《上海鱼市场关于鱼商呈请设立"鱼市场分场"案》,上海档案馆藏,档案号:Q464－1－487。

日,河鱼卸卖人函请上海鱼市场提出“自菱湖、塘栖、嘉兴等其他各地并须加雇小轮拖运来申之渔船应向货主收取相当之费用,以资开支”①。事实上,对于远距离的拖运鱼市场并没有打算免费。在进行计划之初就提出要有偿服务之理念。而这种有偿服务不仅不会使鱼市场补贴费用,同时还能够使其获得较大之利益。以菱湖为例,“菱湖距上海约 380 华里,(派小轮)轮流拖接,每日可到一船,以南关为止,而渔船少则十五只,多至二十五只(照规定只准六只,后在鱼市场的努力下准予拖运九只)。每船由市场出面征收每船拖费 12 元,直至本场,每日如以十五只计算,每日可收 180 元,四轮租费,每日每艘 30 元,计共计租费银 120 元,每日可余 60 元。如以每月计,每轮费用假定 1000 元,每轮每次于内河拖运 20 艘,计每轮每月行七次半,则每轮每月可收 1800 元”②。但必须指出的是,这些远距离拖运实际上一直有拖运公司承办,而卸卖人对于上述地区进行河鱼的轮拖业务,必然会对原先的拖运业产生冲击,这是导致双方冲突的重要根源。事实上,一些以此为生的商人对于上海鱼市场的运输进行了破坏活动。1936 年 11 月 30 日,姚银宝就向鱼市场报告了如下案件:

为报告,事窃姚银宝于十一月二十七日晨奉派驶轮至菱湖拖带渔船沿途平安。讵知二十八日下午六时许,驶至菱湖查家旦对面菱湖公安局门前停泊,忽有乡民三、四人驶来,划船一只,突以篙子向轮船肆意猛戳以致轮船左边玻璃窗被其损毁,当经姚银宝报告公安局,旋于半小时后该乡人等胆敢纠合四五十人复到船埠,来势汹涌,肆意捣毁。当时菱湖公安局李局长及警士等均为目睹无法弹压,当场拘获顾发卿一名,余众逃逸。至次日上午三时许又有乡民五六人于昏夜驶划船而来,乱以石块、铁器等物向船舱击掷,以致船舱引擎间内炉子一、油杯一只、掰士可克一只,均被毁坏。其时公安局门岗亦为目睹,经银宝等呼救后,该划船即行驶去逃逸,当时幸未伤人。③

瑞生轮船主姚银宝向上海鱼市场汇报上述情况后,上海鱼市场就此事函致吴兴县政府,强调指出,“此事事件与上月卢泰兴鱼行鱼荡二处鱼秧被人放毒案系同一阴谋”,“事出频繁”致使“渔业前途,至多隐忧”,遂希望县政府能够本着“严正爱民,关怀渔业”之理念,对“暴徒必予严惩,对渔业必予保护”。④ 与此同时,即 12 月 7 日诉诸吴兴地方法院,要求对所有参与人犯予以法律制裁。

从上述事件我们明显感觉到闹事之人对鱼市场之拖运业不满,几次三番对其

---

① 《轮车拖运河鱼改革办法案》,上海档案馆藏,档案号:Q464-1-432。

② 《常务理事会议记录》,上海档案馆藏,档案号:Q464-1-171。

③ 《保护河鱼运输案》,上海档案馆藏,档案号:Q464-1-433。

④ 《保护河鱼运输案》,上海档案馆藏,档案号:Q464-1-433。

轮船进行破坏，可谓胆大妄为。但从上述案件之事实可以看出，他们只是破坏东西，而并没有任何抢劫乃至杀人之念头，这些现象使我们有必要追问他们之动机到底为何？经过调查其身份我们可以略知一二，如表所示：

表 4－6　被告资料统计表

被告	性别	年龄	籍贯	职业	备注
费发卿	男	28	吴兴县菱湖人	摇船	
费阿方	男	21	吴兴县菱湖人	摇船	
费兴林	男	40	吴兴县菱湖人	摇船	
费阿貌	男		吴兴县菱湖人		在逃
费阿虎	男		吴兴县菱湖人		在逃
费运毛	男		吴兴县菱湖人		在逃

资料来源：《保护河鱼运输案》上海档案馆藏，档案号：Q464－1－433。

上述案犯都是菱湖人，虽然其职业我们只知道三人从事摇船业，但我们可以推测其他在逃之三人肯定与此营业有关。实际上，通过调查可知“被告费阿方、费阿貌、费阿虎、费发卿、费运毛……去年曾共同承包拖轮，拖带自菱湖至上海之渔船，本年（1936 年——笔者注）上海鱼市场专办瑞生轮一只至菱湖一带拖带各渔船，被告等因生意被夺，遂于十一月二十八日下午六时乘瑞生轮停泊在菱湖时同往将该轮玻璃戳破数块”①。从上述情况来看，他们对瑞生轮之破坏实际上亦在情理之中，因为卸卖人承揽了此项业务之后，就剥夺了他们的生活来源，挤占了他们的生存空间。但河鱼卸卖人却认为另有隐情，他们认为“各该行实受利兴鱼运专轮主持人朱雪帆、倪蓉波、费松亭等所唆使”②。实际上，我们不知道被告与利兴鱼运专轮局有何关联，也不清楚这一案件到底是否为朱雪帆等主使，但有一点是肯定的，即鱼市场的这种统制运销触动了当地的利益网络，必然会对他们的运输带来麻烦乃至困局。对于这种情况，鱼市场在事前已有预见。实际上，当他们派轮拖运之同时，即函致各地公安局要求在渔船经过沿途加以保护：

江浙各乡镇活鱼运沪销售，本场为秉承部令，统办沪市鱼货产销事宜，为使产销两得其便，除准由卸卖人遣派小轮多艘，驶赴各乡镇等待渔船集中后，并带来沪交易。关于沿途经过嘉兴、双林、松江、平望、菱湖、塘栖、乌镇等地，并已函达吴兴

① 《保护河鱼运输案》，上海档案馆藏，档案号：Q464－1－433。

② 《保护河鱼运输案》，上海档案馆藏，档案号：Q464－1－433。之后吴兴县政府通过查实认为“本镇利兴轮船公司是专为载客而设，并不运拖渔船，……其实朱雪帆等与瑞生拖轮捣毁案毫无关系”。

等县政府,商请遇本场耑拖渔船之小轮驶经所辖地段,酌予派警随轮护送保卫。[①]

本节所讨论的是鱼市场的运销问题,这实际上亦是统制渔业销售的重要一环。从本质而言,这种运销具有两方面的作用:其一,能够最大限度地保证渔获物进入鱼市场销售。因为承揽拖运的是河鲜卸卖人,而河鲜卸卖人是鱼市场交易的第一环节,由于有利益之关联,他们总会想方设法地多运货物入场,而鱼类交易数量的增长则意味着他们的收入的提高,两者呈现出正相关关系。其二,能在一定程度上体现救济渔业之宗旨。从运费上来看,鱼市场首先免去了从闵行拖运来沪的运费,同时对远距离的渔获物同时降低运价以救济鱼商。例如,在鱼行时代,"按内地鱼货输入上海向无专轮拖带,民轮由以垄断。渔船一艘,自菱湖拖带来沪单程需12元或16元,回程亦需6元或10元,似此一船往返,渔民最少必耗拖费20余元,渔民之疾苦若可想而知。方令敝卸卖人受市场之委托,为救济渔民承市场之指示备轮十艘,自办拖轮分航菱湖长班、平望接班、朱泾长班、闵行班,每日按时分赴各地拖带渔船来场交易,所收费仅及民轮原额三分之一,且中途不得卸货捷便而走漏,有利无弊,渔民称便"[②]。

二、统制中的销售

鱼市场通过一系列的制度设计使输入上海渔获物集中于鱼市场。那么如何保证鱼类之销售顺畅而不至于麇集一处导致鱼价波动剧烈,以达致救济渔业之目的,这是本节所要探讨的问题。

鱼货销售渠道,一般有二:其一是利用传统之销售网络,加强宣传予以推销,例如,通过加强与鱼贩的联络维持在本埠传统的销售网络,抑或是通过与外埠鱼行之联络以加强对外埠市场之推销。其二,是重新组织销售网络,以加强鱼食之推销。而鱼市场的建立之宗旨即为加强推销,以平准物价。因此在鱼市场成立后不久,推销股即草拟推销计划书:

鱼为民食必需平之一,在营养上之价值,与吾人健康上之关系,至为重要。惟因社会经济之衰颓,与夫交通及保守旧法之影响。故渔村破产,渔业极度不景。即以上海一埠而论,据海关统计,每年鱼鲜贸易(内一部分为咸干鱼海味)当最盛时期,曾超出六千万元以上,近以市况衰落,仅有一千五六百万之交易,其降减占四倍有奇。政府有鉴于斯,爰创上海鱼市场以谋挽回既往之不振,法至善也,然欲求鱼市场贸易发展,必也先对于推销鱼货列为重要计划之一,以冀渔业趋于繁荣,克昌谨以管见所及,条举推销办法数端,谨陈如下:

---

① 《保护河鱼运输案》,上海档案馆藏,档案号:Q464-1-433。

② 《保护河鱼运输案》,上海档案馆藏,档案号:Q464-1-433。

推销办法：(甲)调查

一、呈请实业部咨内政部或各省市政府，调查各埠城镇之人口数。

二、调查当地人对于鱼食之习惯。

三、调查各埠经济状况。

四、调查各埠鱼行营业及渔产供求状况。

五、调查各埠售鱼种类、数量及来源。

六、调查各埠淡水鱼出产之数量价格及销路状况。

七、调查各埠鱼类拥淡时期。

(详细调查乃备作将来本场鱼货分派各埠之用，而达推广销路与调剂市面之目的。)

(乙)宣传

一、由本场各种印刷品，函各重要口岸商会或渔业公会，并渔业合作社，阐明设立本场之意旨。

二、函请各重要埠新闻界代为宣传，并阐明旨趣。

三、张帖鱼类宣传广告或画报于各种重要埠城镇之公共场所、舟车及酒馆等。

四、刊行鱼类书报，分送各机关学校及各界人士参阅。

五、委托各地电台、由无线电代为广播并请专家讲演，关于本场营业方针及食鱼优点至烹饪方法等。

六、作鱼食宣传广告于电影及演剧。

七、各地举办鱼食运动。

(丙)接洽

一、应先接洽运输迅捷，及鱼食众多之区域，如京沪、京杭甬铁道线附近城镇及南通、九江、汉口等处。

二、请当地商会或绅商介绍与信用良好之大鱼行承约推销。

三、与各外埠渔业公会洽商推销及优待办法。

四、约定代售鱼市场供给之鱼货。

实行推销：(甲)运输

一、外埠交易，概以码头交货，如有委托本场运输者当代为照办。

二、报关手续由本场办理。

三、运输手续，力求迅捷运费力求减省。

四、如营业发展，经济许可时，则自备装有冷藏仓之渔轮数艘，专运本场鱼货与外埠各客户(其运费以路途之远近酌定之)或商诸招商局及其他轮船公司，租出一部分装置冷藏仓及铁路局零掛冷藏车，或长途汽车公司安放冷藏柜。(外埠鱼商既

得运输便利,又保安全,自能减轻鱼商负担,其鱼价可望平衡,销路可期畅旺)

(乙)代销处

各埠鱼商与本场订约者则予之以代销处名义并给之以相当利益,俾得负责尽量推销货品并可展拓至僻坏之区销售。

一、设立代销处为推广销路及便利鱼货交易,俾得调剂供求。

二、随时派员前往视察,如有垄断及舞弊情事,则取消其代销处名义。

(丙)价格

一、对于各埠交易鱼货之价格,均照本场当日行情。

二、委托各当地电台、由无线电广播本场每日各种鱼货之价格。

三、与各当地报馆接洽,关于本场每日各种鱼货之行情,托由电报局或各通讯社传达,在报纸上露布。

灵通市价可使本外埠鱼商或货主消息便利,至于现金出货或大小月底清结,权从商家之习惯,以不妨碍推销为原则。

(丁)奖佣金

佣金除依照当地原有规定办法外,其每年有超出预算额者应奖励之。(各埠代销处既未损失原有利益,而且可得本场之奖励金,自能努力推销,此系鼓励方法,俾得营业发展,惟佣金一项,仅本场委托销售为限。)

奖励制造:一、提倡干制品之制造。二、提倡盐藏品之制造。三、提倡罐头制品之制造。

综上所述,如能推行顺利,则供求得以平衡,价格亦趋稳定,直接繁荣市面,间接嘉惠渔民。[1]

由于资料所限,笔者难以对上述推销计划之实施状况及效果做出较为清晰的判断。因此,笔者拟选择鱼制品的制作与销售对上海鱼市场的推销活动作一简要梳理,以审视鱼市场的推销对上海鱼市场的意义及作用。

实际上,上海鱼市场为了加强对渔产品之推销,专门设置了推销股,以保证推销的进行,而推销股则在加工制造,进行推销之方面进行了积极的努力与探索。1936 年 7 月 14 日,推销股主任戴克昌即上书经理处,要求制造鱼茸、鱼松以拓展鱼之销路。

欲求本市场之业务繁荣,端赖营业旺盛,而推销之有无办法关系甚巨。职等奉派在推销股服务,懔责任重大,愧才能？薄,日夜愁思,数陈管见,仰荷钧座虚怀若谷,屡予采纳,虽或以筹拟未尽妥善,须尽量加以补充或以经济运输,稍费推研,当

① 《推销鱼货计划书》,上海档案馆藏,档案号:Q464 - 1 - 440。

循序渐进,而愿效心力之忱,固因以益激发也。

兹考福建所产肉松,久著盛名,年来销路甚畅,几普遍于国内外,而赢利亦殊丰,设以鱼类中之黄鱼、马鲛鱼、鲨鱼、青鱼、明虾等,仿照制肉松之法而制造鱼松,其销路之盛,自可预卜。盖鱼身自含磷质及维他命,对于人身之营养成分,驾乎牛猪肉之上,且易于消化,若聘上等技师,优其待遇,用新法调味,以电炉烤制,施以美丽之装潢及抽气之封装,在顾客既携带便利,即馈赠亦属适宜,洵乎其为一新颖而有益于卫生之食品也。关于鱼松之制造,既筹备就绪,出产货品为使外界明瞭鱼松之效益,当稍加宣传,对于居沪洎中西菜馆食品公司等,自本埠及外埠,而渐推至国外,销路既畅,赢利乃丰,而鱼货之销路,亦因以大广矣。[①]

鱼市场统制渔业之目的,在于调剂市场,平准市价以维护渔业经济的稳定运行,达致救济渔业之目的。实际上,上海处于渔业麇集之中心,其调剂的侧重点在于分销鱼货,而“利用产销过剩之鲜鱼,制成鱼茸,装以罐听,推销各埠”则是分销渔获物的一个重要路径。因此,对于戴克昌之建议,鱼市场极力赞成。不久,经过戴克昌“悉心研究,督工试制”[②],取得了明显的突破。11 月 9 日,上海鱼市场第十三次理监联席会议对制造鱼茸一案,“当经决议”,“准予试办”,并拨出专款,筹设“上海鱼市场鱼类食品制造部”,地址选在杨树浦汇南路十四号。[③] 产品试验成功后,接下来的问题是如何推销,事实上,随着鱼茸、鱼松产品的陆续上市,上海鱼市场亦加强一系列的配套措施以促进渔产品的销售。首先,向各公司,各销售单位免费赠送,如无锡旅沪同乡会、交通部上海航政局、妇女旬刊社(杭州)、上海冠生园股份有限公司以及上海市博物馆等,以加强影响。其次,登报做广告,引发消费者对此产品的注意。

上海鱼市场启事

本场为提倡鱼食并推广鱼货销路起见,爰将鱼类变制各种食品,俾便运输藉以调剂鱼食,兹者第一种出品“鱼茸”业经问世,敬请各界提倡指导为荷。

1936 年 11 月 30 日各大公司及食品店均有代售[④]

第三,寻求经销处,构建销售的网络体系,并制定了上海鱼市场鱼类食品制造

① 《鱼茸制造案》,上海档案馆藏,档案号:Q464－1－444。
② 《鱼茸制造案》,上海档案馆藏,档案号:Q464－1－444。
③ 《鱼茸制造案》,上海档案馆藏,档案号:Q464－1－444。
④ 《鱼茸制造案》,上海档案馆藏,档案号:Q464－1－444。

部各地经销章程。①

第四,加强对各烟兑店的经销。一般而言,“烟兑店遍布市面,设使本埠各烟兑店俱能经售本场出品茸、松,则各居户每日佐餐下酒,随处随时,可以采购,是不特与本场提倡鱼食之宗旨相符合,并于宣传方面,当可大有裨益”②。

在各种优惠政策的配合下,经过鱼市场的宣传,上海鱼市场之产品的销售活动日渐旺盛。实际上,我们从戴克昌的报告中即可从感性上体察到这一态势。

查鱼类食品制造部出品“鱼茸”,接洽推销情形,前经具呈报告,请求鉴核备案。兹除中国国货公司利利土产公司天福南货号等业,俱一再来电添货外,经继续接洽推销者,有雪园食品公司、大都会舞厅两处均规定以八五折收账,另九八扣作奖励。至外埠经销处,于最近期内订约者,有四川企业公司,包销武汉暨四川全省,每月1500元,承办期,自本月十日起,至翌年八月底止,其经销之酬劳,在承办之首三月,因酌帖广告,给予百分之三十计,自后俱给百分之二十,其货款于发货后五十天内付清,有同元号出具报单存查。

第二课推销股主任戴克昌1936年12月22日

兹本埠除中国国货公司等,俱曾一再来电添货外,经继续接洽推销者,共有老大房等70家,均规定以八五折,九八扣收账。外埠则西川企业公司在二十日中,已五次来函电要求添货。最近并曾来函要求扩充经销区域为湖北全身,至少须增加宜昌、沙市两埠。

第二课推销股主任戴克昌1937年1月8日

---

① 上海鱼市场鱼类食品制造部各地经销章程:第一条,本制造部为了推广销路订定各地经销章程。第二条,承办经销处之商人以中华民国之人民为限,惟国境以外者不在此限。第三条,凡欲承办经销处之商人应先将其履历、籍贯、承办地点及最低限度之认销额连同现金保证向本场制造部声请,经审查合格后订立合约。第四条,承办经销处之商人对于本制造部出品应随时宣优点并尽量推销。第五条,经销处如遇推销有困难情形及运输有阻碍之处,应报告本制造部统筹办法以利推行。第六条,经销处之款项出入及营业盈亏概归该处商人自行负责,与本制造部无涉。第七条,承办经销处之商人如有违反合约条文应守章则及不能依照所声请之最低认额时,本制造部得随时停止其承办权,并另行招商续办。第八条,各地商人经销本制造部出品,其佣金于合约内订定之。第九条,佣金依货价计算于货款内扣除。第十条,输送出品以本埠为限,外埠关税及运费一切由承办商人负担。第十一条,出品价格由本制造部规定,承办商人不得随意增减。第十二条,本制造部发出货品倘有色味改变,各承办商人得向部制造部退换。第十三条,本章程所定之承办期间以一年为限。第十四条,承办期满各承办商人如愿继续经销得享优先权利,惟须另订合约。第十四条,本章程如有未尽事宜得随时修改之。资料来源:《鱼茸制造案》上海档案馆藏,档案号:Q464-1-444。

② 《鱼茸制造案》,上海档案馆藏,档案号:Q464-1-444。并制定了“本市各烟兑店经销章程”:一、经销资格,凡在本市营业有一年以上之烟兑店均有经销资格。二、经销佣金:百分之十五。三,经销奖励,每三个月比较一次,其推销成绩最优者得奖金100元,由本市场发给之。四,经销义务,各经销店应尽力宣传提倡,所有本市场发给之广告应张挂于明显地点。五,结账收款,本市场于每月大小月底派员携带凭折赴各经销店结账收款。六,各经销店欲添货可随时将本场所发给之名片填就寄回或面向收账员通知。资料来源:《鱼茸制造案》,上海档案馆藏,档案号:Q464-1-444。

兹最近经接洽订立合约者有二：1、通成公司承办本埠中西菜馆业方面，鱼类食品推销事宜，承办期自民国二十六年一月起至二十七年一月至，以前六个月为试办期，认销额每月一千元，酬劳金百分之二十五，由大晶印刷公司作保。2、萃华百货商店承办镇江南京芜湖地方鱼类食品经销事宜，承办期自二十六年一月底至三十一年一月底止，每月认销额一千元，货款交货日起四十一天内付清，酬劳金百分之二十，在试办之首三个月加津贴广告费百分之十，次三个月加津贴广告费百分之五，由冠生园作保。

第二课推销股主任戴克昌 1937 年 2 月 5 日[①]

鱼市场的推销获得了比较好的效果，从戴克昌的报告中我们发现前来接洽订立购销合同的除了本埠以外，还销售至外埠市场，如镇江、南京以及芜湖等沿江城市，甚至还远销至内陆省份如四川等省。随着市场的逐渐拓展，开拓国外市场亦列入了上海鱼市场的议程。而另一方面，渔产品之热销亦获得了一些外贸公司的垂青。1937 年 2 月 27 日，上海中国信托公司去函鱼市场希望获得该处鱼类食品在海外的经销权：

迳启者，最近尊处所制之鱼茸，鱼松等鱼类食品颇合国外市场之销售，用特具承恳请尊处将该鱼类食品之国外经销处权委交敝处代为推销，敝处系由华侨组织之机关，且采购国货输销外洋已有数年之经验。南洋、美洲等地均有商号密切联络，如蒙尊处委托经销，自信必有相当成绩。惟尊处出品系属初制，输销外洋尚为新货，故为近合外洋市胃及便利运输起见，所有装包及质味等问题仍请教于尊处者，至经销办法如何亦俟指示，倘承俞允敝处当派员前来商洽一切也。现为试验市场计，请尊处赐交包装样本二百包，以便转寄外洋各埠为盼。

上海中国信托公司 1937 年 2 月 27 日。

上海信托公司的这一意向正好契合了鱼市场着力推销渔产品的这一宗旨，双方一拍即合。立即得到了鱼市场的认可，不仅将所需样品送至上海信托公司，还提出要求其尽快派人就经销办法予以洽商。不久，双方于 3 月 20 日下午二时半进行商洽，并达成如下协议：一、该公司拟将本场出品推销至美国旧金山、南洋群岛、香港等处。二、国外推销货价应予特定，但因不漏气之空罐尚未定妥，成本不能预计，无从商决。三、付款日期因彼方须考虑未商决。四、保证金问题，因彼方须考虑，未商决。五、交货以本埠为限。六、在脱气设备未就绪以前，该公司先订购每袋价一角之鱼松四十箱，每箱 120 袋，共 4800 袋，按七折收款，余后铁罐制就后再行订购。七、该公司嘱制芥喱鱼松样品 50 包，并希望本场增出凤尾鱼，玉稚鱼及其他鱼类食

---

① 《鱼茸制造案》，上海档案馆藏，档案号：Q464－1－444。

品罐头。[①]

在推销股的努力下,上海鱼市场的鱼类产品的销售有了一个比较好的开端,取得了良好的成绩。鱼市场"于去年十一月筹设制造部研制第一种出品之鱼茸鱼松,发行以来,于兹四月,以推销之地域言,已及苏、浙、川、鄂、湘、豫、闽、桂、粤九省区,上海、南京、汉口、重庆、厦门、杭州、青岛七市区。在接洽中者,尚有美国、香港、南洋等处"[②]。从数量上来看,1936 年 12 月(包括 11 月),共送出货额在 3368.96 元,1937 年 1 月为 2294.7 元,2 月为 2429.66 元。[③] 如表所示,我们发现上海鱼市场所制造的鱼茸的品质应该不错,退货率只占 1.3% 左右。[④] 并且销售额呈逐步上升之趋势,至 4 月 6 日之前,仅仅鱼茸之销售额即达 11239.17 元。

表 4-7 上海鱼市场销售鱼茸应收账目统计表(1936 年 11 月—1937 年 4 月 6 日)

摘要	细数(元)	总数(元)	附注
销货		11125.63	按定价八折估计
加	烟兑店溢 5%(销额按定价 1092.00)	54.56	因按八五折收款
	苏州稻香村等溢 5%(销额按定价 260.00)	13.00	第一批货接八五折
	冠生园利利等溢 5%(销额按定价 333.00)	10.98	第一批货按八五折九八扣
	西川企业公司	35.00	鱼茸 3500 两作两角袋 2000 包记账
总额		11239.17	
减	退货	157.32	按定价八折估计
	样品	1276.42	
	外埠折除 10%(销额按定价 4689.15)	468.91	固定按七折收款
	本埠各大公司扣除 1.6%(销额按定价 1545.20)	24.71	固按八折九八扣收款
	已收货款	3748.65	
	门售收入	1189.58	
应收未收货款		4373.57	

资料来源:《上海鱼市场制造股文件》,上海档案馆藏,档案号:Q464-1-505。

---

① 《鱼茸制造案》,上海档案馆藏,档案号:Q464-1-444。

② 《鱼茸制造案》,上海档案馆藏,档案号:Q464-1-444。

③ 《鱼茸制造案》,上海档案馆藏,档案号:Q464-1-444。

④ 笔者是把退货额除以总销售额,应该说这一比例之算法有一定的偏差。

一般而言，对于刚刚起步之鱼类制品取得如此之成绩实际上已属不易，但不可否认的是，如要真正达致调剂内地鱼食这一目标尚需时日。实际上，这一鱼类制品还存在这一些问题。首先，产品质量问题。早在 1936 年 11 月 21 日，即鱼制品刚刚试制成功鱼市场曾上书实业部，要求对鱼松、鱼茸之质量等予以鉴核。但直至 1937 年 2 月 5 日，实业部才对上述问题做出答复，并提出四点不足：(1)罐装未经脱气手续，恐难久藏。(2)鱼茸油腻太重，稍经时日变化堪虞。(3)鱼茸中掺有夹杂物，应加拣别。(4)制造方法及成本售价均未据详细声明。[①] 事实上，我们从鱼市场与上海中国信托公司的协议中，就明显发现鱼市场的鱼制品存在一些缺陷，而这一产品的缺陷同样会给鱼市场的销路带来影响。

其次，生产成本过高，尚存有很大的利润空间。鱼市场所制作的鱼茸是“以推销鱼货为宗旨，绝不以争利为目的”，因此定价比较低，所赚利润并不多。

表 4－8　鱼茸鱼松成本及售价一览表

<table>
<tr><th colspan="3">成本</th><th>售价</th></tr>
<tr><td rowspan="3">鱼茸原料成本每两五分</td><td>每听三两计一角五分</td><td rowspan="3">每听二角一分九厘</td><td rowspan="3">每听四角</td></tr>
<tr><td>罐：每只六分五厘</td></tr>
<tr><td>罐内纸袋说明书等四厘</td></tr>
<tr><td rowspan="6">鱼松原料成本，每两六分五厘</td><td rowspan="2">纸匣装：每匣一角三分五厘</td><td>1. 每匣装一两六钱，计一角零四厘</td><td rowspan="2">纸匣，每匣二角五分</td></tr>
<tr><td>2. 纸匣每只三分一厘</td></tr>
<tr><td rowspan="2">大袋装：五分四厘一毫</td><td>1. 每袋装八钱计五分二厘</td><td rowspan="2">每袋一角</td></tr>
<tr><td>2. 每袋每只二厘一毫</td></tr>
<tr><td rowspan="2">小袋装，二分八厘七毫</td><td>1. 每袋装四钱计二分七厘</td><td rowspan="2">每袋五分</td></tr>
<tr><td>2. 袋每只一厘七毫</td></tr>
</table>

资料来源：《鱼茸制造案》，上海档案馆藏，档案号：Q464－1－444。

如表所示，我们看鱼茸的成本，每听 0.219 元，而售价则为 0.4 元。但实际上，鱼市场为推销起见，在卖给各经销处则为八折收费(外埠则为七折)。如果以外埠计算，每听所得利润则为 6 厘左右。当然，上述利润仅仅从差价而言，实际上还包括人工费，管理费等运行成本，所获利润微薄。

由上观之，无论是从生产技术角度或是从生产成本而言，上海鱼市场的鱼类制品都有很大的改进空间。1937 年 2 月，实业部派技师陈谋琅来沪进行指导。陈谋

① 《鱼茸制造案》，上海档案馆藏，档案号：Q464－1－444。

琅参观后,对上海鱼市场的制造鱼茸、鱼松提出了具体之建议:①原料头尾切去太多,似不经济,应将全尾之鱼去鳞煮熟后,再去头尾皮骨,则糟蹋肉较少,煮火熟能用蒸笼煮,不致减少鱼肉鲜味。②用油太重,似应设法减轻。③焙干用煤球,以灶无烟囱,且制造室门单面在制造时,煤气油味,充满全室,似有妨碍工人健康应设法改进。④封罐工作,须雇康元厂工人,每千代价三元五角,似系合算,且该项设备极简,工作亦易,鱼市场职员中不乏水产学校制造科出身者,尽可请其指导工人封罐。⑤仅制造鱼茸、鱼松技师似可省去一人,其他工资亦嫌太贵,如能略为紧缩,以节开支。⑥黄鱼之鳔,俗称鱼肚,为高贵之食品,应将鳔另行制造,其他如鳞皮骨及内脏等,亦须尽量设法利用,以物无废弃之原则。⑦脱气杀菌装置,为制造罐头食品之必要机件,似应急需添置。[①]

上述意见不仅在制造法上更为考究,同时在材料的应用以及费用的节省等方面都有着比较中肯的意见。事实上,上海鱼市场之制造产品之所以出现上述问题,不仅仅是技术上的问题,最重要的是一些设备未臻完善从而降低了鱼制品的质量。鱼茸或鱼松的制造过程为:分割、洗涤、烧煮、去皮骨、去腥调味、焙炒、拣剔、制酥、去热、装封、装罐、脱气、封罐、检验共十四个步骤。然现"以脱气机械尚无设备,……故此种设备亟须添置,否则不但藏储时间有不能持久之顾虑或易使人为欺朦之指责。"[②]因此加强投入,引进较为先进的设备是保证鱼制品质量的关键环节。但必须指出的是,上述问题仅就鱼茸、鱼松问题而言。实际上,上海鱼市场的主要目的在于调剂鱼价,稳定市场,仅仅依靠制作上述两种鱼食制品是难以达致上述目的的。陈谋琅在考察报告中,就针对上海鱼市场的制造部提出了四个基本问题:"①查该场制造部系借用市房,楼下即辟为制造室,设备以尚在试办时期,限于经费,只能因陋就简,致工场及工人之卫生设备,未臻完善。②制造部距鱼市场,约计四公里,运输原料既感不便,而办事人员都由该场职员兼任,指导照顾,在在需时,既就现在之规模,欲求其大量生产,实为事实上所不可能。③该部制造鱼茸、鱼松两种,现时制品确较实部备案时为佳,杂质净尽,口味亦可口,惟成本稍贵,用油太多,而制成罐装,并无密封脱气杀菌,一如市上通行之品,贮藏稍久,易起变质之象。④该场制造部出口,只有两种,实不能尽水产物利用之道。"[③]对于上述问题,陈谋琅提出改进意见。首先,就场址而言。"应就市场之旁开地设厂"以便于管理。其次,在制造部应设咸干鱼及罐食两部,这是因为"就观察国内水产食品之需要方面而言,罐头事业,只可为附属之品,而非主要者,即尽量扩充,销路恐不克普遍。因

---

① 《鱼茸制造案》,上海档案馆藏,档案号:Q464－1－444。
② 《鱼茸制造案》,上海档案馆藏,档案号:Q464－1－444。
③ 《鱼茸制造案》,上海档案馆藏,档案号:Q464－1－444。

其非中下社会通行之品，尚不能尽量调剂鱼食之功”。而咸干鱼“为上中下社会之主要食品，多由外国输入，几占全部水产品输入之第一位，如能尽量制造各种水产物罐食之品，自制造空罐至完成为止，均成自制”，①不仅可抵制外鱼倾销，对于国计民生亦大有裨益。

大量的渔获物壅积于鱼市场，仅仅依靠制造这两种鱼制品不仅难以达致分销渔获物之目的，同时亦对渔业资源的浪费。因此，“以适当经济力量使制造部之设备进于足资发展之布置，出鱼茸鱼松之制造推销为有力之进行外并须兼筹其他出口之制造”②，才有利于解决分销的问题。

上海鱼市场接到报告后，1937 年 3 月向理事会提交了“上海鱼市场关于推进业务计划案”，就如何推销渔获物，做出了较为详细的计划，如在扩充鱼茸、鱼松等食品提出“添置机械，力谋制造方法之改良，遂使制造类别之增加”。同时，要求重建厂房，“现时制造工厂租屋设于本场场外，诸感不便，有背经济原则，且场址不合应用，尤无扩充发展余地，亟应补偏就弊，不使发展因受阻碍，爰是本场拟即与浚浦局洽商添租邻近本场场址北端空地若干，自建造工场，庶几对于设备管理等项，咸得尽量加以改善，以利发展”③。为了便于分析，我们把其计划摘录如下：

遵照实业部视察报告，就鱼市场旁隙地建筑厂房，至咸干鱼，拟暂从整理入手。因市上之咸鱼所含水份太多，又无从适宜之封装，不能行销内地，如将售剩之咸货，加以处理，湿者干之，散者整之，况品质干燥，封装严密，自可运销远地。俟有相当成绩，则逐步扩充，以达自行制造之目的。若制造用剩之鳞皮骨及内脏等，暂时拟先用日光曝干，俟储藏多量时，以之出售，充为肥料，设有多量腐烂之鱼及废物，则添购机器，便可大量出品。

表 4－9　扩充计划之预算

项目	数额（元）	项目	数额（元）	项目	数额（元）
建筑	35000	脱气杀菌设备	2500	腌制设备	1500
水电工程	2500	制空罐设备	1500	什件	500
制空罐及设备	5500	器具	1000	合计	50000

资料来源：《鱼茸制造案》，上海档案馆藏，档案号：Q464－1－444。

依照上列设备，根据市面需求，每年当可产鱼茸等罐头品十余种，油渍曹白鱼等腌制品四五种，如下表所示：

① 《鱼茸制造案》，上海档案馆藏，档案号：Q464－1－444。
② 《鱼茸制造案》，上海档案馆藏，档案号：Q464－1－444。
③ 《上海鱼市场关于推进业务计划案》，上海档案馆藏，档案号：Q464－1－488。

表 4－10　扩充计划后每年生产之鱼类产品统计表

产品类别	名称	数量(听)	批价	总价	需用原料
罐头品	鱼茸	200000	3 角	6 万元	黄鱼约五千担
	鱼松	200000	3 角	6 万元	
	五香凤尾鱼	250000	2 角 8 分	7 万元	凤鱼约 1500 担
	鱼圆	50000	2 角五分	1.25 万元	米鱼或鲨鱼 300 担
	鱼脯	20000	3 角五分	7000 元	米鱼或鲨鱼 300 担
	玉稚鱼	15000	4 角	6000 元	玉稚鱼 200 担
	五香银鱼	50000	2 角五分	1.25 万元	银鱼 500 担
	五香燻鱼	20000	3 角	9000	马鲛鱼 400 担
	油炸黄鱼	30000	2 角五分	5000 元	黄鱼 200 担
	酥鲫鱼	20000	4 角	8000 元	鲫鱼 200 担
	油炸带鱼	20000	2 角 5 分	5000 元	带鱼 200 担
腌制品	油渍曹白咸鱼	250000	5 角	12.5 万	咸干鱼约 2500 担
	白糟带鱼	20000	3 角	9000 元	带鱼 400 担
	白糟黄花鱼	20000	2 角 5 分	5000 元	小黄鱼 200 担
	蟹、虾酱	50000 瓶	2 角 5 分	1.25 万元	虾蟹约 500 担
整理一切咸鱼				20 万元	
合计				60.65 万元	

资料来源:《鱼茸制造案》上海档案馆藏,档案号:Q464－1－444。

上述计划不仅要求重新修建厂房,添置精密设备,而且在制造鱼食品的种类与数量上亦有了很大的改观,不仅只做罐头食品,还包括腌制品以及咸干鱼的制作及整理,年加工能力仅鲜鱼而言达致 12400 担,这就为上海渔产品的分销提供了一条重要渠道。1937 年 4 月 17 日,经过鱼市场第十八次理监联席会议决议,“关于市场扩大制造销鱼茸计划……函知市场饬将制销鱼茸全部账目送会审核后再予讨论”。[①] 但值得注意的是,直至 5 月底,鱼市场才把这一账目送至理监联席会,其后由于战争之影响,这一计划不得不暂时搁浅。

我们知道,鱼市场极力推销鱼货的主要目的是为了调剂渔获物,以达致平衡物价,救济渔业之目的。那么,鱼市场的上述政策对鱼价之调整有多大的作用呢? 为此,我们选择 1934 年(代表鱼行时期)与 1936 年(代表鱼市场时期)全年的鱼价变

① 《上海鱼市场制造股文件》,上海档案馆藏,档案号:Q464－1－505。

动作一番对比，以检视国民政府统制政策实施之效果。

表 4－11　鱼市场与鱼行时期鱼价之状况分析表

月份	鱼行时期（1934 年）									鱼市场时期（1936 年）								
	大黄鱼			小黄鱼			带鱼			大黄鱼			小黄鱼			带鱼		
	高	低	平	高	低	平	高	低	平	高	低	平	高	低	平			
一	35	13	24	30	7	18.5	16	7	12.5	35	14		22	9		14	7	
二	25	12	18.5	50	10	30	20	8	14	29	9		22	12		12	7	
三	30	12	21	30	10	20	16	12	14	26	12	24	24	12	18	13	9	11
四	40	12	26	40	4	22	-	-	-	26	9	17.5	21	3.5	12.25	17	8	12.5
五	26	5	15.5	7	2	4.5	-	-	-	24	8.75	16.37	5	3	4	11	5	8
六	10	1.18	5.59	5	1.76	3.38	11	8	9.5	10	3	6.5	4	1.5	2.75	13	5	9
七	12	4	13	8	2	5	-	-	-	16	4	10	6	1.8	3.9	12	6	9
八	24	6	15	15	4	9.5	11	5	8	14	7	10.5	10	3.5	6.75	8	4	6
九	22	10	16	15	5	10	16	6	11	30	8	19	18	5.5	11.75	15	4.5	9.75
十	25	9	17	14	5	9.5	14	5	9.5	19	8	13.5	15	6	10.5	12	9	10.6
十一	20	10	15	16	7	11.5	15	6	10	21	9	15	15	5.5	10.25	18	7	12.5
十二	25	11	13	16	4	10	15	3	9	27	13	20	22	6	14	20	5	12.5

资料来源：《1934 年份上海市水产品进口统计特辑》，《上海水产经济月刊》，第 24－27 页。《上海水产经济月刊》：第五卷，第二期，第 7 页；第五卷，第三期，第 8 页；第五卷，第四期，第 9 页；第五卷，第五期，第 7 页；第五卷，第六期，第 6 页；第五卷，第七期，第 6 页；第五卷，第八期，第 6 页；第五卷，第九期，第 7 页；第五卷，第十期，第 7 页；第五卷，第十一期，第 7 页；第五卷，第十二期，第 7 页。

我们知道鱼市场之成立，目的是为了统制渔获物，达致统制分销，调节物价，平衡市场，救济民生之目的。但实际上（如表 4－11 所示），鱼市场在调节物价方面的成效并没有显现。当然，表中所呈现的数字表明渔汛集中所导致的渔业资源的雍积状态仍然没有根本改观，这种结果或许与国民政府的预期有一定差距，这一方面说明政府的调剂力度有待加强，更重要的是，造成鱼价之波动还有特定的因素。

其一，卸卖人之设立为鱼价之波动提供了制度性的条件。在鱼市场初始的设计理念中，卸卖人之责任由鱼市场承担，但由于鱼行为自身利益而极力阻挠，鱼市场只得改换鱼行之代言人来承担此职，这就为卸卖人与经纪人之垄断鱼价打下了基础，从而使鱼市场的卸卖制度所追求的公平、公正的竞买交易制度大打折扣。特别是为了照顾经纪人之“鱼放”，而不允许其他经纪人予以置喙的照顾性设计，更使竞买成为空中楼阁。职是之故,卸卖制度在现实种种利益的纠缠中逐渐消失其原有的本质,更接近于鱼行的交易制度,而难以起到应有的功能。

其二,外鱼入侵,增添了调剂的难度。如前所述,日本侵渔一直是导致中国渔业经济失衡的重要因素。虽然政府出台了相关措施以遏制其侵凌之势头,但在日本强势的压力以及国内一些逐利商人的配合下,外鱼入侵并没有得到遏制。从1936年5月鱼市场开幕至1937年2月这短短十个月的时间当中,上海共输入舶来水产品之价值达6044053.42元,占同期上海进口总价值的31.47%。因此在如潮般的不受统制的水产品的“攻击”下,上海鱼市场统制渔业经济所做出的努力则大打折扣。

上海鱼市场的调剂是平衡物价的重要手段,而鱼茸、鱼松的制造则是这一手段的重要组成部分。从鱼市场的制造成品的生产与销售来看,虽然其在一开始对于整个渔业产业经济的影响微不足道,但却为救济进而发展渔业经济提供了路径。并且我们从鱼市场有关渔业经济产品的扩建计划中或许更能体会出鱼市场在拓展销路,平准物价乃至抵制外国经济的信心与能力。由于我们缺乏详细的资料予以证明后期这种救济途径是否能够得到有效实施,但这种救济之路径具有一定的操作性。

第五章
利益调配中的鱼贩与渔民

在市场经济之条件下，由于资源在分配的过程中完全依靠市场，这就很难保证市场分配的公正性。实际上，在某种程度上市场将会导致利润分配中的两极化之发展。而统制经济的一个重要的目标就是对利益的重新分配，国民政府作为“三民主义”的继承者，在20世纪30年代的国际经济大萧条之影响下，这一政策显得尤为重要。事实上，国民政府在统制经济这一思想的影响下所开展的渔业经济救济的这一过程中，同时亦是调剂民生的重要举措。本章所探讨的是，国民政府在这一利益调配的过程中是如何考虑鱼贩与渔民的，以及在这种理念支配下的制度设计。

第一节　输送渠道设计与商贩利益诉求

本节所论述的鱼贩，主要是指那些小本经营的摊贩，他们直接面对的是消费者，而非那些以贩卖为主的行商坐贾。作为统制经济形式的鱼市场，其目的不仅仅是使渔产品第一次交易集中于鱼市场，而且还要考量的是如何把鱼市场的鱼货分销出去。实际上，鱼贩则是鱼市场销售鱼货的重要渠道，是链接市场与消费者最直接的孔道。本节所要探讨的是鱼市场如何加强对鱼贩运输的服务与建设以及双方矛盾又在何处？

一、鱼贩之运输

鱼贩是鱼市场销售的重要对象，从某种程度上而言，如果没有鱼贩的支持，上海鱼市场的经营则可能难以为继。因此，保证对鱼贩畅通之渠道是维持鱼市场正常运转的重要前提。必须指出的是，由于市场离中心市区之距离尚远，这就给运销带来不便。实际上，早在1935年3月初，因鱼市场装置冷库而在要求交通银行作保时,交通银行在评估鱼市场的业绩时,就质疑“场址设在杨树浦之东,离中心市区较远,于运销上有无不便”①。对此问题,鱼市场认为“本埠鱼贩至十六铺贩鱼,往返向有卡车代步,故鱼市场之址,虽距中心市区稍远,但卡车往返,较诸前往十六铺不过多费十余分钟,且营业时间系在上午二时至七时,路静人稀,卡车驶行道路速率自较诸?为速,于道路之远近问题,似无甚影响,至于大量运输,本场拟自备冷藏车供用,运销上亦绝无不便之处”②。从这里我们可以看出,鱼市场把鱼贩在运销上一开始实际上就定位于用卡车运输(主要是针对市中心之区域。但实际上,鱼贩购鱼不仅仅卡车运输,其次还有轮船运输。同时我们还必须注意到运输不仅仅是技术意义上的问题,实际上还涉及利益的分享,因而这其中同样是矛盾重重)。下面就鱼贩之贩运方式及面对困境作一探讨。

(一)公司承运与自备运输之争

鱼市场地处偏远,因此要保证鱼商的便利运输必然要借助于卡车运输。在上一章节中,我们曾经论述过鱼市场为了保证渔产品最大限度地输入鱼市场而对进入上海的鱼货物进行统制运输。在这一情况下,一些商人承揽了运输业务,而与此相对应的是,当鱼货从鱼市场买出时,同样存在这种情况,特别是鱼市场刚刚成立,其在一定程度上对鱼贩是否能来自如此偏僻的市场进行购鱼存在着担心。因而,有免费运送鱼贩之打算。而时任海鱼卸卖人的黄振世洞悉市场之顾虑,于是在1936 年 3 月 28 日,就提出承揽输送鱼贩之职责。为了说服鱼市场,他在承办书中极力辩称承揽运输之好处,他认为:“本市渔业向汇集于小东门十六铺一带,历有年所,每在拂晓贩担云集以道路作市场挤轧喧嚷,紊乱无序,是可想见,至于运输车辆皆属临时性质,既乏组织,更无专司负责之人,搬夫又非固定,装载手续是难指挥如意,致错误丛生,而一般宵小之徒乘机窃盗鱼贩遭损,而受雇车商辄诿不负责,致徒呼奈何而已。”③因此,他强调指出,“鱼市场之设立如改进渔业,统一鱼市,为渔民鱼商谋福利,应时代之需要,是则有关渔业之设备,在在改善,对于运输一项更占业务上之重要地位”,并毛遂自荐,“爰备运输车数十辆,专供钧市场及一般商贩运输之用,搬运夫役皆属固定,且经严格训练,加以科学管理,于商贩运输货物愿负保障全责”④。与此同时,把其承办章程谨呈鱼市场,其内容如下:

---

① 《关于上海交通银行担保约克洋行机器付款暨美金折算国币案》,上海档案馆藏,档案号:Q464-1-72。

② 《关于上海交通银行担保约克洋行机器付款暨美金折算国币案》,上海档案馆藏,档案号:Q464-1-72。

③ 《利商公司承办运输条例》,上海档案馆藏,档案号:Q464-1-422。

④ 《利商公司承办运输条例》,上海档案馆藏,档案号:Q464-1-422。

承办简章

一、本公司定名为上海市渔业利商运输公司。

二、本公司以便利鱼商之运输为宗旨。

三、本公司营业范围以接送本市之鱼商及各菜场之零星鱼贩与搬运其货物往返于鱼市场之间为范围。

四、本公司所用车辆概向鱼市场领取特许通行磁牌装订车上以资识别。

五、本公司所雇小工概着号衣,备带证章向鱼市场备案免宵小混入。

六、凡往返鱼市场买卖之商贩,其经拍之鱼货运输起卸,概由本公司专责办理之。

七、凡经本公司车辆载运之货物如有遗漏缺少概由本公司负照价赔偿之责。

八、凡至鱼市场买卖之客商不能自雇车辆,载运货物以资统一而免混淆。

九、凡往返鱼市场之买卖鱼商与零星小贩及其鱼货除由本公司专责承办搬运外,不能有同样运输公司之设立。

十、本简章以上海鱼市场核准日起施行。

十一、本简章如有未尽事宜得呈请鱼市场修改之。①

从其章程来看,其公司主要业务是,以接送本市之鱼商及各菜场之零星鱼贩与搬运其货物往返于鱼市场之间为范围,要求凡往返鱼市场买卖之商贩,其经拍之鱼货运输起卸,概由该公司专责办理。这种具有垄断经营性质的承运简章却触犯了鱼贩之利益。1936 年 5 月 5 日,鱼贩代表以上海市各区菜场摊户联合会办事处之名义,就利商公司的承运案向理事会提出抗议。他们认为,在鱼行时代"鱼贩会员每晨二三时自各菜场至十六铺购鱼向多合资租用卡车或各客贩临时合雇一二辆沿习多年,向称便利,且是项车价因生意往来甚久所以极为低廉","今上海鱼市场不日开市,会员等自当仍照原办法雇车赴市场贩鱼乃近有冰鲜鱼行同业公会总干事黄振世设立利商运输公司,利用冰鲜同业公会名义呈请鱼市场专利承运全场鱼货,对于鱼贩之运输并定有各菜场高价运费,图谋压榨鱼贩,一面以无力购置车辆在外扬言并以种种恐吓手段,禁止鱼贩自雇车辆运鱼以取得其专利之权。此种把持办法,倘鱼市场被其蒙蔽,准其专利则会员等今后贩鱼不特不如从前之便利,并加重负担。在此不景气袭击下之小本鱼贩,万难再受此种恶劣之影响,且彼黄振世何人而其所设利商公司一味损人利己,即于市场之营业亦大有妨碍,会员等自应坚决反对"②。

---

① 《利商公司承办运输条例》,上海档案馆藏,档案号:Q464-1-422。

② 《汪元洲、王长贵控诉利商公司案》,上海档案馆藏,档案号:Q464-1-423。

虽然,鱼贩对利商公司之承运有相当大之意见,但利商公司在某种程度上却暗含鱼市场的心理预期。在其 5 月 7 日公布的利商公司条例中,为了吸引鱼贩而采取了免费接运鱼贩措施与鱼市场的打算不谋而合。因此,对于鱼贩之呼请鱼市场并未予以采纳,于是王长贵等鱼贩又向市社会局提出控诉,认为利商公司"利商运输公司秉其有钱能魔力,包办垄断,威胁鱼肉无不备至,不特留难孤苦无援之鱼贩,甚于各帝国主义,抑且公然在今日(1936 年 5 月 12 日——笔者注)上午鱼市场开市特派遣大队流氓式纠纠勇夫手持藤条手杖在定海岛上沿途布岗阻止商等自备运货汽车驰入市场,并无端侮辱鱼贩,声势汹汹,几欲动武,幸经警士从中劝止,要知商等与鱼贩全系拥护市场贩卖买鱼类而去,可说为无派别之基本推销者,而今无端突被非法包办阶级者横加阻挠,按诸国法,恐亦难容往昔期望尽化乌有"①。5 月 19 日,上海市社会局转函鱼市场,要求对上述情况"明白声复,以凭察夺"②。

由于鱼市场之主观偏见,加上此时正值利商公司免费营运之期,因此对王长贵等之诉讼较为反感。并在复函中言辞颇有情绪,他们认为"本场离市甚远,为便利鱼贩来场计,特雇定免费接送,由利商运输公司负责承办,惟现在试办期内尚未订立合同,王长贵等指为包办,垄断固属言之过早,所谓钱可通神,尤觉毫无根据,而所称利商运输公司派遣大队流氓在定海岛沿途布岗阻止鱼贩自备汽车驰入市场,时因争占地位,曾与利商运输公司发生纠纷。但经本场运输管理人员出而劝解,即相安无争,王长贵等所称各节显系意存妒忌,故甚其辞"。并强调指出,"在利商运输公司试办订约之前尽可拟定妥善有益鱼贩之办法,以资本场确定订约之参考,则本场自亦乐为选择,若在本场对于运输事宜尚未签订契约以前即有令饬上海鱼市场理事会取消利商运输公司包办之声请,不独虚构事实,妄加诬蔑,抑且故发危词蒙蔽贵局"③。

虽然,鱼市场对王长贵等之诉讼不满情绪溢于言表,但从上述回复中亦可窥察出如下信息:首先,鱼市场并未与利商签订合约,因此有关利商的有关阻拦情事,并非鱼市场授意为之,说明鱼市场对利商公司的行径持有保留意见。其次,鱼市场并未承认其垄断地位,其他运输商人同样可以开展业务。但必须指出的是,由于利商公司得到了鱼市场的默许,在垄断运输上着力经营,极力阻拦其他车辆的进入。因此,在取消利商运输公司而不得之情况下,鱼贩遂向鱼市场理事会提出"将运输事件划归运输管理处整个指挥,公开办理"④之请求,以便从制度上打破利商公司的

---

① 《汪元洲、王长贵控诉利商公司案》,上海档案馆藏,档案号:Q464-1-423。
② 《汪元洲、王长贵控诉利商公司案》,上海档案馆藏,档案号:Q464-1-423。
③ 《汪元洲、王长贵控诉利商公司案》,上海档案馆藏,档案号:Q464-1-423。
④ 《关于鱼贩运输卡车登记》,上海档案馆藏,档案号:Q464-1-424。

垄断。就在鱼贩求助无门之际，利商公司的一次擅自行动使得鱼市场的态度发生了很大的转变。实际上利商公司刚刚开始所进行的免费运输是为争取鱼市场的垄断承揽打基础的，但经过一段时间的营运后，庞大的开支使其难以承受，于是在未经鱼市场同意的情况下，擅自开出了运输价格，并“未经本场（鱼市场——笔者注）核准遽尔登报”，这一行为遂引起了鱼市场的不满。应该说，利商公司的私自行动不仅仅是对鱼市场权威的挑战，同时亦使其在维护利商的利益中处境尴尬。因为，利商公司的老板是鱼市场的海鱼卸卖人，这种身份的自我认同使鱼市场在鱼贩一再要求取缔利商之垄断承运中始终站在利商公司的立场以维护其正常运行，在鱼市场看来，在可控范围内规范之承运是保证鱼贩利益的最佳方式。然而，海鱼卸卖人与鱼贩双方对运输价格高低的主观认识的差距成为双方矛盾的导火索，而鱼市场则是希望价格由其来确定以保证双方的利益不受损害。因此，当利商公司擅自开出运输价格，也就是超出了鱼市场的可控范围，同时使其对利益的调剂预期予以落空。职是之故，鱼市场当然不愿放任利商公司的这一行为。5 月下旬，在鱼市场的理监联席会议上做出决议“运输车辆准许别车自由出入”，并要求“利商公司另定公开价目，由总、副经理核定后公布”①。同时，理事会还要求鱼市场“迅将运输事件根据规定划归运输股管理”②。这一处理决定，一方面把运输这一内容纳入了鱼市场的统制之范围以取消利商公司之垄断，同时亦为鱼贩自备运输开启了方便之门。

在鱼贩的坚持下，以及利商公司的鲁莽行径使其独揽承运鱼货之设想并未实现，因而出现了利商运输公司与鱼贩自备车输运共存之局面。1936 年 6 月 17 日，鱼市场就入场之停车地点做出了初步之规定，以便于双方在运输过程中减少摩擦。

为布告事，案查本场鱼贩车辆，除利商运输公司营业车外，尚有鱼贩自备车约四十余辆，所有停车地点，亟应加以规定，以免混乱，而利指挥。兹派详细调查，场内可停靠卡车九十二辆，以六十辆停车地位给予利商，三十二辆停车地位，给予已经登记之备车辆。③

值得注意的是，在赢得与利商共存的情况下，为有利于与利商进行竞争，上海各菜场自备汽车之鱼贩认为“自备之汽车有统制之必要”，“爰于六月二十九日召集全体市各菜场鱼贩自备汽车负责代表集议”，遂决定成立组织，名为上海市各菜场鱼贩自备汽车管理处。④ 虽然未获鱼市场准许，但其与利商公司竞争的意识应

① 《理监联席会议》，上海档案馆藏，档案号：Q464－1－363。
② 《关于鱼贩运输卡车登记》，上海档案馆藏，档案号：Q464－1－424。
③ 《关于鱼贩运输卡车登记》，上海档案馆藏，档案号：Q464－1－424。
④ 《关于鱼贩运输卡车登记》，上海档案馆藏，档案号：Q464－1－424。

是不言而喻的。

由于鱼贩自备汽车的参与,打乱了利商公司之经营计划,特别在开始营运时,一些"野鸡卡车破坏营业"而"市场未予取缔",导致"公司营业亏损甚巨"。致使利商公司为了获得市场认可而进行的投资将成为泡影。[①] 因此为了杜绝这种无序竞争,维护商业之利益,利商公司要求鱼市场加强对自备车的管理制度。事实上,依据承揽规则第一、二、八[②]条之规定,对于"自备车之限制及自备车与营业车之区别,早经分明,而所有营业车在应归本公司办理,亦经确定"。因此,要求鱼市场在"除前蒙贵市场运输股划定本公司,在市场内清汛时停车处六十辆,旺汛时另行增加外"之情况下,对"自备车之限制及私自营业,野鸡卡车之取缔亦希即日明文公布"以杜绝"野鸡卡车扰乱市场"。同时,"依据承揽所规定对自备车加以严密调查,如确属符合自备车之规定者,应请编号发给自备车如入门证,而对含有营业性质之卡车亦请予以取缔,着令向本公司接洽以示统一而符规定"[③]。

如上所述,利商公司所追求的仍然是对鱼贩运输的统制,其结果当然引起鱼贩的强烈抗议,认为利商公司之行为"拟操纵运输,抬高运费,只知自满欲望,置全市2 万余鱼贩生命于不顾",并指出如此行为将会产生严重之后果。"万一依据利商公司通告合约属实,诚恐纠纷不能抑制,因各鱼贩为争生存,当不惜任何牺牲,缘鱼贩都系小本经营,无力再受利商重剥。"[④]在鱼贩之反对下,鱼市场为了平衡双方的利益起见,遂对于"利商要求限制自备车数,……以为未可"之决定。鱼市场的这一决定仅仅是为了维护鱼贩之利益,同时亦有自身利益的考量,因为从市场而言"深盼鱼贩之增加,然则鱼贩之增加,端赖卡车之运输,限制车辆,不啻限制鱼贩",不利于鱼类之销售。但对于利商公司的要求亦给予部分满足,即对于"自备车辆而不合规定,拟批饬该公司密报本场,经查明属实,依照规则,严厉取缔"。同时对利商公司援引的承揽规定的法律效力作出解释,认为"利商来函坚持以批准之承揽办理为词,要知本场既经颁布登记规则,如与批准之承揽有抵触时,依法应以规则为有效"[⑤]。实际上亦即表达了对利商公司擅自行动不满,而上述解释也就从根本上切断了他们私自行动的法律依据。

---

① 《关于鱼贩运输卡车登记》,上海档案馆藏,档案号:Q464 - 1 - 424。

② 第一条,实业部上海鱼市场特准利商汽车运输输出承揽市场全部运输事宜。第二条,市场举办运输汽车之登记分为自备车营业车两种,自备车须向市场登记乘车人数,不得搭载,别人更不许收费。第八,市场除自备车外,其运输客货之汽车委由利商承揽,后同时不再与其他个人或公司订有关于汽车运输之契约。资料来源:《关于鱼贩运输卡车登记》,上海档案馆藏,档案号:Q464 - 1 - 424。

③ 《关于鱼贩运输卡车登记》,上海档案馆藏,档案号:Q464 - 1 - 424。

④ 《关于鱼贩运输卡车登记》,上海档案馆藏,档案号:Q464 - 1 - 424。

⑤ 《关于鱼贩运输卡车登记》,上海档案馆藏,档案号:Q464 - 1 - 424。

鱼市场距离市中心有一定之距离，因此，由卡车运输成为渔业界的共识，正是在这一客观要求下，黄振世创设了利商运输公司并打算统制上海鱼贩的运输。虽然，由于其最初的制度设计赢得了鱼市场的认可，但其垄断意识却为鱼贩所诟病，更因为利商的运输而导致一系列问题，如价格偏高，服务不周等，引发了鱼贩的强烈不满。进而迫使市场放弃原先设想而允许鱼贩自备车自由出入，这一轮博弈中，鱼贩因得到政府的支持，而维持自身之利益，这亦应该为政府对民生这一理想的追求是分不开的。

（二）运输中的安全隐患及其应对

上海鱼市场不仅距离市区有一定之距离，同时地处偏僻，道路狭窄，路况较差，进而成为交通肇事的重要因素。实际上早在利商公司承运伊始，鱼商就对上海鱼市场运输之交通隐患提出了质疑，并特别强调“定海桥为往返市场之要塞，桥形湾狭，加以路灯暗稀，接送车辆在此深夜骋驶，殊虑危险”①。

果不其然，事实上，在上海鱼贩的运输途中时常发生卡车倾覆事件：“南市十六铺外马路地 138 号汇丰卡车行，租给华德路第 98 弄 20 号通商汽车运输公司营业之租照第 17147 号，市照第 13119 号卡车一辆，于昨晨三时许，装载鲜货及鱼贩等十余名，驶经沪东杨树浦路，拟往鱼市场交易，不谓车抵广信路附近，该车夫夏子龙睡眼惺忪，不将车头转弯仍旧向直疾驶，致将车开上人行道，撞于电杆木上，车上鱼贩有九名悉被抛出车外，跌于地上，各受重伤。”②

交通事故之偶然发生或许与客观因素无涉，而与主观因素有关。但事实上，上海鱼市场开业以来，事故时有所闻，其性质及原因则就不能仅仅归咎于主观原因。应该有其客观因素：首先，这里地处偏远，新修道路狭窄，则是交通易发之基本因素。其次，运输车辆的管理松懈亦成为交通事故频发的重要因素。我们知道，上海鱼市场为了体恤鱼贩为维护其利益，在鱼贩的强烈要求下下调了运输费用。从表面上看起来，则是体恤民意的一种表现，但在实际操作中却增添了危险系数。实际上，鱼贩自备卡车，“均系向车行租赁，往返鱼市场及各该菜场一次，以路线远近定车租之额”。例如，“路线最长者车租约七元至八元，连同装货小工工资 5 角及司机点心费 5 角，每车开支约在八元至九元，而鱼贩乘车往返一次连同鱼货，每人约收车资 2 角至 2 角 5 分”，故卡车往返市场一次须载鱼贩 40 人左右，所收车资方足抵开支。那么，我们所关注的是，卡车是否能承载数量如此众多的鱼贩以及渔获物之重量呢？为此，我们可以作一个简单的推算。当时“一般卡车的承载量约为八千

① 《利商公司承办运输条例》，上海档案馆藏，档案号：Q464－1－422。

② 《开车撞电杆肇祸鱼贩一死八伤》，《申报》，1936 年 7 月 30 日。

磅”,“因装载鱼贩慎重起见故车身特装应备各物,其重量约占1000余磅,则每车净磅则为7000余磅,而每一鱼贩其体重及所购鱼货至少约400余磅,依净磅7000余磅计算,仅可装载鱼贩16—20人。”①卡车在装载鱼贩的过程当然是以收支费用为标准,而难以考虑卡车之承载量。因此,疏于管理的运输中,超载应是比较常见之现象,而这也增加了事故频发的概率。第三,由于道路颇远,交易又在深夜,司机疲劳,极易引发交通事故。如上所述,交通事故之频发在很大程度上与鱼市场的道路建设以及营业时间有一定关联,特别是在事故中,不仅“物质损失”“不赀”,而且“死伤枕藉”。这些惨状使鱼市场使鱼市场背负了道义上之责任,即“鱼贩贩鱼肇祸,我虽不杀伯仁,伯仁由我而死,仅躬以省,本场亦弥觉怅惘也。”②因此,在这种情况下,鱼市场认为“本场开业以还,鱼贩之卡车肇事,……顾本场职责所在,原不仅统制鱼货谋交易之集中也,惩前毖后,本场亟宜尽事之可能,尽力之所竭,自消极积极两方面迅谋不幸事件之避免,以示本场重视鱼贩之生命,而免遭社会之谴责也”。③

那么如何防范此类事件的发生呢?实际上,上述客观因素已经难以更改,因此,鱼市场主要是通过对有安全隐患之处予以警示告示之外,并没有采取更好的防范措施。虽然这一警示起到了一定的作用,但鱼贩撞车事件仍时常发生。在这种情况下,对鱼贩与司机加强教育以督促他们时刻注意安全成为鱼市场的主要措施。

首先,为了督促鱼贩注意安全,则通过发“告鱼贩书”以警告其注意安全。

亲爱的鱼贩们:本场自从开办到现在,为期不过八九个月,鱼贩卡车肇祸的事情报纸上用着赫赫的标题登载,已经多起,你们物质上的损失,为数固巨,而死亡载道,更觉得万分地惨然,在本场虽然感觉到卡车肇祸的原因,拿事实来讲,一方面固然是司机人的玩忽所造成,另一方面完全因为你们自己的不小心,两合凑合起来,才造成这极大不幸事情。肇祸的地点以及肇祸的卡车司机人,都不在本场行政范围所能管理得到的遗憾,但是在人类仁爱的意思上面抱了极大的刺激和惜。

这种大祸的发生,因为不是本场设备同管理的问题,本场当然不负任何的责任,可是本场为重视你们生命起见,从积极消极两方面竭力想补救的办法,来减少不幸事件再次发生,积极的办法本场正在慎重计划,消极的办法除本场请行政当局严厉督察司机人规定速度外,其他完全靠你们自己注意,现在把你们乘坐卡车应当注意的几点常识,写出来,希望各位特别注意,特别小心。

一、乘坐卡车的时候,要脚头立定,手要握住车梗。

---

① 《庶务、车务什项及保险》,上海档案馆藏,档案号:Q464-1-108。
② 《鱼贩卡车安全办法案》,上海档案馆藏,档案号:Q464-1-437。
③ 《鱼贩卡车安全办法案》,上海档案馆藏,档案号:Q464-1-437.

二、不要乘坐已经载重超过吨座的卡车。

三、随时监督司机人,使他不要开得太快,就是不要超过二十五哩的速度。

四、不要站在卡车的两旁。

上面各点,与你们的生命关系很大,以后应当切切实实地注意做到,不要再有一点疏忽,这是本场所恳望的!①

其次,要求司机在今后驾驶车辆的过程中要注意以下几点内容:①司机人驶车不得超过二十五哩速度。②不争先驶车。③不装逾吨位人数。④未开车时须睡眠充益,已开车之时应精神振作。⑤开车之时须检查机件。⑥转弯处须慢行。⑦司机人应注意鱼贩乘车方法。同时,“严厉警告如不遵行则当采取消极办法,由本场函请公共租界及本市车务当局吊销开车执照”。同时,“宣告嗣后每月月初召集一次,举行本场宣示注意事项及听取各方报告要求”。②

从本质上而言,场址的选择是导致鱼贩车祸频发的根本原因。上海鱼市场之所以选址于远离市的复兴岛有两方面的考量,一方面这里隶属于华界,不在租界之管辖范围,进而有利于政府权力之管辖。另一方面,这也与上海市政府的大上海计划相契合。虽然,鱼市场所选择的场址距离市区较远,但却是在大上海计划中处于市区中央。因此,在国民政府看来,这一场址之选择,应是较为理性的。但问题是大上海计划的迟延乃至“按下不表”,进而使鱼市场的选址成为尴尬境遇,遭致鱼贩的极力反对。事实上,在车祸频发之际,有不少鱼贩提出在十六铺设立分场之诉求,以避免悲剧的一再重演,但作为鱼市场而言,建立分场的最大障碍将会相应增加鱼市场运作之成本,而成本之增加将会直接导致两种结果:其一,鱼市场之收入减少,从而影响鱼市场之运作,这就必然增强利益之分配而导致鱼市场运作的艰难。其二,是增加佣金收入。这就必然会引起新一轮鱼商或渔民的反对,同样亦会使鱼市场的运作举步维艰。因此,在两害相权之下,鱼市场只能选择牺牲一部分人之利益来维护鱼市场之运转。职是之故,鱼市场把重心放在司机以及鱼贩自身这一环节,即侧重于对司机的教育及指导。这一措施对鱼市场来说,可能是成本最小而收益最大的理性选择。首先,这是他们逃避责任的一种重要步骤。通过这种指导实际上就强化了司机的责任意识,而使其自身洗脱了责任。其次,转移公共视线以减少人们对鱼市场谴责的舆论压力。再次,为鱼市场的正常运营创造良好的外部环境。具体而言,即一旦人们对鱼市场的安全隐患质疑过多,这就必然会使人们对鱼市场的营业引发怀疑,而这种心理暗示对鱼市场的打击则是巨大的。

---

① 《鱼贩卡车安全办法案》,上海档案馆藏,档案号:Q464 - 1 - 437。

② 《鱼贩卡车安全办法案》,上海档案馆藏,档案号:Q464 - 1 - 437。

二、鱼贩之利益诉求

一般而言,当人们对现存秩序存在不满情绪时,很容易对另外一种秩序充满期待,而这一想法在鱼贩之思想中同样存在。

在鱼行时代,鱼贩购鱼于鱼行,向受鱼行压迫,鱼贩汪元洲等例举了如下数端:①鱼贩向鱼行购鱼时,一经接洽,即不能不买,而买鱼一桶,每于其中杂以腐烂不堪之鱼,不顾鱼贩之能否脱售,设或向其换掉,则非大声喝骂,即饱以老拳,往往因鱼贩坚欲掉换或竟不买时,致被行夥聚欧受伤而有无门可诉之惨。②鱼行常以冰块参入鱼中,以冰之重量增加,而获得非法意外之代价。譬如购鱼 20 斤,内参冰块 5 斤,倘除冰净有鱼 15 斤,而结账时仍以 20 斤净鱼计算,内参冰多少,并无标准,除非与行夥相识,方能不受此种鱼冰杂卖之剥削。③行贩交易,付款时,设鱼行应找鱼贩大洋二角,则找小洋二角而已。甚有推托司账者忙碌不即找出,故意延宕时间,而鱼贩因急于赶赴菜市,且惧其势焰,不敢与较,吞声饮恨而去。④尤可恨者,常有收进鱼贩之真币,顷刻间取出伪币,向鱼贩掉换,被鱼行一味施其谲作手段,岂知鱼贩乃系小本经营,父母妻子,赖此生活,一遭此种意外损失之后,一家数口,危象立现,凡此种种,皆鱼贩所受痛苦之大者也。[①] 因此,在鱼贩看来,鱼行视鱼贩"不啻仇敌,欺压鱼贩,剥削鱼贩,可谓竭尽凶诈,无微不至"。而鱼市场之成立则为他们提供了可供救助之平台,因为他们认为"实部成立鱼市场之目的,原在使渔民鱼贩双方减轻负担"[②]。于是在鱼贩的呼吁及奥援之下,1936 年 4 月 14 日,上海各菜场鱼贩代表召开会议,认为上述痛苦"有解除之必要,为此理合备文呈请贵市场体恤弱苦之鱼贩,准予直接向贵市场购鱼,不致受十六铺鱼行之欺压。"[③]其本质要求就是鱼市场实行国营,避免官商合办,以消除鱼行之影响。

如上所述,鱼贩对鱼市场充满着比较强的心理预期。但由于鱼市场本身在实施的过程中因各方利益之折冲樽俎而不断予以修正,以至于在某种程度上伤害了下层民众的利益,特别是手续费的征收。更引发了一些鱼贩的强烈不满,他们在鱼商的煽动下,于 1936 年 5 月 15 日,以"要求减轻手续费为由,阻挠鱼贩入场贩卖致市场营业停顿"[④],以逼迫鱼市场在减少佣金这一问题上作出让步。但问题是佣金乃是定章规定,并由实部核定,鱼市场本身并没有权力予以降低。下午上海鱼市场召开第十八次常务理事会,就上述问题进行了讨论,会议认为"鱼贩与经纪人之关系,只有贵买贵卖,水涨船高,鱼贩本身根本不受影响",而做出"少数鱼贩以要求

---

① 《全市菜场鱼贩请鱼市场速开业》,《申报》,1936 年 4 月 19 日。
② 《实业部鱼市场定十九日开幕》,《申报》,1936 年 4 月 6 日。
③ 《全市菜场鱼贩请鱼市场速开业》,《申报》,1936 年 4 月 19 日。
④ 《理监会议记录》,上海档案馆藏,档案号:Q464 - 1 - 363。

减轻经纪人手续费，阻止全市鱼贩入场贩卖，致本场营业停顿，其行动殊非正常，应饬该鱼贩代表负责，使全体鱼贩立即照常营业，免受生计影响，至于手续费关系经纪人收入，为营业规程所规定，自应分别妥为磋商，呈部核夺”[①]之决议。

5月19日，上海鱼市场特邀请经纪人代表就减少佣金问题予以讨论，在理事会主席杜月笙等的劝说下，经纪人在坚持原则的情况下亦做出了一定的让步，双方决定：“拟由市场及经纪人各贴出一部分佣金每年共以二万元为限，充作鱼贩公益事业之用。倘至翌年存数无多，仍由市场暨经纪人两方继续补贴，汇至二万元为止。至于手续费，仍照章收取，经纪人方面，按照营业所得之佣金中，由本场分别扣除之。”[②]对于上述决议，鱼贩认为与他们的要求仍然有差距，一些鱼贩坚持原议，要求鱼市场降低手续费，并继续在杨树浦周围进行扰乱活动。[③] 对此鱼市场不得不求助于上海市公安局的帮助。

查本场开业伊始，连日各方反对者，不遵实业部渔字第416号布告，规定办法在本市场举行第一次鱼货交易，动辄利用小贩及码头工人任意滋事，对本场业务，横加阻挠，殊堪痛恨，兹者经本日(5月下旬——笔者注)上午本场紧急理事会议决，今晚除加意防范外，由场分函本市军警机关，呈派军警到场维持秩序，防止纠纷，除分函外，特派刘绍兴趋前接洽，敬请指派警士五六十人莅场协助，事关公安，至希查□俯允。[④]

同时要求上海市政府发布公告，以督令鱼贩遵守法令。

上海市政府布告

查上海鱼市场系由实业部集合渔业商民组织成立，乃谋官商合作，发展本国渔业起见。本府前准实业部咨请协助并严禁阻挠，业令公安社会等局遵照在案，兹据报告，该场兹开业以来，尚有少数鱼贩，受人利用，发生滋扰情事，不仅妨害市场，尤属违抗政令，除饬公安局严行查禁外，合亟布告，仰各该渔业鱼贩一体，凛遵不得滋扰，倘敢故违，定即严惩不贷，切切此布。

中华民国二十五年五月二十八日

市长吴铁城[⑤]

从上述布告来看，虽然他们一再强调鱼贩是受人胁迫，但从根本上而言，鱼贩

---

① 《理监会议记录》，上海档案馆藏，档案号：Q464－1－363。

② 《理监会议记录》，上海档案馆藏，档案号：Q464－1－363。

③ 值得注意的是，这时由于十三家冰鲜鱼行亦未加入鱼市场，因此，他们对鱼贩之闹事起到了推波助澜的作用。

④ 《商请军警机关加派警捕弹压流氓滋事》，上海档案馆藏，档案号：Q464－1－253。

⑤ 《宣传公告》，上海档案馆藏，档案号：Q464－1－116。

的自身利益诉求是他们加入这些活动的重要推动力。如路程太远,道路狭窄、服务不周等等,但最重要的则是鱼市场的手续费定位太高,这是鱼贩不满的主要原因。在鱼市场的强力控制下,鱼贩只得降低其要求,以最大限度地维护其利益,遂向鱼市场提出了以下五项要求:①用秤公平;②不得夹冰;③服务费退还五厘以为建立鱼贩公所之基金;④改善待遇;⑤改良码头设备。[①] 对于上述五项要求,上海鱼市场所召开的第五次理监联席会议做出决议,对于鱼贩所提之五项要求,"诸条原则均可接受,惟本场早为注意第三条,因本场营业章程系由部颁,如有更换须呈部核准方可修正,可先通知鱼贩照常购货。"[②]并于5月底发布公告:

上海全市鱼贩要求鱼市场办法五项,已蒙鱼市场当局准提理事会通过施行,现经决定于本月27日起,每日上午二时,我沪市鱼贩应全体遵章赴鱼市场购买鱼货,特此通告全市各菜场鱼贩一体知照,又鱼贩到场,可自由乘坐卡车往来。[③]

虽然,鱼市场就鱼贩所提各点做出了积极的回应,但对于鱼贩所关注的切身利益如佣金问题却搁置了下来。实际上,这成为后期双方争执纠葛的重要原因。

1936年11月,上海鱼贩再次就改良鱼贩之境遇提出免除手续费的要求,他们认为:"自鱼市场成立后,我鱼贩如丧考妣,如遭大难,痛苦之深罄竹难宣,诉诸党政,党政不理,公诸社会,社会无能,我鱼贩处此水深火热之境,真所谓欲死无路,欲哭无泪,伤心惨目,莫过于兹。"[④]并列举了鱼贩之痛苦的四个方面:①生涯较前清淡,而负担较前加倍,自不景气,风浪打入以来,各种商业无不减色。我鱼贩岂能逃出漩涡,营业清淡自在意中。但从前每元佣金只取七厘,改鱼市场后美其名曰手续费,而实则每元需纳一分五厘,倘全年营业以二千万计,则我鱼贩负担每年较前增加16万元之多,一方面因营业减色之损失,又奚止数十百万元收入减少,即如此支出增多,又如彼,我鱼贩处境如此,岂可同日而语耶。②路途遥远,消耗更增四倍。从前市场在小东门,地点适中往来便利,从夜间三时出发,一小时内即可完事,车资平均二角,时间经济,均极简省,今则相隔数十里,路途遥远,午夜十二时即需出发往返完事非三四小时不达,车资点心等等需费一元,时间经济,较前增加四倍。且转瞬冬令将届,长夜漫漫,北风烈,冰雪迫人皮肉,为开既无安息之所,又乏取暖之方,此中生活岂局外人所得领略。③伤亡相继,袖手旁观。自鱼市场成立后,我鱼贩因河岸设备未周,落水而死者已达11人,又以黑夜关系鱼贩卡车失事受伤者更不计其数,市场虽有所闻而不顾家族欲有所诉而无门噫,谁无父母,谁无妻子,我鱼

① 《理监联席会议记录》,上海档案馆藏,档案号:Q464-1-173。
② 《理监联席会议记录》,上海档案馆藏,档案号:Q464-1-173。
③ 《鱼贩五项要求鱼市场已接受解决》,《申报》,1936年5月27日。
④ 《上海鱼市场鱼贩吴阿定等请求解决佣金四点》,上海档案馆藏,档案号:Q464-1-532。

贩目击心伤,感横祸之惨遭,实同痛而相怜。查鱼市场每年数百万元之收入直接取之于渔民,间接取之于鱼贩,偌大巨款,既来自鱼贩饮水思源,理应对鱼贩给以相当之利益及至今未闻对于如何改良设备,如何纠正错误,如何订定抚恤等有只字之公布。④其他如贷款不能宕欠,份量不能复秤,执事人员恃势凌人,无业流氓从中取利等均属我鱼贩冤屈莫伸之事实。[1] 应该承认,双方对于鱼贩所承受之痛苦有不同之理解,值得注意的是,这里面有个细节问题必须注意,如上所述,一直以来,鱼贩与鱼行向来不合,而手续费(1.5%之佣金)主要是给经纪人的(鱼行),这正是鱼贩心有不甘的重要原因。正如鱼贩所强调的那样"呜呼我鱼贩人也,彼经纪人亦人也。以我之血之汗供彼之挥之霍,悠悠岁月时日曷丧,言念及斯,悲痛无似"[2]。因格于实部规章,对上述问题,鱼市场认为:"第一、二无从变更,第三点当场原地复秤,并无不可,若设危险等情,自径逐步改善设备,并在码头上加以种种触目警告以来,此项事实,久无听闻。至卡车入场所收费用,系属养路费,每月每辆卡车规定3元,完全取诸卡车,商人与鱼贩无涉。第四点信用垫款,各经纪人一仍旧贯,即如具呈人之李交生、东锦才、蔡玉潮等拖欠本场第一号至第七号经纪人瞿长顺等号,各有二三千元之巨,均可帐可稽。"[3]实际上,鱼市场又一次否决了其要求。

1937年1月,鱼贩代表吴富贵就鱼贩问题上书上海市社会局,对上海鱼市场之答复予以批驳,他认为其向鱼贩所征佣金手续费,即"该公司营业规程第四十八条有经纪人得收取货价1.5%之规定,核与中央原则,所定限制,固无不合,但较该公司成立前本市鱼行所收取0.7%外佣竟增加一倍之巨"。他认为无论从习惯上抑或从法理上鱼市场征收的手续费都为数过巨。首先,从传统惯例而言,"各业牙行中间人所征收佣金均归卖方负担,向买客收费者间或有之,名谓外佣,其数甚微"。这是因为"此项交易购者并非直接用户,货品之脱售,全赖买方推销,卖方有求于买方也,故牙行佣金以向卖客征收为主体,相沿至今已成习惯"。其次,从法理上来看,对于牙行佣金,中央有明文规定"牙行佣金以百分之三为限,卖买双方各半征收",但实际上,在上海大部分都沿袭传统,即"各业以有特殊情形,迄今仍照习惯征收"。但值得注意的是,鱼市场"所定数目对卖方佣金未能以中央限制为标准,而于买方则不顾习惯,手续费增加达一倍之巨"[4]。从上述情况而言,在鱼贩的认识层面上,他们始终认为鱼市场是变相之鱼行,或者说是政府开办的鱼行。因此,时时以鱼行的惯例来看待鱼市场手续费的征收。但必须指出的是,虽然鱼市场承

---

① 《上海鱼市场鱼贩吴阿定等请求解决佣金四点》,上海档案馆藏,档案号:Q464－1－532。
② 《上海鱼市场鱼贩吴阿定等请求解决佣金四点》,上海档案馆藏,档案号:Q464－1－532。
③ 《上海鱼市场鱼贩吴阿定等请求解决佣金四点》,上海档案馆藏,档案号:Q464－1－532。
④ 《运输》,上海档案馆藏,档案号:Q464－1－373。

担了鱼行的部分功能,但两者之间还是存在本质的差别。首先,从承办的主体而言,鱼行的经营主体是鱼商,而鱼市场的主体则是政府。其次,他们的宗旨不同。鱼行的主要目标是获取利润,而鱼市场则以统制渔获物以稳定物价作为自身的主要目标。第三,交易制度上的差异,鱼市场的交易主要是卸卖方式,保护了鱼商的利益,最大限度地消解了经纪人的垄断欲望与路径。而鱼行却随行就市,难以起到保护鱼商的功能。因此,从某种意义上看,鱼市场之性质并非牙行。因此,其佣金收取之多寡同样亦不能以鱼行之惯例或牙行之规定来要求。必须指出的是,鱼市场所关注的是鱼市场能否正常运转,而只有保证其正常运行的情况下,鱼贩的利益才有可能被关涉。值得注意的是,鱼贩之手续费的主要获利者为经纪人,他们认为鱼市场之设立"原为振兴渔业救济渔民,今鱼贩要求减轻佣金,改善待遇,在论理上,固未可谓其全无理由,敝经纪人雅不欲加以指摘。惟是本场营业章程规定经纪人得向卸卖人购入鱼类而对于经纪人之雇佣卸卖人,其种种费用与消耗并无丝毫补助……敝经纪人所得仅四分二厘五(以佣金八分计算的——笔者注),每月开支出入已不能相抵,亏耗之数实属不赀,该鱼贩等不惟欠缴佣金,且货款亦多被欠,倘再予以减佣,则敝经纪人号中此后之损失更不知伊于胡底"。[①] 因此,消减手续费则会对经纪人产生很大的影响,这实际上就是鱼市场迟迟没有应允鱼贩减佣的重要原因。

然而,对于吴富贵等鱼贩之诉求,上海市社会局十分重视,立即把这一情况上报给实业部,并提出减少佣金以维护鱼贩利益之呼吁。在社会局的要求下,实业部遂决定采纳其建议,不久发函至鱼市场要求他们就减少鱼贩之佣金问题作出实质性的措施。3月24日,上海鱼市场理监联席会议,对于减少佣金问题"拟由市场与经纪人公会接洽,使鱼贩佣金渐为减少"[②]。

如上所述,就本次鱼贩的利益诉求来看,其症结则在于鱼行与鱼贩经年之矛盾积累所导致的。从鱼贩的上书中(如前所述),我们知道鱼贩对鱼行向有矛盾(至少有一部分人是这样的),他们热切希望鱼市场替代鱼行之功能,以减少鱼行之剥削。但实际上这一主观的心理预期到最终却只是空中楼阁,不仅如此,更重要的是,鱼市场还因为经纪人的要求而增加了手续费,这就进一步放大了鱼贩对经纪人之愤懑,从而使减少佣金成为鱼贩的首要诉求。作为鱼市场不仅是利益调剂的主导者,更是市场经营的管理者,其主要任务是维护鱼市场的经营,其次才是利益的调节。从一开始,当鱼市场在正常营运时,它对鱼贩之要求,虽然不能说是熟视无

① 《上海鱼市场佣保项等件》,上海档案馆藏,档案号:Q464-1-539。
② 《上海鱼市场佣保项等件》,上海档案馆藏,档案号:Q464-1-539。

睹,但至少没有认真对待,而且至实业部要求后才有动作,即加强了对经纪人之工作力度以寻求最后解决之途径,并定下了逐步减少佣金之原则。必须指出的是,鱼市场之所以对鱼贩之要求并不积极主要有两方面之考量:其一,上海鱼市场隶属于实业部,因此,有关实业部做出之决定鱼市场是无权干涉的。而手续费为规章所定,因此减少手续费涉及部章,因此鱼市场无权修改。其二,鱼市场认为鱼贩要求减少佣金,在很大程度上是个人恩怨所致,而与改善鱼贩之境况无涉。因"鱼贩购货贩卖与食户,当然计算成本而核盈亏,贵买贵卖,不能例外,于其本身不关痛痒"。[①] 虽然如此,但为了照顾鱼贩之利益遂做出了如上之决议,以突显其体恤民生之主张。

第二节　资本运作的重组:从鱼行之"鱼放"到渔业银团之贷款

一直以来,维持渔业生产以及上海渔业运销的主要资金来源则是"鱼放",即渔业生产或运销者从鱼行那里进行借贷以从事生产或销售。这是维持上海渔业经济循环的重要支撑。但鱼市场的重组,把鱼行从资本放贷中解脱出来后,必然要填充鱼行职责转变后所留下的空间。具体而言,亦即要取代鱼行放贷这一责任。

一、鱼行时期的资本体系及其困境

进入20世纪之后,我国的渔业经济状况日渐衰落,时人总结其原因不外下列数端:①鱼价之低落;②生活费之膨胀;③海盗之蜂起;④外人之侵渔;⑤生产费之增加。揆诸其根本原因,即"今日之水产事业之症结",主要是"缺乏资金周转"。[②] 因为资金的匮乏,从而衍生出了各种问题,如渔业资金不足则就难以对现存渔业技术进行改良以及应用,从而使渔业生产在缺乏资金支持下日渐衰落,进而影响整个渔业经济体系。

众所周知,渔村缺乏资金是一个基本事实。在渔村素乏公共的信贷机构之条件下,维持渔村经济运转的金融机构主要是鱼栈或鱼行,他们都是渔业运销的中间人,是专门把渔民之鱼货售给鱼商,从中抽取佣金,以获得收益之商人。他们贷款给渔民一般不收利息(当然也有收利息,但一般比较低),但其代价是渔民必须把其鱼货卖给借贷之鱼行或鱼栈,这是鱼栈(或鱼行)维持生存的重要路径。一般而言,借贷与鱼汛之来临紧密相连,质言之,渔业金融之周转有比较强的季节性,一般主要分为三个阶段:即三月至五月之春汛,八月至九月之秋汛,十二月左右之冬汛。

---

① 《理监会议记录》,上海档案馆藏,档案号:Q464-1-363。

② 《水产讲坛:渔业银团之批判与设计》,《上海市水产经济月刊》,第五期,第五卷,第12页。

在20世纪二三十年代,伴随着渔业经济的逐渐衰退,维护整个渔业经济之循环的资本体系,开始呈现出断裂之现象。这是因为渔业经济之不振,首当其冲的是对渔民生产与销售带来较大之冲击,而渔民受到冲击之后,就自然会对鱼行之“鱼放”带来两难困境。一方面不得不贷款给渔民,这是因为鱼行要获得更多的货源必然要贷款给渔民,以维持其营业。另一方面,经济的下滑使鱼行又不能贷款给渔民,一旦放出去的款项无限增大难以收回时,其结果则只能导致鱼行之破产。

正是基于上述原因,一些鱼行在借贷中更为谨慎,而鱼行放贷的减少又进一步加剧了渔业经济破产之速度。如宁波旅沪同乡会委员长虞和德,定海旅沪同乡会委员刘鸿生称:“以定海渔业冠于全国,沈家门地方尤为渔民荟萃之区,每届冬汛,大对船1200余对,放洋采捕。每对生产平均以5000元计算,统计所获不下600万元,惟放洋之先,须筹集渔本,如人工、船担、柴米、桐油、绳网等,每对需洋1500元,共约需洋180万元。此项渔本向由甬沈银钱两业,贷于鱼栈转贷渔民。俟鱼获之后,再行算还本息,已成惯例,现受社会不景气之影响,……鱼栈无从周转,鱼汛因而坐失600万元之生产,均遗弃于渔中,数十万之渔民啸聚成群,无正当之职业,流祸地方,靡有底止。”又据苏省常熟、盐城、南通、崇明、东台、如皋、赣榆、灌云、阜宁、涟水、南汇、松江、海门等沿江海十四县渔会电称:“窃渔村破产,鱼市消沉,我江苏滨海各县,近年产量远非昔比。揆其致败之因,实由于渔业经济陷于停顿状态所促成,往岁商业、金融表面未破,尚赖鱼行以高利的信用贷款,辗转维持,虽属杯水之济,要亦聊胜于无。今春鱼行无力贷放,致渔船因缺乏资本而停业者,十居三四,货弃于海,良可痛惜。”①与此同时,各方请求救济者,“不啻数十,吾人见之于报章有浙东渔民代表陈满生等电呈军事委员饬令国家银行拨款救济;定海沈家门镇商呈行政院请指派渔民借款;此外如浙江鄞县渔民,上海市渔轮业同业公会等呈请救济”②等等。因此,“谋渔业之发展,自非设法流通渔业金融不可,欲谋渔业金融之流通,……亟须筹设银行,为一切渔业金融之基础”。③

从上述情况来看,加强资金投入是维护并发展渔业经济循环的重要基础,那么如何保证渔业资金的供应。在当时的条件下不外有以下几种方式:一是传统银钱业,但由于受到宁波金融风潮之影响,有相当一部分银钱业予以倒闭。二是,向银行筹拨资金。实际上从银行筹款投放已有成案可援。如1935年,蒋介石因奉化鱼行无力放本,曾经要求地方银行借款10万元。④ 但必须指出的是,银行放贷与传统

① 《财实两部筹商救济江浙渔业》,《申报》,1936年2月28日。
② 《水产讲坛:渔业银团之批判与设计》,《上海市水产经济月刊》,第五期,第五卷,第13页。
③ 《水产讲坛:渔业银团之批判与设计》,《上海市水产经济月刊》,第五期,第五卷,第12页。
④ 《财实两部筹商救济江浙渔业》,《申报》,1936年2月28日。

金融机构如钱庄之信用贷放有一定差异。因此,在渔业经济衰退之际,银行之放贷只可能随之缩减,有时不得不借助于行政之权力来推动银行借贷。值得注意的是,即使那些具有国家性质的银行,为了减少坏账,同样在经济预期不振之情况下停止借贷。如1935年在渔业经济处于困境之际,中国银行虽素有借贷给渔业之业务,但却在经济不景气中徘徊踌躇,最后不得不由实业部长陈公博向上海市中国银行经理贝松荪提出贷款之请求。

闻贵行沈家门分行于渔汛时,对于渔民向有5万元贷款,全年以市面关系已停止放款,惟是渔业衰落,本年特甚。倘不救济,势必濒于破产,弟职责所在,义难坐视,爰特代为之请,倘蒙酌照旧例办理,公私同感,专此并颂公绥,弟陈公博。①

从理论上来看,寻求银行的支持是保证渔业经济发展的重要路径,但一般商业银行,即使是国有银行。因其风险系数较高,一旦出现不利局面将会收缩资金存贷。具体而言,他们的借贷缺乏的是制度性的支持,带有强烈的商业运作色彩,而缺乏的是社会责任心或国家社会长远发展的考量。因此,要加强对渔业经济持续性的资金支持,必须要由政府予以主持,通过制度设计以保证银行利润的托底机制来保障各商业银行对渔业投资的信心,只有充沛的资金投入才能够使中国的渔业经济转型得以顺利实行。

二、渔业银团:资金救助的路径选择

一直以来,维持上海渔业经济体系的资金主要来自于鱼行,而上海鱼市场成立后,经纪人实际上已逐渐从沉重的"鱼放"负担中解脱出来。我们知道在这一循环中一旦缺乏鱼行资金的支撑,整个上海的渔业经济状况将会呈现断裂之虞。因此,如若鱼行从"鱼放"中抽离出来,必然要有组织去弥补上海渔业经济循环体系中的断裂。

1936年初,吴鼎昌继任实业部长之后,就着手计划筹设渔业银团来承担以前鱼行之功能。1936年春,吴部长来沪接洽关于设立农本局②之际,与银行界提出筹设银团之举。经过讨论,有"中国、交通、上海、中汇、新华、金城、大陆、盐业、中南等12家银行赞成加入并平均认担流动资金"。于是"推定钱新之、王志莘、黄延芳三人为委员,起草各项章则",并设定了渔业银团之目的,为"在指导渔民组织合作

① 《陈部长代浙渔民请命》,《申报》,1935年10月18日。

② 由于连年兵燹,水旱频仍,经济枯竭,农村破产以致民不聊生。实业部在调整农产品,流通农业资金为切要之图的原则下,遂与四行储蓄会,中国,交通等三十家银行一再商讨,秉承院长意旨,呈准筹设农本局,以为发展农业经济。后农本局在实业部之筹划下于1936年9月17日正式成立。资料来源:《实业部1936年内新办事业之进行状况汇编之报告》档案号:422-(1)-867。中国第二历史档案馆藏。

社,并贷款于合作社,以促进我国渔业生产,改善渔民经济”[①]。不久,在吴部长的督促下,实业部将护渔办事处结束,并“将该处腾出之款与上海金融界及与渔业较有关系之银行组织渔业银团”[②]。同时拟定渔业银团办法上报行政院予以批准。5月13日,行政院第262次会议通过了实业部渔业银团办法:

一、实业部改进渔业,联合上海各银行组织渔业银团,办理下列事项:①提倡渔民组织合作社。②渔业贷放款项。③建造新式渔轮租赁渔民。

二、渔业银团事务所设上海鱼市场。

三、参加银行推定行为代表,负责办理渔业银团事务。

四、实业部派监理员一人,随时检查渔业银团业务。

五、渔业银团资本分固定资金,流通资金两种。固定资本由实部自二十五年度起每年由投入20万元,流通资金由实业部与各参加银行酌量渔业需要情形,商定每年总额,但第一年度不得少于80万元。

六、渔业银团固定资金,按投入实数周息六厘,流通资金投入实数周息八厘。

七、渔业银团放款,除抵押放款外,凡信用放款,须银团认可之合作社或上海鱼市场担保。

八、渔业银团放款利息及渔轮租赁之收入,除拨固定资金流通资金利息外,概作为预备金。

九、渔业银团办事费用,须规定极少数目,经实部核准由预备金内开支。

十、渔业银团每年决算有盈余时,按固定流通实投资金之数分配红利,有亏损时,得以预备金补足,如仍不足得以固定资本之息金补充,再不足时,得呈经实部核准,减少原投固定资金积存数额。

十一、渔业银团每年度决算后,固定资金应派息金红利,得经实部核准加入固定资金数额。[③]

从上述办法来看,渔业银团的主要任务是贷款于渔民,为渔业经济的发展提供资金支持,并且,为赢得银行界的支持,尽量减少各参与银团的损失,以政府之名义向他们提供了托底机制,即无论渔业银团盈亏,商业银行都有利息收入。因此,如此办法自然会得到银行界的支持。

值得注意的是,一直以来,鱼行或鱼栈放贷大部分都是信用放贷,虽然存在很大的危险,但与他们经营性质有很大之关联,而渔业银行本身并不直接经营渔业,而是一银行机构,与鱼行有本质区别。那么如何保证把资金直接贷放给渔民,直接

① 《十二家银行赞成加入渔业银团》,《申报》,1936年5月15日。

② 《创设渔业银团》,上海档案馆藏,档案号:Q464-1-289。

③ 《行政院通过实业部渔业银团办法》,《申报》,1936年5月13日。

施惠于民,同时又能够保障放款之安全,即如何能得照数收回,这些都是银团必须面对的重要问题。

必须注意的是,这时秋季渔汛即将来临,这也预示着鱼款放贷的高峰将至。1936 年 9 月 7 日,卸卖人就渔业客户需款孔亟之境遇函请理事会予以救济。声称"以渔轮带鱼、抢蟹、江蟹等各客户需要贷本孔亟,而各经纪人又无力继续贷放,迅予呈请实业部将已核准之渔业银团即日成立,以便贷借"。但必须指出的是,虽然提出建立渔业银团,但其手续繁杂,一时难以成行,而渔民需款孔亟。为了不延误秋季渔汛之筹款,卸卖人于 9 月 15 日再次呈请鱼市场权衡办法,以救助渔业。他认为,该银团"现既须呈请实业部后方克成立,不免辗转需时,而目前各客户之期待放本又有刻不容缓之势,倘一因循坐谈各客户必将乏资周转,影响于鱼货之产销实至深且巨,窃以我市场既为营业之主体,为权衡情势急迫计,自应于银团未成立之前暂时对于各客户之要求贷本者予以拨借,将来即由银团照数划还,庶几我市场营业可不蒙损失,而客户亦得照常运销,一举两得舍此固更无其他济急之途"①。金融周转是维持渔业经济运作的基本前提,一旦资金断裂,将会给渔业经济造成很大之影响。那么,鱼市场的营运同样会遭致相当之损失。因此,对于卸卖人之请求,鱼市场极为重视,并立即把这一情况上呈实业部以求解决之道。不久,由实业部分派代表与钱新之、蒉延芳、王志莘协商(分别代表上海四行储蓄会,中汇银行、新华信托储蓄银行),"先集款 12 万元,推由新华银行代办贷放",以救助渔民"。10 月下旬,"三行颁布了渔业贷款办法"②,旋即开始进行贷放业务。不久即"将 5 万元贷与宁波渔民合作社,转贷各渔民",所"余款 7 万元,将贷与各渔船,经由鱼市场卸卖人向银团申请……加以审查,日内即可开始贷放"③。但这种临时政策终将不是长久之策,渔业银团的筹建已是刻不容缓。

---

① 《上海鱼市场关于黄振世为客户贷款营业暨为源利等经纪人借款案》,上海档案馆藏,档案号:Q464-1-520。

② 贷款办法:1. 四行储蓄会、中汇银行、新华银行(以下简称三行)为廿五年秋季鱼汛已届,渔船需费孔亟,特举办船业放款,以供给渔业者之急需为原则。2. 本办法所指放款,以切实贷与渔民,或冰鲜船商,供求届出海所需之一部分经费为标的。3. 本办法所指放款,暂以渔业合作社及上海鱼市场卸卖人为对象,并暂以上海鱼市场有关系者为限。4. 凡依本办法申请借款者,俱以上海鱼市场为保证人,三行认为必要时,并得令借款人加? 三行认可之个人或团体为保证人,保证人与借款人连带负担一切借款上偿还之责任。5. 凡依本法申请借款,以在上海鱼市场售鱼应得之贷款或代售应得之佣金,为担保品,三行认贷款佣金作为担保,尚虞不足时,得再令借款人提供其他担保品。6. 借款期限,不得超过十个月,但可分期拨还,利随本减。7. 借款利率,以月息九厘计算,每月结算一次,渔业合作社借款利率,得酌减一厘。8. 鱼市场卸卖人转放于冰鲜船之利率,不得高于三行放款利率三厘以上。资料来源:《秋季鱼汛已届三行集款贷放渔民》《申报》1936 年 10 月 22 日。

③ 《秋季鱼汛已届三行集款贷放渔民》,《申报》,1936 年 10 月 22 日。

1936年10月底,实业部以渔业银团亟须组织成立,致函上海各行会并附送行政院通过之组织办法督促成立。与此同时,函请钱新之、王志莘、黄延芳三人积极筹备,加速拟定草案之进程。11月7日,钱新之等召集上海银行、交通银行等十二家银行召开筹备会议,与会代表就下列事项进行了讨论:一、流通资金分股及认定办法①。二、筹备会办事细则②。三、筹备会工作大纲③。四、筹备会组织章程。会后成立了筹备处,并推举钱新之、王志莘、黄延芳三人负责筹备。

11月14日,银团筹备会议召开第二次会议,会议对上述各项规程进行讨论并予以修正。值得注意的是,筹备处的工作,不仅仅在于组织机构之设置,更为重要的是要了解渔业社会的经济状况以便使所设计的各项章程有章可循,既具有实际的操作空间,又能够体现出渔业银团之宗旨。职是之故,筹备处先后派员前往嵊泗、舟山、佘山嘴等地进行调查以了解各地之渔业状况及渔民生活。其调查之内容,不仅包括当地的渔汛产量及渔民的生活状况,更重要的是弄清楚他们的金融状况。那么,当时一般渔民的金融状况到底如何,我们可选择嵊泗列岛作为一个标本来予以审视。1936年11月,"为了明了渔产品实际情形,以便妥定放款方针,特积极着手调查渔业",于是"派由市渔业指导所屈均远参加苏省府等组织之嵊泗列岛考察团,赴该岛区考察渔产状况及渔民组织"④。通过调查明确了该岛渔业经济的基本状况。首先,缺乏借贷机构,难以维持渔业经济的正常运转。如"该岛现在唯一之借贷机关仅有崇明县之第五区保证信用借款合作社,但规模较小,资本短少,平时所借,均为二三十元之小本借款,未能适应渔民鱼行之需要"。其次,弄清了该

① 流通资金及认股办法:第一年流通资金总额国币80万元,分作四十股,每股2万元。由参加银行分认。其中中国银行6股,交通银行5股,浙江兴业银行3股,上海商业储蓄银行3股,盐业银行3股,金城银行3股,四行储蓄会3股,中汇银行3股,新华信托储蓄银行3股,四明银行2股。资料来源:《水产月刊》第三卷,第十一期,第76页。

② 办事细则:第一条,本细则依据渔业银行筹备处规程第六条制定之。第二条,本处为便于处理事务起见,于职员中指定二人秉承筹备员督率职员分别掌理总务及技术两项事务。第三条,凡到处文件由收发启封编号登记呈筹备员核阅后,发交该管职员拟办。第四条,凡稿件核签后,发交缮校,经缮校用印,即由收发分别封发存档。第五条,凡本处所有文件,以筹备处名义行之。第六条,专任职员应照规定办公时间到处,不得迟到或早退,考勤簿应亲自签到。第七条,职员非疾病及不得已事故不得请假。第八条,职员请假应具请假书声叙事由呈经筹备员核准。第九条,本细则由本处筹备员拟定,经银团代表开会议决,呈报实业部备案施行。资料来源:《水产月刊》,第三卷,第十一期,第76页。

③ 工作大纲:一、本工作大纲根据渔业银团筹备处组织规程拟定之。二、筹备期间暂以三个月为限。三、招集渔业银团资金。1.向实部领取第一年度固定资金。2.向各参加银行收集流通资金。四、拟定渔业银团业务方针。五、草拟渔业银团各项章则。1.渔业银团组织章程。2.渔业银团各处办事细则。3.渔业银团放款总章程。A信用放款规则。B抵押放款规则。C往来透支规则。D其他有关放款之各项规则。4.其他有关渔业银团之各项规则。六、草拟各项渔业生产,及运销合作社组织通则。七、调查渔业情形及现有渔业合租社状况其工作。资料来源:《水产月刊》,第三卷,第十一期,第76页。

④ 《屈均远考察渔业毕编制报告书》,《申报》,1936年12月14日。

岛所欠缺的资金数额。“至该岛每季渔汛时,渔民鱼行所需资本及流通资金,黄鱼汛约需十万元,墨鱼汛约需七万元,带鱼汛约需十万元,共计约达三十万元”。调查人员发现,渔业银团前往放款,会面对两方面的困境:其一,“贷款机关,现有合作社,力量单薄,恐不能胜任”;其二,“款项运输,如直接前往贷放,则途中风险殊多”。那么如何在救济渔民的同时能把风险将至最低呢?对此,调查团提出了如下建议:“(1)流动资金,目前惟有借手鱼行,实行现款收鲜;(2)渔民资本,拟先从现有合作社试验贷放,以观后效;(3)办理渔民储蓄,活动渔民资金,以资调剂。”①从上述办法来看,虽然没有直接施惠于民,但上述措施对渔民而言已经有了可资借贷的平台,同时在某种程度上亦降低了他们放贷之风险,因此,有一定的积极意义。

应该说上述情况在渔业社会中带有一定的普遍性。这就为渔业银团放款条款的设计提供了现实的参考。事实上,我们发现渔业银团的贷款章程与上述意见存在一定的关联性。

经过多方准备,渔业银团的筹备工作至1937年初已基本就绪。1月30日,筹备处召开第四次会议,并就下列问题达成意见:⑴银团组织规程理事会章程经理处章程等草案,经修正通过呈报实部备案。⑵银团成立日期决定三月一日。⑶参加银团之各银行与银团之关系,拟订立合约加以规定。② 3月1日,渔业银团正式成立,银团设理事会,共选理事十九人,其中官方七人,包括虞振镛、钱新之、萧延芳、王晓赖、杜月笙、章之善、张轶殴。以及各行理事陈慕灏、曹吉如、王志莘、董承道、孙人镜、周德孙、杨培昌、王绍贤、陈剑涵、徐懋索、叶扶(霄)以及金尚诈等,组织理事会。③ 推定陈慕灏、曹吉如、王志莘担任常务理事,由理事王志莘兼任经理,同时派实部总务司长严慎予为该团监理员。推新华银行为银团代表银行,即由新华银行承担渔业银团的各种手续工作。并公布渔业银团之组织规程:

---

① 《渔业银团三月初成立》,《水产月刊》,第四卷,第二、三合刊,第97页。

② 《渔业银团定于三月一日成立》,《申报》,1937年1月31日。

③ 理事会章程:理事长则须由实业部指定,闻已有实部长指定钱新之担任。理事会章程:第一条:本章程依据实业部渔业银团组织规程第十九条之规定订定之。第二条:本会设于渔业银团内。第三条:本会以理事长为主席,如主席因事不能出席时,由常务理事中互推一人为临时主席。第四条:本会会议,分常务理事会议,理事会议两种。理事会议每月举行一次,遇必要时得由理事5人以上之请求召开临时会议。本会开会时经协理亦得列席,但经理协理如非理事兼任者,无表决权。第五条:本会会议应有理事过半数之出席,始得决议,可否同数时,取决于主席。第六条:本会理事均为给职。第七条:本会每次开会理事如因不克出席,须先期函知本会,并得推派代表一人。第八条:本会对外以理事长名义行之,如有特殊对外行为得经会议决定,公推常务理事为代表。第九条:本会决议事项执行时确有窒碍时,得由经协理声明理由请求覆议。第十条:本会文书事务指定渔业银团职员兼任。第十一条:本章程未尽事宜得提出理事会修正并呈报实业部备案。第十二条:本章程经实业部渔业银团呈请实业部备案施行,其修改时间亦同。资料来源:《渔业银团奉令核准理事会章程》,《申报》,1937年3月11日。

渔业银团组织规程

第一条:本银团以提倡渔民合作,流通渔业金融调整渔产运销,促进渔村建设为宗旨,由实业部联合国内各银行组织之。

第二条:本银团设于上海,必要时得呈准实业部,于各重要渔业地酌设办事处。

第三条:本银团得斟酌各地渔业实际情形,呈准实业部,划分左列四区分期进行:1. 江浙区 2. 冀鲁区 3. 闽粤区 4. 长江上游区。

第四条:本银团资金分左列二种:固定资金,由实业部自二十五年度起,每年投入 20 万元。2、流通资金,由实业部与参加银行酌量渔业情形,商定每年总额,第一年度不得少于 80 万元。

第五条:本银团办理左列事项:一、渔业贷放款项部分:1. 渔业合作社放款。2. 渔船或渔具抵押放款。3. 养殖业之养殖场所及水产物抵押放款。4. 渔业或其制造品抵押放款。5. 渔业上加工制造或运销放款。6. 渔民十人以上连带保证小借款。二、提倡渔民组织合作社部分:1. 调整渔村经济状况。2. 研究渔业经营渔业技术之改善。3. 协助渔业合作社部分。4. 指导渔民组织合作社之营业。5. 稽核渔业合作社之账目。三、建造新式渔轮租赁于渔民部分:1. 建造购买新式渔轮。2. 指导渔民对于新式渔业之技术及经营方法。3. 出租新式渔轮。4. 经实业部委托以及理事会交办事项。

第六条:本银团固定资金按入股实数,周息六厘,流通资金按投入实数,周息八厘计息。

第七条:本银团每年度决算,除提付流通固定资金利息及支付各项开支摊提外,如再有盈余,分作十份:1. 公积金一份。2. 经协理酬劳一份。3. 各职员酬劳一份。4. 调查研究工作费用四份。5. 固定流通资金红利三分。流通资金得呈准实业部以固定资金拨充之。

第八条:本银团每年度决算,有盈余时,固定资金应派息金及红利,得经实业部核准,加入固定资金,如亏损时,得以固定资金之息金补充,再不足时,得呈经实业部核准,以固定资金拨充之。

第九条:本银团设理事十九人,组织理事会。政府方面理事七人,由实业部派充,银行方面 12 人,由参加银行推定之。

第十条:本银团设常务理事 5 人,由参加银行理事互选 3 人,由实业部就政府方面理事指派二人,并由实业部在常务理事 5 人中,指定一人为理事长。

第十一条:本银团由实业部派监理员一人,随时监理本团业务。

第十二条:理事任连三年。政府方面理事,得? 派连任,参加银行理事得连选连任。

第十三条：本银团设经理一人，协理一人至二人，组织经理处，其组织章程另定之，各地方办事处设主任一人，经理协理均经理事会推选，由实业部派充之，但被选者不以理事为限，前项经理协理，任期均为三年，得连选连任。各地办事处主任及重要人员，由经理委派，并呈报实业部备案。

第十四条：本银团经理，承理事会之命总理全国事务，并指挥监督各地办事处，协助辅助经理，办理全团事务，经理因事不能执行职务时，由协理代理之。

第十五条：左列事项应经理事会审定。1. 业务方针及进行计划。2. 各项章则。3. 预算决算。4. 各地办事处之设置与裁撤。5. 本规程之规定及其他重要事项。

第十六条：本银团放款及收解款项，其出纳手续，得委托代表银行办理。

第十七条：本银团为提倡渔业合作及改进渔业技术，暨办理调查渔业经济之状况，研究渔业金融之调整及水产贸易之平衡等工作，得在经理处研究部分。

第十八条：本银团须依本规程详订各项章则，由理事会呈请实业部备案，遇有增订修改时亦同。

第十九条：本规程自公布日施行。①

从渔业银团的组织规程，我们可以得出以下结论：首先，筹设渔业银团，其救济范围不仅仅局限于江浙地区，而是覆盖全国的渔业经济区域。为全国渔业金融之最高机关。其制度设计为，本部设在上海，并于各重要渔业地筹设办事处。其次，在渔业贷款方面，更体现了施惠于民之宗旨。在放贷中不仅仅借贷给合作社，同时还可以借贷给“渔民十人以上连带保证小借款”，这就保证了在渔业组织不健全的渔业社会中，渔民得以受惠的基本路径。第三，渔业银行虽然由一般商业银行参与，但基本保证了实业部对其控制权，具有强烈的行政色彩。

同时为了使贷款更具有操作性，不久渔业银团公布了放款章程，其放款方式主要有五种情况，如下表所示：

① 《救济渔业衰落渔业银团昨成立》，《申报》，1927 年 3 月 2 日。

表5－1　渔业银团举办之放款类别统计表

项目 类别	借款者	用途	担保品	保证人	借款金额	利率	期限	其他
合作社放款	组织健全之合作社	转放于社员(渔民渔船,运销渔船)或该社之共同事业	该社在上海鱼市场售鱼之佣金或其他担保品	上海鱼市场或当地殷实铺保或个人	借款金额随借款渔业合作社之需要而定,但每社借款额不得超过国币5万元	月厘九厘左右	不得超过一年	凡向本团借款之渔业合作社应将该社及其社员姓名经济状况转放契约及其他有关事项汇报本团并随时受本团之
各种抵押放款(附表如下)								
鱼行联合放款	与上海鱼市场发生关系之各地殷实鱼行及其联合团体	限于转贷予渔民及流通渔业金融	各鱼行资金	上海鱼市场或殷实铺保	每户不得超过国币2万元	月息一分左右	不得超过一年	
其他放款	渔民或其他渔业关系人	1.造渔轮或其他渔业用途。2.造公共冷藏库或水产仓库。3.建造渔业上之其他设备。4.经营水产物之共同购买或共同贩卖事业。5.添设水产物制造或饲养上设备	渔业方面之资产及其他本团认可之担保品	上海鱼市场或殷实铺保		月息一分左右		申请此项借款者应提出营业计划筹有半数以上之资本成约后,并应切实依照计划进行,其有更改时应预先征得本团之同意,本团并得随时派员稽核

表 5－2 渔业银团的各种抵押放款

项目 类别	借款者	用途	担保品	保证人	借款金额	利率	期限	其他
渔轮抵押放款	渔轮公司或其联合团体	发展渔轮营业	保有船舶险之新式渔轮*	上海鱼市场或殷实铺保	不得超过渔轮估价之六成每户借款,并不得逾国币三万元	月息一分左右	不得超过一年	凡向本团体款之渔轮公司或其他联合团体应将营业状况及渔获数额,随时报告本团,并随时受本团稽核
螟蛹鲞抵押放款	经营墨鱼渔业并存有螟蛹鲞之渔户		螟蛹鲞	当地鱼行	不得超过担保品市价之六成每户借款额并不得逾国币1000元	月息一分左右	自墨鱼鱼汛终了前半个月至螟蛹鲞售出为止,但最长不得超过四月	借款者螟蛹鲞之出售,应由保证鱼行为之或由保证鱼行代为运沪脱售,将售得之款,迳还本团(附注,其他鲞类俟螟蛹鲞抵放办有成效时,参照推行。)
渔业工厂放款	渔业工厂	发展渔业生产制造及推广国产渔具等营业	工厂资产	上海鱼市场或殷实铺保		月息一分左右	不得超过一年	借款之渔业工厂应随时受本团之稽核

注:*如保险公司所不保之手缲网渔轮得由三家以上手缲网渔轮公司连带保证。资料来源:《救济渔业衰落渔业银团昨成立》,《申报》,1927 年 3 月 2 日。

值得注意的是,由于各地渔民之融资渠道相对狭窄,并且根据向例作为渔民个体的信用较差(当然这与渔民从事的行业有关),他们之借贷主要依靠在渔汛时期的货物来偿还资金,但因受客观因素之影响而常常难以偿还借款。因此,为了保证渔业银团在借款过程中把损失减到最低,渔业银团在放款之规程中规定了相应的条件:首先,信任放款的保证人制度。银团放款与以前鱼行之"鱼放"的本质区别在于,银团主要依靠抵押贷款或者需要保证人及保证物品才予以贷放。我们从上表可以看出保证人之一则为上海鱼市场,这不仅仅是因为鱼市场具有官方色彩,有较强的信用保证,而且鱼市场的救济民生之宗旨也理应为渔民之借贷提供保证。其次,放款之对象侧重于团体而非个人。我们还可以发现,在放款中,并不直接与个人接触,这在合作社并不发达的渔业社会中,这种规定难以保证渔民有资金进行周转,但却促使一些渔民加快进行组织建设以保证渔业经济的正常运作的迫切感。再次,建立严格的审批手续,“凡向银团申请借款者,须填具本(银)团印就之借款申请书,交本(银)团调查审核。借款申请书,经本团审核认为合格者,即通知来团订之借据,依照手续,不合格者,亦通知申请人,其借款申请书,无论借款成立与否,概不发还”①。

渔业银团成立后,即开始进行贷款。然而至三月中旬,申请贷款者只有两起,“有某渔轮之抵押放款约 2 万元,经银团派员调查后,不日即可贷放,尚有某渔网公司之借款,则在调查中”②。从上述情况以及其后一段时间来看,我们发现真正的渔民在这一制度设计中所获之利益并不明显。而银团贷款之对象主要以鱼行,实际上它们仍然承担着银团与渔民之中介,如 1937 年 4 月,上海冰鲜鱼行的联合贷款。揆其原因主要有二:首先,由于信息不发达,再加上渔业银团对于其贷款之宣传未加注意,“渔民鱼商现对于渔业银团之设立,大都均未能明了,其贷款内容及手续如何,□有一部分渔民根本未知有银团之设立,故虽已届春季鱼汛,而请求贷款者,未见踊跃”。其次,在渔业银行的借贷体系中,在操作层面,渔民借款须由合作社来承担,但事实上,“现在各地渔民组织有合作社者,尚属少数”。③ 因此,大部分渔民、鱼商“均未能与贷款章程相符合,未予照准”。④ 事实上,我们可以从渔业银团自身的调查可以看出当时渔业社会中合作社的基本状况。1937 年 3 月,渔业银团组织对温属永嘉、瑞安、平阳、玉环及台属临海、甬属象山等县的渔业经济状况进行调查,“所经各地,有合作社组织者,为宁波之东钱湖合作社成立于二十三年七月,社员以渔船为单位,计大对 56 对,冰鲜 11 只及关系方面 20 人。故 87 社员,认股 105 股,每股 10 元,该社规模粗具,设总办事处于沈家门、分办事处于宁波及上海,每年营业达 20 万元。前因社员需款,曾向银团筹备处先借 5 万元,转贷各渔船为与银团最先发生关系者”。“在石浦则有东门岛合作社,成立于去年(1936 年——笔者注)十一月,社员 58 人,认股 72 股,每股 5 元。至其他各地,则均由鱼

① 《救济渔业衰落渔业银团昨成立》,《申报》,1927 年 3 月 2 日。同时还规定:“五、本团借款应收手续费,照借款总额千分之五计算,于借款成立时征收之,借款不成立者免缴。六、本团得随时通知上海鱼市场,由借款人之渔获金或佣金内扣还借款本息。七、本团小额放款,得委托渔业地银行办理,其章程另订之。八、本章程未尽事宜,得依照银行普通放款章程办理。九、本章程得由理事会随时修订之。”

② 《渔业银团开始贷款》,《申报》,1937 年 3 月 16 日。

③ 《渔业银团调查温台渔况》,《申报》,1937 年 4 月 7 日。

④ 《渔业银团推进渔业贷款》,《申报》,1937 年 4 月 6 月。

行借款，而以渔获归借款鱼行买卖，大多不取利息，盖其有切身利益之关系。”值得注意的是，由于渔业银团所规定的以合作社为借贷单位，这就促使一些传统的渔业金融网络进行重组，以符合渔业银团的贷款资格，如“坎门(玉环)之渔民借贷所，最初系区公署向浙江地方银行借款3万元，交护渔办事处转放，由鱼行保证，取息一分四厘，至二十一年增至四万元。二十三年增至6万元，而减息至一分二厘，以后改交县长，会同地方绅士组织借贷所办理，平均每艘可借约8百元，现经银团与当地渔业界领袖杨克逊接洽，正筹办合作社”。[①] 上述情况表明，在当初渔业合作社尚属少数，大部分地区尚未建立合作社组织。渔业银团的制度设计虽然从防范借贷风险意义上来看，具有其合理性，但在当时的社会条件下，却难以发挥其应有之功能。然而，从坎门之渔民借贷所之转型，亦可窥见渔业经济发展的曙光。

应该说，渔业银团之成立对于整个渔业经济的发展来看确有着极其重要的意义。首先，渔业银团之成立为渔业经济之发展提供了重要的资金支持。虽然，以前间或有银行贷款于渔业经济体系，但那并非真正的制度性的安排，不具有持续性之特征。而渔业银团却为维持渔业之生产提供了稳定的资金来源，从而保证了渔业经济的生存与发展。其次，渔业银团的成立，特别是他们贷款章程中政策的倾向性，对培育现代渔业经济，或者说对于近代渔业经济之转型具有重要的意义。在这一制度设计中，现代渔业却有着比传统渔业更有利的融资条件，事实上，它们是渔业银团主要的受益者，如渔轮局(1937年4月24日，兴华渔轮局申请贷款)以及从事渔业器具的工厂(如新新渔网的贷款等)，这实际上亦成为现代渔业经济转型的一有力之引擎。

第三节 合作社:渔民生存与发展的组织依托

一直以来，渔民在生产与销售的渔业经济体系中始终处于分散之状态，这一散漫的经济个体由于缺乏有效的组织整合，从而使他们不仅在生产与销售上难以与鱼商、鱼栈这一传统强势力量相颉颃，同时亦是生产成本居高不下的重要因素。因此，要维护民生，保障渔业经济状况在近代化之冲击下能正常运转，加强组织建设显得尤为重要。

一、合作社的组织溯源

近代以降，随着西方现代化的冲击，中国被迫走上了现代化的发展征程。值得注意的是，这种被动反应“注定是一种防御或赶超战略为出发点，优先发展军事工

① 《渔业银团调查温台渔况》，《申报》，1937年4月7日。

业和重工业以及维护政权统治和中华民族生存为旨归”[1]的现代化路径,而这正是导致城市与乡村日渐疏离的重要因素。正如有学者指出的,“现代化只能是发生于城市社会的孤军突起,与农村基层社会严重脱节。这样,晚清现代化从一开始便只能在城乡分裂的空间结构中展开,其带来的后果自然使农村被抛在现代化进程之外,不但难以品尝现代化初期成果,反而必须承载现代化启动的重负,因而,农村在这种环境下,陷入了严重的衰败与动荡之中”[2]。更重要的是,近代中国又是一个兵连祸结的国家,动荡不安的社会环境对原本就处境窘迫的个体农民与小农经济而言,更是雪上加霜。

应该说,中国农民的日趋贫困与衰败是合作化运动产生的基本前提。那么何为合作化呢?合作化是一种“舶来品”,最早起源于19世纪中叶西欧的社会主义运动中。[3] 其实质,“就是在平等互助前提下,谋求生产者和消费者达到某种直接或间接的结合,以尽可能减少原料、产品在生产、流通、交换、消费时的中介环节,废除中间人的盘剥以维护生产者和消费者之利益”[4]。西方合作经济思想是伴随着新文化运动的兴起而逐渐被人引入中国的。但必须指出的是,合作运动一开始主要是在知识分子之间扩散,活动区域主要是在城市。而实际上,真正将这一活动推向农村并非政府,乃是一个民间组织——华洋义赈总会。它在1923年4月拟定了《农村信用合作社章程》,6月在香河县城内福音堂,开设河北省“最初之合作社”,即香河县第一合作社。[5]

应该说,合作化运动同样也受到以“三民主义”为宗旨的国民政府的高度重视。如在孙中山刊发的《地方自治开始实行约法》一文中,就明确指出:“地方自治开始之时,‘清户口’‘立机关’‘定地价’‘修道路’‘垦荒地’‘设学校’六事必须要先行举办,如办有成效,逐渐推广及于他事。此后之要事,为地方自治团体所应办

① 赵泉民:《政府合作社乡村社会——国民政府农村合作运动研究》,上海社会科学院出版社,2007年版,第14页。

② 吴毅:《农村衰败与晚清现代化受挫》,《天津社会科学》1996年第3期。

③ 当时以英法为首的西方资本主义国家,在近200年追求利润最大化的进程中,积累了许多有待清算的社会账单,诸如分配不公,劳动者所受的待遇低下(工时、工资、工作环境恶劣),社会福利的不平等等现象。此种现实下,劳动者自发组织的合作社曾经是当时社会中的底层成员为摆脱商业资本剥削而展开经济斗争的一种重要形式,后来欧文、金威廉、圣西门、傅立叶、白朗克等人为代表的空想社会主义者又乐此不疲,积极提倡,并且还把合作制,合作团体为构筑新社会的细胞而进行了试验。嗣后,合作运动便在英、法、德、美、俄及丹麦、日本等欧洲,亚洲的国家相继蔓延开来,甚至形成了全球性的合作运动潮流。资料来源:赵泉民:《政府合作社乡村社会——国民政府农村合作运动研究》,上海社会科学院出版社,2007年版,第42页。

④ 赵泉民:《政府合作社乡村社会——国民政府农村合作运动研究》,上海社会科学院出版社,2007年版,第43页。

⑤ 赵泉民:《政府合作社乡村社会——国民政府农村合作运动研究》,上海社会科学院出版社,2007年版,第57页。

者,则农业合作、工业合作、交易合作、银行合作、保险合作等事。”①实际上,上述精神成为后期南京政府重要的施政纲领。1926年,国民党第二次代表大会通过了《农民运动决议案》第一次以政府法令形式正式提出,国民党应“引导农民,使成为有组织之民众”,“制止土豪劣绅垄断令政,扶助农民之自治团体”而且宜“从速建立农民银行,提倡农民合作事业”②。

国民政府成立后,更加强了对合作化运动的力度。1928年2月,国民党第四次全体执监会上,提出了《组织合作运动委员会建议案》后,就逐渐在全国各个地区开展合作化运动。那么,国民政府的合作化运动到底开展得如何,我们选择其政权统治之腹地,江浙两省的基本情况一探究竟,如表所示:

表5-3 江苏、浙江以及全国合作社统计表(1928年—1936年)

	江苏		浙江		全国		江浙占全国比例
	社数	社员数	社数	社员数	社数	社员数	社数
1928	309	10971	22	367	722	18050	45.84
1929	668	21175	143	4524	1612	49972	50.31
1930	1226	38280	415	11909	2463	71517	66.63
1931	1545	45892	541	14268	2796	104600	74.60
1932	1721	53632	785	20219	3978	151212	63.00
1933	1897	55192	1072	29078	5335	184587	55.65
1934	2937	105036	1497	48608	14649	557521	30.27
1935	4077	138369	1794	60433	26224	1004402	22.39
1936	3825	133386	1243	40282	37318	1643670	13.58

资料来源:赵泉民:《政府合作社乡村社会——国民政府农村合作运动研究》,上海社会科学院出版社,2007年版,第89页、第97页、第159页。

如表所示,合作社的发展从总体上来看,呈上升趋势。但在开始的很长一段时间,其发展并不顺利,数据显示至1933年之前,江浙地区的合作社占了全国绝大部分,甚至在1931年达到了74.60%。可以想见,全国其他地区合作社发展速度之缓慢。直至1934年,这一比例才呈逐渐下降趋势,说明合作社在全国逐渐得到了发展。合作社运动可视为国民党政权对农村生活进行干预的一种体现,其作为超血缘,亲缘关系的“地缘”组织,虽然有着许多不尽如人意之处,但其毕竟作为一种

① 孙文:《地方自治开始实行法》,《建设》,第二卷,第二号(1920年3月),第7页。

② 荣孟源主编:《中国国民党历次代表大会及中央全会资料》(上),光明日报出版社,1985年版,第286-287页。

"新质因素",在乡村社会的经济生活中发挥着一定的作用。

我们无意去追问合作化运动所开展的实质内容,若仅仅以数量而言,合作化运动确实在国民政府的大力推动下有了长足的发展。当然,我们并不否认国民政府在通过合作化运动去重新整合日趋离散的乡村社会以重塑政府权威的统制意图。但我们同样要承认,日趋衰败的农村促使标榜以"三民主义"为政纲的国民政府希望通过合作化运动去救济民生的这一意愿。我们所要探讨的是,既然日益衰败的农村可以通过这一方式去救济,那么对于同样处于困境的渔村是否可以援引上述办法呢?

二、上海鱼市场与渔业合作社

在20世纪二三十年代,由于战乱频仍,人们流离失所,使得农村人口锐减,纷纷抛荒,涌入城市,使农村日趋破产,而与农村相对的渔村同样濒临破产之边缘。我们知道中国在那时仍然是以传统渔业为主(相对于现代渔轮公司而言,或者称之为旧式渔业。)一般而言,传统渔业的"渔民没有不是分别集中于渔场的附近,而自成村落的"[①]。中国的渔村,因为"素向的不被都市文化所连通,所以至今闭塞着,渔村民从不知技术进取的必要,而事实上也没有知道为何才足以进展,其知识程度的欠缺,实在是渔业衰落的根本。同时近年来因为都市经济的不稳定,连带着发生鱼价惨落等影响,于是渔村经济陷于贫困"[②]。因此,要救济渔业,其中一个重要的取向就是对渔村之救济。如上所述,合作事业在农村中已有相当好的基础,自然引导人们对救济渔村路径的思考:既然合作事业能在农村中得以开展并逐渐予以推广,那么是否可以用此方法来救济濒临崩溃的渔村呢?

一般而言,"促成渔村经济崩溃之原因","约有数端,如渔民墨守旧法,鱼价暴落,海盗猖獗,苛捐杂税,运输不便,渔民无教,土劣奸商之鱼肉剥削,及外人侵渔,仇鱼贬值倾销等皆是"。与此相对应的是,救济渔村之途径亦不在少数,如"然改良渔具,建设交通事业,普及渔民教育,共同购买,防止倾渔等"措施,都是救济渔村的重要手段。但必须指出的是,上述措施的最大缺陷在于"规模宏大,需财浩繁之事业,非一蹴而就"。甚至政府所颁发的救济渔业的一些措施,在地方上实行起来亦是困难重重,如"鱼税虽早经政府明令取消,而废除一切巧立名目之苛捐杂税",在上有政策下有对策的政治社会结构中只能成为一纸具文。由上观之,无论是积极的建设抑或是被动的惠民制度措施,在实际的操作中或因财政支绌或因利益纠葛等各种原因而成效不彰。那么,对于如何救济渔村才能达致"铲除土劣奸商之恶

① 《渔村的贫困及其救济对策》,《水产月刊》,第二卷,第六期,第1页。
② 《渔村的贫困及其救济对策》,《水产月刊》,第二卷,第六期,第2页。

势力，提高鱼价，防卫海盗，且直接间接可以增加渔民之收入者”之效果呢？时人认为“莫如推行渔业合作社之组织”[①]。对此，水产专家王千里同样持这种观点。他甚至认为，进行实业建设，最为重要的并不是资本，而是有合理化的生产组织结构。他认为，“一般企业者辄尝实业非资本莫办，我认为能力即资本，有组织的共同能力即资本”，“处兹中国民穷财尽之际，吾人欲根本发展事业，只须赖于有组织的共同努力，资本其次焉”。他指出，“现在中国渔业的普遍现象，大多消耗于鱼商渔民无谓的竞争，及缺乏能力的浪费。结果为日人所侵略。今欲发展渔业，除使生产者与销售者合作，新事业与旧事业互助，及施行强固组织，使事业达成合理化外，别无他途”[②]。应该说，在财政困窘之境遇下，加强组织建设，有效配置资源是改善经营环境，增加生产比较理想的选择。事实上，合作社的组织建构对渔业经济的发展的促进作用主要体现在如下两端：

首先，能够通过合作社以平衡利益达致共同发展之目的。一般而言，组织化运作比分散的个体运行更有效率，它不仅可以节省开支，同时在抵御风险上更胜一筹。如上海的新式渔轮因缺乏合作性，“现在已有几艘停业了，并有全部破产之说”。但“如果能各轮合作，即可节省无谓开支，又可增多收入，像烟台威海卫青岛一带的渔轮组织，‘华北渔轮运销消费储金保险有限责任合作社’成绩很好，足见这是很可以实行的”。[③] 其次，有助于政府对渔村的社会控制，加强资源统筹。实际上，渔业社会一直游离于政府之外，政府对其控制力较弱，其运作之基础基本上都是经年形成惯例。而在组织渔业合作社的实际操作中，政府可以通过制度设计来引导渔民组织，或者直接派员对渔民进行指导以增强他们对现代科学技术的理解与运用。在这种组织建设之过程中，通过重组渔业经济的运作机制，以进行资源的有效配置，从而有利于经济的有效运作。

但必须指出的是，组织渔业合作社的目的不仅仅在于救济渔村，实际上也是适应现代渔业经济发展的必然要求。我们知道直至20世纪二三十年代，中国沿海渔业，“还是操小舟和十几世纪的帆船式渔业，使用轻便的渔具，固守几百年传下来的老渔法从事渔业”。具体而言，“我国渔业的现状是太幼稚、太落伍了，完全受沿岸大多数的小渔业者所支配，不脱旧套经营小规模的渔业”。[④] 但若要在近代西方国家现代化的冲击下，保持中国的渔业经济的持续发展，不仅要在渔业经济之技术上

---

① 《救济渔村之根本办法》，《水产月刊》，第一卷，第四期，第1页。

② 王千里：《中国渔业施行产业合理化的方案》，《水产月刊》，第一卷，第一期，第6－7页。

③ 《愿合作事业向渔业界推进》，《申报》，1935年12月16日。

④ 黄文澧《提倡渔业合作社为改进渔业之基础》，《水产学报》（1931年7月），第一卷，第一期，第15页。

有所突破,同时还要建立适应现代渔业经济发展的现代化的组织。事实上,渔业合作社则是适应现代渔业经济发展的一个重要组织构建。

在社会的呼吁下,政府亦开始对渔村的合作社给予关注,如上海鱼市场以渔业银团对渔业合作社的筹建发挥了积极作用。1935年5月,上海鱼市场筹建因购置冷藏机器而要求上海交通银行给予担保之际,交通银行之函件中就对鱼市场是否拟定合作社章程表示关注。虽然,我们无法确定组织合作社是否是鱼市场的一个重要任务,但实际上,渔村之合作社与上海鱼市场则有千丝万缕之联系,而与此相对的是,渔民在筹建合作社时,亦表现出对鱼市场的热情与期待。撰诸史料,我们认为鱼市场与渔业合作社之关联主要表现在两个方面:

首先,在产销上的关联。一般而言,从生产至销售,中间的环节越少则生产所获利润则相对越高。因此,尽量减少中间环节以扩大渔民获得利润之空间,成为渔民建立渔业合作社的重要考量。必须指出的是,鱼市场是能够吸纳渔业合作社大量鱼货物的最佳去处,因此一些渔民希望得到鱼市场的支持而积极筹建渔业合作社以建立产销合一之制度。如1936年5月6日,渔民曹德昌即向上海鱼市场提交了关于筹设定海县列岛鱼类产销合作社之意见书,表达了要求鱼市场予以支持的愿望。

窃我国文化最早,而工商业仍处幼稚时代,推原其故,国人狃于安逸,不思研究,不事生产,所以时事落人之后致舶品进口年年入超,利源外溢,数可惊人。查我国鱼介类一项,南北洋水面广阔,海产之富,冠于全球,渔民无特殊捕获之手段,政府无辅助之决心,致强邻用科学方法,在我领海任意捕捉,蚕食鲸吞,日甚一日,言之实堪痛心。披阅中山全书,先总理对于开拓大小渔港,发展渔民经济建设,是当务之急。最近实业部主办鱼市场经数年组织惨淡经营,始于日前开幕营业,诵读开幕宣言中,亦是根据先总理遗教为依归。惟观目前初办上海鱼市场,虽有减轻渔民鱼商负担,政府予人民合作辅助渔业经济生产,果若如此,渔业有孟晋之望,仍恐被中途自私之阻滞,无惠渔民鱼商之福利。上海鱼市场为复兴渔村发展渔民经济,扶植渔民鱼商利益计,宜先组织第一合作社于沈家门,第二合作社于高亭长涂港两处。资本暂定五十万,成效后推及其他各渔村,并于该处设立冷藏及制品罐头厂以应供不敷求之需要。复兴渔村,筹设产销合作社由鱼市场指导之卸卖,各处另设鱼市场或办事处以收划一统率之效。现就最接近最有利益及渔船集中渔港两区,先行着手,其大利有三:兹分析于后。查现在浙江宁波定海县属沈家门地方,渔村经济崩溃之际,尚有长季大对渔船一千二百对,短春渔船八百对,每对两艘,渔民每对十四人至十六人不等,共计渔船二千对,渔民三万名。每对渔船捕获鱼价值五千元,计总数收入为一千万元,所捕鱼类,带鱼、小黄鱼为大宗,在全盛时不止此数。

又同县长涂港有溜网渔船五百艘，每艘渔民十人至八九人，常年捕获鱼类，价值3600元，共计收入180万元。在逊清时代，洋上太平时有大小五千余艘之多，迄今减缩已到极点，所捕之鱼类为抢蟹、边鱼、鳓鱼、大黄鱼、鲳鱼、马鲛鱼等，惟此帮渔船捕获后，向各埠鱼行自售，售出后再开驶渔港捕捞。往来耗费时日，年计不可胜算，因乏冰鲜咸鲜鱼商运输转售，故受旧法，以致生产不能加多，对于该港投资发展进行格外顺利，鄙人曾于三年前有计划书拟就宜组织渔户公所，训练渔业警察，在渔区、渔船驻防保护，再派巡洋舰巡查洋上示威以除海盗抢劫之患，而使渔民朝夕有保，胆壮心定，努力捕获，鱼货亦有特殊之保障，然彻底办法，荣再补充之。

沈家门第一合作社，先行组织资本三十万元或由银行放款，或由私人投资，待资本着手，初步试办渔船五百对，每对放款三四百元，利息常年一分计算，共计放款念万元。由各地乡保甲长担保之，或殷实信用担保之。于农历七月底八月初放出，待次年农历四月底或五月底偿清，再收该款继办列岛秋鲜，所余十万元，留作预备金，生财一切设备之用，核计合作社利益，每渔船当地售出货价，依沈家门鱼栈向例扣除佣金百分之十，以五百对长船收入鱼价洋250万元，应得佣金念五万元（预算开支15万元），该渔船所捕之鱼，向合作社秤手落河均由冰鲜渔船鱼商装载转售上海鱼市场或各办事处，就当地冰鲜船向例加佣百分之七。欲减轻鱼商运售负担以百分之五计算，应得佣金十二万五千元，两共计佣金375000元。（内提百分之一，将来备设建筑各要渔港，公共灯塔之用，再提百分之二补助渔民子女教育政费，或充作水产学校谋相当技术人才出世培植之用，其余利益，分派另定之，此其大利可图者一也。）

长涂港（附带高亭等）设立第二合作社，资本念万元，集资办法与上述第一合作社同，试办溜网渔船五百艘，每艘放款二三百元，共计15万元，由各地乡保甲长及殷实信用担保之，其余五万元，留作一切生财设备之用。核计每艘收入鱼值3600元，共计180万元，百分之十扣佣，应得佣金十八万元（除预算开支11万元）。该鱼货亦派由冰鲜咸鲜鱼商船装载转售上海鱼市场或各埠办事处，就当地冰鲜咸鲜船鱼商加百分之五佣金，应得佣金九万元，二共计佣金念七万元，提百分之三，建设公共事业费之备与第一合作社同，此及有利可图者二也。

按冰鲜船咸鲜鱼商船，在定海列岛范围之内，查有大小一千余艘，大则载重一二千担，小则一二百担，以上兹由合作社分等类编号，而登记依照航政局尺量为标准，于起椗收货之前，先向本社缴纳保证金，照吨位量数分甲乙丙，由合作社发给符号证据，向产方收买，运售于上海鱼市场或各埠办事处，该鱼商出售后将其收进鱼本，由本社查职员通知鱼市场或各埠办事处，按数汇解合作社指定之银行，俾与合作社结算，应缴保证金办法列后，分甲乙丙三种：（甲）五百担以上，每百担应缴保证金300元;(乙)二百担以上五百担以下应缴保证金200元;(丙)一百担以上二百担以下,应缴保证金100元。未满百担按百担计算,核计每艘二三百元,缴纳约计20万元,指定银行保存,备作流动之需,借题发挥三方稳实可靠,此其有利可图者三也。综上数种办法,渔船定能加多。查从前渔船减少原因,被出门前流动金无从借贷,在外洋捕鱼时,海盗横行抢劫,又无严密保障。现在合作社有金融救济计派有渔业警察局保险,再兼实业部鱼市场有巡洋舰保护,则渔民无别顾之忧,可以安心捕鱼,生产必能增多,冰鲜船方面,有保证金,有登记证可根据。无论售与某艘冰鲜船,渔民之鱼款,一一由合作社付给,渔民无倒账之忧,鄙人所贡献意见,复兴渔村是目前当务之急,征求国内外热心实业家踊跃投资合作,庶免强邻恣意侵略,风雨共舟以挽狂澜,一方救济失业份子,一方加进公众生产,国计民生实利赖之。①

从上述预期中,我们可以发现渔业合作社不仅能够为渔民生产提供资金支持,以维持渔民正常的生产经营活动,减少他们对当地传统权势的依附,从而有利于维护他们的利益。同时,还能够为渔民生活提供更多直接的公共服务。而上述活动的另一个终端即要鱼市场在产销上与其共同努力,以维护销售上的稳定以及资金来源的可靠与便捷。实际上,我们从这一功能上看,上述组织替代了传统鱼栈以及鱼商的双重作用,进一步缩短了流通渠道,同时通过银行汇兑,增加了交易的安全性,从而为渔民获取更大的利益提供了制度性的支持。

其次,为渔业合作社的成立提供资金支持。鱼市场的筹建则以振兴渔业经济,救助渔民为旨归。因此,为渔业合作社提供资金援助亦成为他们救济渔业的一个重要渠道。如1935年9月秋汛来临之际,鄞县东钱湖外海渔业合作社则就向鱼市场提出援助之请求。

迳启者,忆自春季,敝社派代表罗君来沪造访,蒙尊处华印椿君予以接谈,并宣示有利于渔民者之种种进行方针,足见关怀深情钦佩,曷已乃驹光易过,不觉数月于兹,敝社同人等因念近年来渔业之衰落,鱼价之惨跌种种打击而乏相当之保障,不幸已至破产,苟非设法救济,不独大好利源听其暴弃,抑且无知渔民一旦失业难免铤而走险,则国本动摇,祸在眉睫矣。窃思贵市场之设立志在振兴渔业,扩展利源,然以目下渔业衰败之现象,言之则自觉先谋补救为首要,振兴次之,扩展又次之。盖渔民不能图存,则贵市场又何从而谋振兴而谋扩展乎。际此千钧一发,渔民垂危待援之时期,若能假以渔本,使之应对出发采捕产量,渔民饮水思源,自当云集景□归之如市,将渔获之物供贵市场之支配,则鱼款集中,渔本亦可逐渐归还,所诏鱼行鱼商(指海鲜商)者亦无不就范乎,贵市场也一举数得,良机难遇,竭诚相告,

① 《定海列岛鱼类产销合作社意见》,上海档案馆藏,档案号:Q464-1-293。

表面上虽为渔民请命，实则为贵市场借箸代筹，幸希垂察，并已见复至放款办法，另行详陈，然数额亦非过巨，预算不过十万元而已，渔民既蒙救济，则复兴有望而后再谋扩展，庶几事半功倍焉。[①]

生产是销售的前提，而销售又是再生产（或扩大再生产）的保证，两者相互促进，缺一不可。而渔业合作社与上海鱼市场正是这种关系的一种体现。那么要保证鱼市场的充分运转，救助渔业合作社应成为其必要的选择。

必须指出的是，虽然渔业合作社对渔业经济的发展有颇多助力，并有社会有识之士的呼吁以及政府的关注，但实施的渔村却相当有限，揆其原因主要有二：

首先，是缺乏外部力量之关注。从经济学意义上来看，若要获得人们对某种产业的投资与关注，至少其本身的风险性应是可以估计的，一旦逾越了这一限度，则就在最大程度上消解了人们对此的关注与兴趣。这实际上亦能够解释为什么渔业日趋衰落但并没有获得政府及社会关注的重要原因。相对于渔业而言，农业的风险性很小，因此在利润上更有保证。虽然"农业方面也受到天灾，可是比海洋中的突变当然少得多，并且在土地上，我们只要放下种子勤于耕作灌溉，可以固定的看到它的成长，以至于收获"。而在渔业方面，"海洋中的鱼类很多因为水流的变向，影响到水温水质，或者发生暴风雨，多可以使它不能生存在原有渔场，以致渔民一无所获"。而且在资本所有权上，农业经济的存在的确比渔业有把握，"因为农业者有耕作地的土地所有权（佃农雇农固然没有土地所有权，但是所谓经营农业者，大都必在有了土地之后。）并具有土地上生产物收获之所有权，至于渔业则在公共水面的渔场上捕鱼，所希望的收获物——水产物。任何人捕获后皆可以为已有的"。上述原因，增加了投资渔业经济的风险。因此，"企业界很少对于渔业的投资，银行界更因为渔民缺少有形担保，如渔船渔具等远不及农民的土地、房产等稳固，不敢放款与渔民。在这种情形下，救济渔业似乎就有'欲进不前'的状况"[②]。

其次，渔业界传统的渔业组织生态，亦是渔业合作社推进中的障碍力量。"至于对渔业合作社制度的阻力最大的，是有根深蒂固的原有渔民团体组织"。当然我们并不否认此项组织在一定程度上对保护渔业生产秩序的功用，"然而它组织本身价值上的失败，是无可否认"[③]。这是由其组织性质本身决定的，如"公所组织由少数人操纵，而不能替全体加入的渔民谋利益"，它不能"和'依平等原则在互助组织之基础上，以共同经营方法，谋社员经济之利益与生活之改善'的合作社相提并论"。更为重要的是，公所设计存在大量消耗渔民费用之事实，"像岱山的鱼商协

---

① 《关于鱼商请求救济案》，上海档案馆藏，档案号：Q464－1－83。

② 《愿合作事业向渔业界推进》，《申报》，1935 年 12 月 16 日。

③ 若搴《渔业衰落与渔业合作组织的推进》，《水产月刊》，第二卷，第五期，第 2 页。

会,……它是岱山全体鱼鲞制造者所组织,其全部经费支出的分配,是薪工费占百分之二十五,办公费占百分之二十五,其余百分之五十是保证鱼鲞运输的护船费用,那么可称之为事业费的只占一半,虽则在各公所中是比较好的,但是在合作制度下的组织,大概总是全用于事业吧！就是理事及事务员只能于盈余中提出百分之十为酬劳金,又怎能占收入的四分之一！并且除了这工作以外,对于各鱼鲞制造者的技术上或经营上,简直没有一些贡献。而合作制度下的组织却是各方兼顾的”。[①] 传统的组织体系,一旦根深蒂固,则就会很自然地衍生出利益集团,而这些利益集团则为了维护自身的利益在重构渔业的组织体系中必定会止步不前,这实际上成为渔业合作社难以普及的一个深层次原因。

事实上,合作社与传统的渔业社会组织不同之处在于“无论何种合作社,皆为一种企业,所谓企业者,乃含有工商业性质,有系统之组织,而又有确定之目的”。而传统渔业组织如“渔会不能算为企业,在渔会法中已明白禁止,故不能为投资射利之举,虽其目的仍为高尚,如增进渔业人之知识技能,改善其生活,并发达渔业生产,但实际上处于指导地位,不能为再进一步工作—经济上之工作—组织沦于不甚巩固,试问当鱼价暴落,米麦涨昂之时,渔会有何方法制止?”而“渔业合作社则绝对严密,其切近之目的,使渔民有经济上之训练,最远之目的,使贫穷者至于富裕”。[②]

由上所述,我们发现传统的渔业组织体系并不具备渔业合作社的功能,在渔业的组织生态中,起着重要作用的是公所,他们所承担的任务与渔业生产与销售并无太多的关系,其以调解内部之纠纷为旨归,而不以盈利为目的。

应该说,救济渔村是国民政府渔业救济中的重要组成部分,在传统渔业中,因为渔村的经济是整个渔业经济的基础,是反映渔业经济兴衰的重要表征,一旦渔村衰落,它对整个渔业经济的影响是深远的。首先,减少了从事渔业的人口,而那些从渔业经济生活剥离的人不仅仅是渔业生产环境中的不安定因素,同时亦可成为社会的不稳定分子。如“在目前吾国的现状中,因为不注意到渔业的发展,已很显露的有这种现象外海海盗的增多,不单是拖渔船,骑劫商轮,骚扰渔村,而逐渐地到较内地带抢劫了”[③]。其次,我国所拥有的漫长海岸线与广阔的渔场为我们提供了无尽的宝藏,其中的水产生物除去食用外,尚可制造各种“吾人所需要的工艺品”,成为国民收入的重要组成部分。如“不开发渔业,那么国家经济就少了一部分的生产收入,同时因为本国没有水产品的供给,不得不尽量购买舶来水产品,又增多了

① 若搴:《渔业衰落与渔业合作组织的推进》,《水产月刊》,第二卷,第五期,第2页。
② 陈维风:《渔业合作》,《水产月刊》,第二卷,第五期,第12页。
③ 《愿合作事业向渔业界推进》,《申报》,1935年12月16日。

国民经济的支出”。[①] 20 世纪二三十年代，在政府救济渔业政策的推动下所开展的合作化运动，逐渐从农村影响至渔村，并在鱼市场以及渔业银团的支持下，逐渐有所起色，渔业合作社的起步是救济渔村的重要策略，它一方面解决了渔业生产与销售的个体化境遇，从而为大批量的生产与销售提供了制度化的平台，这种集体化产销有利于保障渔民之利益。另一方面，合作社能够为渔民提供生产所需的各种资料，有利于保证渔业生产的正常化，从而降低了渔民流而为寇的可能性，起到了净化渔业生产环境的功能。囿于史料我们无法获知渔业合作社到底创办的效绩如何，但从实际情况以及理论分析中，渔业合作社应是挽救渔业经济的重要组织依托。

① 《愿合作事业向渔业界推进》，《申报》，1935 年 12 月 16 日。

结　语

国民政府救济渔业是从被动救济到主动建设,然后在统制经济思想的主导下,建立了适应现代渔业经济发展的鱼市场。虽然,在整个救济的过程中始终高举“民生”的旗帜,但却达致了如下结果,不仅从制度上完成了渔业从业者身份上的变更,更重要的是为实现了小生产到大生产的初步转型奠定了基础,从而为现代化的渔业生产、加工与销售提供了平台。

一、从救济到建设:国民政府救济渔业的路线图

众所周知,辛亥革命后,中国一直进行着政治集团的重组过程,而伴随政治纷乱所导致的直接后果是战乱频仍,人民流离失所,导致经济的败坏。与此同时,渔业经济在受到大的经济环境之影响而呈破败之势,进而衍生出如下问题:首先,渔业经济之破败导致渔民之生活日趋困窘,致使渔民因生活所迫,流而为寇,恶化了渔业经济环境,而渔业经济环境的进一步恶化又加剧渔民贫困的程度,而进入了恶性循环之怪圈。其次,渔业经济的破败,对社会治安亦造成一定之影响。渔村经济的破败将会使相当一部分人脱离生产而转变成游离于社会的不安定分子,而他们则是社会动荡之不安定的重要因素。最后,渔业经济的衰败又加剧了日本侵渔势力的扩大。20 世纪初,日本即开始凭藉其强大的军事力量,依靠现代渔业技术对中国沿海进行侵渔。而中国渔业之衰退所逐渐收缩之空间日渐被外渔所填充,而这种状况延伸下去只能使中国渔业之供应更具依赖性,从而进一步打击中国之经济。因此,救济渔业经济不论是从经济抑或是社会稳定之角度而言,都是必需的。当然,这也是政府维护政治稳定的一个重要基础。

1928 年 12 月,当东北易帜之后,蒋介石从形式上完成了统一全国之大业就开始进行经济之建设。1931 年为加强对经济的建设,组织成立了实业部,同时开始着手进行渔业经济方面的建设。

虽然,救济渔业这一目标是明确的,但如何救济,国民政府开始并没有一个正确的方向,而是采取了各项应急措施。其措施主要有两个具体目标:其一,是打击海盗。一般而言,海盗之组成成员大部分是渔民,之所以为海盗主要归咎于渔村经济之破产而"逼上梁山"。但如果不从根本上解决渔业经济建设的问题,而只是一味依靠打击海盗以换来渔业经济之好转是不现实的,因此,虽然政府在打击海盗上进行了诸多努力,但其效果只是暂时的而难以取得明显之成效。这种做法最有可能的结果是,既浪费了国家的人力物力,又难以达致良好的效果。从经济学上来看都是得不偿失的。其二,抵制日本之侵渔。国民政府通过外交途径以及经济手段对日本的倾渔进行了一系列的遏制措施,虽不无成效,但由于中日实力之对比悬殊,日商在日本政府支持下亦不断地从事着走漏事件。加上中国一些鱼商趋利之本性与日商相勾结而增加了走漏的频率与数量。实际上,对日本侵渔所进行的一系列遏制政策在具体的实施过程中,亦不断被消解,其成效同样亦不明显。

由上观之,国民政府在早期进行救济渔业之政策,只是一种被动救济的应急措施,没有细致的规划。必须指出的是,这种应急措施是一种极其保守的救济思路,它是以维护传统渔业经济为旨归,而忽略了现代渔业经济的建设。中国的渔业经济状况基本上仍是传统渔业为主,现代渔业经济在整个渔业经济体中所占之比例甚少。因此,要对中国的渔业经济进行救助,必然要从整体上对渔业经济进行全面之建设,从而保证渔业经济向现代渔业经济的转型,只有练好内功才能更有力地保障在外力侵蚀下的渔业经济的良性竞争与发展。而实业部的成立,加强了渔业管理机构的重组,进而使得这一转变逐渐加强并坚定了渔业经济的转轨方向。

实业部在陈公博的主持下,进行了各项组织建设,并规划出一系列的建设目标与方案。但由于财政困窘,国民政府无法投入大量资金来推动传统渔业经济转型,实业部只能另辟蹊径,采用"取之于渔,用之于渔"之策略。不过,向濒临破产的渔业筹措资金,加征税费,不仅与"救济民生"之宗旨相背离,而且与法无据(早在1931年,中央政府就以法律之形式规定豁免渔业税的征收)。同时,由于政府政策的反复而使社会丧失了对政府信任,拉开了社会与政府间的距离,从而增加了政策实施的难度。虽然,国民政府在征收税费的过程中,着力避免敛财之嫌疑,并获得了部分渔业界领袖之支持。但由于技术上操作之难度而使得征收工作举步维艰,而最终不得不终止税费之征收。

在救济民生的口号下,国民政府对渔业的救济是比较尽力的。但这些政策一旦付诸行动要么收效甚微,要么难以推行,大部分停留在纸上。揆诸原因,除了上述一些具体原因之外,我们认为还存在着操作上的制度性因素,而这些制度性之缺失使政府难以掌握渔业社会主导权,这是因为传统渔业经济体系是一个完全没有政府权力干涉的,独立运转的,较为封闭的社会经济体,一旦外力要加入这一经济体,其本身所具有之抗体就自然会产生排拒力,必然会对外侵力进行积极的抗争。因此,建立政府与渔业社会之间的“桥梁”,成为政府救济渔业经济的重要步骤,同时亦是抵消渔业社会抗拒力的缓冲地带。但是,如何寻求这一缓冲地带,则是决定政府能够统制渔业之关键所在。

二、从鱼行到鱼市场:统制经济与渔业经济的发展

国民政府对渔业经济的积极建设之努力,因渔业界人士之消极抵制而难以为继。如上所述,若要真正对整个渔业经济进行彻底改造,仅仅从技术层面运作是难以取得成效的。实际上要想对渔业经济体系进行改造,必然要从制度层面加以整合,打破原有的封闭体系,建立能够由政府参与并有一定权威的组织设计,只有这样才能对整个渔业经济进行更为彻底的改革,以达到救济渔民之宗旨。值得注意的是,自由经济市场体系是反对政府权力对具体经济行为之干涉的。若政府不顾社情而通过行政之力量以加强对社会经济体之渗透,将会因缺乏理论之支撑而使政府在这一行动中进退失据,必然会遭致社会各界之反对,而这种行为所遭致的后果只能导致政府权威的流失,使人们对政府失却信心,但如果政府的权力不渗透至渔业社会经济体中,要想进行渔业经济之改革的确是困难重重。这种两难困境,使得政府在第一轮渔业救济的行动中屡遭挫折。然而 20 世纪 20 年代末,世界所爆发的经济危机却给了中国政府涉足社会经济提供了良好的契机。

20 世纪 30 年代初,由于受到全球性经济危机之影响,使人们普遍对自由经济的合理性产生了质疑。一些西方国家的经济界人士开始提出国家对经济干预的统制经济思想之理论。据笔者所掌握之资料,统制经济思想传入我国在 1932 年下半年,首先提出统制经济思想是武堉乾。虽然统制经济思想遭致部分学者的否定,但却得到了在中国经济学界有相当影响之中国经济学社之极力提倡,进而成为 30 年代中国经济思想界的一股热潮。值得注意的是,统制经济思想之核心是要求政府对经济进行干预与统制,这实际上亦与国民政府集权之思想不谋而合,而受到了包括蒋介石、宋子文、孔祥熙等国民政府要员的认可。而作为实业部部长的陈公博亦是统制经济思想重要的信奉者与推行者,更为重要的是,统制经济之思潮为国民政府渗透渔业社会经济体提供了理论与社会基础。但如何进行统制,实际上也是国民政府救济渔业的一个重要问题。哪一个环节才是政府进行统制政策实施的立足点呢?要想弄清这个问题,我们有必要对传统渔业经济体进行简要分析。

实际上,在传统渔业经济体中,从生产到销售最关键之部门则是鱼行。这主要是由其承担之功能决定的。首先,鱼行是连接渔业产销的“桥梁”。它不仅是渔民(或鱼商)销售的最为重要的去处,而且鱼贩亦从鱼行批发鱼货以进行销售,这也就是说,鱼行承担了渔民(或鱼商)直接销售于消费者的功能,缩短了他们的销售时间,加快了渔业经济的循环。其次,“鱼放”是渔业经济体能够运转的基本前提。我们知道,一直以来,鱼行不但具有销售功能还要对渔民(或鱼商)进行资金投放以保证渔业经济体的正常运转。由上观之,鱼行是传统渔业经济体系中最为重要的部门,是整个渔业经济能够循环之关键。因此,如果控制了鱼行,那么就会对整个渔业经济体产生极大之影响。

在统制经济思潮之怂恿下,实业部于 1934 年初着手在上海进行鱼市场的筹设工作,而政府筹建上海鱼市场之宗旨,是为了统制上海渔业之销售以达到调剂市价,稳定市场以维护渔业经济之良性循环。虽然,在鱼市场筹建的过程中遭致了上海渔业界的反对,但政府通过协商之手段在与渔业界的折冲中逐渐赢得了他们的信任,并最终使鱼行完成了经纪人之转变。上海鱼市场之筹建不仅仅是使鱼行转变成经纪人这一简单之过程,实际上却是迈出了中国渔业经济转型的重要步骤。

首先,政府权力真正渗透到了渔业经济体中,改变了传统渔业经济独立运行的封闭状态。以往政府与渔业经济之关系,主要侧重于对渔业税的征收和海上治安,并不介入渔业经济体的生产与销售等环节。从上海来看,这个循环体系大体由如下产业链构成:渔民 – 鱼栈 – 鱼商 – 鱼行 – 鱼贩 – 消费者。这一经济体始终处于自我调节状态,这种自发的组织结构只能在行业内会进行调节,如鱼行会通过鱼行协会组织体系进行行业沟通,但对于行业之间则缺乏沟通之能力与制度设计,因此这种自发的设计难以保证渔业经济的良性运作,特别是在应对外国势力干涉下更是应对乏术。而国民政府借助于统制经济理论对上海鱼行进行制度性的设计,打破了传统渔业经济的循环系统,从而使国家政权完成向渔业经济体之渗透,有利于国家对渔业经济整体把握与控制。

其次,从鱼行至鱼市场,不仅仅是场地与身份之转换。实际上,这是对整个渔业经济的发展都会产生积极的变化。为了说明这一问题,我们有必要对两者进行比较:

表 6-1 十六铺鱼市与鱼市场优劣得失之比较

项目	十六铺鱼市	鱼市场
设备方面	1. 无相当市场,多在街沿即马路中交易	有专门设备之市场
	2. 码头狭隘,不敷应用	码头长阔,足敷停泊
	3. 无卫生之设备	注意清洁
	4. 进出口交通不便,费时	交通便利,缩短航程
	5. 秩序凌乱,妨碍交易	秩序整齐,交易迅速
	6. 市场与渔场消息不通,影响鱼价	市场与渔场消息灵通,便利渔业中人
	7. 无冷藏库及堆栈之设备	有专设之冷藏库及堆栈
	8. 渔轮货物上下,运输困难	码头上下,运输极便
经济方面	9. 鱼行代售渔获物,卖主出 10.47% 佣金,买主出 0.7 手续费,买卖双方除成功交易外,无其他利益可言	鱼市场除为买卖双方迅速完成交易外,所收手续费比较减少,且予买卖双方以甚多之利益
	10. 鱼行为个人谋利益	鱼市场为渔业中人及公众谋利益
	11. 冰煤油及渔具日用品,供给不便利而价昂。	设消费合作社,冰煤油及渔具日用品,供给便利而价廉
	12. 鱼行于鱼价涨落无法控制	鱼市场视市面之需要,均衡支配以稳定物价,注意渔民渔业中人利益
销路方面	13. 鱼行对渔获物,未能力谋销路之扩张	鱼市场力谋推广销路,以发达生产
其他方面	14. 鱼行对于外鱼倾销,无法制止,且有助长之势	鱼市场因组织严密,对于鱼目混珠者能立时发觉

资料来源:《对于筹设上海鱼市场之管见》,《水产月刊》,第一卷,第三期,第 5 页。

如表所示,无论是从设备上、经济上以及销路方面,鱼市场都有着鱼行无法比拟之优点。同时更为重要的是,两者对问题的考虑所处的立场不同,因此采取的应对措施亦会大相径庭。鱼行作为渔业生产的消费网络中之关键,它的利润来源于买卖之差价,即从渔民(或鱼商)以低价进货,然后以高价卖给鱼贩所形成的差价,即为其利润来源。从经济学的角度而言,作为商人则是把获取高利润作为他们的生存准则,他们注重的只是差价,因而买卖之货物越多,利润也就跟着上升,最后导致供过于求而导致鱼价大跌,造成市场紊乱。一旦受到外鱼入侵,则更加剧市场之波动。鱼价下跌又反过来会对鱼行产生冲击。这是因为鱼行收鲜主要采用“鱼放”之形式。一旦鱼价下跌,渔民(或鱼商)亏损,所放款项难以收回而使鱼行破产，甚而导致整个渔业经济体的衰败。

以上述分析，我们可以看出，鱼行因其本质属性，难以承担调剂市场之功能，而这一功能的缺失将会对整个渔业经济体造成消极之后果。而作为鱼市场来说，则就比鱼行要有利得多。上海鱼市场属于官商合办之性质，但从其属性来看则官方色彩更为浓厚。作为政府来说，它所考量的并不是某个经纪人(即鱼行)之利益，它所关注的是整体渔业经济的兴衰。上海鱼市场创立的一个主要任务就是要调剂鱼价，稳定市场，从而达到救济整个渔业经济的效果。因此，我们从上海鱼市场的设置可以看出，它不仅在收购渔获物上力求统制已达致“颗粒归仓”之效，更重要在销售上大做文章以尽力调剂供求平衡。一方面为鱼贩之运输作了积极的服务，另一方面，建立了大型仓库以及冷藏室以供调剂。并且积极探索各种渔产品的加工，以充分利用资源，增加销售渠道。所有这些努力实际上都是单个鱼行所不愿意涉足或难以达致的。当然，在初期这些努力所呈现的后果并不明显，但这一思路应是正确的。

因此，无论从微观分析还是从宏观考察，仅仅从制度设计的理论上来看，鱼市场应比鱼行更适应于现代渔业发展之需求。

第三，加快了渔业经济体从传统到现代的转型。国民政府因为民生之考量，而对渔业经济体进行救济的过程，实际上也成为中国渔业经济转型的过程，而在这一转型过程中，上海鱼市场成为中国渔业经济转型的重要突破点与支撑点。

如上所述，国民政府在救济渔业经济的过程中不断摸索，从被动救济到积极建设，始终没有找到救济渔业经济的突破点，而上海鱼市场之建立，则从根本上改变上海渔业经济体之结构，而这种结构所形成的多米诺骨牌之效应将会对整个渔业经济体产生作用。首先，鱼市场的筹建为江浙地区乃至整个中国的渔业销售之局面的改变打下了基础。我们知道，上海是近代中国最大的渔业集散中心，上海鱼市场的创设将会随着其调控能力的增强而对整个中国的渔业消费产生影响。其次，上海鱼市场的筹设为现代渔业组织体系的筹建增加了助力。例如，随着鱼行转变成经纪人，其原有功能亦随之发生改变，而这必须要有具有现代金融组织来填补鱼行因转轨而留下的空间。不久，在实业部的召集下，上海各银团组织成立专门贷放鱼款的渔业银团。在渔业生产方面，由于渔业银团在融资渠道中为个人贷款设置了障碍，这就迫使渔民在组织渔业合作社的道路上更为积极。

由上观之，上海鱼市场成立后，由于其打破了传统渔业经济独立的运行体系，必然会对整个渔业经济产生积极的影响，无论是融资渠道的拓展以及生产方式的改变，这些变化都呈现出现代渔业经济大规模生产的特征，从而加速传统渔业向现代渔业经济的转变。从整体而言，鱼市场取代鱼行从而改变传统渔业经济的整个结构与运行方式,以及官方色彩浓厚的鱼市场组建以及其后所发展出来的渔业银团以及渔业合作社的快速组建,这些都为现代渔业经济的发展提供制度性的支持。

三、从传统到现代:统制经济与传统经济转型的基本理路

中国传统经济呈现的是小生产的特色,而现代化的经济模式则是要求大生产作为基础以适应现代技术的发展水平。因此现代化是一个系统工程,不仅仅是技术层面的改进,更有制度层面的重组。

传统社会中,相当一部分产业还是处于一种社会自组织状态。所谓社会自组织是指社会系统在没有国家强力介入的情况下,借助自身机制实现自我管理,自行运作的状态。① 这些组织构建自身实际上缺乏改变现有结构的动力与能力,而只能通过国家的力量这一相当公正的主体对原有结构进行解构与重组,才能使结构在改变中所受到的组织阻力最小。而 20 世纪 30 年代的统制经济思想则为国家干预各产业经济提供了契机,进而加快了中国的传统经济向现代经济的转变。

首先,统制经济思想与政府集权思想不谋而合。1928 年 12 月,国民政府从名义上完成了国家的统一,但实际上并没有获得实际的统治权。从横向上来看,地方势力依然很强势,政府实际能够控制的范围很有限。从纵向来看,政府在控制基层社会上同样涉足不深。因此,加强集权成为国民政府维护统治,稳固根基的重要保证。而统制经济思想则是强调政府干预经济的一种思想,这实际上就给了政府通过经济手段涉足社会,进而控制社会经济命脉提供了可能,而一旦掌握了社会的经济命脉,这就为他们的政治统治提供了稳固的社会经济基础。因此,一批党国要人如蒋介石、宋子文等不仅仅是统制经济的倡导者,同时也是积极实践者。

其次,受到社会有识之士的积极支持。关于政府干预自由市场关系的命题早在资本主义生产关系开始萌芽时期中出现的资产阶级最初的经济学说"重商主义"时,人们就对此进行了讨论。那时,人类社会开始出现了具有现代意义的民族国家即将建立,其商业资本的发展壮大不断要求扩大,国内社会分工,统一国内市场,开辟海外市场这就要求建立中央集权国家,消除割据状态,建立统一市场。但随着市场的扩大,需求的增加,机器的革命,商业资本向工业资本转变,与之相应的是国家对经济即由干预向放任转变,而斯密的《国富论》是这一思想的主要代表,他对国家的作用与动机表示了极大的怀疑。在其"自私的动机,私有的企业,竞争的市场"这个自由制度的三个要素的基础上,他规定了国家的三个任务:提高分工程度,增加资本数量,改善资本用途,由此,认为不断增加国民财富的最好办法就是

---

① 曾峻《公共秩序的制度安排——国家与社会关系的框架及其运用》,学林出版社,2005 年版,第 59 页。

给经济以完全的自由,无须政府进行干预。[①] 然而,1929 年的世界经济危机导致了西方经济学说的重大转变。特别是德国通过权力进行经济与社会动员出现了惊人的高效率,苏联也实现了工业化,这相对于西方市场经济社会的"疲乏无力"形成了鲜明的反差。苏德的崛起使西方社会受到极大的震撼,一时间对于极权主义社会经济的统制的高效率推崇备至。相对于中国而言,深受帝国主义侵凌的社会各界人士因具有强烈的民族主义情绪,因而对快速工业化表现得更为急迫。这种示范效应深深刺激了每个具有民族情感的中国人,进而在 20 世纪 30 年代的中国掀起了一场有关统制经济思想的大讨论,一些社会精英人士不仅大力提倡统制经济学说,甚至直接参加国民政府而进行经济建设,如翁文灏,吴鼎昌等。"这批学者或实业者涉入仕途,不仅为政府装点了门面,更重要的是说明在当时的特殊环境下,国民党的某些政策已得到部分知识分子的认同,这无疑有益于政府提高其管辖威信和加强施政能力。"[②]

最后,经济体系内部结构重组需外力介入。年鉴学派历史学家 F. 布罗代尔认为,历史时间可分为三种并分别代表三种层次的历史运动:第一种是以世纪为基本单位的长时段运动,其中包括地理与生态环境,结构、文化与心态结构,经济与社会结构的变迁;第二种是以数十年为基本单位的中时段结构变迁,如社会结构,人口结构,文化结构,政治结构;第三种是以年月为基本单位的人物与事件的变动史。[③] 从某种意义上来看,"一种结构也许是一种组合,一个建筑体,但更是一种现实。一些长期生存的结构成为世代相传的稳定因素,它迟滞着历史,阻碍着因而也支配着历史的进程,要打破特定地理环境,特定生理现实,特定生产力的限制,甚至突破这样、那样的精心心理局限那是多么困难"。事实上,渔业经济社会就是一个相对独立、稳定而内容庞杂的结构,它既包括各种生产经济活动,更包括建于其上的各种制度设计。那么要进行现代化之建设,必然要对传统的渔业社会结构进行重组。但事实上,与传统渔业经济相联系的组织结构沉浸于传统的盘旋不进的文化之中,再附之以利益的纠葛,其本身并没有重组社会组织之要求与动力。这是因为,制度的改革实际上也就是利益重新配置的过程。"不同的行为主体推动制度变迁的动机、行为方式及其产生的结果可能是不同的,可他们都要服从制度变迁的一般原则和过程,制度变迁的成本与受益之比对于促进或推迟制度变迁起着关键作用,只有在预期收益大于预期成本的情况下,行为主体才会推动直至最终实现制度的变

① 斯蒂格利茨:《政府为什么干预经济》,中国物质出版社,1998 年版,第 3 页。

② 郑会欣:《国民政府战时统制经济与贸易研究》,上海社会科学院出版社版 2009 年版,第 25 页。

③ 何兆武、陆启能:《当代西方史学理论》,五南图书出版股份有限公司,2002 年版,第 518 - 819 页。

迁。"[1]事实上要完成从小生产到大生产的制度变迁,这种投资与成本在互不统属,各自为政的渔业社会中,仅仅通过内部的自发转型是无法想象的。虽然,这种传统结构在现代化的冲击下显得毫无招架之功,但却没有任何能够迎接这种新的挑战的智慧与冲动,而只能在这种冲击下坐以待毙,或求助于政府的援助。职是之故,只有通过外力的推动,这种现代化的转型才有可能。事实上,国民政府救济渔业经济的艰难历程一再表明传统的渔业经济对现代化经济的建设的保守姿态与固步自封的品格。

经济转型是中国近代社会迎接西方现代化挑战的必然选择。但事实上,由于沿袭经年的传统的经济生产方式以及附着于其上的经济制度所固有的惰性以及对利益重新分割的担心,使其自身无法完成这种结构的转型。20 世纪二三十年代,国民政府所发起的旨在救济民生的渔业经济建设运动,实际上亦是一场由政府主导的渔业经济的转型过程,在这一过程中,国民政府通过不断摸索,逐渐探索出一条可供操作的路径,它形成了以鱼市场为中心,以渔业银团及渔业合作社为辅助的整个救助网络体系。从而改变了整个渔业经济的社会生态环境,打破了其原本独立的运转体系,对渔业经济的整个转型起到了积极的推动作用。毋庸讳言,国民政府由于其控制力不强进而在利用统制手段以力求救济渔业经济之设想,并没有获致预期效果。特别是在稳定物价,平准市场以及遏制垄断等方面都力有不济,甚至只徒有其表,但这种结果并非统制经济本身所导致的,这在很大程度上与国民政府的控制力不强以及社会结构固有惯性有很大关联,但以历史发展的进程而言,国民政府所做的现代产业的转型的基础性的工作,则为后期现代经济的发展创造了基本前提。

① 诺思[著],陈郁、罗平华【译】:《经济史中的结构与变迁》,上海三联出版社,1991 年版,第 20 页。

附　录

(一)

上海鱼市场理事会监事名录(1)

职别	姓名	职别	姓名
理事长	杜月笙	理事	虞洽卿
常务理事	虞振镛	理事	杨志雄
常务理事	黄延芳	理事	朱晋卿
常务理事	方椒伯	理事	瞿鹤鸣
常务理事	唐承宗	理事	刘伟军
理事	余恺湛	常驻监察人	钱新之
理事	潘公展	监察人	余佑廷
理事	张申之	监察人	严慎予
理事	张法尧	监察人	金廷荪
理事	林康侯	监察人	詹克峻

上海鱼市场理事会职员(2)

职别	姓名	别号	性别	年龄	籍贯
秘书	李植庵	子裁	男	62	吴兴
秘书	俞天碧	鸿光	男	34	广东
会计	赵琴谱		男	46	天津
保管	程恢宏	承杰	男	59	吴县
文牍	吴彦修		男	34	四川
校对	陈鉴如	甫生	男	50	吴兴

续表

职别	姓名	别号	性别	年龄	籍贯
审核	郑式英		男	37	镇海
统计	李寿彭		男	47	上海
收发	费溶清		男	33	松江
书记	唐绍尧		男	35	浙江
书记	方肇丞		男	41	黟县

上海鱼市场职员名录(3)

职别	姓名	别号	性别	年龄	籍贯	工薪
总经理	王晓籁		男	51	浙江嵊县	400
副经理	朱开观	朱三	男	37	上海	300
副经理	孙毂臣		男	41	上海	300
秘书	汪叔明		男	64	浙江杭县	200
秘书	张廷衡	佩璇	男	48	浙江嵊县	200
秘书	任矜蘋		男	42	浙江鄞县	175
事务课课长	叶德真		男	49	江苏江都	200
总务股主任	姚福生	德馨	男	37	溧阳	150
股员	顾伯达		男	39	松江	55
股员	钱绍洵		男	32	溧阳	65
股员	朱骧丞		男	41	安徽旌德	(已辞职)
股员	孙仪倬	汉章	男	35	昆山	75
股员	过自新	立厂	男	32	无锡	75
股员	吴桢	梅荪	男	42	浙江吴兴	75
股员	朱祺瑞		男	24	上海	65
股员	朱荣诰	周侯	男	38	安徽泾县	55
助理员	姚福贵	馥桂	男	24	溧阳	45
助理员	吴卿杰	青介	男	34	河北	45
助理员	施兆蘭		男	45	崇明	45
助理员	朱蓓徽	培真	女	32	无锡	45
助理员	楼洪乔		男	26	绍兴	45
助理员	胡凤五	明良	男	43	宝应	35

续表

职别	姓名	别号	性别	年龄	籍贯	工薪
练习生	虞春峰		女	20	溧阳	32
文书股主任	朱品三		男	31	上海	150
股员	顾剑声		男	49	松江	75
股员	沈启祥		男	37	南京	75
股员	吴楚材	建人	男	36	宜兴	75
股员	梁腾	腾威	男	25	南通	65
股员	宋启后	祖庭	男	25	浙江嵊县	75
股员	薛文渊	伏波	男	33	北平	65
股员	徐正康		男	30	浙江镇海	55
股员	沈宏培	达民	男	32	上海	50
股员	杨廷良	归耕	男	31	无锡	50
文书股助理员	朱健人	凯风	男	26	上海	45
助理员	吕绍莱	次谦	男	23	安徽旌德	35
助理员	汪达夫		男	40	江都	45
助理员	陈又方	木安	男	38	江都	45
业务课课长	瞿九皋		男	46	上海	200
稽查管理股主任	印公田		男	31	宝山	150
副主任	朱宝	立庸	男	46	浙江宁波	130
股员	石蓝田	蕴辉	男	40	河北天津	55
股员	陆金奎		男	31	上海	45
股员	王培恩	泽民	男	28	嘉定	65
股员	聂开国	厚民	男	29	辽宁海龙	65
股员	沈才庚		男	32	无锡	65
股员	刘霭昌	咸魁	男	40	浙江宁波	55
股员	吕式乔	重阳	男	38	无锡	65
股员	杨佐让	心农	男	38	无锡	75
股员	翁吉祥	雪严	男	23	浙江慈溪	55
股员	徐康年		男	28	浙江宁波	60
股员	任阶卿		男	55	无锡	55
股员	韩颂丞	不鸣	男	42	山西汾阳	75

续表

职别	姓名	别号	性别	年龄	籍贯	工薪
股员	戴保达	天鹤	男	28	浙江杭县	65
股员	刘礼甫	玉祺	男	36	浙江镇海	60
股员	刘锡章		男	49	浙江镇海	55
股员	杨润森	少江	男	51	浙江嘉兴	
股员	问德淮	震南	男	27	宝应	75
股员	林坤海		男	51	浙江宁波	50
股员	瞿颂明		男	28	上海	75
股员	杜才本	定华	男	29	浙江宁波	55
股员	何长如		男	42	上海	65
助理员	王连发	桂林	男	31	山东恩县	40
助理员	万兆棠		男	45	上海	45
助理员	郑聚廷		男	36	浙江宁波	40
助理员	詹云从		男	32	上海	45
助理员	陈绍濂		男	54	上海	45
助理员	张之鑫		男	23	浙江绍兴	40
助理员	杨宗凯	彦和	男	38	淮阴	45
练习生	胡积玳	隆芳	男	27	广东潮阳	28
练习生	李广昌		男	17	浙江宁波	28
交易股主任	朱小虬		男	41	上海	150
副主任	李梦熙	大圣	男	22	昆山	75
股员	方德丰	霖春	男	25	浙江镇海	75
股员	苏涤新		男	39	上海	75
股员	金忠怀		男	43	浙江宁波	55
股员	温霭士		男	27	无锡	55
股员	蒋梦志		男	35	广东中山	75
股员	朱梦符		男	38	无锡	75
股员	陈冶山		男	56	江宁	55
股员	周建才		男	32	上海	55
股员	温穗熙		男	47	广东台山	55
股员	竺尚毅		男	23	浙江嵊县	65

续表

职别	姓名	别号	性别	年龄	籍贯	工薪
股员	陈兆麟		男	30	嘉定	75
股员	张廷飏		男	38	上海	75
股员	潘希文		男	41	青浦	60
股员	朱卓炎		男	37	无锡	65
股员	朱树业		男	20	无锡	65
股员	魏友乐		男	22	浙江慈溪	40
股员	叶文秀	传寿	男	22	浙江嘉善	45
股员	周楚珍		男	41	浙江宁波	40
股员	陈庞惠	光迪	男	28	无锡	40
股员	胡树德		男	21	上海	40
股员	黄先德		男	25	广东梅县	45
股员	庄名甫		男	23	上海	45
制造股主任	戴克昌	幼桢	男	39	福建闽侯	130
副主任	施云阶	路青	男	49	海门	110
股员	强华	楚材	男	32	无锡	80
股员	吴锡珩	翰邦	男	35	松江	65
股员	王有熊		男	26	河北天津	55
股员	郑公权		男	27	河北天津	55
股员	张朴人		男	32	太仓	65
股员	王增祥	子棠	男	34	无锡	65
股员	陆树毂		男	47	太仓	60
会计课课长	石长乐		男	56	浙江新昌	200
账务主任	胡乐泉		男	30	无锡	110
股员	凌炳生	子彪	男	32	上海	75
股员	陆志丰		男	46	上海	65
股员	樊正宏	俊卿	男	39	浙江镇江	75
股员	盛少鸣		男	42	吴县	65
股员	张祖杨		男	28	浙江嵊县	55
股员	朱颐		男	22	上海	75
股员	詹逸馨		男	26	江西婺源	65

续表

职别	姓名	别号	性别	年龄	籍贯	工薪
出纳主任	王叔和		男	37	吴县	150
出纳员	丁仲行		男	41	上海	(已辞职)
出纳员	朱默蘭		女	32	无锡	75
出纳员	徐鲲	百里	男	48	浙江海宁	65
技正	张柱尊	君一	男	41	江阴	200
练习生	田耀周		男	28	海门	32
练习生	沈宝珍		男	23	崇明	32
练习生	张馨	元佑	男	20	上海	28
练习生	汪光耀		男	20	江都	32
练习生	顾铭		男	17	上海	28
总稽核	唐在章	伯文	男	52	上海	180
稽核	瞿颂清		男	43	上海	140
稽核	詹峻庵		男	40	江西婺源	150
稽核	孙季候		男	35	上海	140
稽核	薛懋桐	振汉	男	38	无锡	140
稽核	吴义耕	垂莹	男	33	上海	140
稽核	章鹏飞	牧生	男	51	吴县	140
稽核	卓彬	文舫	男	49	河北宛平	140
稽核	张锡荣		男	40	浙江镇海	100
稽核	何铮棣		男	39	浙江余姚	140
稽核	朱海山		男			140
咨议	周孝伯		男	31	南通	40
咨议	许一飞		男	50	浙江绍县	40
咨议	杨祖钰		男	36	无锡	
咨议	屈均远	若骞	男	26	浙江平湖	40
咨议	方玉昌	季苏	男	30	无锡	40
法律顾问	葛肇基	振卿	男	55	广东番禺	400
法律顾问	陈群	人鹤	男	46	福建长汀	400

资料来源:《上海鱼市场职员录及员工薪饷总册》,上海档案馆藏,档案号:Q464 - 1 - 130。

二

上海鱼市场重要职员名册

职别	姓名	年龄	到差日期	经历
秘书	王树明	63	5.1	国民政府外交部秘书兼秘书长，两任青岛市政府秘书长
秘书	王勉初	33	4.17	历充交通部海外镇江航政办事处主任
秘书	任矜蘋	41	4.27	曾任上海市商会工商业复兴委员会兼总干事
秘书	卓彬	49	4.17	历任浙江统捐局长，江苏各县看守所长
秘书	詹峻盦	39	4.17	上海县立敬业中学教员
秘书	朱晓虬	41	9.1	敬业中学校长
稽核	沈子良	48	4.17	历任财政机关要职
稽核	张锡荣	40	5.2	曾任南京交通银行会计主任，浙江省党部特派员驻豫绥靖公署参谋
稽核	娄子云	50	6.4	历充缉私营营长侦缉队长
稽核	何铮棣	38	7.14	历任钱庄经理暨交易所董事
稽核	朱海山		8.17	曾任上海市公安局水巡队队长
总技师	姚焕洲	36	4.17	曾任实业部专门委员，实业部上海鱼市场筹备委员会兼技术组主任
第一课课长	费筠农	51	4.17	曾任本省（浙江）各机关秘书长及兴化县财政局局长等职，奉铨叙部颁给甄审合格证书
第二课课长	瞿九皋	45	4.25	开设瞿长顺鱼行经理30余年，沪南区救火联合会评议员保卫团总部特务员
第三课课长	石长乐	56	4.17	浙江省公署财政顾问浙江省财政厅机要秘书
第四课课长	张柱尊	40	4.17	曾任浙江省立水产学校校长上海航政局考核股长实业部上海鱼市场筹备委员会设计委员
第一课总务股主任	姚福生	36	4.17	历任江宁县警察队长上海县政府公安科长，无锡县禁烟委员会秘书，铨叙部甄审及格
第一课文书股主任	朱品山	30	4.17	历任南京市教育局社会局主任视察员指导员等职铨叙部甄审及格
第一课庶务股主任	张仲英	42	5.25	曾任财政部苏浙区麦粉特税局驻江海关办事处主任

续表

职别	姓名	年龄	到差日期	经历
第一课编译股主任	章牧生	50	5.1	江苏法政学校毕业曾任江苏各县县政府第二科科长等职,奉铨叙部甄审合格证书
第二课主任	朱宝	46	5.1	经营渔业,卸卖人管理股主任
副主任	凌安澜	42	4.25	曾任广东翁源县警察所警佐江苏省党部特派员永泰鱼行经理
第二课交易股主任	瞿颂清	42	4.22	瞿长顺鱼行经理
副主任	邬信泰	44	4.22	顺大鱼行经理
第二课稽查股主任	印公田	31	4.17	上海市地方自治训练所毕业曾任上海市吴淞区市政委员上海市公安局督察员等职
第二课运输股主任	吴义耕	27	5.25	淞沪警备司令部参议上海市公安局科员保安处中校服务员
第二课推销股主任	戴克昌	38	4.17	肇和军舰枪炮副海军部军务司科员京绥铁路局总务处地亩课主任等
第二课计算股主任	孙季候	34	4.25	同仁昌鱼行协理
第三课会计主任	薛懋桐	40	4.25	曾任江苏财政厅第二课课员盐务署第三课课员湖北蒲折县政府会计主任等职
第四课机械股主任	施云阶	48	4.27	直隶公立工业专门学校机械科毕业汉阳铁厂机械股技师中国铁工厂技师

资料来源:《调迁职员》,上海档案馆藏,档案号:Q464－1－154。

参考文献

（一）档案、报刊资料

1.《申报》,1920—1937 年

2.《水产月刊》,1934—1937 年

3.《东方杂志》,1920—1937 年

4. 上海档案馆馆藏资料:上海鱼市场,档案号:Q464 -1 -1—Q464 -1 -575

5.《海事》

6.《商业月报》

7.《国际劳动通讯》

8.《财政日刊》

9.《血汗周报》

10.《申报每周增刊》

11.《上海市政府公报》

12.《宁波同乡会月刊》

13.《国闻周报》

14.《中行月刊》

15.《中国实业》

16.《浦东同乡会》

17.《法令周刊》

18.《法治周报》

19.《上海市水产经济月刊》

（二）著作

1.【日】西鸣定生著,冯佐泽等译:《中国经济史研究》,农业出版社,1984 年版。

2.【德】马克思·韦伯著,林荣远译:《经济与社会》,商务印书馆,1997 年版。

3.【美】易劳逸著,陈红民等译:《1927 ~ 1937 年国民党统治下的中国:流产的革命》,中国青年出版社,1992 年版。

4. 周荣德:《中国社会的阶层与流动》,学林出版社,2000 年版。

5. 邓丽兰:《域外观念与本土政制变迁——20 世纪二三十年代中国知识界的政制设计与参政》,中国人民大学出版社,2003 年版。

6. 吴春梅:《一次失控的近代化改革——关于清末新政的理性思考》,安徽大学出版社,1998 年版。

7. 亨廷顿:《变革社会中的政治秩序》,华夏出版社,1988 年版。

8. 王笛:《街头文化:成都公共空间下层民众与地方自治(1870—1930)》,中国人民大学出版社,2006 年版。

9. 虞和平主编:《中国现代化历程:前提与准备》(1—3 卷),江苏人民出版社,2001 年版。

10. 张信:《二十世纪初期中国社会之演变》,中华书局,2004 年版。

11. 吴承明:《中国资本主义与国内市场》,中国社会科学出版社,1985 年版。

12. 许涤新、吴承明:《中国资本主义发展史》第 3 卷,人民出版社,1993 年版。

13. 王敬虞:《中国近代经济史 1895—1927》,科学出版社,1957 年版。

14. 陈勇勤:《中西方经济思想的演化及比较研究》,中国人民大学出版社,2006 年版。

15. 虞宝棠:《国民政府与民国经济》,华东师范大学出版社,1998 年版。

16. 杨德才:《中国经济史新论》,经济科学出版社,2004 年版。

17. 赵德馨:《中国近现代经济史》,河南人民出版社,2003 年版。

18. 史全生:《中华民国经济史》,江苏人民出版社,1989 年版。

19. 李学通:《幻灭的梦——翁文灏与中国早期工业化》,天津古籍出版社,2005 年版。

20.【美】杨格著,陈泽宪、陈霞飞译:《1927—1937 年中国财政经济状况》,中国社会科学出版社,1981 年版。

21. 秦孝仪:《中华民国经济发展史》,近代中国出版社,1983 年版。

22. 赵兴胜:《传统经验与现代理想——南京国民政府时期的国营工业研究》,齐鲁书社,2004 年版。

23. 徐建生:《民国时期经济政策的沿袭与变异》,福建人民出版社,2006 年版。

24. 金天锡:《经济思想发展史》,上海书店,1990 年版。

25. 杜恂诚:《中国近代国有经济思想制度与演变》,上海人民出版社,2007

年版。

26. 杜恂诚:《民族资本主义与旧中国政府:1840—1937》,上海社会科学院出版社,1991 年版。

27. 杨勇:《近代中国公司的治理》,上海人民出版社,2007 年版。

28. 钟祥财:《20 世纪中国经济思想制度述论》,东方出版中心,2006 年版。

29. 虞宝棠:《国民政府统制经济思想与实践》,华东师范大学出版社,1998 年版。

30. 郑独步:《各国统制经济政策》,商务印书馆,1937 年版。

31. 李权时:《统制经济研究》,商务印书馆,1937 年版。

32. 李菊时:《统制经济之理论与实际》,新中国建设协会,1934 年版。

33. 邓崎冰:《中国施行统制经济之商榷》,中国经济学社,1934 年版。

34. 周宪文:《资本主义与统制经济》,中华书局,1933 年版。

35. 孙大权:《中国经济学社的成长》,上海三联书店,2006 年版。

36. 尹玲玲:《明清长江中下游渔业经济研究》,齐鲁书社,2004 年版。

37. 欧阳宗:《海上人家——海洋渔业经济与渔民社会》,江西高校出版社,1998 年版。

38. 李小豪屈若謇:《中国渔业史》,商务印书馆,1937 年版。

39. 丛子明、李挺主:《中国渔业史》,中国科学技术出版社,1993 年版。

40. 村访兵卫:《中国渔业史研究》,日本刀水房出版社,1995 年版。

41. 傅衣凌:《傅衣凌治史五十年文稿》,厦门大学出版社,1989 年版。

42. 黄公勉:《中国历史海洋经济地理》,海洋出版社,1985 年版。

43. 张彬村:《中国海洋发展史论文集》第 58 辑,台湾"中央研究院"中山人文社会科学研究所,1993 年版。

44. 王刚:《渔业经济与合作》,中华书局,1991 年版。

45. 梅德银:《中国沿海农业发展道路研究》,中国社会科学出版社,1994 年版。

46. 张寿祺:《蛋家人》,中华书局,1991 年版。

47. 徐松石:《粤江流域人民史》,中华书局,1939 年版。

48. 郑会欣:《国民政府战时统制经济与贸易》,上海社会科学院出版社,2009 年版。

(三)论文

1. 贾晓慧:《〈大公报〉与中国 20 世纪 30 年代的现代化运动》,《近代史研究》,2001 年第 6 期。

2. 解学诗:《九一八事变后的东北农业与农民——以伪满后期粮食、劳务和日本移民政策的推行为中心》,《社会科学战线》,2001 年第 5 期。

3. 陆伟:《“军配组合”与战时日本在华中的物资统制》,《党史研究与教学》,1999 年第 4 期。

4. 黄岭峻、杨宁:《“统制经济”思潮论述》,《江汉论坛》,2002 年第 11 期。

5. 冯玮:《总体战和现代日本间接金融体制的形成》,《史学集刊》,2004 年第 4 期。

6. 孙建国:《20 世纪 30 年代章乃器信用统制经济思想评述》,《上海师范大学学报》,2004 年第 3 期。

7. 张连国:《20 世纪 30 年代中国统制经济思潮与自由主义者的反应》,《历史教学》,2006 年第 2 期。

8. 黄岭峻:《30—40 年代中国思想界的“计划经济”思潮》,《近代史研究》,2000 年第 2 期。

9. 林刚:《1927—1937 年间中国火柴工业发展研究》,《西北师大学报》,2005 年第 6 期。

10. 孙大权:《1927—1937 年中国经济学社与工商界的合作与互动》,《四川师范大学学报》,2006 年第 1 期。

11. 黄美真:《1937—1945:日伪对以上海为中心的华中沦陷区的物资统制》,《抗日战争研究》,1999 年第 1 期。

12. 霍新宾:《冲突与调适——1941 年香港米粮统制中的政府与米商关系》,《广东史志》,2000 年第 1 期。

13. 黄南珊:《传统大一统思想、权力意识对现代中国统制经济体制的影响》,《中州学刊》,2000 年第 1 期。

14. 任云兰:《东亚经济恳谈会与日本对我国华北的经济统制》,《历史档案》,1998 年第 1 期。

15. 姚玉民:《20 世纪 30 年代日本政军财关系初论》,《日本学刊》,2002 年第 4 期。

16. 刘孟信:《1927—1937 年南京行政制度研究》,《学海》,2000 年第 4 期。

17. 陈树涵:《岸信介侵华、反华思想述略》,《河南教育学院学报》,2002 年第 4 期。

18. 赵兴胜:《国营与民营之争:中国经济现代化理论的早期探索》,《文史哲》,2005 年第 1 期。

19. 居之芬:《华北沦陷区的经济地位及日本统制掠夺之特点》,《晋阳学刊》,1998 年第 1 期。

20. 李颖:《简论抗战时期的湖南钨锑特矿》,《株洲师范高等专科学校学报》,2007 年第 3 期。

21. 庄严:《简析日伪时期东北经济特征》,《辽宁大学学报》,1994 年第 6 期。

22. 骆晓会:《近代中国知识界视野和观念中的苏联经济体制》,《株洲师范高等专科学校学报》,2006 年第 1 期。

23. 胡学勤:《经济体制新论》,《河南大学学报》,1996 年第 3 期。

24. 陈燕,孙铁峰:《经济统制中的行政权控制》,《行政法学研究》,2003 年第 1 期。

25. 刘大可:《抗日战争时期日本在山东产业开发计划》,《济南大学学报》,2005 年第 4 期。

26. 朱玉湘:《抗日战争与中国经济》,《文史哲》,1995 年第 5 期。

27. 彭世畦:《抗战爆发前国民政府控制全国经济的努力和国家资本的发展》,《北京科技大学学报》,2005 年第 4 期。

28. 李占才:《抗战期间日本对华中沦陷区经济的掠夺与统制》,《民国档案》,2005 年第 3 期。

29. 刘阳:《抗战前棉业统制委员会改进棉花产销事业述评》,《华东理工大学学报》,1999 年第 3 期。

30. 郑海呐:《抗战时期"中国联合准备银行"对华北的金融统制》,《历史教学》,2004 年第 3 期。

31. 张忠民、朱婷:《抗战时期国民政府的统制经济政策与国家资本企业》,《社会科学》,2007 年第 4 期。

32. 杨齐福:《抗战时期国民政府经济政策述评》,《淮阴师专学报》,1995 年第 2 期。

33. 郑立柱:《抗战时期国统区"三农"问题研究》,《重庆社会科学》,2007 年第 4 期。

34. 樊瑛华:《抗战时期国统区的农产品对外贸易研究》,《人文杂志》,2006 年第 3 期。

35. 刘国武:《抗战时期湖南的商业和贸易》,《衡阳师范学院学报》,2007 年第 4 期。

36. 赖正维:《抗战时期日本对华南地区经济掠夺与统制的特点》,《江海学刊》,2004 年第 1 期。

37. 刘大可、庄维民:《抗战时期日本在山东的经济统制及其影响》,《山东社会科学》,2005 年第 8 期。

38. 曹霖华:《抗战时期日本政府所设华中振兴全社述评》,《档案与史学》,2003 年第 1 期。

39. 张燕萍:《抗战时期资源委员会特种矿产统制述评》,《江苏社会科学》,2004 年第 3 期。

40. 郑忠:《略论抗战时期宁沪地区经济环境的恶化》,《南京师大学报》,2002 年第 6 期。

41. 谷德润、张福运:《略论日伪对南京的物资统制》,《中国矿业大学学报》,2005 年第 2 期。

42. 佟静、赵一虹:《略述日本帝国主义对东北工矿业的掠夺》,《辽宁师范大学学报》,1998 年第 5 期。

43. 陈静:《沦陷时期北平日伪的金融体系及掠夺手段》,《抗日战争研究》,2002 年第 3 期。

44. 唐凌:《论国民政府资源委员会在广西的矿业经营活动》,《广西社会科学》,1996 年第 5 期。

45. 吕家毅:《论抗日战争时期国民党经济政策的调整》,《国家检察官学院学报》,1997 年第 2 期。

46. 金普森、李分建:《论抗日战争时期国民政府的粮食管理政策》,《抗日战争研究》,1996 年第 2 期。

47. 朱婷:《论抗战胜利后国民政府的花纱布管制》,《东岳论丛》,2002 年第 4 期。

48. 陈岗:《论抗战时期国民政府对猪鬃的外贸统制》,《临沂师范学院学报》,2007 年第 4 期。

49. 方学英:《论抗战时期国民政府统制经济政策的影响》,《四川行政学院学报》,2001 年第 2 期。

50. 黄立人:《论卢作孚的"计划经济"思想》,《民国档案》,2005 年第 1 期。

51. 肖自力:《论民国年间(1914—1949)赣南钨业之发展》,《中国社会经济史研究》,2005 年第 3 期。

52. 崔燕:《论日本经济法的演进与经验》,《山西煤炭管理干部学院学报》,2007 年第 4 期。

53. 冯宇甦:《论日本侵华期间对浙江蚕丝业的统制和掠夺》,《浙江学刊》,1995 年第 4 期。

54. 刘昌黎:《论日本式经济体制》,《日本研究》,2005 年第 1 期。

55. 雷鸣:《论日本战时统制经济与战后经济体制的关联》,《日本学论坛》,

2000 年第 4 期。

56. 李慧娟、杨凤霞:《论日伪工业统制政策的内容和实质》,《吉林省社会主义学院学报》,2007 年第 3 期。

57. 刘淑梅:《论日伪时期战时劳工统制政策及劳工的斗争》,《齐齐哈尔大学学报》,2001 年第 11 期。

58. 张邻:《论唐代国家的商业统制及其变迁》,《学术月刊》,2005 年第 3 期。

59. 张根福:《论汪伪战时经济统制》,《江海学刊》,1996 年第 3 期。

60. 张朝晖、刘志英:《论汪伪政府棉纱布贸易政策》,《内江师范学院学报》,2001 年第 1 期。

61. 李力:《论伪满前期的劳动政策》,《社会科学战线》,2005 年第 4 期。

62. 衣保中:《论伪满时期的殖民地区域经济一体化》,《吉林大学社会科学学报》,2001 年第 4 期。

63. 赵继敏:《论伪满洲中央银行在东北金融业统制中的作用及其恶果》,《社会科学战线》,2005 年第 1 期。

64. 周石峰、易继苍:《马寅初"统制经济"学说及其历史语境》,《福建论坛》,2004 年第 3 期。

65. 张根福:《"米统会"与汪伪粮食统制》,《浙江师范大学学报》,2002 年第 6 期。

66. 徐建生:《民国北京、南京政府经济政策的思想基础》,《中国经济史研究》,2003 年第 3 期。

67. 唐永余:《民国时期工业会成立原因探析》,《民国档案》,2007 年第 1 期。

68. 刘淼:《民国时期祁门红茶的产销统制》,《中国社会经济史研究》,1999 年第 4 期。

69. 肖自力:《民国时期钨砂走私现象探析》,《近代史研究》,2005 年第 4 期。

70. 邓丽兰:《民国宪政史上的"经济民主"诉求及其论争》,《福建论坛》,2007 年第 3 期。

71. 姜良芹:《南京国民政府 1936 年内债整理案述评》,《近代史研究》,2004 年第 1 期。

72. 刘殿君:《评抗战时期国民政府经济统制》,《南开经济研究》,1996 年第 3 期。

73. 居之芬:《日本的"华北产业开发计划"与华北沦陷区经济史之分期》,《天津社会科学》,1995 年第 4 期。

74. 张利民:《日本对华北铁路的统制》,《抗日战争研究》,1998 年第 4 期。

75. 王键:《日本军国主义的支柱——财阀》,《日本学刊》,2005 年第 4 期。

76. 李占才:《日本侵略华中地区的经济根源》,《史学月刊》,2005 年第 12 期。

77. 逄金玉:《日本市场经济建立的历史》,《中国社会科学院研究生院学报》,1996 年第 4 期。

78. 丁晓杰:《日本伪蒙疆政权时期的鸦片专卖政策》,《内蒙古师范大学学报》,2004 年第 6 期。

79. 刘大可:《统制政策与农业"开发"》,《东岳论丛》,2005 年第 5 期。

80. 雷鸣:《日本战时统制经济研究概述》,《科学管理研究》,2004 年第 2 期。

81. 付春端、李秉奎:《日伪河北省公署农业掠夺政策述评》,《衡水师专学报》,2002 年第 4 期。

82. 王士花:《日伪华北交通股份有限公司及其交通统制》,《历史研究》,1996 年第 3 期。

83. 李淑娟:《日伪统治时期"粮谷出荷"政策对东北农民生活的影响》,《社会科学战线》,2006 年第 5 期。

84. 李淑娟、王鹤:《日伪统治时期日本对东北棉花的统制与掠夺》,《黑龙江社会科学》,2006 年第 4 期。

85. 郭贵儒:《日伪在华北沦陷区新闻统制述论》,《河北师范大学学报》,2003 年第 3 期。

86. 郭贵儒、陶琴:《日伪在华北新闻统制述略》,《民国档案》,2003 年第 4 期。

87. 胡华:《日伪在沦陷区的棉花增产与棉花统制》,《贵州师范大学学报》,2003 年第 1 期。

88. 张福运、谷德润:《商人、商团与商业投机》,《中国矿业大学学报》,2005 年第 3 期。

89. 魏文享:《商人团体与抗战时期国统区的经济统制》,《中国经济史研究》,2006 年第 1 期。

90. 赖正维:《试论抗战时期日本对福建的经济统制与经济掠夺》,《福建师范大学学报》,2004 年第 5 期。

91. 李慧娟、温延静:《试论日伪经济统制政策的实质和影响》,《黑龙江省社会主义学院学报》,2007 年第 4 期。

92. 史桂芳:《试析东亚联盟论的"经济一体化"》,《首都师范大学学报》,1998 年第 5 期。

93. 郑会欣:《试析战时贸易统制实施的阶段及其特点》,《民国档案》,2005 年第 3 期。

94. 刘洋:《统购统销——建国初期统制经济思想的体现》,《中共党史研究》,2004 年第 6 期。

95. 郑会欣:《统制经济与国营贸易》,《近代史研究》,2006 年第 2 期。

96. 陈雷、戴建兵:《统制经济与抗日战争》,《抗日战争研究》,2007 年第 2 期。

97. 张根福:《汪伪"农业增产运动"述略》,《浙江师大学报》,1997 年第 4 期。

98. 张根福:《汪伪全国商业统制总会述论》,《档案与史学》,1997 年第 3 期。

99. 张根福:《汪伪战时体制下的金融统制》,《山东大学学报》,2003 年第 3 期。

100. 刘志英:《汪伪政府粮政述评》,《抗日战争研究》,1999 年第 1 期。

101. 郭素美:《伪满的劳动统制政策》,《学习与探索》,1994 年第 2 期。

102. 张凤鸣、张敬荣:《伪满劳动统制政策剖析》,《学习与探索》,2003 年第 5 期。

103. 孙玉玲:《伪满特殊会社剖析》,《社会科学战线》,1995 年第 6 期。

104. 丁晓杰:《伪蒙疆政权初期的银行业》,《内蒙古师范大学学报》,2007 年第 4 期。

105. 宝音朝克图:《伪蒙疆政权的物资统制政策》,《内蒙古大学学报》,2001 年第 5 期。

106. 李文经、史澜:《以税收作为主要战费筹集手段应具备的前提条件》,《军事经济研究》,2007 年第 2 期。

107. 郑会欣:《战前"统制经济"学说的讨论及其实践》,《南京大学学报》,2006 年第 1 期。

108. 陈慈玉:《战时经济统制下的台湾煤矿业(1937—1945)》,《中国经济史研究》,2001 年第 3 期。

109. 尚侠:《战时文化统制与日本文化的现代转型》,《日本学刊》,2005 年第 5 期。

110. 张秀莉、张帆:《中国银行与南京国民政府早期关系》,《史学月刊》,2001 年第 3 期。

111. 黄震:《南京国民政府时期(1927—1937)金融统制探略》,《政法论坛》,2008 年第 1 期。

112. 张连国:《20 世纪 30 年代中国统制经济思潮与自由主义者的反应》,《历史教学》,2006 年第 2 期。

113. 钟祥财:《20 世纪三四十年代中国的统制经济思潮》,《史林》,2008 年第 2 期。

114. 黄南珊:《传统大一统思想、权力意识对现代中国统制经济体制的影响》,《中州学刊》,2000 年第 1 期。

115. 任荣:《战区经济委员会经济抗战述略》,《民国档案》,2005 年第 3 期。

116. 张根福:《汪伪战时体制下的金融统制》,《山东大学学报》,2003 年第 3 期。

117. 郑会欣:《试析战时贸易统制实施的阶段及其特点》,《民国档案》,2005 年第 3 期。

118. 张根福:《"米统会"与汪伪粮食统制》,《浙江师范大学学报》,2002 年第 6 期。

119. 王一江:《日伪统治时期劳工征集对东北农村经济的影响》,《黑龙江社会科学》,2007 年第 6 期。

120. 李占才:《日本侵略华中地区的经济根源》,《史学月刊》,2005 年第 12 期。

121. 宾长初:《论新桂系的贸易统制政策》,《广西师范学院学报》,2008 年第 2 期。

122. 丁晓杰:《论日本在伪蒙疆政权时期实行的贸易统制政策研究》,《史林》,2008 年第 3 期。

123. 方学英:《论抗战时期国民政府统制经济政策的影响》,《四川行政学院学报》,2001 年第 2 期。

124. 张燕萍:《抗战时期资源委员会特种矿产统制述评》,《江苏社会科学》,2004 年第 3 期。

125. 白纯:《抗战时期在台日本殖民政府的经济政策及其对战后台湾经济的影响》,《民国档案》,2005 年第 3 期。

126. 赖正维:《抗战时期日本对华南地区经济掠夺与统制的特点》,《江海学刊》,2004 年第 1 期。

127. 阎书钦:《抗战时期国统区关于国、民营经济的论争》,《天津师范大学学报》,2008 年第 2 期。

128. 彭世畦:《抗战爆发前国民政府控制全国经济的努力和国家资本的发展》,《北京科技大学学报》,2005 年第 4 期。

129. 肖自力:《国民政府钨砂统制的尝试与确立》,《历史研究》,2008 年第 1 期。

130. 陶宏伟:《国民政府时期"战时经济学"的产生与发展》,《军事经济研究》,2008 年第 1 期。

131. 俞祖华、赵慧峰:《放任与干预:近代中国经济自由主义的发声与变调》,《河北学刊》,2008 年第 2 期。

132. 梁仁志:《从“为民争利”到“与民争利”:1936 年的祁红统制》,《中国农史》,2008 年第 2 期。

133. 徐绍清:《论“九一八”事变后日本对东北贸易政策的变化》,《社会科学战线》,2001 年第 5 期。

134. 雷鸣:《从“市场化”到“组织化”》,《日本研究》,2006 年第 2 期。

135. 李广乾、黄美龙:《战后日本大米的统制制度》,《价格月刊》,1995 年第 12 期。

136. 朱坚真:《抗战时期国民党政府的财政金融政策及经济统制措施》,《教学与研究》,1989 年第 2 期。

137. 郑龙发:《1936 年祁红运销纷争探微》,《安徽史学》,2000 年第 4 期。

138. 李英灿:《儒家个体偏离与社会统制思想初探》,《长白学刊》,2001 年第 2 期。

139. 李卓:《战时日本的家庭动员与家庭统制》,《日本研究》,1996 年第 4 期。

140. 陶德臣:《民国茶业统制述评》,《安徽史学》,2000 年第 3 期。

141. 陆仰渊:《抗战期间国民政府的战时经济体制》,《安徽史学》,1995 年第 3 期。

142. 傅志明:《抗战时期国民党政府统制经济刍议》,《四川师范大学学报》,1988 年第 4 期。

143. 林刚:《抗战中江苏沦陷区人民的反经济侵略斗争》,《学海》,1995 年第 4 期。

144. 王汉义:《伪满经济统制下的哈市私人工业》,《求是学刊》,1989 年第 5 期。

145. 秦和平:《关于 1937 年利济财团及统运处统制烟土失败的思考》,《四川大学学报》,1999 年第 1 期。

146. 周章森:《抗日战争时期日伪对浙江的经济掠夺》,《浙江学刊》,1994 年第 1 期。

147. 解学诗:《评伪满的经济“统制”和五年计划》,《社会科学战线》,1981 年第 3 期。

148. 虞宝棠:《国民政府战时统制经济政策论析》,《史林》,1995 年第 2 期。

149.【美】王克文著,徐有威译:《通敌者与资本家——战时上海物资统制的一个侧面》,《档案与史学》,1996 年第 2 期。

150. 吕世忠:《齐国的渔业》,《管子学刊》,1990年第2期。
151. 刘兴林:《浅议商代渔业的几个问题》,《殷都学刊》,1995年第4期。
152. 周苏平:《先秦时期的渔业——兼论我国人工养鱼的起源》,《农业考古》,1985年第2期。
153. 刘兴林:《论商代渔业性质》,《古今农业》,1989年第1期。
154. 余华青:《秦汉时期的渔业》,《人文杂志》,1982年第5期。
155. 杨钊:《先秦时期的渔捞业》,《农业考古》,1999年第1期。
156. 钟一鸣:《汉代的渔业》,《益阳师专学报》,1990年第3期。
157. 官德祥:《汉晋时期西南地区渔业活动探讨》,《中国农史》,1997年第3期。
158. 刘汉东:《魏晋南北朝林业、渔业考查》,《中国社会经济史研究》,1991年第3期。
159. 薛瑞泽:《汉唐间河洛地区的渔业》,《洛阳大学学报》,1997年第3期。
160. 魏天安:《宋代渔业概观》,《中州学刊》,1988年第6期。
161. 魏露苓:《唐代水生动植物资源的开发利用》,《农业考古》,1999年第1期。
162. 尹玲玲:《明代洞庭湖地区的渔业经济》,《中国农史》,2000年第1期。
163. 尹玲玲:《明代杭嘉湖地区的渔业经济》,《中国农史》,2002年第2期。
164. 欧阳宗书:《明清海洋渔业及其重要地位》,《古今农业》,1988年第4期。
165. 闵宗殿:《明清时期的海洋渔业》,《古今农业》,2000年第3期。
166. 张维慎:《浅谈历史时期宁夏渔业的发展》,《宁夏师范学院学报》,2007年第2期。
167. 陈冬生:《清代山东海洋渔业举要》,《古今农业》,1996年第4期。
168. 吕世忠:《先秦时期山东的渔业》,《齐鲁学刊》,1990年第2期。
169. 王铭农、李士斌:《张謇与近代江苏渔业》,《中国农史》,1990年第2期。
170. 尹玲玲:《明清时期太平及池州地区的渔业》,《安徽史学》,2004年第3期。
171. 赵以忠:《舟山渔业发展史初探》,《中国社会经济史研究》,1984年第2期。
172. 张建民:《明代湖北的鱼贡渔课与渔业》,《江汉论坛》,1998年第5期。
173. 尹玲玲:《明清时期长江中下游地区的水产商贸》,《中国农史》,2003年第4期。
174. 吴有为、徐荣:《我国近代水产品贸易概况》,《古今农业》,1990年第

1 期。

175. 张剑光:《唐代渔业生产的发展及其商品化问题》,《农业考古》,1996 年第 3 期。

176. 邱锋:《中国淡水渔业史话》,《农业考古》,1982 年第 1 期。

177. 钟建平:《十月革命以前的俄日渔业关系》,《西伯利亚研究》,2007 年第 2 期。

178. 尹玲玲:《明代的渔政制度及其变迁——以机构设置沿革为例》,《上海师范大学学报》,2003 年第 1 期。

179. 尹玲玲:《浅论明代的渔业税制》,《中国农史》,2004 年第 2 期。

180. 闫富东:《清初广东渔政述评》,《中国农史》,1998 年第 1 期。

181. 余汉桂:《清代渔政与钦廉沿海的海洋渔业》,《古今农业》,1992 年第 1 期。

182. 宋承荣、张庆山:《日本殖民渔业对旅大水产资源的独霸与掠夺》,《辽宁师范大学学报》,1997 年第 5 期。

183. 蔡勤禹:《小农经济型态下的渔民组织及其职能——以民国青岛渔会为例》,《中国社会经济史研究》,2006 年第 3 期。

184. 余汉桂:《民国时期中央和两广渔业管理法规述评》,《古今农业》,1994 年第 1 期。

185. 张可银:《绍兴渔赋的历史沿革——兼评绍兴外荡养鱼的兴起》,《中国农史》,1999 年第 3 期。

186. 尹玲玲:《论明代福建地区的渔业分布》,《中国农史》,2006 年第 1 期。

187. 李勇、池子华:《近代苏南渔民的天主教信仰》,《中国农史》,2006 年第 4 期。

188. 王荣国:《明清时期海神信仰与海洋渔业的关系》,《厦门大学学报》,2000 年第 2 期。

189. 吴凤斌:《宋元以来我国渔民对南沙群岛的开发和经营》,《中国经济史研究》,1985 年第 1 期。

后　记

本书是在笔者博士论文的基础上修改而成的,2007 年把民国时期的渔业作为选题与写作的时候,学术界对渔业的关注并不高,近年来虽有所变化,但在整体上而言对此研究仍显不足,这也许与渔业在国民经济中的比重有关。

当然,笔者对渔业的关注主要来自于对国民政府统制经济的兴趣。国民政府定都南京之后,逐渐形成了以国家集权的方式对经济进行管理与整合,并以国家的力量来推动现代化建设,而渔业经济的转型同样也属于国民政府产业转型的组成部分。笔者对此问题的关注主要是看素乏政府关注的传统产业及其相关势力是如何应对政府力量的介入,包括双方各自的立场诉求、博弈的手段及其过程,其中不乏旧有势力为维持一己之私所展现的奸诈,也呈现出国民政府面对旧有势力反对所作出的积极努力与无奈,同时也聆听到民国时期广大渔民为营生而发出的痛苦呻吟。特别指出的是,笔者对上述问题的研究仍有很多遗憾,特别是关于实业部之渔牧司之档案资料被移至台湾而无法查阅,因而对政府相关政策的出台及其内在逻辑缺乏第一手资料的支撑,只能通过民间的反应来反向推测定然存有诸多不足,甚至是误解,希望将来的研究能得以弥补。

这部书的立项与编辑出版,要感谢江西科技师范大学的资金支持,同时还要感谢江西人民出版社的领导和编辑。正是他们的真诚帮助,才能够使本书顺利出版。

由于笔者水平有限,错误与缺漏在所难免,不当之处望请读者批评指正。

2019 年 4 月 12 日

图书在版编目(CIP)数据

上海鱼市场研究(1927—1937年)/ 丁留宝著.
—南昌:江西人民出版社, 2019.4
ISBN 978-7-210-11254-9

Ⅰ. ①上… Ⅱ. ①丁… Ⅲ. ①渔业经济-经济史-研究-上海-1927-1937 Ⅳ. ①F326.475.1

中国版本图书馆CIP数据核字(2019)第067272号

上海鱼市场研究(1927—1937年)
丁留宝 著
责任编辑:万莲花
封面设计:同异文化传媒
出 版:江西人民出版社
发 行:各地新华书店
地 址:江西省南昌市三经路47号附1号
编辑部电话:0791-86898650
发行部电话:0791-86898815
邮 编:330006
网 址:www.jxpph.com
E-mail:64114527@qq.com
2019年4月第1版 2019年4月第1次印刷
开 本:787毫米×1092毫米 1/16
印 张:18.75
字 数:342千字
ISBN 978-7-210-11254-9
赣版权登字—01—2019—149

定 价:56.00元
承 印 厂:北京虎彩文化传播有限公司
赣人版图书凡属印刷、装订错误,请随时向承印厂调换